Kohlhammer

Die Autorin und der Autor

Prof. Dr. Maike Rönnau-Böse ist Professorin für Kindheitspädagogik an der Evangelischen Hochschule Freiburg. Ihre Forschungs- und Arbeitsschwerpunkte im Zentrum für Kinder- und Jugendforschung, das sie gemeinsam mit Kolleg*innen leitet, liegen im Bereich der Resilienz und Gesundheitsförderung, der Zusammenarbeit mit Eltern und Organisationsentwicklung in Kindertageseinrichtungen.

Prof. Dr. Klaus Fröhlich-Gildhoff, Diplom Psychologe, Psychologischer Psychotherapeut und Kinder- und Jugendlichenpsychotherapeut war bis 2021 Professor für Entwicklungspsychologie und Klinische Psychologie an der Evangelischen Hochschule Freiburg. Er leitet zusammen mit Prof. Dr. Maike Rönnau-Böse und Prof. Dr. Dörte Weltzien das Zentrum für Kinder- und Jugendforschung (ZfKJ) an der EH Freiburg.

Maike Rönnau-Böse
Klaus Fröhlich-Gildhoff

Resilienz und Resilienzförderung über die Lebensspanne

3., erweiterte und aktualisierte Auflage

Verlag W. Kohlhammer

Dieses Werk einschließlich aller seiner Teile ist urheberrechtlich geschützt. Jede Verwendung außerhalb der engen Grenzen des Urheberrechts ist ohne Zustimmung des Verlags unzulässig und strafbar. Das gilt insbesondere für Vervielfältigungen, Übersetzungen, Mikroverfilmungen und für die Einspeicherung und Verarbeitung in elektronischen Systemen.

Pharmakologische Daten, d. h. u. a. Angaben von Medikamenten, ihren Dosierungen und Applikationen, verändern sich fortlaufend durch klinische Erfahrung, pharmakologische Forschung und Änderung von Produktionsverfahren. Verlag und Autoren haben große Sorgfalt darauf gelegt, dass alle in diesem Buch gemachten Angaben dem derzeitigen Wissensstand entsprechen. Da jedoch die Medizin als Wissenschaft ständig im Fluss ist, da menschliche Irrtümer und Druckfehler nie völlig auszuschließen sind, können Verlag und Autoren hierfür jedoch keine Gewähr und Haftung übernehmen. Jeder Benutzer ist daher dringend angehalten, die gemachten Angaben, insbesondere in Hinsicht auf Arzneimittelnamen, enthaltene Wirkstoffe, spezifische Anwendungsbereiche und Dosierungen anhand des Medikamentenbeipackzettels und der entsprechenden Fachinformationen zu überprüfen und in eigener Verantwortung im Bereich der Patientenversorgung zu handeln. Aufgrund der Auswahl häufig angewendeter Arzneimittel besteht kein Anspruch auf Vollständigkeit.

Die Wiedergabe von Warenbezeichnungen, Handelsnamen und sonstigen Kennzeichen in diesem Buch berechtigt nicht zu der Annahme, dass diese von jedermann frei benutzt werden dürfen. Vielmehr kann es sich auch dann um eingetragene Warenzeichen oder sonstige geschützte Kennzeichen handeln, wenn sie nicht eigens als solche gekennzeichnet sind.

Es konnten nicht alle Rechtsinhaber von Abbildungen ermittelt werden. Sollte dem Verlag gegenüber der Nachweis der Rechtsinhaberschaft geführt werden, wird das branchenübliche Honorar nachträglich gezahlt.

Dieses Werk enthält Hinweise/Links zu externen Websites Dritter, auf deren Inhalt der Verlag keinen Einfluss hat und die der Haftung der jeweiligen Seitenanbieter oder -betreiber unterliegen. Zum Zeitpunkt der Verlinkung wurden die externen Websites auf mögliche Rechtsverstöße überprüft und dabei keine Rechtsverletzung festgestellt. Ohne konkrete Hinweise auf eine solche Rechtsverletzung ist eine permanente inhaltliche Kontrolle der verlinkten Seiten nicht zumutbar. Sollten jedoch Rechtsverletzungen bekannt werden, werden die betroffenen externen Links soweit möglich unverzüglich entfernt.

3., erweiterte und aktualisierte Auflage 2024

Alle Rechte vorbehalten
© W. Kohlhammer GmbH, Stuttgart
Gesamtherstellung: W. Kohlhammer GmbH, Stuttgart

Print:
ISBN 978-3-17-042759-4

E-Book-Formate:
pdf: ISBN 978-3-17-042760-0
epub: ISBN 978-3-17-042761-7

Inhaltsverzeichnis

Vorwort zur dritten Auflage		7
Vorwort zur zweiten Auflage		9
Vorwort		11
1	**Resilienzdefinitionen und -konzepte**	**13**
	1.1 Geschichte der Resilienzforschung und -diskussion	13
	1.2 Wesentliche Bestandteile/Definitionen	19
	1.3 Schutz- und Resilienzfaktoren	21
	1.4 Verwandte Konzepte	24
	1.5 Kritische Betrachtungen	27
	Exkurs: Die Bedeutung persönlicher Ziele und Sinnstrukturen	29
2	**Resilienz über die Lebensspanne: Allgemeine Betrachtungen**	**36**
	2.1 Entwicklungspsychologie über die Lebensspanne	36
	2.2 Das Konzept der Entwicklungsaufgaben und -themen über die Lebensspanne	41
	2.3 Die Bedeutung von Übergängen (Transitionen)	46
3	**Resilienz und Resilienzförderung im Lebenslauf**	**51**
	3.1 Resilienz und Resilienzförderung in der Frühen Kindheit	51
	3.1.1 Entwicklungsthemen und -aufgaben	51
	3.1.2 Bedeutungen für die frühkindliche Resilienzentwicklung	60
	3.1.3 Die Förderung der Resilienzfaktoren auf der personalen Ebene	62
	Exkurs: Familienresilienz	77
	3.2 Resilienz und Resilienzförderung im Kindesalter	82
	3.2.1 Entwicklungsthemen und -aufgaben	82
	3.2.2 Resilienz im Kindesalter	85
	3.2.3 Förderung der Resilienz im Kindesalter	92
	3.3 Resilienz und Resilienzförderung im Jugendalter (Adoleszenz)	107
	3.3.1 Entwicklungsthemen und -aufgaben	108
	3.3.2 Resilienz im Jugendalter	116

		3.3.3 Förderung der Resilienz im Jugendalter	120
	3.4	Resilienz im frühen und mittleren Erwachsenenalter	126
		3.4.1 Entwicklungsthemen und -aufgaben	126
		3.4.2 Resilienz im Erwachsenenalter	136
		3.4.3 Förderung der Resilienz im Erwachsenenalter	142
	Exkurs: Resilienz und Resilienzförderung von Studierenden		146
	3.5	Resilienz im Alter	153
		3.5.1 Entwicklungsthemen und -aufgaben	153
		3.5.2 Ressourcen und Potentiale im Alter	158
		3.5.3 Resilienz im Alter	162
		3.5.4 Unterstützungsmöglichkeiten der Potentiale und der Resilienz	166

4 Resilienz und Resilienzförderung in spezifischen Bereichen .. 174

	4.1	Community resilience	174
	4.2	Resilienzförderung in der Jugend- und Erziehungshilfe	181
		4.2.1 Einführung	181
		4.2.2 Untersuchungen im Feld der Hilfen zu Erziehung und zur Resilienzförderung in Deutschland	182
		4.2.3 Blick über den Tellerrand: Internationale Studien	184
		4.2.4 Konsequenzen: Grundprinzipien der Resilienzförderung im Rahmen der Hilfen zur Erziehung	187
	Exkurs: Der Zusammenhang von Ermutigung und Resilienz(förderung)		190
	4.3	Resilienzfokussierte Kinderpsychotherapie	198
		4.3.1 Grundzüge der (schulenübergreifenden) Kinderpsychotherapie	199
		4.3.2 Das Verhältnis zwischen Beziehungsgestaltung und Intervention	202
		4.3.3 Die Parallelen von Resilienz und Kinderpsychotherapie	204
		4.3.4 Praktische Überlegungen zur Resilienzfokussierung in der Kinderpsychotherapie	207
	Fazit		216

Literaturverzeichnis **217**

Stichwortverzeichnis **247**

Vorwort zur dritten Auflage

Wir sind als Autorin und Autor überrascht, wie groß die Nachfrage nach diesem Buch ist und wie schnell eine überarbeitete Neuauflage nötig geworden ist.

Der Begriff der »Resilienz« ist immer mehr zum »Allgemeingut« geworden und wird mittlerweile in vielen Zusammenhängen ge-/benutzt. Die Art der individuellen, aber auch sozialen Bewältigung der Corona-Pandemie hat der Diskussion um die psychische und physische Widerstandsfähigkeit neue Impulse gegeben. Auch in unserer Arbeit an der Hochschule, im weiteren wissenschaftlichen Kontext sowie in Fort- und Weiterbildungen ist die Orientierung an Stärken und Ressourcen von Individuen wie Gruppen noch stärker in den Vordergrund getreten.

Zugleich müssen wir – wie schon im Vorwort zur vorherigen Auflage dieses Buches – der Tendenz zur Individualisierung des Resilienzkonzepts entgegentreten: in einer auf (Selbst-)Optimierung ausgerichteten Gesellschaft können das Konzept und die Förderung der Resilienz missbraucht, ja pervertiert werden – zum Beispiel, wenn es darum geht, Arbeitskräfte für besonders anstrengende und belastende Arbeitsbedingungen »fit« zu machen und eben nicht diese Umwelt zu hinterfragen. Ebenso darf es nicht darum gehen, die Resilienz von Soldatinnen und Soldaten für Kriegssituationen zu stärken, sie besser auf Leid und Töten vorzubereiten; Kriege und organisiertes Töten müssen verhindert und beendet werden!

Der wissenschaftliche Diskurs um diese Fragen wird zum Glück weiter mit deutlicher Intensität geführt; wie verschiedene Tagungen und neue Publikationen verdeutlichen.

Letztlich geht es darum, reflexiv den Spagat zu »halten« zwischen der Stärkung der Resilienz von einzelnen und Gruppen mit wissenschaftlich begründeten Methoden einerseits. Hier haben gesellschaftliche Institutionen, besonders die Bildungsinstitutionen eine wichtige Aufgabe, insbesondere die psychosozialen Potentiale und Kompetenzen benachteiligter junger Menschen gezielt zu fördern. Andererseits muss auch von der Wissenschaft auf krankmachende Lebensbedingungen in Familie, Kita, Schule, Arbeitsumgebungen etc. hingewiesen werden und hier Veränderung initiiert werden.

In der vorliegenden Neuauflage ist eine Aktualisierung wissenschaftlicher Literatur vorgenommen worden und es wurden neue Forschungsergebnisse aufgenommen. Weiterhin ergänzt ein neues Kapitel zur Resilienzförderung in Hochschulen das frühe und mittlere Erwachsenenalter.

Wir bedanken uns bei den Menschen, die uns in unserem wissenschaftlichen und praktischen Wirken im Zusammenhang der Resilienzförderung unterstützt und durch kritische Frage herausgefordert haben. Dies betrifft im Besonderen die Kolleginnen im Zentrum für Kinder- und Jugendforschung an der Evangelischen

Hochschule Freiburg, ebenso jedoch die vielen Teilnehmenden an Fortbildungen und Multiplikatorinnenschulungen.

Ein großer Dank geht an unsere Ehepartnerinnen und –partner, an unsere Kinder (und Enkelkinder), die gegenüber unserem Schreiben und Forschen zurückstehen mussten.

Wir freuen uns auf Rückmeldungen zu diesem Buch, besonders auf die kritischen.

Freiburg und Kassel im Mai 2023

Maike Rönnau-Böse
Klaus Fröhlich-Gildhoff

Vorwort zur zweiten Auflage

Das Interesse am Konzept der Resilienz ist seit Jahren ungebrochen – sowohl in der Gesellschaft als auch in der Wissenschaft. Das lässt sich zum einen an der gestiegenen Zahl von Veröffentlichungen erkennen – diese haben sich insbesondere in der Populärwissenschaft in den letzten zehn Jahren verzehnfacht (Weiß, Hartmann & Högl, 2018, S. 19) sowie dem gestiegenen Suchinteresse bei Google um mehr als 40 % (zwischen 2004 und 2015, Lovell et al., 2016, S. 5). Zum anderen wird die wachsende Bedeutung in neuen Studien und Forschungspublikationen deutlich: So hat eine Sonderauswertung der OECD Pisa Daten ergeben, dass die Förderung der personalen Resilienz eine verbesserte Schul- und Anpassungsleistung von Jugendlichen zur Folge hat, auch wenn diese von sozioökonomischer Benachteiligung betroffen sind. Resilienz spielt damit eine wichtige Rolle für die Entwicklung von Kindern aus benachteiligten Familiensituationen (OECD/Vodafone Stiftung, 2018). Aber nicht nur in der Psychologie, sondern auch in vielen anderen Disziplinen wird das Resilienzkonzept immer öfter als Leitgedanke oder Zielgröße verwendet, so z. B. wenn es um Klimawandel, Katastrophenschutz oder auch Sicherheitspolitik geht (z. B. Rungius, Schneider & Weller, 2018).

Diese und andere Forschungsergebnisse und Praxisprojekte haben neue Erkenntnisse gebracht und deshalb ist es uns ein Anliegen, einige Änderungen und Neuentwicklungen in diesem Buch mit aufzunehmen und den Fachdiskurs zum Resilienzkonzept voranzubringen. So wurde z. B. ein Exkurs zu Familienresilienz hinzugefügt und die Forschungsergebnisse aktualisiert bzw. erweitert.

Diese vielfach positiven Ergebnisse dürfen aber auch gleichzeitig nicht über eine kritische Entwicklung hinwegtäuschen: Resilienz ist zu einem Modewort geworden, das Konzept wird allzu häufig als Allheilmittel für unterschiedlichste Situationen verwendet und nicht selten für wirtschaftliche und politische Zwecke missbraucht (Ungar et al., 2013; Franke, 2012). So schießen immer mehr Resilienztrainings aus dem Boden, die bei genauerem Hinsehen nur ihr Label verändert haben: was vorher Stressbewältigungsprogramm war, wird jetzt unter einem neuen Namen verkauft und vor allem dem Laien suggeriert, dass jeder für sein Schicksal selbst verantwortlich ist – das individuelle Verhalten soll sich ändern, die Verhältnisse nicht. Wir schließen uns deshalb der Forderung vieler Wissenschaftler an (z. B. im Herausgeberband von Karidi, Schneider & Gutwald, 2018), den Resilienzbegriff kritisch zu beleuchten und seine unreflektierte Anwendung deutlich zu diskutieren.

Bedanken möchten wir uns bei dem Forschungsteam des Zentrums für Kinder- und Jugendforschung (ZfKJ) im Forschungsverbund FIVE e. V. an der Evangelischen Hochschule Freiburg für engagierte Diskussionen und kritische Auseinandersetzungen mit neuen Praxisprojekten und aktuellen Forschungsergebnissen, bei

Kollegen und Kolleginnen aus dem Feld der Resilienzforschung für wertvolle Rückmeldungen und Anregungen sowie bei den Fachkräften aus der Praxis für ihre anhaltende Begeisterung in der Umsetzung der Resilienzförderung. Dadurch bleibt die Motivation, sich weiterhin dem Thema zu widmen, neue Aspekte in den Blick zu nehmen und das eigene Vorgehen zu hinterfragen.

Freiburg, Februar 2020

Maike Rönnau-Böse
Klaus Fröhlich-Gildhoff

Vorwort

Als Autorin und Autor dieses Buches sind wir seit mehr als zehn Jahren damit beschäftigt, Erkenntnisse der Resilienz- und Schutzfaktorenforschung in die Praxis von Kindertageseinrichtungen und Grundschulen zu übertragen. Im Rahmen des Zentrums für Kinder- und Jugendforschung (ZfKJ) an der Evangelischen Hochschule Freiburg sind eine Reihe von Praxisforschungsprojekten durchgeführt worden und es wurden auch gezielte Programme zur Resilienzförderung von Kindern entwickelt. Der zentrale Ansatz war und ist dabei immer die Förderung der seelischen Widerstandskraft bzw. allgemeiner: der seelischen Gesundheit im Settingansatz. Resilienzförderung soll nicht in der Umsetzung einzelner Programme, sondern in einer umfassenden Entwicklung von (Bildungs-)Institutionen erfolgen. Es werden Fachkräfte angesprochen und weitergebildet, diese sollen resilienzförderlicher und stärkenorientierter mit den Kindern der Einrichtung arbeiten und auch die Zusammenarbeit mit den Eltern ressourcenorientierter gestalten. Diese Ansätze haben mittlerweile eine weite Verbreitung gefunden und sind positiv evaluiert worden.

Damit verbunden sind zunehmend Fragen zur Resilienzförderung in anderen Arbeitsfeldern – z. B. der Jugendarbeit, der Psychotherapie aber auch der Gerontologie – aufgetaucht und es wurden Arbeitsansätze entwickelt, um Resilienz auch in anderen Altersgruppen, über die Kindheitsphase von 3 bis 10 Jahren hinaus, zu fördern. Dies betrifft im Besonderen jüngere Kinder; hier wird in Kürze ein entsprechendes Forschungsprojekt umgesetzt. Ebenso ist das Konzept der universellen Resilienzforschung auch auf den Bereich der weiterführenden Schulen, also der Altersgruppe von Jugendlichen, übertragen worden. Interdisziplinäre Diskussionen und Arbeitsansätze setzen sich mit der Resilienzförderung im Erwachsenen- und hohen Alter auseinander.

In diesem Buch werden die Studienergebnisse, Praxiserfahrungen und fachlichen Diskurse zusammengeführt und es wird ein umfassender Überblick auf Resilienz und Resilienzförderung über die gesamte Lebensspanne gegeben. Dabei erfolgt eine Orientierung an den Grundprinzipien der Entwicklungspsychologie der Lebensspanne. Dies bedeutet zum einen eine Orientierung an Altersabschnitten, die allerdings nicht immer klar trennbar sind; so ist eine Grenzziehung zwischen Jugend- und jungem Erwachsenenalter kaum mehr eindeutig vorzunehmen. Zum anderen stehen die Entwicklungsthemen und Aufgaben in den verschiedenen Altersabschnitten im Mittelpunkt – diese müssen ja bewältigt werden und hierbei kann Resilienz einen wichtigen Beitrag leisten. Orientiert an diesen Altersabschnitten werden jeweils Grundprinzipien der Resilienzförderung beschrieben, wobei es in vielen Altersphasen keine entsprechend spezifischen Programme oder ausgearbeiteten und evaluierten Konzepte gibt. Derartige Programme können im Rahmen umfassender Prävention und Gesundheitsförderung auch nur einen eingeschränkten Stellenwert haben, daher werden immer wieder Hinweise und Bezüge zu pädagogischen und professionell gestalteten ›Alltags‹-Situationen gegeben: Die Förderung der Resilienz von Menschen muss sich in der konkreten Person-zu-Person-Interaktion gestalten.

Entsprechend diesen Orientierungen ist das vorliegende Buch gegliedert: Nach einer Einführung in die Konzepte der Resilienz und Resilienzförderung sowie der vorliegenden Studienergebnisse werden die Entwicklung über die Lebensspanne und die entsprechend wirkenden Prinzipien betrachtet. Das Thema der Resilienzförderung wird differenziert nach Altersabschnitten – Frühe Kindheit, Kindheit, Jugend, Erwachsenenalter, höheres und hohes Alter – beschrieben. Zusätzlich sind zwei kleinere Exkurse, zur Bedeutung persönlicher Ziele und des persönlichen Sinns sowie zur Bedeutung der ›Ermutigung‹, eingefügt. Im letzten Abschnitt werden Möglichkeiten der Resilienzförderung in weiteren spezifischen Anwendungsgebieten – der Jugendhilfe, der Gemeinde (community resilience) und der Kinderpsychotherapie – aufgeführt.

Ein besonderer Dank geht an die Menschen, die uns bei der Fertigstellung des Buches unterstützt haben: Das sind zum einen die Mitglieder des Teams des Zentrums für Kinder- und Jugendforschung an der Evangelischen Hochschule Freiburg, die mit ihren Erfahrungen, aber auch hilfreichen und kritischen Diskussionen, einen wichtigen Beitrag ›im Hintergrund‹ geliefert haben. Stefanie Pietsch sei gedankt für das interne Lektorat, Catharina Thiele hat wichtige ›Zuarbeit‹ geleistet.

Wir bedanken uns auch bei unseren Familienmitgliedern für ihre Geduld während der Zeit unserer Konzentration auf das Schreiben und der Entwicklung von kreativen Ideen zur Überbrückung dieser Zeit (»Büro spielen und mitschreiben« der 4-jährigen Tochter der Autorin).

Freiburg, September 2015

Maike Rönnau-Böse
Klaus Fröhlich-Gildhoff

1 Resilienzdefinitionen und -konzepte[1]

1.1 Geschichte der Resilienzforschung und -diskussion

Die Resilienzforschung kann inzwischen auf eine mehr als 50-jährige Geschichte zurückblicken. Die Anfänge lagen in den 1970er Jahren und können als Gegenbewegung zur Entwicklungspsychopathologie gewertet werden. Während letztere hauptsächlich Risikoeinflüsse auf die menschliche Entwicklung untersucht, steht im Mittelpunkt der Resilienzforschung die positive Entwicklung von Individuen trotz schwieriger Bedingungen. Der Fokus liegt somit mehr auf den Schutzfaktoren und Ressourcen von Menschen – unter gleichzeitiger Berücksichtigung der Risiken (vgl. Wustmann, 2020).

Die Entwicklung der Resilienzforschung lässt sich in vier thematische Schwerpunkte unterteilen, die sich zeitlich überlappen und weiterhin andauern. So befasst sich ein Teil der Forschung (und dies vor allem zu Beginn) mit den empirischen Grundlagen, d. h. mit der Identifikation von Schutzfaktoren und Schlüsselkonzepten sowie der Frage der Definition von Resilienz. Der sich daraus entwickelnde zweite Forschungsstrang untersucht spezifische Wirkmechanismen und Prozesse im Zusammenhang mit Resilienz und versucht, der Komplexität des Konstrukts gerecht zu werden. Präventionsmaßnahmen zur Förderung von Resilienz und deren Wirksamkeit stellen den dritten Forschungsbereich dar (vgl. dazu Bengel, Meinders-Lücking & Rottmann, 2009). Desweiteren wird auch von einer vierten Phase der Resilienzforschung gesprochen (vgl. dazu Bengel & Lyssenko, 2012). Im Mittelpunkt steht hier die Entwicklung von Mehrebenenmodellen in der Erforschung der Einflussfaktoren. Dabei spielen sowohl psychosoziale Aspekte als auch neurobiologische und Gen-Umwelt-Interaktionen eine Rolle. Diese Mehrperspektivität erfordert eine hohe Interdisziplinarität der Forschungsbereiche.

Die Studien von Garmezy, Masten und Tellgen (1984), Rutter (1979) sowie von Werner und Smith (1982) bildeten den Anfang einer systematischen Resilienz*forschung*. In den 1980er Jahren wurde eine Reihe von Artikeln publiziert, die sich mit Merkmalen von Resilienz befassten. Bis zum Beginn der frühen 1990er-Jahre wurden verschiedene Aspekte diskutiert, die bis heute gültig sind: die empirische Ableitung der Schutzfaktoren auf den drei Ebenen personal, familiär und sozial; sowie die Erkenntnis, dass Resilienz ein dynamischer Anpassungs- und Entwicklungs-

---

[1] Die Inhalte dieses Kapitels sind angelehnt an die Veröffentlichung von Rönnau-Böse (2013).

prozess ist. Frühere Annahmen, Resilienz sei ein stabiles Konstrukt und Menschen mit resilienter Entwicklung »invulnerabel«, wurden revidiert (zur Geschichte der Resilienzforschung vgl. Luthar, 2006).

Seit Beginn der Resilienzforschung können über 19 Längsschnittstudien in den USA, Europa, Australien und Neuseeland gezählt werden (vgl. Werner, 2006). Als Pionierstudie gilt die sogenannte »Kauai-Studie« von Emmy Werner und Ruth Smith (1982, 1992, 2001; Werner, 1995). Sie untersuchten mit ihrer Forschergruppe über 40 Jahre den gesamten Geburtsjahrgang 1955 von der hawaiianischen Insel Kauai und dokumentierten die Entwicklung von 698 Menschen. Mit verschiedenen Instrumenten wurde die psychosoziale und körperlichen Entwicklung der Stichprobe im Geburtsalter, im Alter von 1, 2, 10, 18, 32 sowie 40 Jahren erhoben und resiliente mit nichtresilienten Lebensverläufen verglichen. Die Auswertungen ergaben, dass ca. 30% der untersuchten Personen ein hohes Entwicklungsrisiko und vier oder mehr Risikofaktoren aufwiesen, wie z. B. chronische Armut, psychische Erkrankungen der Eltern oder familiäre Disharmonie. 129 Kinder entwickelten bereits im Schulalter schwere Lern- und/oder Verhaltensprobleme. Die verbleibenden 72 Kinder dieser Risikogruppe entwickelten sich dagegen zu optimistischen, leistungsfähigen und selbstsicheren Erwachsenen, die im Alter von 40 Jahren im Vergleich zu ihrer Altersgruppe körperlich und psychisch gesünder waren, harmonische Beziehungen eingehen konnten und deshalb auch eine geringere Scheidungsrate zu verzeichnen hatten. Keiner wurde straffällig oder war auf die Hilfe von Sozialdiensten angewiesen. Außerdem stellten die Forscherinnen fest, dass die Probanden und Probandinnen auf verschiedensten Ebenen protektive Faktoren aufwiesen, wie z. B. verlässliche Bezugspersonen, flexible Bewältigungsfähigkeiten oder einen stabilen Familienzusammenhalt. Diese Faktoren wurden von der Forschergruppe gebündelt und im Laufe der Studie durch protektive Prozesse ergänzt, für verschiedene Entwicklungsabschnitte identifiziert und auf Geschlechterunterschiede hin überprüft. Diese und andere Schutz- und Resilienzfaktoren wurden von den folgenden Studien auf verschiedensten Kontinenten bestätigt und führten Werner (2008) zu der Annahme, dass »die lebensbegünstigenden Eigenschaften und sozialen Bindungen innerhalb der Familie und Gemeinde, die wir in Kauai dokumentiert haben, … Schutzfaktoren zu sein [scheinen], die in vielen Fällen ethnische und geografische Grenzen überschreiten und einen größeren Einfluss auf den Lebensweg von Kindern ausüben als spezifische Risikofaktoren oder stresserzeugende Lebensumstände« (ebd., S. 21).

In Europa wurden zwei Langzeitstudien in Großbritannien durchgeführt (»Die nationale Studie zur Kinderentwicklung NCDS«, Power & Elliott, 2005; »Die britische Kohortenstudie«, Schoon, 2006), eine in Dänemark (»Die Kopenhagen-Hochrisiko-Studie«, Parnas et al., 1993), eine in Schweden (»Lundby-Studie«, Cederblad, 1996) sowie zwei Studien in Deutschland (»Die Mannheimer Risikokinderstudie«, Esser & Schmidt, 2017; »Die Bielefelder Invulnerabilitätsstudie«, Lösel & Bender, 1994). Diese Untersuchungen bestätigten die Ergebnisse von Werner und anderen Studien aus den USA und Australien oder Neuseeland und »identifizierten einen Kernbereich von Merkmalen, die für die seelische Entwicklung von Kindern und Jugendlichen bedeutsam sind« (Lösel & Bender, 2008, S. 59), eine unangepasste Entwicklung verhindern oder abmildern sowie die Wahrscheinlichkeit einer positiven Entwicklung erhöhen (vgl. Rutter, 1990). Dabei kann zwischen personalen und sozialen (inkl. familiären) Ressourcen unterschieden werden (vgl. Wustmann, 2020). Letztere sind z. B. mindestens eine stabile, emotional zugewandte Bezugsperson, ein wertschätzendes Klima, soziale Beziehungen außerhalb der Familie und qualitativ gute Bildungsinstitutionen (vgl. hierzu Petermann, Niebank & Scheithauer, 2004; Opp, Fingerle & Suess, 2020; Wustmann, 2020; Luthar, 2006). Die personalen Ressourcen, die nicht angeboren, sondern erworben sind, werden als Resilienzfaktoren bezeichnet. Auf diese wird in Kapitel 1.2 (▶ Kap. 1.2) näher eingegangen. Darüber hinaus wurde durch die breitere empirische Basis ersichtlich, dass Resilienz kein außergewöhnliches Phänomen beschreibt, sondern eher »ordinary magic« (Masten, 2014), also unter den richtigen Voraussetzungen für jede Entwicklung möglich ist.

Die Ergebnisse dieser Grundlagenstudien verifizieren sich auch in neueren Studien, die spezifische Erkenntnisse in verschiedenen Bereichen erheben. So zeigte eine Metastudie einen signifikanten Zusammenhang zwischen Resilienz und psychischer Gesundheit bei körperlich Erkrankten (vgl. Färber & Rosendahl, 2018). Eine andere Studie konnte nachweisen, dass sich prosoziales Verhalten, emotionale Kompetenz und Freizeitaktivitäten positiv auf die Entwicklung von Resilienz bei Jugendlichen auswirken (vgl. Karpinski et al., 2017). Die jüngsten Ergebnisse der Mannheimer Risikokinderstudie (Hohm et al., 2017) verdeutlichen die Bedeutung von responsivem Interaktionsverhalten der Mutter im Säuglingsalter, sowie deren Förderung der sprachlichen Entwicklung für die psychische Entwicklung bis ins Erwachsenenalter. Diese Grundlagen führen zu einem stabil positiven Selbstkonzept, was sich positiv auf die schulischen Leistungen auswirkt, sowie auf die Freundschaftsbeziehungen. Diese wiederum bewirken ein positives Selbstwirksamkeitserleben im Jugendalter und im frühen Erwachsenenalter, welches eng mit Resilienz korreliert (ebd., S. 232 f.). Auch eine weitere deutsche Studie von Gerlach et al. (2022) unterstreicht die Wirksamkeit von einem sensitiven Interaktionsverhalten der Eltern. Dieses führte zu einer sicheren Bindung und konnte familiäre Risiken abpuffern. Eine hohe elterliche Responsivität und unterstützende Präsenz hat eine sowohl schützende als auch stabilisierende Wirkung trotz einer Kumulation von Risiken.

Darüber hinaus werden vermehrt Studien aus dem neurowissenschaftlichen Bereich initiiert. Nationale Beispiele dafür sind das »Mainzer Resilienzprojekt« oder die »Gutenberg Brain Study« (Deutsches Resilienzzentrum Mainz, 2017), international z. B. die »Marine Resiliency Study« (US Department of Veterans Affairs Health Services Research and Development, 2018; vgl. dazu insgesamt Kunzler et al., 2018 und Lindert et al., 2018).

Die Ergebnisse der Studien machten aber auch deutlich, dass Resilienz nicht direkt gemessen werden kann, sondern sich aus der Berücksichtigung von zwei Komponenten erschließt: Risiken und positiver Bewältigung (vgl. Luthar & Zelazo, 2003). Risiko- und Schutzfaktoren beeinflussen sich gegenseitig und beide Aspekte wirken auf die Entwicklung ein. Resilienz wird nicht auf die Abwesenheit von Störungen oder Verhaltensproblemen reduziert, sondern gleichzeitig mit der positiven Bewältigung dieser Risiken bzw. kompetentem Verhalten verbunden. Resilienz ist also immer an zwei Bedingungen geknüpft: 1. Es besteht eine Risikosituation und 2. das Individuum bewältigt diese dennoch positiv. Risiken können wie die Schutzfaktoren in den drei Bereichen, personal, familiär und sozial auftreten (vgl. dazu Rönnau-Böse, 2013).

Bis heute besteht in der wissenschaftlichen Literatur eine Kontroverse darüber, was genau einen Schutzfaktor ausmacht und die Definition von protektiven Faktoren (in Abgrenzung zu Vulnerabilitätsfaktoren und förderlichen Bedingungen) ist – insbesondere in der Terminologie – nicht einheitlich (vgl. z. B. Karidi, Schneider & Gutwald, 2018) Luthar und Zelazo (2003) referieren hier vier Diskussionspunkte:

1. Sind Schutz und Risiko als Faktoren auf einem Kontinuum zu betrachten oder klar voneinander zu trennen?
   In dieser Debatte geht es z. B. darum, dass ein fehlender Schutzfaktor als risikoerhöhend für die Entwicklung gewertet werden kann, umgekehrt dies aber nicht möglich ist. Das Fehlen von Risiken stellt keinen Schutz dar. Außerdem scheinen Schutzfaktoren wie Risikofaktoren multifinal zu sein, d. h. eine Variable kann unterschiedliche Ausprägungen haben. So kann ein hoher IQ helfen planvoller zu handeln, Situationen schneller zu erfassen usw., andererseits nehmen intelligente Menschen ihre Umwelt differenzierter wahr und reagieren sensibler auf Stress (vgl. Lösel & Bender, 2008).
2. Sind Prädiktoren der Resilienz immer auch Prädiktoren von positiver Entwicklung im Allgemeinen?
   In einer engen Definition von Resilienz wird nur dann von »protektiv« gesprochen, wenn damit eine Risikosituation abgepuffert bzw. beseitigt werden kann. Es gibt Faktoren, die eine schützende Funktion unter Risikobedingungen entfalten, für Menschen ohne diese Belastung jedoch keine Rolle im Hinblick auf ihre positive Entwicklung spielen. Es wird deshalb diskutiert, dass positive Entwicklung nicht per se mit Resilienz gleichzusetzen ist, sondern eher von einer »förderlichen Entwicklung« (Scheithauer et al., 2000) oder von kompetenten Individuen mit einem hohen Funktions- und Anpassungsniveau mit geringer Risikokonstellation (vgl. Masten & Reed, 2002) gesprochen werden sollte, wenn keine Belastung vorliegt.
3. Welche Rolle spielen Interaktionseffekte?
   Es scheint aber auch Faktoren zu geben, die sich für alle Menschen als schützend erweisen, egal ob ein Risiko vorliegt oder nicht. Uneinigkeit besteht darüber, ob nur Interaktionseffekte für den Resilienzprozess relevant sind oder auch direkte, sogenannte Haupteffekte eine Rolle spielen (vgl. Luthar, 2006).
4. Wie können (oder sollen überhaupt) solche Effekte bezeichnet werden?
   Insgesamt gibt es eine Auseinandersetzung über die Begrifflichkeiten protektiv und kompensatorisch und in welchem Zusammenhang welcher Begriff richtig ist. Also z. B. protektiv nur zu verwenden, wenn es sich um einen Puffereffekt handelt. Luthar, Cicetti und Becker (2000) schlagen die Unterscheidung von vier Kategorien protektiver Faktoren vor: generell protektive Faktoren, stabilisierende protektive Faktoren, ermutigende protektive Faktoren und protektive, aber reaktive Faktoren (vgl. dazu insgesamt Rönnau-Böse, 2013, S. 44 ff.).

Ein weiterer Diskurs beschäftigt sich mit den personalen Schutzfaktoren, denen vor allem zu Beginn der Resilienzforschung große Aufmerksamkeit gewidmet wurde. Dies insbesondere im Hinblick darauf, welche Faktoren bei Kindern gefördert werden können und wie Interventionen aufgebaut werden müssen, um Resilienz zu entwickeln. Das löste gleichzeitig eine Kontroverse um die Förderung von Resilienz aus (vgl. dazu Luthar, 2006; Shonkoff & Meisels, 2000; Yates, Egeland & Sroufe, 2003; Masten & Powell, 2003; Masten, 2014; Aktionsrat Bildung, 2022). Die Forscher und Forscherinnen befürchten, dass eine einseitige Fokussierung auf die personalen Schutzfaktoren den Kindern eine zu große Verantwortung für die Gestaltung ihres Lebens zuschreibt und damit gleichzeitig ihre Eltern und das soziale Umfeld von ihrer Verantwortung und Möglichkeit zur Veränderung entbindet (vgl. z. B. Ungar, Botrell, Tian & Wang, 2013). Yates und Kollegen (2003) weisen darauf hin, dass den personalen Schutzfaktoren deshalb oft zu hohe Wirkweisen zugeschrieben werden, da die Studien nicht immer die Wirkung von umgebungsbezogenen Schutzfaktoren mit erheben und deren Wechselwirkung mit den personalen Faktoren dadurch übersehen. Diese Ergebnisse mindern allerdings trotzdem nicht die Bedeutung von personalen Schutzfaktoren. Sie machen nur klar, dass familiäre und umgebungsbezogene Schutzfaktoren nie außer Acht gelassen werden dürfen – und so wie sie die Wirkung von personalen Faktoren minimieren können, so können sie sie auch maximieren. Interventionen sind deshalb umso erfolgreicher, wenn sie möglichst viele, am besten alle Faktoren miteinbeziehen.

Diese anwendungsbezogene Perspektive der Resilienzforschung steht immer noch am Anfang. Nach wie vor gibt es nur wenige empirisch überprüfte Programme oder Ansätze, die sich explizit mit der Förderung von Resilienz beschäftigen. Es finden sich hauptsächlich Programme für das Kindesalter. Ein erprobtes Konzept wurde vom Marie-Meierhofer-Institut für das Kind in Zürich entwickelt, die für die »Bildungs- und Resilienzförderung im Frühbereich« das Instrument der Bildungs- und Lerngeschichten (Leu & Flämig, 2007) einsetzten. In Freiburg wurden vom Zentrum für Kinder- und Jugendforschung (www.resilienz-freiburg.de) Programme für die Förderung der Resilienz in der Kindertageseinrichtung, Grundschule und weiterführenden Schule entwickelt und evaluiert (vgl. z. B. Fröhlich-Gildhoff, Dörner & Rönnau-Böse, 2021; Fröhlich-Gildhoff, Reutter & Schopp, 2021. Die Autoren und Autorinnen stellen dafür die Entwicklung der Gesamtorganisation Kindertageseinrichtung und Schule in den Mittelpunkt und plädieren für einen Mehrebenenansatz, der sowohl die Kinder als auch die Eltern und pädagogischen Fachkräfte sowie den Sozialraum der Institutionen mit in die Förderung einbezieht (vgl. dazu Rönnau-Böse & Fröhlich-Gildhoff, 2012); sie orientieren sich damit an den Erkenntnissen der Präventionsforschung (z. B. Röhrle, 2008). Programme zur expliziten Resilienzförderung für das Erwachsenenalter finden sich im deutschsprachigen Raum eher für spezifische Berufsgruppen, wie z. B. Lehrkräfte (Görich, 2109). Es existieren Programme und Ansätze, die die Bewältigung von Entwicklungsaufgaben im Erwachsenenalter im Blick haben, wie z. B. Aufbau einer Partnerschaft, Eltern werden usw. (▶ Kap. 3.4). Darüber hinaus gibt es sehr viele, hauptsächlich populärwissenschaftliche Publikationen, die Selbsthilfeprogramme zur Resilienzförderung zum Thema haben und eine wachsende Anzahl an Fortbildungs- und Coachingsangeboten.

Diskutiert wird noch darüber, ob gezielte Programmförderung und/oder eine Entwicklungsförderung im Alltag mehr Wirkung erzielt (z. B. Wustmann, 2011). Manualisierte Trainingskurse haben genaue Zielvorgaben, sind eindeutig beschrieben und lassen sich durch ihre klare Handlungsorientierung oft leichter durchführen und darüber hinaus besser evaluieren. Die Entwicklung von personalen Ressourcen kann durch solche Kurse unterstützt werden. Hier geht es nicht darum, Resilienz zu »trainieren« oder »herzustellen«, wie Wustmann (2011) den Kursen vorwirft, sondern vielmehr darum, Entwicklungsanreize zu bieten und Unterstützungsideen zu gewinnen. Natürlich ist die Förderung von einzelnen personalen Faktoren im Hinblick auf eine nachhaltige und ganzheitliche Unterstützung nur zeitlich begrenzt effektiv, wie Fingerle (2011) deutlich macht. Dies trifft insbesondere dann zu, wenn das Manual nicht auf alle Zielgruppen adaptiert werden kann und so nur ein bestimmter Teil der Teilnehmenden von dem Programm profitiert. Ein Manual sollte als roter Faden betrachtet werden, der immer auf die jeweilige Gruppe und Situation bezogen werden muss. Eine zu enge Orientierung am Manual lässt nicht genügend Spielräume, um allen Bedürfnissen gerecht zu werden (vgl. Rönnau-Böse, 2013, S. 126). Wustmann (2011, S. 357) plädiert dafür, »im Alltag Erfahrungsräume« zu schaffen, um selbstwirksames Handeln zu bewirken und dadurch Resilienz zu entwickeln. Ohne eine kontinuierliche Anbindung an die Lebenswelt der Teilnehmenden können die vermittelten Inhalte nur kurzfristige Wirkungen erreichen. Diese kontinuierliche Anknüpfung beinhaltet zum einen Elemente, die z. B. täglich oder wöchentlich in den Kita-Alltag eingebaut werden und die die Kinder selbständig anwenden können, zum anderen die Weiterführung von Inhalten zu Hause, also bei und mit den Eltern (Rönnau-Böse & Fröhlich-Gildhoff, 2022a, S. 43). Die Ergänzung bzw. Kombination beider Elemente (strukturierte Programme und Alltagsanbindung) scheint also der sinnvollste Weg zu sein:

> »Die Kunst der Prävention und damit auch der Resilienzförderung besteht darin, auf der Grundlage systematischer Analysen passgenaue Angebote zielgruppenspezifisch zu realisieren und dabei einerseits gezielte Förderelemente (›Übungen‹, ›Einheiten‹) anzubieten, diese aber auch andererseits mit dem pädagogischen Alltag(shandeln) in einer Institution zu verbinden« (Rönnau-Böse & Fröhlich-Gildhoff, 2012, S. 28).

Neben diesen anwendungsbezogenen Aspekten werden weitere Punkte in den Fokus der Forschung genommen: So wurde die Bedeutung der Gemeinde als schützender Faktor vor allem in der deutschen Resilienzforschung bisher wenig wahrgenommen. Im angloamerikanischen Raum werden die Effekte der »community resilience« schon länger erforscht (z. B. Folland, 2007; eine Übersicht findet sich bei Koliou et al., 2018 und Hall & Zautra, 2010). Resilienzförderliche Gemeinden zeichnen sich durch ein Gefühl der Zugehörigkeit zu einer Gemeinschaft aus, durch gegenseitige soziale Unterstützung, Offenheit für (kulturelle) Vielfalt und organisierte soziale Prozesse (Fröhlich-Gildhoff, 2013c). Die Gemeinde kann so kompensatorische Beziehungen bereitstellen und auf einer anderen Ebene Kindern und Jugendlichen aus risikobelasteten Familien neue Beziehungserfahrungen ermöglichen. Dieses Potential findet in deutschen Programmen bisher wenig Berücksichtigung (ausführlicher ▶ Kap. 4.1).

1.2 Wesentliche Bestandteile/Definitionen

Mit Resilienz wird der Begriff der »Widerstandsfähigkeit« verbunden, aber auch – wenn man es aus dem Englischen ableitet – Spannkraft und Elastizität. Um eine genaue Begriffsdefinition wird diskutiert, seit Resilienz in der Wissenschaft thematisiert wird – und dieser Diskurs hält nach wie vor an. So finden sich in der Literatur eine Reihe von unterschiedlich akzentuierten Definitionen (z. B. Bender & Lösel, 1998; Rutter, 1990; Welter-Enderlin, 2006; Kalisch, 2017; Lindert et al., 2018); Überblicksarbeiten haben z. B. Luthar (2006) sowie Masten und Powell (2003) herausgegeben. Im deutschsprachigen Raum wird unter Resilienz »die psychische Widerstandsfähigkeit gegenüber biologischen, psychologischen und psychosozialen Entwicklungsrisiken« (Wustmann, 2020, S. 18) verstanden. Berücksichtigt man die entwicklungspsychologische Perspektive stärker – insbesondere in Bezug auf eine Resilienz der Lebensspanne – dann wird die Definition von Welter-Enderlin und Hildenbrand (2006) dieser Sichtweise am ehesten gerecht: »Unter Resilienz wird die Fähigkeit von Menschen verstanden, Krisen im Lebenszyklus unter Rückgriff auf persönliche und sozial vermittelte Ressourcen zu meistern und als Anlass für Entwicklung zu nutzen« (ebd., S. 13). Dabei stehen nicht nur Krisen oder Belastungssituationen im Mittelpunkt, sondern auch »die erfolgreiche Bewältigung von altersspezifischen Entwicklungsaufgaben« (Wustmann, 2020, S. 20).

Bengel und Lyssenko (2012) referieren drei Perspektiven auf den Resilienzbegriff: 1. Resilienz als (Stress-)Resistenz gegenüber einem Stressor, d. h. es werden keine Belastungsreaktionen gezeigt (vgl. dazu Bonanno, 2004), 2. Resilienz als (schnelle) Regeneration, d. h. kurzfristige Belastung, aber schnelle Erholung und Rückkehr in den Alltag (vgl. dazu Agaibi & Wilson, 2005) und 3. Resilienz als Rekonfiguration, d. h. die Anpassungsfähigkeit von Verhaltensweisen und sozialen Kognitionen nach einem (meistens) traumatischen Ereignis (vgl. dazu Walsh, 2006). Reich, Zautra und Hall (2010) unterscheiden darüber hinaus einen weiteren Aspekt: die Nachhaltigkeit (sustainability). Zusätzlich zur Definition von Resilienz als Regeneration (recovery) sehen sie einen wesentlichen Bestandteil von Resilienz darin, dass Menschen trotz belastender Lebensumstände ihre Lebensfreude/-zufriedenheit und das Festhalten an Lebenszielen bzw. Sinn nicht verlieren. Dieser Aspekt von Resilienz beinhaltet eine langfristige Perspektive und ist für eine Resilienz über die Lebensspanne ein wichtiger Ansatzpunkt. Damit verbunden wird auch deutlich, dass die verschiedenen Perspektiven auf den Resilienzbegriff auch unterschiedliche Zeitperspektiven haben: z. B. zeigt sich für Bonnano (2004) Resilienz darin, dass die Erholung nach einem stressauslösenden Ereignis, wie z. B. dem Tod einer nahestehenden Person, innerhalb weniger Wochen eintritt und die betroffene Person den Alltag wieder gut bewältigt. Wird Resilienz aber über einen längeren Zeitraum gemessen, könnte sich herausstellen, dass dieselbe Person, die innerhalb kurzer Zeit wieder den Alltag meistert, in späteren Lebensabschnitten Trauersymptome zeigt. Es kommt also immer auf den Zeitrahmen der Erhebung an. Deshalb plädieren Masten und O'Dougherty Wright (2010) dafür, Resilienz über die Lebensspanne zu betrachten und in Bezug zu Belastungen und resilienten Entwicklungspfaden zu setzen. So gibt es zwar relativ wenig Forschungen zu »later-life turnaround cases« (ebd., S. 221), aber in Langzeitstudien wie der Kauai-Studie (Werner & Smith, 2001) oder dem »Project Competence« (Masten, Coatsworth, Neeman, Tellegen & Garmezy, 1995) zeigen sich immer wieder Fälle mit positiven Entwicklungsfenstern auch im mittleren oder hohen Erwachsenenalter (»window of opportunity for positive change«, ebd., S. 221).

Die Definitionen lassen sich auf einem Kontinuum von sehr eng bis weit gefassten Begriffsauslegungen wiederfinden. Wird Resilienz sehr eng definiert, wird die positive Bewältigung vor allem auf dem Hintergrund der Risikosituation bewertet. Resilienz liegt also nur dann vor, wenn eine Hochrisikosituation besser bewältigt wird, als erwartet bzw. erwartbar ist (vgl. aktuelle Diskussionen in Opp, Fingerle & Suess, 2020; Zander, 2011). In einer weitergefassten Definition wird Resilienz als eine Kompetenz verstanden, die sich aus verschiedenen Einzelfähigkeiten (z. B. den Resilienzfaktoren, ▶ Kap. 1.3) zusammensetzt (vgl. z. B. Rönnau-Böse & Fröhlich-Gildhoff, 2022). Diese Kompetenzen sind nicht nur relevant für Krisensituationen, sondern auch notwendig um z. B. Entwicklungsaufgaben und weniger kritische Alltagssituationen zu bewältigen. Die Einzelkompetenzen entwickeln sich im Verlauf der Lebensgeschichte in verschiedensten Situationen, werden unter Belastung aktiviert und manifestieren sich dann als Resilienz. Fingerle (2011) verwendet in diesem Zusammenhang den Begriff des »Bewältigungskapitals«: »Über Bewältigungskapital zu verfügen bedeutet, Ressourcen zu identifizieren, zu nutzen und über sie zu reflektieren, um eigene Ziele zu erreichen, das eigene Potential von Problemen und Krisen weiter zu entwickeln und am gesellschaftlichen Leben teilzunehmen« (ebd., S. 213).

Die Resilienzdefinition ist auch davon abhängig, was unter positiver Bewältigung und Kompetenz verstanden wird. Diese Betrachtung kann laut Ungar (2011) sehr kulturspezifisch sein. Was in der westlichen Gesellschaft als positive Bewältigung verstanden wird, gilt nicht automatisch für andere Kulturen, die dadurch nicht weniger resilient sind. Sinnvoll scheint es zu sein, externale und internale Kriterien als Grundlage zu nehmen und diese in Abhängigkeit der jeweiligen Kultur zu setzen. »The terms competence and resilience do not imply exceptional performance in any *specific* domain; rather they allude to adjustment domains that are salient within a particular developmental and ecological context« (Luthar, 2006, S. 751).

Unstrittig sind aber drei Merkmale, die als charakteristisch für das Konstrukt Resilienz angenommen werden (Wustmann, 2020, S. 28 f.):

1. Resilienz ist ein dynamischer Anpassungs- und Entwicklungsprozess
   Resilienz entwickelt sich aus einem Interaktionsprozess zwischen Individuum und Umwelt (Lösel & Bender, 2008) und ist abhängig von den Erfahrungen und bewältigten Ereignissen.
2. Resilienz ist eine variable Größe
   Es handelt sich bei Resilienz nicht um eine stabile Einheit. Im Hinblick auf eine Resilienz über die Lebensspanne bedeutet dies, dass sich Resilienz im Laufe des Lebens eines Menschen verändert und Entwicklungen in jedem Lebensabschnitt möglich sind.
3. Resilienz ist situationsspezifisch und multidimensional
   Resilienz ist kein allgemeingültiges und universelles Phänomen, sondern zeigt

sich eher »bereichsspezifisch« (Petermann & Schmidt, 2006, S. 121). D. h. die Fähigkeit, mit belasteten Lebenssituationen umzugehen, kann sich auch in verschiedenen Lebensbereichen unterscheiden.

1.3 Schutz- und Resilienzfaktoren

Als stabilster Prädiktor für eine resiliente Entwicklung wurde eine stabile, unterstützende und zugewandte Beziehung identifiziert. Die Bedeutung dieses Schutzfaktors wird so konsistent in allen Studien hervorgehoben, dass Luthar (2006) in ihrer Synthese der letzten Jahrzehnte der Resilienzforschung konstatiert: »Resilience rest fundamentally on relationship« (S. 780). Dass Resilienz also letztendlich immer von Beziehungen abhängt, wird nicht nur von der Resilienzforschung vertreten, sondern auch von vielen anderen Forschungsrichtungen, wie der Entwicklungspsychologie (z. B. Dornes, 2009), der Psychotherapieforschung (z. B. Grawe, Donati & Bernauer, 2001) und der Bindungsforschung (z. B. Grossmann & Grossmann, 2015). Insbesondere die Bedeutung von sogenannten kompensatorischen Beziehungen, also z. B. Fürsorgepersonen aus dem erweiterten Familienkreis, Freunde, (Ehe-)Partner oder pädagogische/pflegerische Fachkräfte wird immer wieder betont. Es zeigt sich, dass es nicht entscheidend ist, zu wem diese Beziehung besteht, sondern *wie* diese Beziehung gestaltet ist, damit sie sich positiv auswirkt. Die Bezugsperson sollte:

- konstant verfügbar sein
- ein Gefühl von Sicherheit vermitteln
- feinfühlig auf die Bedürfnisse eingehen können
- wertschätzend sein, Vertrauen und Unterstützung bieten
- das Selbstwertgefühl und das Selbstvertrauen stärken (vgl. Bengel et al., 2009)
- »eine optimistische Grundhaltung vermitteln …
- herausfordernde, jedoch bewältigbare Anforderungen stellen und dabei individuelle-passgenaue Unterstützung anbieten,
- Ermutigung aussprechen und Erfolgsrückmeldung geben« (Rönnau-Böse & Fröhlich-Gildhoff, 2012, S. 18).

Wustmann (2011, S. 352) bezeichnet diese Personen als »Schlüsselpersonen…[die] als ›Türöffner‹ für neue Perspektiven und Möglichkeiten fungieren, Kraft und Zuversicht ausstrahlen oder Wärme und Geborgenheit geben«. Welche Bedeutung diese Personen haben, wird insbesondere bei Kindern deutlich, die sexuelle Gewalt erlebt haben. So zeigte die Studie von Collishaw und Kollegen (2007), dass von der Kindheit bis ins Erwachsenenalter reichende positive Peerbeziehungen oder stabile Liebesbeziehungen im Erwachsenenalter starke Einflussfaktoren auf eine spätere Resilienzentwicklung sind, auch wenn die Kinder zuvor sehr negative Beziehungserfahrungen gemacht haben (vgl. ebd., zitiert in Masten & O'Dougherty

1 Resilienzdefinitionen und -konzepte

Wright, 2010). Eine Studie von Bellis et al. (2017) konnte nachweisen, dass das kontinuierliche Vorhandensein einer vertrauensvollen erwachsenen Bezugsperson zu einem positiven Lebensstil im Erwachsenenalter maßgeblich beiträgt. Positive Beziehungen haben also nicht nur unmittelbare Auswirkungen, sondern tragen maßgeblich zur resilienten Entwicklung über die Lebensspanne bei bzw. eröffnen spätere Entwicklungsmöglichkeiten (s.o.). So verdeutlichen die Ergebnisse der Mannheimer Risikokinderstudie (Hohm et al., 2017) die positiven Zusammenhänge einer frühkindlichen erlebten positiven Eltern-Kind-Beziehung mit der Resilienz im frühen Erwachsenenalter. Der Erfahrung einer stabilen Beziehung kommt deshalb eine besondere Position im Lebensverlauf zu. Sie kann als Querschnittsthema in allen Entwicklungsabschnitten gesehen werden.

Die Schutzfaktoren auf der personalen Ebene werden häufig als »Resilienzfaktoren« bezeichnet, da sie maßgeblich dazu beitragen können, Krisen und Belastungen erfolgreicher zu bewältigen. Eine differenzierte Analyse der vorliegenden (Langzeit-)Studien unter der Resilienzperspektive sowie die Auswertung von bedeutenden nationalen und internationalen Reviews und Überblicksarbeiten zur Thematik zeigt, dass auf personaler Ebene sechs Kompetenzen besonders relevant sind, um Krisensituationen, aber auch Entwicklungsaufgaben und kritische Alltagssituationen zu bewältigen. Diese sechs Faktoren sind nicht unabhängig voneinander – so ist bspw. eine adäquate Fremdwahrnehmung eine wichtige Grundlage für die Entwicklung sozialer Kompetenz – die hier erfolgte getrennte Darstellung der Faktoren (▶ Abb. 1.1) hat eine analytische Funktion (vgl. Rönnau-Böse, 2013; Fröhlich-Gildhoff & Rönnau-Böse, 2022a):

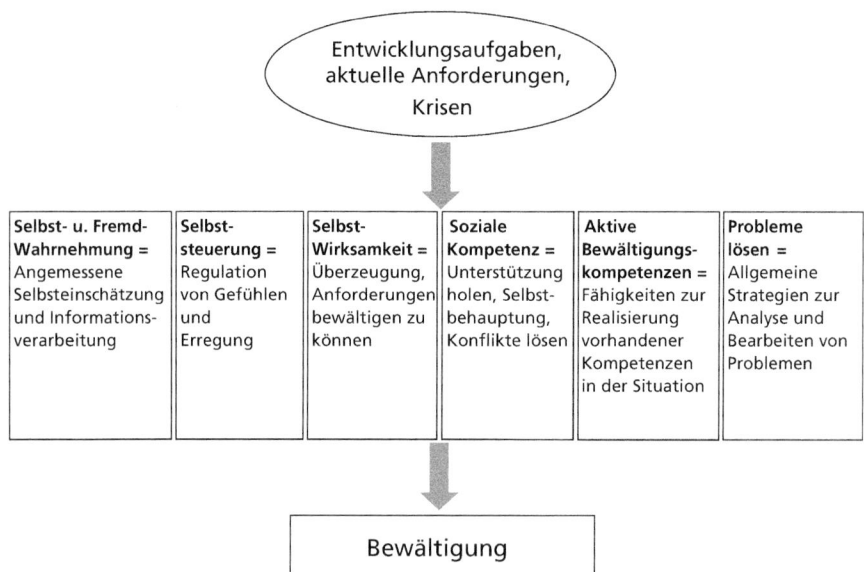

Abb. 1.1: Resilienzfaktoren

1. **Selbst- und Fremdwahrnehmung**
   Selbstwahrnehmung umfasst vor allem die ganzheitliche und adäquate Wahrnehmung der eigenen Emotionen, Handlungen und Gedanken. Gleichzeitig spielt die Selbstreflexion eine Rolle, d. h. die Fähigkeit, sich zu sich selbst in Beziehung setzen zu können. Fremdwahrnehmung meint die Fähigkeit, andere Personen und ihre Gefühlszustände angemessen und möglichst ›richtig‹ wahrzunehmen bzw. einzuschätzen und sich in deren Sicht- und Denkweise versetzen zu können.
2. **Selbstregulation**
   Sich selbst regulieren zu können, umfasst die Fähigkeit, eigene innere Zustände, also hauptsächlich Gefühle und Spannungszustände herzustellen und aufrecht zu erhalten und deren Intensität und Dauer selbständig zu beeinflussen bzw. kontrollieren zu können – und damit auch die begleitenden physiologischen Prozesse und Verhaltensweisen zu regulieren. Dazu gehört bspw. das Wissen, welche Strategien zur Selbstberuhigung und Handlungsalternativen es gibt und welche individuell wirkungsvoll sind.
3. **Selbstwirksamkeit**
   Selbstwirksamkeit ist vor allem das grundlegende Vertrauen in die eigenen Fähigkeiten sowie die Überzeugung, ein bestimmtes Ziel auch durch Überwindung von Hindernissen erreichen zu können. Eine große Bedeutung haben dabei die Erwartungen, ob das eigene Handeln zu Wirkungen (und Erfolgen) führt oder nicht. Diese Erwartungen steuern schon im Vorhinein das Herangehen an Situationen und Aufgaben, damit auch die Art und Weise der Bewältigung, und führen so oftmals zu einer Bestätigung des eigenen Selbstwirksamkeitserlebens. Selbstwirksame Kinder und Erwachsene haben auch eher das Gefühl, Situationen beeinflussen zu können (sog. internale Kontrollüberzeugungen) und können die Ereignisse auf ihre wirkliche Ursache hin realistisch beziehen (realistischer Attributionsstil).
4. **Soziale Kompetenz**
   Soziale Kompetenz umfasst die Fähigkeit, im Umgang mit anderen soziale Situationen einschätzen und adäquate Verhaltensweisen zeigen zu können, sich emphatisch in andere Menschen einzufühlen sowie sich selbst behaupten und Konflikte angemessen lösen zu können. Es geht aber auch darum, auf andere Menschen aktiv und angemessen zugehen zu können, Kontakt aufzunehmen sowie zwischenmenschliche Kommunikation aufrecht zu erhalten und adäquat zu beenden. Des Weiteren zählt zur sozialen Kompetenz die Fähigkeit, sich soziale Unterstützung zu holen, wenn dies nötig ist.
5. **Aktive Bewältigungskompetenzen**
   Menschen empfinden den Charakter von belastenden und/oder herausfordernden, als »stressig« erlebten Situationen unterschiedlich. Es geht darum zu lernen, solche Situationen angemessen einschätzen, bewerten und reflektieren zu können – um dann die eigenen Fähigkeiten in wirkungsvoller Weise zu aktivieren und umzusetzen, um die Stress-Situation zu bewältigen. Bedeutsam für den Umgang mit Stress ist dabei, das *aktive* Zugehen auf solche Situationen und das aktive wie angemessene Einsetzen von Bewältigungsstrategien. Zum adäquaten Umgang mit Stress gehört allerdings ebenfalls das Kennen der eigenen Grenzen

und Kompetenzen – und die Fähigkeit, sich (dann) soziale Unterstützung zu holen.
6. **Problemlösen**
Unter Problemlösen wird die Fähigkeit verstanden, »komplexe, ... nicht eindeutig zuzuordnende Sachverhalte gedanklich zu durchdringen und zu verstehen, um dann unter Rückgriff auf vorhandenes Wissen Handlungsmöglichkeiten zu entwickeln, zu bewerten und erfolgreich umzusetzen« (Leutner, Klieme, Meyer & Wirth, 2005, S. 125). Dabei ist es wichtig, systematisch vorzugehen und dabei das jeweilige Problem zu analysieren, Lösungsmöglichkeiten, -mittel und -wege abzuwägen und dann gleichfalls systematisch auszuprobieren. Dabei können unterschiedliche Problemlösestrategien – z. B. eine sorgfältige Ziel-/Mittelanalyse – angewandt werden.

1.4 Verwandte Konzepte

Es gibt verschiedene Ansätze bzw. Konzepte, die eine enge Verbindung zu dem Resilienzkonzept aufweisen:

»Life skills«/Lebenskompetenzen

Die *»Life skills «* der WHO (1994) weisen große Überschneidungen zu den oben dargestellten Resilienzfaktoren auf. Diese Lebenskompetenzen werden von der WHO als »the abilities for adaptive and positive behaviour that enable individuals to deal effectively with the demands and challenges of everyday life« (ebd., 1994) beschrieben. Folgende Lebenskompetenzen wurden von der WHO benannt:

- Selbstwahrnehmung
- Empathie
- Kreatives Denken
- Kritisches Denken
- Fähigkeit, Entscheidungen treffen zu können
- Problemlösefähigkeiten
- Effektive Kommunikationsfähigkeiten
- Interpersonale Beziehungsfertigkeiten
- Gefühlsbewältigung
- Stressbewältigung

Diese »Lebenskompetenzen« sind ein wesentlicher Bestandteil der Strategie bzw. Empfehlungen des vom deutschen Bundesgesundheitsministerium ausgerufenen »Nationalen Gesundheitsziels« »gesund aufwachsen« (Bundesministerium für Gesundheit, 2010).

Stresskonzept

Das transaktionale Stresskonzept nach Lazarus und Folkman (1984) bzw. Lazarus und Launier (1981) gibt differenziertere Hinweise auf Bewältigungsverhalten bzw. -formen (»coping«). Coping bedeutet laut Lazarus und Launier (1981) »… jene verhaltensorientierten und intrapsychischen Anstrengungen, mit umweltbedingten und internen Anforderungen fertig zu werden, das heißt, sie zu meistern, zu tolerieren, zu reduzieren oder zu minimieren« (ebd., S. 244; zitiert nach Wustmann, 2009, S. 76). Die Bewältigungsstrategien werden unterteilt in defensive/vermeidende und aktive/sich auseinandersetzende Formen. Laut Lazarus und Folkman (1984) gibt es fünf effektive Copingformen:

- »Informationssuche (als Grundlage zur Neueinschätzung der stressreichen Situation oder zur Auswahl bestimmter Copingstrategien),
- direkte Aktion (zur Linderung der Stresssituation sowie zur Bewältigung konkreter Aufgabenstellungen, d.h. Verhaltensweisen, mittels derer eine Person versucht, belastende Ereignisse in den Griff zu bekommen),
- Aktionshemmung (zum Unterdrücken bestimmter Handlungen, welche die Situation möglicherweise verschlechtern würden, zugunsten effektiverer Verhaltensweisen)
- Intrapsychische Bewältigungsformen (zur Regulation von Emotionen, z.B. emotionale Distanzierung, Rationalisierung)
- Suche nach sozialer Unterstützung (aktives Aufsuchen sowie Inanspruchnahme von Unterstützung durch andere)« (ebd., zitiert nach Wustmann, 2009, S. 79f.).

Faltermaier (2023) beschreibt drei Bereiche, die Stress auslösen können: Entwicklungsaufgaben, kritische Lebensereignisse und alltägliche Belastungen. Ob eine Situation als Stress empfunden wird und wie die Bewältigung erfolgt, hängt von zwei subjektiven Bewertungsmustern ab: der Ereigniseinschätzung und der Ressourceneinschätzung. »Die Ereigniseinschätzung bezieht sich dabei überwiegend auf Informationen aus der Umwelt, die Ressourceneinschätzung hingegen auf Merkmale der Person (wie z.B. ihre Kompetenzen, Wertvorstellungen, Ziele, Überzeugungen) sowie auf die Verfügbarkeit sozialer Unterstützung« (Wustmann, 2009, S. 77).

G. und K. Fröhlich-Gildhoff (2013) fassten das Stress- bzw. Bewältigungsmodell wie folgt zusammen (▶ Abb. 1.2):

Die Bewältigung wird von verschiedenen Faktoren beeinflusst: zum einen wirken sich bisherige biographische Erfahrungen aus, d.h. inwieweit bisher Selbstwirksamkeitserlebnisse gemacht werden konnten oder welche Erfahrungen mit der Einholung von sozialer Unterstützung gemacht wurden. Waren diese Erlebnisse eher positiv können daraus Bewältigungsmöglichkeiten erwachsen; waren sie eher negativ fehlen Ressourcen. Wie die Belastungen wahrgenommen werden, hängt im Weiteren damit zusammen, wie viele Stressoren kumulieren und in welcher Balance Stressoren und Ressourcen stehen. Je länger die Stressoren bestehen, desto stärker wirkt sich die Belastung aus, vor allem wenn auf Dauer wenige Schutzfaktoren diese kompensieren können. Dies kann im schlimmsten Fall zu einem Burnout oder einer Depression führen (▶ Abb. 1.2).

1 Resilienzdefinitionen und -konzepte

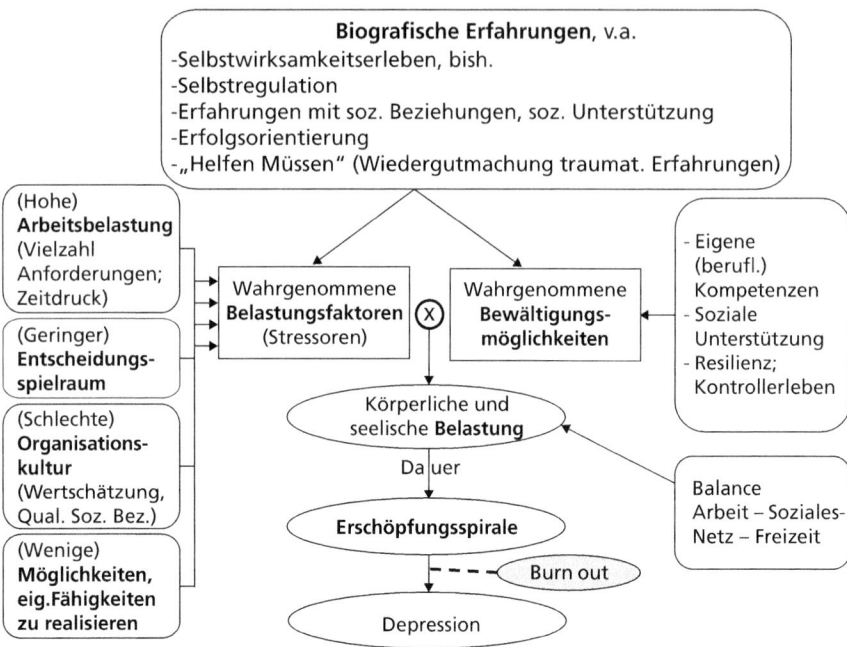

Abb. 1.2: Stress- und Bewältigungsmodell (Fröhlich-Gildhoff & Fröhlich-Gildhoff, 2013)

Salutogenese[2]

Stark beeinflusst wurden die Forschungen auf dem Gebiet der seelischen Gesundheit von dem Konzept der Salutogenese, das den Paradigmenwechsel hin zu den Schutzfaktoren und Kompetenzen von Individuen in die Wege geleitet hat. Kernannahmen und Fragestellung sowohl der Resilienzforschung als auch der Salutogenese sind ähnlich. So priorisieren beide Ressourcen und Schutzfaktoren und stellen Bewältigungsverhalten in den Mittelpunkt. Das Kohärenzgefühl als ein zentraler Aspekt des Salutogenesekonzepts wird in der Resilienzforschung als personelle Ressource betrachtet. Allerdings legt die Salutogenese den Schwerpunkt mehr auf die Schutzfaktoren zur Erhaltung der Gesundheit, während die Resilienzforschung sich mehr auf den Prozess der positiven Anpassung und Bewältigung konzentriert (vgl. Bengel, Meinders-Lücking & Rottmann, 2001).

Ressourcenorientierte Erweiterung des Salutogenese-Modells

Franke (2012, S. 168) hat o. g. Einschränkung aufgegriffen und konstatiert, dass das Salutogenesemodell nur »reaktiv« formuliert ist: »Im Mittelpunkt der Aufmerksamkeit steht die individuelle Reaktion auf einen Stressor«. Dies bedeutet dann, dass

---

[2] Das Konzept der Salutogenese ist im Exkurs »Die Bedeutung persönlicher Ziele und Sinnstrukturen« ausführlicher beschrieben.

»persönliche Ressourcen, die nicht im Zusammenhang mit aktiver Bewältigung stehen, sondern eher im Sinne positiver Gefühle, Motivationen und Bedürfnisbefriedigungen Entwicklungen ermöglichen – wie etwa die Fähigkeit, ein positives Lebensgefühl und Wohlbefinden wiederherzustellen, Zielgerichtetheit, Selbstaktualisierungstendenz, Motivation zum Lernen und zur Weiterentwicklung – … keinen Eingang ins das [Salutogenese]Modell [finden]« (ebd.).

Stressbewältigung ist somit nur »ein Teil gelungener aktiver Adaptation. Der andere Teil sind gesundheits- und adaptationsfördernde Kognitionen, Emotionen und Verhaltensweisen. Diese Faktoren wirken nicht nur als Puffer gegen Stress und Belastung, sondern sie tragen aktiv zu Gesundheit und Anpassung bei« (Franke, 2006, S. 169). In dieser Sicht findet sich eine Parallele zu den o. g. Resilienzfaktoren, wobei die Autorin in verschiedenen Studien weitere Variablen identifiziert hat, wie »die Fähigkeit zu genießen und sich etwas Gutes zu tun«, »Humor, Optimismus und die Fähigkeit zu verzeihen« (ebd.): Zusammengefasst werden »Optimales Bewältigungsverhalten« plus »Ressourcenförderndes Erleben und Verhalten« als »förderliche Faktoren für Gesundheit« beschrieben (ebd., S. 170).

Insgesamt wird deutlich, dass Resilienz ein komplexes Konstrukt ist, das nicht auf einer Fähigkeit beruht oder sich aufgrund einer Erfahrung herausbildet. Hier finden sich Parallelen, ja Entsprechungen zu anderen komplexen Modellen, vor allem zum Biopsychosozialen Modell der Erklärung von Verhaltens- und Weltbegegnungsweisen (auch von Verhaltensauffälligkeiten), aber auch zu dem neuen, integrativen Zweig der Psychoneuroimmunologie (PNI). Im Bio-Psycho-Sozialen Modell wird das Zusammenspiel von biologischen Ausgangsbedingungen (genetische Anlagen und deren epigenetische ›Realisierung‹, Schwangerschafts- und Geburts ›erfahrungen‹) und sozialen Erfahrungen – besonders in den ersten Lebensjahren – zur Bildung innerpsychischer Prozesse beschrieben; dabei wird immer von einer Multikausalität ausgegangen (z. B. Fröhlich-Gildhoff, 2018; ▶ Kap. 3.1).

Die Psychoneuroimmunologie untersucht das hochkomplexe Zusammenspiel immunologischer, neurologischer/neurophysiologischer und psychischer Prozesse. Dabei wird zunehmend deutlich, wie psychosoziale Prozesse – und besondere »Stressoren«, also als Belastungen empfundene Umweltereignisse – mit dem »immuno-neuro-endokrinologischen Netzwerk interferieren« (Schubert, 2011, S. 7) – und umgekehrt. Psychotherapie, also das Anbieten neuer, veränderter Beziehungserfahrungen, kann »grundlegend und korrigierend in dysfunktionale physiologische Muster eingreifen und damit psychosomatische Erkrankungen heilen« (ebd.).

1.5 Kritische Betrachtungen

Die Resilienzforschung kann inzwischen auf eine längere Forschungsgeschichte zurückblicken, in der Praxis ist das Konzept aber erst in den letzten zehn Jahren richtig angekommen. Das hat allerdings dazu geführt, dass insbesondere in der populärwissenschaftlichen Literatur zum Teil sehr fragwürdige Auslegungen des Begriffs kursieren, die an die Anfänge der Resilienzforschung erinnern, in der Resilienz gleichgesetzt wurde mit lebenslanger Unverwundbarkeit und besonderer Begabung. Mit der hohen Popularität des Resilienzbegriffs ist die Gefahr verbunden, dass vorhandene Unsicherheiten in der Gesellschaft auf neue politische, soziale und digitale Entwicklungen ausgenutzt werden, um unkritisch als Allheilmittel eingesetzt werden zu können. Rungius, Schneider & Weller (2018) warnen, dass »der Resilienzdiskurs aber genau diese Unsicherheitswahrnehmung [verstärkt] und der Begriff zur Legitimierung von bestehenden Institutionen und Systemen ohne grundlegende kritische Debatte eingesetzt [wird]« (ebd., S. 56).

Wissenschaftler (z. B. Luthar et al., 2000; Masten & Powell, 2003) betonen, Resilienz nicht als Charaktereigenschaft, sondern als einen Prozess zu bezeichnen. Menschen sollten nicht als resilient im Sinne eines Adjektivs beschrieben werden, sondern als ein Merkmal: »this person has a resilient pattern« oder »this person shows the features of resilience« (Masten & Powell, 2003, S. 4). Die Verwendung von Adjektiven hinterlässt insbesondere bei Laien den Eindruck, dass Individuen, die in schwierigen Situationen sind und keine resilienten Verhaltensweisen zeigen, dafür selbst verantwortlich sind. Die Autorinnen plädieren deshalb für den Begriff »resilient adaption … because [those] phrases … carry no suggestion of who (child or others) is responsible for manifest risk evasion« (Luthar & Zelazo, 2003, S. 514). Gabriel (2005) warnt ebenfalls davor, fehlende Resilienz als ein Charakterdefizit zu interpretieren und verdeutlicht den Einfluss und die Relevanz von Erziehung, Bildung und Familie sowie von sozialen Netzwerken auf die Ausbildung von Resilienz (ebd., S. 213).

Die stark subjektivistische bzw. individualisierte Sichtweise von Resilienz wird inzwischen auch von einer Vielzahl von Wissenschaftlern aus unterschiedlichsten Disziplinen deutlich kritisiert (vgl. dazu den Herausgeberband von Karidi et al., 2018). So ist Resilienz z. B. insbesondere in der Arbeitswelt zu einem »Trendkonzept« geworden und wird laut Blum & Gutwald (2018) dazu genutzt Arbeitnehmer und Arbeitnehmerinnen immer fitter für schwierige Rahmenbedingungen zu machen – ohne die Arbeitsbedingungen zu verändern. Ungar und Kollegen (2013) führen darüber hinaus die Vorgehensweise der US-Armee an, die ihre Soldaten vor Kriegseinsätzen stärken, besser mit diesen Erfahrungen umzugehen, um anschließend keine posttraumatischen Belastungsstörungen zu entwickeln. Das Konzept der Resilienz wird hier zweckentfremdet und manipuliert, um politische Interessen zu verfolgen. Franke (2012, S. 175) formuliert dies so: »Letztlich geht es darum herauszufinden, welche Kinder [und Erwachsene] in einer ihre Bedürfnisse missachtenden Welt dennoch bereit und in der Lage sind, sich den Normen dieser Welt anzupassen«. Diese zu Recht kritischen Autoren und Autorinnen fordern deshalb eine stärker »kontextualisierte Interpretation von Bewältigung unter Stressbedingungen« (Ungar et al., 2013, S. 4) und unterstreichen die Bedeutung von verfügbaren Ressourcen, die den Individuen zugänglich gemacht werden müssen. Sie sind der Auffassung, dass »Individuen … wahrscheinlich dann resilienter [sind], wenn die Umwelt viele Ressourcen bietet« (ebd., S. 3), da soziale Faktoren, wie z. B. eine sichere Nachbarschaft, eine gute Schule, ein anregender Arbeitsplatz und sichere Bindungen zu Bezugspersonen einen großen Beitrag dazu leisten, wie und ob personale Ressourcen als solche erkannt und genutzt werden können (vgl. Fingerle, 2011). Dies würde auch eine effektive Ausgestaltung der Sozialpolitik und die Unterstützung für Betreuungspersonen und soziale Dienste bedeuten. »Individuelle Gesundheit braucht gesellschaftliche Rahmenbedingungen. Da, wo Kindern das Recht auf Gesundheit verwehrt wird … [ist ein] Forschungsansatz, der sich ausschließlich auf das individuelle Verhalten von Kindern konzentriert … reduktionistisch und ethisch fragwürdig« (Franke, 2012, S. 175).

Neben diesen kritischen Gesichtspunkten kann ein weiterer Aspekt diskutiert werden, der in der Literatur bisher wenig Beachtung findet: die starke Fokussierung auf Stärken, Schutzfaktoren und Ressourcen kann den Eindruck erwecken, dass negative Gefühle, wie z. B. Angst, Trauer, Schmerz, aber auch Dysfunktionalität weniger Berechtigung erhalten. Die mit dem Resilienzkonzept verknüpfte Aufforderung die Ressourcen und Kompetenzen von Menschen wahrzunehmen, führt in den letzten Jahren vor allem in der Praxis wieder zu einer Verengung des Konzepts, d. h. Schwierigkeiten und negative Gefühle dürfen »weniger berechtigt sein«. Wer nicht gleich mitschwimmt auf der positiven Welle und sich seine positiven Seiten und Ressourcen vor Augen führt, wird dazu gedrängt. Es wird dabei vergessen, dass auch eine resiliente Entwicklung sehr anstrengend ist, mit Schmerz und Trauer verbunden sein kann und viel Kraft benötigt. Die Bewältigung der verschiedenen Belastungen mag gelingen aufgrund verschiedenster Schutzfaktoren – der Weg dahin wird dadurch aber nicht zwangsläufig einfacher für die Betroffenen.

Resilienz entwickelt sich aus einem Zusammenspiel von Risiko- und Schutzfaktoren. Beide Aspekte sind notwendig, sonst besteht die Gefahr, alles wieder nur aus einer Perspektive zu betrachten und das Konzept der Resilienz auf reine Ressourcenorientierung zu verkürzen.

Insgesamt ist deutlich geworden, dass noch ein großer Forschungsbedarf bzgl. der Begriffsdefinitionen vorhanden ist und Studien transparenter sein und darlegen müssen, welches Verständnis sie zugrunde legen (vgl. Bengel & Lyssenko, 2012). Für eine Resilienz der Lebensspanne scheint eine weite Auslegung des Begriffs passender zu sein, weil sowohl Krisen als auch Entwicklungsaufgaben und gewonnene Kompetenzen miterfasst werden. Luthar und Zelazo (2013) konstatieren zu Recht: »resilience is never an all-or-nothing phenomenon« (S. 516) und Ungar (2011) unterstreicht: »Es gibt viele Manifestationen von Resilienz und viele Wege führen zu jener Lebenszufriedenheit, die zur Resilienz gehört. Nur einen einzigen Typus möglicher Resultate zu postulieren, ist kulturell naiv« (S. 170).

Exkurs: Die Bedeutung persönlicher Ziele und Sinnstrukturen

Die Orientierung an persönlichen Zielen bzw. an einem »Lebenssinn« hat einen großen Einfluss auf die Bewältigung von Herausforderungen, aber auch von Verlusten und Einschränkungen. Dies zeigen die Ergebnisse der Resilienz- sowie der Risiko- und Schutzfaktorenforschung (Zusammenstellungen: Rönnau-Böse, 2013; Bengel et al., 2009). So verweisen Bengel und Kollegen (2009, S. 83) in ihrem Überblick darauf, dass »realistische Selbsteinschätzung und gute Zielorientierung« als Schutzfaktoren wirken – wenn sie situationsangepasst adaptiert werden. Die Bedeutung persönlicher Ziele ist im deutschsprachigen Raum intensiv von der Arbeitsgruppe um Brunstein empirisch untersucht worden; auch im Bereich der Gesundheitswissenschaften (s. Antonovsky, 1997) und der Psychotherapieforschung bzw. -theoriebildung haben einige Autoren und Autorinnen den Wert der individuellen Orientierung an Zielen oder (übergeordneten) Sinnstrukturen herausgearbeitet (z.B. in der psychodynamischen Individualpsychologie [Adler, 1973, orig. 1933; Längle, 2005; Riemeyer, 2001], in der Logotherapie von V. Frankl [Petzold & Orth, 2005], zur Bedeutung bei der Psychosenentstehung und -heilung: Bock, Klapheck & Ruppelt, 2014).

1. Definitionen und Komponenten

Brunstein, Maier und Dargel (2007) formulieren als Kernaussage, »dass das Streben nach persönlich erfüllenden Zielen eine ebenso sinnstiftende wie handlungsregulierende Funktion in der Gestaltung des Lebenslaufes erfüllt und dass es den Weg zu einer aktiven, weil selbstbestimmten Teilnahme an bedeutungsvollen Aktivitäten des Alltagslebens bahnt« (ebd. S. 271); die »persönlichen Ziele« werden wie folgt definiert: »Unter dem Begriff der persönlichen Ziele wird eine Reihe von Konstrukten zusammengefasst, welche die Auffassung eint, dass Menschen danach streben, ihr Leben gemäß eigener Absichten zu gestalten und ihre Alltagsaktivitäten mit persönlicher Bedeutung zu füllen. In der Bildung persönlicher Ziele beweist sich die Fähigkeit von Menschen, sich selbst zu motivieren und das eigene Verhalten an zukünftigen und individuell bedeutsamen Zuständen und Ereignissen auszurichten. … Ziele und Strategien bilden den Kern von Lebensplänen« (ebd., S. 271 ff.).

Bei der Analyse von persönlichen Zielen lassen sich eine kognitive, eine emotionale und eine Verhaltenskomponente unterscheiden. Dabei umfasst die kognitive Komponente die geistige Repräsentation des Zielzustandes sowie der Strategien, Pläne und Möglichkeiten zur Erreichung des Ziels. Die emotionale Komponente besteht aus Anreizen und ihren Möglichkeiten (v. a. positiven Folgen) und hat somit eine motivierende Qualität. Die verhaltensbezogene Komponente »umfasst die vielfältigen Handlungsschritte, … die ausgeführt und miteinander koordiniert werden müssen um das angestrebte Ziel erreichen zu können« (ebd., S. 271).

Zur Bildung von Zielen spielen interne und externe Faktoren eine Rolle. Allerdings »beinhaltet die Bildung eines Ziels stets einen Akt der Entscheidung oder Selbstverpflichtung, durch den das betreffende Ziel erst zum Maßstab des eigenen Handelns wird« (ebd., S. 273). Die Entscheidung für ein bestimmtes Ziel bedeutet auch eine Entscheidung gegen andere mögliche Ziele.

Den o. g. strenger empirisch fundierten Zieldefinitionen sollen ergänzend zwei Ziel- oder auch Sinn-Modelle zur Seite gestellt werden, die im Rahmen der Gesundheitswissenschaften und Psychotherapie relevant sind:

Das *Modell der Salutogenese* (Antonovsky, 1997) ist eines der wesentlichen Konzepte der Gesundheitswissenschaften. Antonovsky untersuchte, welche Bedingungen dazu führen, dass Menschen auch unter schwierigen bzw. extremen Lebensumständen – er analysierte z. B. die Schicksale von KZ-Überlebenden – seelisch und körperlich gesund bleiben. Als zentrale Variable identifizierte Antonovsky das »*Kohärenzgefühl*« – ein dynamisches, gleichwohl grundlegendes Gefühl des Vertrauens in sich und die Welt. Das Kohärenzgefühl beschreibt die Einstellung zu den eigenen Möglichkeiten, der Welt zu begegnen und die gestellten Anforderungen und Herausforderungen zu bewältigen – und sie aktiv anzugehen. Nach Antonovsky (1997) setzt sich das Kohärenzgefühl aus drei Komponenten zusammen:

- dem Gefühl von Verstehbarkeit (sense of comprehensibility),
- dem Gefühl von Handhabbarkeit bzw. Bewältigbarkeit (sense of manageability) und
- dem Gefühl von Sinnhaftigkeit bzw. Bedeutsamkeit (sense of meaningfulness).

Die wichtigste Komponente ist die der Sinnhaftigkeit. Sie beschreibt das »Ausmaß, in dem man das Leben als emotional sinnvoll empfindet: dass wenigstens einige der vom Leben gestellten Probleme und Anforderungen es wert sind, dass man Energie in sie investiert, dass man sich für sie einsetzt und sich ihnen verpflichtet, dass sie eher willkommene Herausforderungen sind, als Lasten, die man gerne los wäre« (ebd., S. 43 f.). Die Einschätzung von Bedeutsamkeit führt dann zur Ableitung persönlicher, handlungsleitender Ziele.

Schon in den 1920er und 1930er Jahren hat A. Adler (1973; orig. 1933) in seiner *Lehre der Individualpsychologie* das zentrale Konstrukt des »Sinn des Lebens« konstituiert, das Entsprechungen zu den o. a. Darstellungen zu den »persönlichen Zielen« aufweist: »Sinn des Lebens« hat eine doppelte Bedeutung, zum einen den Aspekt der individuellen »Sinnfindung« für das eigene Leben, zum anderen die Betrachtung des Sinns menschlichen Lebens überhaupt. Der individuelle Lebenssinn hängt nach Adler eng mit der »Meinung« zusammen, die ein Mensch von sich und von der Welt hat. »Die Meinung des Individuums vom Sinn des Lebens ist keine müßige Angelegenheit. Denn sie ist in letzter Linie die Richtschnur für sein Denken, Fühlen und Handeln« (ebd., S. 32). Eng verbunden mit dem »Lebenssinn« ist in der Individualpsychologie der grundlegende »Lebensstil«, der sich in den ersten Lebensjahren aus Interaktionserfahrungen mit den Bezugspersonen herausbildet und die Art der Begegnung und Auseinandersetzung des Menschen mit seiner Umwelt ›steuert‹. Der »Lebensstil« – der zumeist unbewusst ist, jedoch durch Reflexion oder/und Psychotherapie dem Bewusstsein zugänglich gemacht werden kann – beeinflusst vor allem die Bewältigung der drei zentralen Lebensaufgaben in den Bereichen »Mitmenschen«, »Beruf/Arbeit« und »Liebe/Partnerschaft«. Adler und nachfolgende individualpsychologische Autoren und Autorinnen betonen immer wieder, dass das Individuum dabei nicht hilflos den Umwelteinflüssen oder den eigenen Fixierungen ausgeliefert ist, sondern sich durchaus aktiv mit seiner »schöpferischen Kraft« – heute würden wohl eher Begriffe wie Kreativität« oder »adaptive Bewältigungskompetenz« benutzt – diesen »Lebensaufgaben« stellt (vgl. Schmidt, 1982; Antoch, 1981).

Der Neurobiologe Hüther (2007) leitet die Bedeutung der Sinnfindung aus den ›Gesetzmäßigkeiten‹ der Hirnentwicklung ab: »Aufgrund seines enorm plastischen, zeitlebens lernfähigen, sich durch sinnliche Erfahrungen strukturierenden Gehirns ist jeder Mensch zu jedem Zeitpunkt seines Lebens darauf angewiesen, neue Sinneseindrücke bzw. die durch neue Wahrnehmungen im Gehirn generierten Erregungsmuster mit den durch vorangegangene Erfahrungen entstandenen und stabilisierten synaptischen Verschaltungsmustern in Einklang zu bringen bzw. ihnen ›Sinn‹ zu verleihen. Die Suche nach Sinn sei also kein nutzloses oder esoterisches Unterfangen, sondern eine, sich aus der Arbeitsweise und der Strukturierung des menschlichen Gehirns zwangsläufig ergebende Notwendigkeit« (ebd., S. 219). Möglicherweise sind hier die Ergebnisse der Hirnforschung etwas weit interpretiert – dass jedoch die notwendige Strukturierung von Wahrnehmungen und Erfahrungen (auch) durch (hierarchisch gegliederte) Sinn- und Zielstrukturen erfolgt, ist nachvollziehbar.

2. Ziele und Handeln (im Lebenslauf)

Die Verbindung zwischen Zielen und Handeln wird durch Handlungspläne oder Handlungspfade hergestellt. Insgesamt ist »das Streben nach persönlich relevanten Lebenszielen als langfristig angelegter, problembewältigender und mitunter belastender Prozess zu verstehen …, der den Einsatz kognitiver und selbstregulierender Aktivitäten erfordert, um die angestrebten Ziele auch erreichen zu können. … Obwohl Menschen ihre Ziele nicht fortlaufend reflektieren, sondern sich überwiegend auf die Ausführung zielgerichteter Handlungen konzentrieren, wird angenommen, dass persönliche Ziele der Selbstreflektion zugänglich sind« (Brunstein et al., 2007, S. 274).

Grundsätzlich wird davon ausgegangen, dass Ziele hierarchisch organisiert sind, dass es Basismotive gibt, die auf unterschiedlichen abstrakten Ebenen differenziert werden und dann in Handlungspläne einmünden. Diese Handlungspläne müssen eine gewisse Flexibilität aufführen. Allerdings: »Handeln, das von übergeordneten Zielen entkoppelt ist, wird als bedeutungsleer oder bestenfalls neutral empfunden« (ebd., S. 279). Aus der Psychotherapieforschung (z. B. Grawe, 2004) ist bekannt, dass nicht nur das Fehlen übergeordneter Ziele, sondern auch das Fehlen einer Zielstruktur überhaupt, sowie das konflikthafte Nebeneinanderstehen gleichrangiger Ziele und Motive emotional belastend sind und eine Ursache für das Entstehen seelischer Störungen sein kann.

Ziele werden nicht nur durch persönliche Schwerpunktsetzungen und Festlegungen bestimmt, sondern auch durch normative und soziokulturelle Anforderungen – etwa durch Entwicklungsaufgaben, die zu persönlichen Zielen werden oder abgelehnt werden. Ziele verändern sich hinsichtlich ihres Inhalts über den Lebenslauf. Während bei Jugendlichen bspw. Fragen der Selbstfindung und Selbstentwicklung und die Gestaltung von Peerbeziehungen eine hohe Bedeutung haben, treten im Verlauf des Erwachsenenalters Ziele in der beruflichen Entwicklung und des Familienaufbaus – oder Alternativen dazu – in den Vordergrund. Nach Brunstein et al. (2007, S. 292f.) zeigt sich, dass »Erwachsene im mittleren bis höheren Alter ein höheres Maß an Selbstbestimmung bei der Auswahl ihrer Ziele zeigten als dies bei jüngeren Erwachsenen der Fall war«. Im höheren Alter wird die Zielanpassung angesichts drohender Einschränkungen bzw. Verluste der motorischen, neurologischen oder kognitiven Funktionen und der sozialen Bezüge bedeutsam (s.u., ▶ Kap. 3.5). Ebenso schlägt »sich die Wahrnehmung der verbleibenden Lebenszeit in gravierender Weise auf die Auswahl bestimmter Arten von Zielen nieder« (ebd., S. 293). Inhaltlich verliert allerdings das »Streben nach persönlich bedeutungsvollen Zielen« (ebd., S. 294) über das gesamte Lebensalter nicht an Bedeutung.

Heckhausen (1989, 1999) unterscheidet »Annäherungsziele« und »Vermeidungsziele«: Erstere sind dadurch gekennzeichnet, dass ihre Erreichung – wie z.B. ein beruflicher Aufstieg – emotional positiv besetzt ist; bei zweiteren hingegen geht es darum, als bedrohlich erlebte oder vermutete Situationen bzw. Zustände zu vermeiden: Sport wird dann bspw. nicht in erster Linie aus Freude an der Bewegung ausgeübt, sondern um Krankheiten zu vermeiden. Nach Heckhausen (1977) nehmen mit zunehmendem Alter die Vermeidungsziele zu, die Lebensziele werden allgemein als weniger beeinflussbar erlebt.

3. Ziele und Wohlbefinden

Die Orientierung an persönlichen Zielen bzw. an einem Lebenssinn erhöht, wie verschiedene Studien zeigen konnten, prinzipiell das seelische Wohlbefinden, die Lebenszufriedenheit und die allgemeine psychische Gesundheit (Brunstein et al., 2007; Lent, 2004; Schmuck & Sheldon, 2001). Dies hängt damit zusammen, dass die Zielorientierung und die Orientierung zur kurz- und langfristigen Planung des Lebens auch Anreize zu vielfältigen Aktivitäten gibt; darüber wird die Erfahrung vermittelt, »ein erfülltes und selbstbestimmtes Leben zu führen« (Brunstein et al., 2007, S. 281). Auch Befunde aus der Alter(n)sforschung bestätigen diese Erkenntnisse: Die adaptive Bindung an Ziele und Sinnstrukturen erhöht das subjektive Wohlbefinden und ist damit ein Prädiktor für Langlebigkeit (▶ Kap. 3.5).

Das Streben nach persönlichen Zielen führt allerdings nicht ›automatisch‹ zu Zufriedenheit und Wohlbefinden. Brunstein, Schultheiss und Maier (1999) haben den Zusammenhang zwischen Zielbindung und subjektivem Wohlbefinden in einem Modell differenzierter beschrieben: Danach ist die Bindung an Ziele eine notwendige, aber nicht hinreichende Bedingung für (hohes) Wohlbefinden, sondern es müssen hierzu zwei weitere Voraussetzungen erfüllt sein: Zum einen müssen die Ziele realisierbar sein. Es müssen dazu Fortschritte bei der Verwirklichung der Ziele erlebt werden. Zum anderen muss eine »Bedürfniskongruenz der Ziele« bestehen, d.h. das in Frage stehende Ziel muss mit den inneren Bedürfnissen und auch unbewussten Motiven der Person im Einklang stehen. Dieser Zusammenhang zwischen Zielbindung und der Realisierbarkeit der Ziele ist, wie Brunstein (1993, 1999) in unterschiedlichen Studien für verschiedene Altersgruppen zeigen konnte, eine wesentliche Voraussetzung sowohl für die Verwirklichung und Umsetzung von Zielen, als auch für das Wohlbefinden. Dabei stellte sich heraus, dass der »Bildung realitätsangemessener Ziele, neben ihrer persönlichen Bedeutsamkeit ... generell eine zentrale Rolle für die Förderung der psychosozialen Anpassung zu [kommt]« (Brunstein et al., 2007, S. 284).

4. Die Bedeutung der Zielanpassung

Eine wichtige Fähigkeit – insbesondere zur Sicherung des subjektiven Wohlbefindens – besteht darin, die eigenen Ziele mit eigenen Kompetenzen und Außenbedingungen immer wieder zur Passung zu bringen; es kommt also auf eine »flexible Zielanpassung« an.

Somit sind Lebensziele bzw. Sinnstrukturen einerseits als Stabilisatoren im Lebenslauf anzusehen, andererseits müssen sie Veränderungs- und Anpassungsprozessen unterzogen werden. Dabei spielen »Reorganisationsprozesse« eine Rolle, also »eine Neuordnung von Prioritäten, die Lebenszielen zugewiesen werden« (Brunstein et al., 2007, S. 296). Dies vollzieht sich vor allen Dingen in den Übergängen von einer Lebensphase in eine andere. Diese Übergangsphasen »sind mit grundlegenden Veränderungen in sozialen Rollen, alltäglichen Anforderungen, verfügbaren Ressourcen und Handlungsgelegenheiten verknüpft ... Die Neuordnung von Zielprioritäten beinhaltet ... einen konstruktiven Prozess, in dem sich eine Person von früheren Zielen ablöst *und* sich gleichzeitig an neue Ziele bindet« (ebd.). Bedeutungsvoll ist hier eine proaktive Auseinandersetzung mit dieser Lebensveränderung, d. h. eine Auseinandersetzung, bevor neue Lebensphasen eintreten und in diesem Sinne dann Ziele neu bestimmt werden.

Die Untersuchungen von Brunstein (1999) zeigten, dass es Menschen mit zunehmendem Alter leichter fällt, sich von belastend wirkenden Zielen zu lösen bzw. unrealistische Ziele aufzugeben; dies kann als wachsendes Maß psychologischer Reife angesehen werden. Die Prozesse der Zielanpassung sind nach dem Modell von Baltes und Baltes (1990; Baltes et al., 1998) empirisch vertieft worden: Danach kommt es zu Prozessen der Zielselektion (also einer Auswahl aus dem Spektrum möglicher Ziele), der Zieloptimierung (die ausgewählten Ziele werden mit internen und externen Ressourcen angestrebt) – und der Kompensation (Ziele, die z. B. aufgrund von Funktionseinschränkungen im Alter nicht erreicht werden können, werden durch andere ersetzt) (ausführlich: ▶ Kap. 3.5).

Zusammenfassend lässt sich mit Brunstein et al. (2007, S. 298) feststellen: »Passung in Hinblick auf die äußere Welt sowie Kongruenz in Hinblick auf die innere Welt stellen zwei Voraussetzungen dar, unter denen das Streben nach Zielen zu einer Quelle positiver Gefühle und Lebenseinstellungen werden kann ... Die Fähigkeit, sich eigene Ziele zu setzen, gestattet es Menschen ... zu Konstrukteuren ihrer eigenen Entwicklung zu werden. ... Aktives Engagement im Prozess der Entfaltung und Reorganisation von Zielsystemen stiftet nicht nur einen Sinn für die Kontinuität des eigenen Lebens, sondern eröffnet auch die Perspektive, sich flexibel an Veränderungen des Lebens anpassen und neue Anforderungen meistern zu können«.

5. Ziele und Resilienz

Wie dargelegt, gibt es eine Vielfalt empirischer Belege dafür, dass die Entwicklung (realistischer) persönlicher Ziele einen bedeutenden Einfluss auf subjektives Wohlbefinden und psychische Gesundheit haben, bei der Bewältigung von Herausforderungen, auch Krisen, bedeutsam sind und die Übergänge verschiedener Lebensphasen beeinflussen. So hängt die Selbstwirksamkeit einer Person damit zusammen, ob und wie die Ziele erreicht und bewältigt werden. Damit im Zusammenhang steht auch die Zukunftsmotivation und -orientierung. Die Zukunftsmotivation ist abhängig von individuellen Maßstäben (»innere Standards«), die den Grad der Zielsetzung und -erreichung definieren (vgl. Rönnau-Böse, 2013).

Dieses Konzept der persönlichen Ziele findet eine Übereinstimmung mit dem Konzept der Salutogenese, hier dem Teilaspekt der Sinnhaftigkeit des Kohärenzgefühls. Auch in den Untersuchungen zu Schutzfaktoren wird teilweise Sinnhaftigkeit als bedeutende Komponente herausgestellt (Überblick bei Bengel et al., 2009). Damit ist die Fähigkeit zur Bildung persönlicher Ziele und einer hierarchisch abgestimmten Zieldifferenzierung, auf die das eigene Handeln bezogen werden kann, eine wichtige personale Bewältigungskompetenz. Es wäre daher überlegenswert, die Fähigkeit, persönliche, sinngebende Ziele zu entwickeln, daraus Handlungspläne abzuleiten und eine Passung zu Gegebenheiten der Umwelt herzustellen, als weiteren, siebten Resilienzfaktor in das o. g. Modell von Rönnau-Böse und Fröhlich-Gildhoff aufzunehmen. Andererseits ist die Fähigkeit zur flexiblen bzw. adaptiven Zielanpassung eine Komponente des Resilienzfaktors »adaptive Bewältigungskompetenz«. Die Fähigkeit zur Entwicklung von Zielen und übergeordneten (Lebens)Sinnstrukturen und der entsprechenden Passung ist in jedem Falle eine wichtige »Querschnittskompetenz«, die spätestens ab dem Jugendalter eine hohe Bedeutung hat.

2 Resilienz über die Lebensspanne: Allgemeine Betrachtungen

Der Ansatz, die Entwicklung und Manifestierung der Resilienz über die Lebensspanne zu betrachten, bezieht sich auf die grundlegenden Erkenntnisse und Prinzipien der Entwicklungspsychologie über die Lebensspanne. Daher werden im Folgenden zunächst diese Grundlagen vorgestellt. Mit dieser Thematik verbunden sind das Konzept der Entwicklungsaufgaben und -themen sowie der kritischen Lebensereignisse; hierauf wird in Kapitel 2.2 (▶ Kap. 2.2) näher eingegangen. Bei der Betrachtung von Entwicklung und Resilienz über die Lebensspanne haben Übergänge zwischen Entwicklungsabschnitten oder Entwicklungsumwelten/-systemen eine besondere Bedeutung – Kapitel 2.3 (▶ Kap. 2.3) widmet sich diesen Übergängen.

Letztlich verweisen diese verschiedenen Zugänge, die z. T. aus unterschiedlichen Forschungstraditionen oder -zeiträumen entstammen, aus ähnlichen Perspektiven auf den gleichen Gegenstand: Das Individuum, dass sich in der aktiven Auseinandersetzung mit seiner Umwelt (besonderen) Herausforderungen stellt und sie zu bewältigen versucht.

2.1 Entwicklungspsychologie über die Lebensspanne

Entwicklungspsychologie befasst sich im Allgemeinen mit intra- und interindividuellen Veränderungen und Stabilitäten des Verhaltens und Erlebens im menschlichen Lebensverlauf (z. B. Schneider & Lindenberger, 2018). In Erweiterung dieser Definition ist der Gegenstand einer Entwicklungspsychologie der Lebensspanne nach Baltes, Reese und Lipsitt (1980, S. 66) die »Beschreibung, Erklärung und Modifikation (Optimierung) von Entwicklungsprozessen im menschlichen Lebenslauf von der Zeugung bis zum Tod«.

Damit wird auf den *prozess*haften Charakter menschlicher Entwicklung verwiesen, zugleich auf die Notwendigkeit, *Veränderungen und Kontinuitäten* im Verlauf beschreiben und erklären zu können. Die wissenschaftlichen Konzeptionen einer Entwicklung über die Lebensspanne fundieren auf *fünf zentrale*n *Prinzipien*:

1. **Wechselwirkung von Entwicklungsdeterminanten**
Menschliche Entwicklung vollzieht sich in der Wechselwirkung von biologischen, sozialen und individuell-psychischen Faktoren[3]. In jeder Entwicklungsphase und jedem Entwicklungsbereich haben diese drei Faktoren eine (unterschiedlich große) Bedeutung.
In Anlehnung an Baltes, Lindenberger und Staudinger (1998) unterscheidet Brandtstädter (2007, S. 45) drei wesentliche Einflussgrößen: a) normativ/ontogenetisch-alterszyklische, b) normativ-geschichtsgradierte Einflüsse sowie c) »non-normative Ereignisse«.
Zu a) Grundsätzlich ist demnach »von einer Interaktion von Anlage- und Umweltfaktoren auszugehen; gleiche genotypische Bedingungen können in unterschiedlichen Entwicklungskontexten zu unterschiedlichen phänotypischen Expressionen führen« (ebd., S. 47 f.). Dabei haben die »genetischen Steuerungen der Ontogenese ... beim Menschen den Charakter von partiell offenen Programmen, die eine soziale und personale Regulation der individuellen Entwicklung schon voraussetzen« (ebd., S. 48).
Zu b) Die Entwicklungsumwelten sind wiederum selbst kulturell – und damit normativ und je geschichtsbezogen – geformt: Es kommt im Lebenslauf zu überindividuell wiederkehrenden, teils kultur- und epochenspezifischen Mustern von Anforderungen, Erwartungen und Entwicklungsaufgaben (Havighurst, 1948; ▶ Kap. 2.2).
Zu c) In jeder Lebensgeschichte finden sich individuell besondere Herausforderungen oder kritische Lebensereignisse, die dadurch gekennzeichnet sind, dass sie besondere Herausforderungen darstellen, die mit bisherigen personalen und sozialen Ressourcen zunächst nicht oder nur schwer zu bewältigen sind und eine Neu-Organisation bisher entwickelter Lebens- oder Verhaltensmuster erfordern (▶ Kap. 2.2).

2. **Entwicklungsdynamik und Eigenaktivität**
Entwicklung wird als dynamischer, prinzipiell immer veränderbarer Prozess verstanden. In allen Publikationen zur Entwicklungspsychologie der Lebensspanne wird dabei zugleich die aktive Rolle des Individuums betont: »Federführend ist dabei die Vorstellung, dass Menschen, jenseits des Wirkens innerer Triebe und äußerer Zwänge, prinzipiell in der Lage sind, ihr Leben in Übereinstimmung mit eigenen Absichten zu gestalten« (Brunstein & Maier, 2002, S. 158). Dies bedeutet, dass endogene Prozesse, Umwelteinflüsse, Prozesse der kulturellen Steuerung aber auch die Eigensteuerung bzw. Selbstregulation des Individuums über die gesamte Lebensspanne Einfluss auf den (individuellen) Entwicklungsprozess haben: »Entwicklung vollzieht sich in einem permanenten, vielfach konfliktträchtigen, selbst entwicklungsoffenen Wechselspiel von normativen kulturellen Entwicklungsforderungen und persönlichen Entwicklungszielen, von sozialen Entwicklungsangeboten und individuellen Entwicklungsmöglich-

---

3 Hier findet sich eine zentrale Parallele zum bio-psycho-sozialen Modell der Erklärung von Verhaltensauffälligkeiten und seelischen Erkrankungen (vgl. Fröhlich-Gildhoff, 2013a, b; Petermann et al., 2004), auf das an dieser Stelle allerdings nicht näher eingegangen werden kann.

keiten. Handlungs- und Modifikationsmöglichkeiten in Hinblick auf die eigene Entwicklung werden in allen Lebensphasen wesentlich durch vorausgehende Entwicklungsergebnisse bestimmt« (Brandstätter, 2007a, S. 36f.).

3. **Kontinuität und Veränderung**
Auch wenn vorangegangene Entwicklungsprozesse einen deutlichen Einfluss auf aktuelle Formen des Herangehens an Aufgaben und Herausforderungen haben, so sind »Veränderungen ... zu jedem Zeitpunkt möglich ... [Sie] werden durch vorangegangene Anpassungsprozesse eingeschränkt, aber nicht definitiv verunmöglicht oder gar determiniert« (Frick, 2011, S. 72). Dies bedeutet auch, dass bestimmte, erfahrungsabhängig entwickelte Merkmale, wie z.B. das je individuelle Selbstkonzept (vgl. Greve, 2000; Frick, 2011) oder das Selbstvertrauen (Schneider, 2008) zwar – insbesondere nach dem Jugendalter – eine grundlegende Stabilität, Kontinuität und Konsistenz aufweisen, jedoch durch neue intensive oder wiederholte Erfahrungen verändert werden können.
Entsprechend stellt Brandstätter (2007a, S. 42) fest: »Es gibt keine Entwicklungsmuster oder -verläufe, die nicht geändert werden könnten, vorausgesetzt, das Entwicklungssubjekt selbst oder der relevante soziale oder kulturelle Kontext verfügen über entsprechende Möglichkeiten und Interessen«. Dennoch kann man nicht von einer »unbegrenzten Plastizität« ausgehen: »Die Spielräume menschlicher Entwicklung über die Lebensspanne unterliegen vielmehr einem System von Beschränkungen, die teils selbst historischem Wandel unterliegen, zum Teil aber auch starr und immanent sind« (ebd.)[4].

4. **Entwicklung über die Lebensspanne als kontextgebundener Prozess der Passung**
Das (selbstaktive) Individuum bewegt sich über die Lebensspanne in Entwicklungsumwelten und verändert sich in Passung an die Entwicklungskontexte – oder trachtet danach, diese Kontexte ›passend‹ zu gestalten. »Entwicklungsveränderungen im Lebenslauf [sind] wesentlich von den im sozialen, kulturellen und historischen Kontext jeweils gegebenen Arrangements von Entwicklungsangeboten und -beschränkungen abhängig. ... Innerhalb dieser – selbst veränderlichen – Bedingungsmatrix schaffen sich Menschen ihre persönlichen Entwicklungsökologien; diese Aktivitäten sind wesentlich darauf ausgerichtet, eine ›Passung‹ zwischen kontextuellen Bedingungen und individuellen Entwicklungs- und Handlungspotentialen zu erreichen ... Konfliktspannungen und Asynchronien zwischen individuellen und kontextuellen Bedingungen und die darauf bezogenen Bewältigungsprozesse sind selbst ein wesentliches Moment lebenslanger Entwicklungsdynamiken« (Brandstätter, 2007a, S. 58).

5. **Bedeutung der Entwicklungspfade**
Grundsätzlich ist es schwierig, generalisierende, also überindividuelle, klar festgelegte Entwicklungswege zu beschreiben, denn »unterschiedliche Entwicklungspfade können zu einem ähnlichen manifesten Entwicklungsausgang führen« (Frick, 2011, S. 71). Dieses Prinzip der *Äquifinalität* »besagt, dass Organismen von unterschiedlichen Anfangsbedingungen aus oder über unter-

---

4 Diese Sichtweise ist nicht völlig unumstritten; so geht z. B. Antonovsky (1997) davon aus, dass das Kohärenzgefühl eines Menschen nur bis etwa zum 30. Lebensjahr veränderlich ist.

schiedliche Wege *Multifinalität*, »ist dem Prinzip der Äquifinalität komplementär. So wie die verschiedensten Ursachen zu einem Entwicklungsausgang führen können, kann eine Funktionsweise im Entwicklungsverlauf unterschiedliche Ergebnisse haben. Individuen mit vergleichbaren Ausgangsbedingungen können sich auf Grund günstiger und ungünstiger Rahmenbedingungen unterschiedlich entwickeln. So kann beispielsweise ein Kind mit einem ›schwierigen Temperament‹ in einem Kindergarten aufgenommen werden, in dem die Erzieher und Erzieherinnen darauf günstig reagieren, während es unter anderen Bedingungen vielleicht permanent in soziale Konflikte geraten wäre und eine Neigung zu Wutausbrüchen entwickelt hätte. Ein schädigendes Ereignis muss nicht notwendigerweise bei jedem Individuum zu Beeinträchtigungen führen …«. (Petermann et al., 2004, S. 283).
Folgende Abbildung 2.1 (▶ Abb. 2.1) soll dieses Prinzip noch einmal verdeutlichen:
Die Prinzipien von Äquifinalität und Multifinalität verweisen darauf, dass bei Betrachtung individueller Entwicklung nur bedingt auf allgemeine Erklärungsmuster zurückgegriffen werden kann – es müssen immer die je individuellen Entwicklungspfade nachgezeichnet werden.

Insgesamt wird mit diesen Grundprinzipien eine interaktionistische Perspektive auf die Bedingungen und ›Ursachen‹ von Entwicklung entsprechend dem Modell von Montada (2008) eingenommen. Die – komplexen! – interaktionistischen Theorien besagen, dass sich ein aktives Individuum in einer gleichfalls aktiven Umwelt bewegt und beide in ständiger Wechselwirkung Entwicklung beeinflussen. Damit findet sich ebenfalls eine Nähe zu systemischen Konzeptionen, die davon ausgehen, dass »Menschen leben, agieren und [sich] in sozialen bzw. ökologischen Systemen [entwickeln]. Alle Teile dieser Systeme stehen in Relation zueinander, ihre Aktivitäten können andere Teile beeinflussen« (Montada, 2008, S. 12). Dieses Modell wird der Realität menschlicher Entwicklung in (sich wandelnden) Umwelten sicherlich am ehesten gerecht und erfasst die Vielfalt und Komplexität menschlichen Seins am präzisesten – es ist andererseits ein kompliziertes Modell, weil immer eine Vielzahl von Bedingungen, Faktoren und Variablen berücksichtigt werden muss und es eben einfache Aussagen wie »Intelligenz ist vererbt« oder »das Kind verhält sich so, weil es ihm seine Eltern vormachen« unter dieser Perspektive nicht haltbar sind.

Konsequenzen für die »Resilienz über die Lebensspanne«

Die Betrachtung der Entwicklung von Resilienz über die Lebensspanne sollte sich an den o. g. allgemeinen Leitvorstellungen einer Entwicklungspsychologie der Lebensspanne orientieren. Dies betrifft insbesondere folgende Punkte:

- Resilienzentwicklung ist nur im Zusammenspiel und der Wechselwirkung verschiedener Einflussfaktoren zu verstehen und muss je individuell nachgezeichnet werden.

2 Resilienz über die Lebensspanne: Allgemeine Betrachtungen

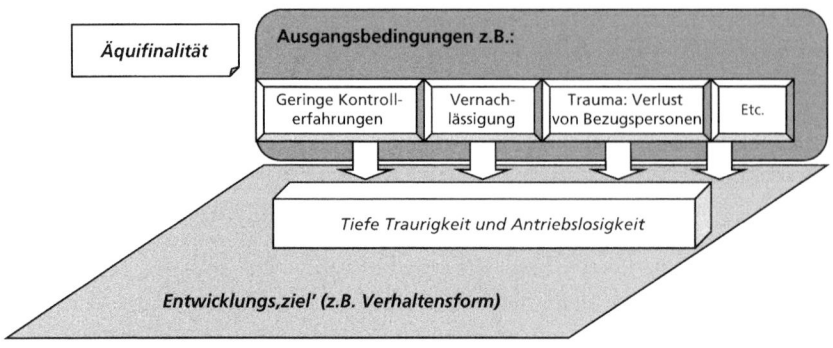

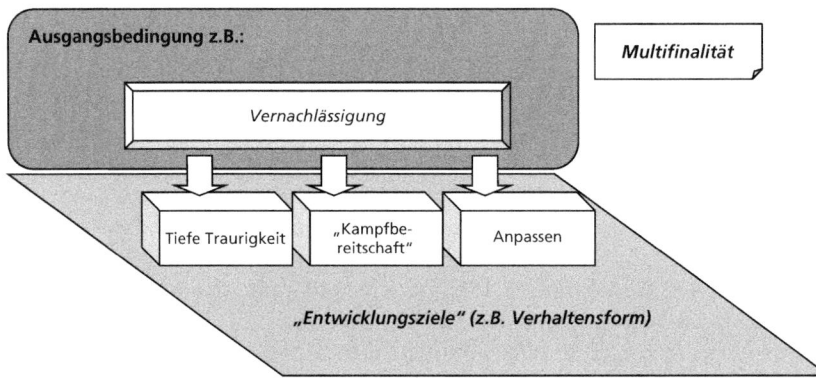

Abb. 2.1: Äquifinalität und Multifinalität (nach Petermann, F., Niebank, K., & Scheithauer, H., 2004, S. 283)

- Resilienz ist als eine dynamische Fähigkeit anzusehen, die sich je nach kontextuellen Bedingungen und Erfahrungen über die Lebensspanne ändern kann. Zugleich ist von Kontinuitäten auszugehen. Dies bedeutet, dass Erfahrungen mit Bewältigungsprozessen in früheren Entwicklungsphasen auch Auswirkungen auf die Bewältigung in späteren Entwicklungsphasen und damit auf das Ausmaß von Resilienz haben.
- Für die Betrachtung der Resilienzentwicklung über die Lebensspanne können die von Brandtstädter (2007) aufgeführten drei Einflussgrößen (normativ-alterszyklisch, normativ-geschichtsgradiert und non-normativ) übertragen werden:
  - Dies bedeutet zum einen eine Bezugnahme auf Konzepte alterstypischer Entwicklungsaufgaben, wobei diese im Sinne eines zunehmenden »fluiden Lebenszyklusses« und nicht im Sinne einer starren Abfolge zu betrachten sind (s. u.).
  - Zum zweiten sind kulturelle und historische Einflüsse zu berücksichtigen – das (grundsätzlich selbstaktive) Individuum muss mit seinen Bewältigungsformen und seiner Resilienzentwicklung im Rahmen dieser Einflüsse gesehen werden; damit wird zugleich der Gefahr einer zu individualistischen Perspektive begegnet.

– Zum dritten muss die Bedeutung kritischer Ereignisse und deren Bewältigung besonders hervorgehoben werden. Diese kritischen Ereignisse sind individuumsspezifisch unterschiedlich und auch deren Bewältigung hat einen Einfluss auf die weitere Lebensbewältigung und die Gestaltung von Lebensthemen. Diese können den ›Resilienzstatus‹ stärken oder schwächen.

Die Ergebnisse der Mannheimer Risikokinderstudie verdeutlichen eindrucksvoll, wie sich frühkindliche Erfahrungen zu positiven Entwicklungen im Kindes- und Jugendalter führen und diese wiederum positive Korrelationen zum Resilienzstatus im frühen Erwachsenenalter aufweisen (vgl. Hohm et al., 2017)

2.2 Das Konzept der Entwicklungsaufgaben und -themen über die Lebensspanne

Entwicklungsaufgaben

Wie schon in Kapitel 1 (▶ Kap. 1) verdeutlicht, hängt die Resilienz in doppelter Weise mit der Bewältigung von Herausforderungen und Belastungen zusammen: Das jeweilige Ausmaß der seelischen Widerstandskraft hat Einfluss auf die Art der (erfolgreichen) Bewältigung, zugleich wirkt die jeweilige gelingende oder nicht gelingende Bewältigung einer Herausforderung oder Aufgabe auf den ›Resilienzstatus‹ zurück.

> »Das Leben stellt dem Individuum unablässig Herausforderungen, Aufgaben in den Weg, auf die es Antworten, Teilantworten zu geben sucht oder mit denen es immer wieder um Lösungen ringt: Entwicklungsaufgaben erstrecken sich letztlich nicht nur auf die gesamte Lebensspanne, sondern verlangen vom einzelnen immer wieder Anstrengungen, eine Neuorientierung und eine Neuorganisation seines Lebens« (Frick, 2011, S. 158).

Das Konzept der Entwicklungsaufgaben wurde zum ersten Mal von Havighurst (1948) in den wissenschaftlichen Diskurs eingebracht und von der allgemeinen Entwicklungspsychologie (vgl. z. B. Schneider & Lindenberger, 20018; Berk, 2011; Steinebach, 2000), wie von der klinischen Entwicklungspsychologie (z. B. Heinrichs & Lohaus, 2020) und der Entwicklungswissenschaft (Scheithauer & Niebank, 2022) aufgegriffen. Nach Havighurst sind Entwicklungsaufgaben solche Anforderungen, die sich dem Individuum im Lauf der Lebensjahre stellen, und die dann in spezifischer Weise bewältigt bzw. »beantwortet« werden müssen; die positive Beantwortung führt zu Freude und zum erfolgreichen Herangehen an spätere Aufgaben oder Anforderungen; im Original: »A developmental task …arises at or about a certain period in the life of an individual, successful achievement of which leads to happiness and to success with later tasks, while failure leads to unhappiness in the individually and difficulty with later tasks« (Havighurst, 1948, S. 2). Solche Bewältigungserfahrungen sind nach Montada »Wendepunkte« im Leben, »sie können psychische Störungen erzeugen, aber auch zu vielfältigen Entwicklungsgewinnen führen, wenn sie gemeistert oder bewältigt werden« (Montada, 2008, S. 39).

Die Entwicklungsaufgaben resultieren aus

- *biologischen Faktoren* (z. B. der Notwendigkeit, physiologische Zustände wie den Schlaf-Wach-Rhythmus zu regulieren oder Laufen zu lernen)
- *gesellschaftlichen Vorgaben, Zielen und Erwartungen* (z. B. dem Eintritt in den Kindergarten oder die Schulpflicht mit 6 Jahren)
- sowie *individuellen Zielsetzungen.*

Grundlegend ist »die Formulierung von Entwicklungsaufgaben … einem Wandel unterzogen und abhängig von der Eingebundenheit in eine Kultur und ein Zeitalter« (Frick, 2011, S. 159) – grundsätzlich ist zu beachten, dass dieses Konzept und die empirische Forschung dazu in die westlich-kapitalistische Kultur eingebettet ist und keinen Universalanspruch für die gesamte Menschheit haben kann.

Verschiedene Autoren haben in unterschiedlicher Weise Entwicklungsaufgaben für unterschiedliche Lebensalter zusammengestellt, Beispiele finden sich u. a. bei Schmidtchen (2001, S. 47), Steinebach (2000, S. 23) oder Frick (2011, S. 160 ff.). Die folgende Zusammenstellung zeigt beispielhaft die Abfolge von zentralen Entwicklungsaufgaben[5]:

Tab. 2.1: Entwicklungsaufgaben über die Altersspanne

Aufgaben des Säuglingsalters (bis ca. 1 Jahr)	• Aufbau sensomotorischer Schemata • Erster Aufbau von Bindungsrepräsentationen • Auf- und Ausbau von physiologischen und affektiven Regulationsfertigkeiten
Aufgaben des Kleinstkind-/ Krabbelalters (bis ca. 3 Jahre)	• Aufbau eines differenzierten Emotionsspektrums • Aufbau von frühen Denk- bzw. Problemlösungskompetenzen • Erwerb von sprachlichen Kompetenzen • Erster Aufbau kohärenter Selbst-Strukturen
Aufgaben der Kindheit und des Vorschulalters (ca. 3 bis ca. 6 Jahre)	• Entwicklung der Fähigkeit zur Perspektivenübernahme • Ausbau von sozialen Kompetenzen (Konfliktlösefähigkeit, angemessene Selbstbehauptung; Fähigkeit, sich Unterstützung zu holen) • Erster Aufbau von moralischen Kompetenzen • Vorsichtige Lösung von den Bezugspersonen und erster Aufbau tragfähiger Beziehungen zu Gleichaltrigen und anderen Erwachsenen • Erwerb von Geschlechtsrollenkompetenzen

---

5 Diese Auflistung erhebt nicht den Anspruch auf Vollständigkeit. Sie beschreibt beispielhaft wichtige Entwicklungsaufgaben, die in bestimmten Altersabschnitten bewältigt werden sollten – dabei bleiben manche Aufgaben, wie z. B. die Entwicklung moralischer Urteilskompetenz, über mehrere Altersabschnitte bedeutsam.

2.2 Das Konzept der Entwicklungsaufgaben und -themen über die Lebensspanne

Tab. 2.1: Entwicklungsaufgaben über die Altersspanne – Fortsetzung

Aufgaben des Schulalters (ca. 7 bis ca. 12 Jahre)	• Differenzierung des Selbstkonzepts • Erwerb von schulbezogenen Fähigkeiten (Anpassung an die Normen der Schule, Anstrengungsbereitschaft, Aufbau schulbezogener Leistungsmotivation) • Ausbau sozialer Kompetenzen, besonders im Umgang mit Gleichaltrigen
Aufgaben der Adoleszenz (ca. 13 bis ca. 20 Jahre)	• Erwerb von Kompetenzen zur Identitätsfindung (Geschlecht, Werte und Normen, Berufsorientierung, Partnerschaft) • Aufbau erster individueller Sinn- und Zielstrukturen • Erwerb eines stabilen Körper-Selbstkonzepts (»den eigenen Körper bewohnen«, Fend, 2005, S. 242) und von sexuellen Kompetenzen • Erwerb von Kompetenzen zur Loslösung von den Eltern
Aufgaben des Erwachsenenalters (ca. 21 bis ca. 65 Jahre)	• Berufliche Orientierung und möglicher Einstieg in eine berufliche Tätigkeit (Sicherung der eigenen wirtschaftlichen Existenz) • Orientierung in Partnerschaft (oder: Entscheidung gegen Partnerschaft) • Entscheidung für oder gegen Familiengründung und dann ggf. verantwortliche Übernahme der Elternrolle • Neuorientierung nach Beendigung der ›engen‹ Elternphase (Lösung/Auszug der Kinder) • Wahrung bzw. Ausbau sozialer Beziehungen • Entscheidung für (oder gegen) Formen gesellschaftlichen/sozialen Engagements
Aufgaben des ›jungen‹ Alterns (3. Lebensalter) (ca. 65 bis ca. 80 Jahre)	• Auseinandersetzung mit der Beendigung der ›regulären‹ Berufstätigkeit. • Neuorientierung hinsichtlich der Alltagsgestaltung und entsprechender Aktivitäten (gesellschaftliches Engagement, Übernahme von Großelternrolle, Pflege von Verwandten ...)
Aufgaben des ›hohen‹ Alterns (4. Lebensalter) (ab ca. 80 Jahre)	• Auseinandersetzung mit Verlusten im sozialen Bereich • Auseinandersetzung mit Krankheit • Auseinandersetzung mit dem eigenen Tod

Ursprünglich ging das Konzept der Entwicklungsaufgaben von relativ klar abgrenzbaren Lebens-/altersabschnitten aus, in denen dann die je spezifischen Aufgaben zu bewältigen sind. In einer Längsschnittstudie konnten Seiffge-Krenke und Gelhaar (2008) zwar grundsätzlich zeigen, dass Havighursts Konzept der zu bewältigenden Aufgaben Bestand hat und mit gelingender Bewältigung auch Zufriedenheit, Freude (»happiness«) und höherer Selbstwert gekoppelt sind. Erfolgreiche Bewältigungen von Entwicklungsaufgaben führen aber nur über kürzere Zeiträume zu einer Selbstwertsteigerung und einem weiteren positiven Herangehen an neue Herausforderungen; eine Vorhersage vom Jugend- zum jungen Erwachsenenalter ist hingegen nicht eindeutig möglich.

Es ist eher von einem »Aufweichen« der altersdefinierten Phasen und der entsprechenden Aufgabenstellungen auszugehen: »These traditional markers no longer follow a standard sequence, are becoming less absolute« (Seiffge-Krenke & Gelhaar, 2008, S. 48). Auch Keupp (1997a,b, 2002) geht aufgrund seiner Studien zur Identitätsentwicklung davon aus, dass diese originär dem Jugendalter zugeschriebene Entwicklungsaufgabe unter den Bedingungen der multioptionalen und individualisierten Gesellschaft eher eine lebenslange Aufgabe ist; er spricht »von der (Un)Möglichkeit, erwachsen zu werden« (Keupp, 1997b). Auch Brandstätter betont, dass das starre Konzept der Stufen von Entwicklungsaufgaben nicht aufrechterhalten werden kann; es ist eher von einem »fluiden Lebenszyklus« (Brandstätter, 2007a, S. 50) auszugehen und einer »Flexibilität von Institutionalisierungen und normativen Zeitstrukturen« (ebd.).

Entwicklungsthemen

Neben dem dargestellten ›klassischen‹ Konzept der lebensabschnittbezogenen Entwicklungsaufgaben lassen sich übergreifende, vom Lebensalter unabhängige Entwicklungs*themen* beschreiben. Diese Entwicklungsthemen – die von einzelnen Autoren und Autorinnen wiederum für bestimmte Altersabschnitte weiter untersucht sind[6] – haben in jedem Entwicklungsstadium eine Bedeutung, werden allerdings altersabhängig ausgeformt.

Folgende übergreifende Entwicklungsthemen lassen sich identifizieren:

1. **Die aktive Gestaltung der Beziehungen zu anderen Menschen**
   Hier wird zum einen der menschliche Grundkonflikt des Pendelns zwischen der Suche nach Autonomie und der Suche nach Bindung bzw. sozialer Einbettung und Verbundenheit angesprochen. Das Bindungsbedürfnis ist ein Grundbedürfnis (vgl. Grawe, 2004; Grossmann & Grossmann, 2015), zugleich ist die Eigenentwicklung, auch in Lösung oder Abgrenzung von anderen, ein zentrales Entwicklungsmotiv; Keupp (2013, S. 30) spricht von der »Dialektik von Bezogenheit und Autonomie«.
   Damit verbunden geht es im gesamten Lebenslauf immer darum, soziale Beziehungen zu anderen Menschen aktiv zu gestalten (oder zu beenden), soziale Netzwerke aufzubauen und aufrecht zu erhalten (oder zu beenden).
2. **Die Sicherung und Stärkung des eigenen Selbstwertes**
   Im Zusammenhang mit dem Selbstwirksamkeitserleben (▶ Kap. 1) und der entsprechenden kognitiven und emotionalen Bewertung von Erfahrungen – im Besonderen im Vergleich mit anderen – bildet sich der individuelle Selbstwert heraus. Die Sicherung des Selbstwerts wird von Grawe (2004, S. 250 ff.) gleichfalls als ein menschliches Grundbedürfnis bezeichnet und hat eine dauerhafte Relevanz.
3. **Die Entwicklung und Modifikation von Lebenszielen und Lebenssinn**
   Auf die Bedeutung von persönlichen Zielen für die eigene Lebensgestaltung und Lebenszufriedenheit wurde im obigen Exkurs unter Verweis auf die Forschungsergebnisse von Brunstein et al. (2007; auch: Brunstein & Maier, 2002)

---

6 Z. B. für Kinder im Alter bis zu drei Jahren: Kleemiß (o. J.); für das mittlere und hohe Erwachsenenalter: Filipp und Staudinger (2005).

hingewiesen. Die Entwicklung entsprechender Ziele, aber auch die Fähigkeit zur Veränderung und ggf. Anpassung an aktuelle Lebensumstände ist gleichfalls eine altersübergreifende Aufgabe, die spätestens ab der beginnenden Adolszenz (hohe) Bedeutung gewinnt. Im Zusammenhang damit steht die Entwicklung eines (situationsübergreifenden) Lebenssinns; die erlebte Sinnhaftigkeit eigenen Handelns bzw. eigener Erfahrungen ist nach Antonovsky (1997) eine zentrale Bestimmungsgröße des Kohärenzsinns, damit eine wesentliche Voraussetzung für seelische Gesundheit.

Lebensziele und Lebenssinn stehen wiederum in Zusammenhang mit der Identität(sentwicklung) und prägen diese (z.B. Fuhrer & Trautner, 2005).

Kritische Lebensereignisse

Neben Entwicklungsaufgaben und -themen stellen sich immer wieder aktuelle Anforderungen oder auch so genannte »kritische Lebensereignisse« wie Geburt von Geschwistern, Ortswechsel oder die Scheidung der Eltern (vgl. z.B. Greve, 2008; Filipp & Aymanns, 2018).

Filip definiert die Bedeutung und Wirkung der kritischen Lebensereignisse folgendermaßen: »Kritische Lebensereignisse erzeugen Stadien des relativen Ungleichgewichts im bis zu dem gegebenen Zeitpunkt aufgebauten Passungsgefüge zwischen der Person und ihrer Umwelt. Ein kritisches Lebensereignis ist … in aller Regel von heftigen Emotionen begleitet [und] fordert individuelle Bewältigungskompetenzen heraus, es zwingt zu einer Neuorganisation des Passungsgefüges und es übersteigt zuweilen auch die Widerstandskraft der davon Betroffenen …« (Filip, 2007, S. 338). Dies bedeutet auch, dass »›kritisch‹… – von Extrembeispielen abgesehen – oft nicht (nur) in der Qualität des Ereignisses selbst [liegt]. ›Kritisch‹ wird oft eher durch die Begleitumstände und den lebensgeschichtlichen Kontext eines Ereignisses definiert wie auch durch die individuellen Ausgangslagen der Betroffenen mit ihren je spezifischen Verwundbarkeiten und Bewältigungsmöglichkeiten« (ebd., S. 359).

Damit erscheint es wichtig, nicht nur die kritischen Lebensereignisse an sich zu beachten, sondern auch die Einbindung in Lebenszusammenhänge insgesamt – das gleiche Ereignis kann für verschiedene Menschen (oder für den gleichen Menschen) zu unterschiedlichen Zeitpunkten, in unterschiedlichen Lebenslagen eine unterschiedliche Bedeutung haben.

Kritische Lebensereignisse müssen von ›Alltagswidrigkeiten‹ unterschieden werden. Sie sind dadurch gekennzeichnet, dass es zu einer »Unterbrechung der Kontinuität des Erlebens und Handelns« (ebd., S. 339) kommt und in der Regel bisher entwickelte Kompetenzen und Ressourcen nur begrenzt zur Bewältigung ausreichen:

»Die Auseinandersetzung mit einem belastenden Ereignis droht dann in einen krisenhaften Verlauf einzumünden, wenn herkömmliche Versuche, die emotionale Belastung zu regulieren, nicht innerhalb einer angemessenen Zeitspanne zur Lösung führen« (ebd.). Dabei ist der Ausgang der Krise offen. Es kann zu einem

Zuwachs von Kompetenz und Lebenserfahrung kommen, aber auch zum Scheitern oder zu Stressreaktionen.

Insbesondere im Erwachsenenalter können die Lebensereignisse und deren Bewältigung einerseits zu einer Selbstwertsteigerung führen und das Selbstwirksamkeitsgefühl erhöhen, aber eben auch bei Nichtbewältigung zu Selbstwertkrisen führen. Somit liegt in kritischen Lebensereignissen auch immer Veränderungspotential, wobei Zugewinne gleichermaßen wie Verluste in Fähigkeiten, Selbstkonzept und Selbstwert auftreten können (z. B. Baltes, Lindenberger & Staudinger, 1998).

Resilienz – verstanden als Komplex von Kompetenzen oder eben als »Bewältigungskapital« (Fingerle, 2011) – hat bei der ›Beantwortung‹ der kritischen Lebensereignisse eine herausragende Bedeutung.

2.3 Die Bedeutung von Übergängen (Transitionen)[7]

Übergänge zwischen Altersphasen – z. B. im Übergang von der Kindheit zur Adoleszenz oder die Übernahme der Rolle (und auch des entsprechenden Identitätsbausteins) als »Student/-in« – stellen eine besondere Herausforderung für Menschen und insbesondere für Kinder und Jugendliche dar. Die Art und das Gelingen der Bewältigung dieser Übergänge hat Einfluss auf das individuelle Herangehen an neue, strukturell ähnliche Situationen und generelle Auswirkungen auf die Selbstwirksamkeitserwartungen. Daher werden in diesem Abschnitt zunächst grundlegende Erkenntnisse der Übergangs-(Transitions-)Forschung vorgestellt; anschließend wird das in diesem Zusammenhang bedeutende systemökologische Konzept von Bronfenbrenner (1981) kurz dargelegt.

Übergänge

In neueren, wissenschaftlichen Betrachtungen des Themas Übergänge wird das Konzept der Transition (erstmals: Welzer, 1993) hervorgehoben; hierbei wird neben dem Individuum das gesamte soziale System stärker in den Mittelpunkt gestellt. »Als Transitionen werden komplexe, ineinander übergehende und sich überblendende Wandlungsprozesse bezeichnet, wenn Lebenszusammenhänge eine massive Umstrukturierung erfahren …. Charakteristisch dabei ist, dass das Individuum dabei Phasen beschleunigter Veränderungen und eine besonders lernintensive Zeit durchmacht …. Dabei kommt es zu einer Anhäufung unterschiedlicher Belastungsfaktoren, weil Anpassung und Veränderungen in vielen Bereichen geleistet werden müssen und innerpsychische Prozesse und Beziehungen zu anderen Perso-

---

[7] Dieser Abschnitt ist eine aktualisierte, modifizierte Form eines ähnlichen Kapitels aus Fröhlich-Gildhoff (2013a). Es wurde dabei auch auf die gemeinsame Arbeit von Fischer & Fröhlich-Gildhoff (2019) zurückgegriffen.

nen neu gestaltet werden« (Griebel & Niesel, 2011). Dies bedeutet, dass es sich bei Transitionen um Lebensereignisse handelt, die auf mehreren Ebenen Bewältigungskompetenz und soziale Unterstützung erfordern, aber auch »in der Auseinandersetzung des Einzelnen und seines sozialen Systems mit gesellschaftlichen Anforderungen Entwicklungen stimulieren und als bedeutsame biografische Erfahrung in der Identitätsentwicklung ihren Niederschlag finden« (ebd.; ausführlich: Griebel & Niesel, 2011). Fthenakis (1999) hat die Struktur familiärer Übergänge nochmals differenziert: je nach Art und Struktur des Übergangs müssen Veränderungen auf einer individuellen (z. B. durch die Aktivierung vorhandener Fähigkeiten), interaktionellen (z. B. durch die Gestaltung neuer Beziehungen) und kontextuellen (z. B. durch die Einbettung in ein neues System und dessen Regeln) Ebene bewältigt werden. Dabei ist es nach Fthenakis nicht das Lebensereignis an sich, das es »zu einer Transition werden lässt, sondern im entwicklungspsychologischen Sinne dessen Verarbeitung und Bewältigung« (Griebel & Niesel, 2011).

Insgesamt hat dabei die Passung zwischen den vorhandenen Fähigkeiten eines Individuums und seines umgebenden Systems mit den Strukturen und Anforderungen der jeweiligen »abgebenden« und »aufnehmenden« Institutionen oder Ebenen eine zentrale Bedeutung. Dieser Prozess der Passung muss in koordinierter Weise durch die Fachkräfte der beteiligten Systeme bzw. Institutionen moderiert werden. In dieser Betrachtung kann die Bewältigung des Übergangs als ko-konstruktiver Prozess aller Beteiligten gesehen werden.

Die Bedeutung der Übergänge sei an zwei Beispielen verdeutlicht:

Der *Übergang Familie – Kindertageseinrichtung* wird gestaltet im Beziehungsdreieck zwischen Kind, den Eltern als vertrauten Bezugspersonen und den pädagogischen Fachkräften; eine besondere Bedeutung hat hier die bisher gewonnene Bindungssicherheit. Bisheriges Vertrauen bzw. eine sichere Bindungsstruktur des Kindes führt dazu, dass es sich schneller auf die neue Situation einlassen kann (z. B. Ahnert, 2004a,b, 2007). Notwendig ist ein konzeptionell verankertes Eingewöhnungskonzept in die Kinderkrippe bzw. Kindertageseinrichtung, wie es zum Beispiel von Laewen, Andres und Hédervári (2000) entwickelt wurde. Ein solches Konzept ist besonders bedeutsam – und ein wesentliches Qualitätsmerkmal – beim Übergang Familie – Kinderkrippe.

Zum *Übergang von der Kindertageseinrichtung zur Schule* gibt es mittlerweile eine Reihe von Studien, die zeigen, dass es sich hierbei um ein für das Kind (und seine Familie) wichtiges Ereignis handelt, das in besonderer Weise stressbelastet ist (Zusammenfassung z. B. bei Griebel & Niesel, 2011; Carle & Samuel, 2007):

Kinder müssen Abschied nehmen von dem gewohnten Umfeld und den vertrauten Bezugspersonen – Erziehern/Erzieherinnen wie Gleichaltrigen – aus dem Bezugsrahmen Kindertageseinrichtung. Sie müssen sich einstellen auf eine neue Gruppe und neue erwachsene Bezugspersonen. Zudem müssen sie sich mit neuen Lehr- und Lernformen auseinandersetzen und sich in entsprechenden Regularien einfügen. Sie müssen neuen Rollenerwartungen genügen und sich mit dem im System Schule verbundenen expliziten Leistungsanspruch auseinandersetzen. Insgesamt werden mit diesem Übergang starke Emotionen wie Angst, Unsicherheit, aber auch Erwartungen und Freude aktiviert, die ihrerseits reguliert werden müssen (vgl. hierzu Griebel & Niesel, 2011; Roßbach, 2006). »Die Kompetenzen hängen mit den Vorerfahrungen des Kindes in seiner Familie und in der Kindertagesstätte zusammen …. Der Anteil von Kindern mit Übergangsproblemen wird auf die Hälfte aller Kinder geschätzt« (Griebel & Niesel, 2005, S. 5). Roßbach (2006) führt eine Reihe von Schwierigkeiten auf, die diese Passung erschweren, z. B. unterschiedliche Visionen und Lernkulturen zwischen vorschulischen Einrichtungen und der Schule, aber auch »Kommunikationshindernisse«. Für eine gelingende Übergangsbewältigung ist nach Griebel und Niesel (2011) die Kooperation zwischen Kindertageseinrichtungen, Schule und Eltern der »ausschlaggebende Faktor«.

Auch wenn diese Beispiele der frühen Kindheit entstammen, sind die grundlegenden ›Mechanismen‹ auch in späteren Altersphasen – z. B. beim Übergang von der Schule in die Berufsausbildung, oder beim Übergang von der Partnerschaft zur Elternschaft – von ähnlichem Charakter: Es kommt aufgrund der neuen (Rollen-)Anforderungen zur Verunsicherung, bisherige Bewältigungsformen sind zunächst einmal nicht ausreichend und die stützenden sozialen wie institutionellen Einflüsse gewinnen eine große Bedeutung.

Das sozialökologische Modell von Bronfenbrenner

Um die Art und Weise, wie Individuen in weitere soziale Bezüge eingebunden sind, zu beschreiben, konzipierte Bronfenbrenner (1981) ein Modell, das die Wirkweise der miteinander verschachtelten ökologischen Systeme beschreibt. Nach Bronfenbrenners *Ökologie der menschlichen Entwicklung* (Bronfenbrenner, 1981) wirken sich diese Systeme direkt oder indirekt auf die Entwicklungsprozesse und Handlungen von Individuen aus.

Entwicklung vollzieht sich nicht allein im Kontext von Familie und anderen begleitenden Institutionen, sie steht vielmehr in Abhängigkeit von unterschiedlichsten Umweltbedingungen, die sich wechselseitig beeinflussen.

Nach Bronfenbrenner stellt das Individuum eine wachsende dynamische Einheit dar, die sowohl von ihrer Umwelt beeinflusst wird als auch selbst auf ihre Umgebung aktiv einwirkt und verändert. So beeinflussen Kinder z. B. Familie und Kindertageseinrichtung, indem sie ihre Erfahrungen aus der Kindertageseinrichtung in die Familie tragen und umgekehrt (▶ Abb. 2.2).

Die ökologischen Systeme werden unterschiedlichen gesellschaftlichen Organisationsebenen zugeschrieben:

- der mikrosozialen Ebene sozialisatorischer Interaktion,
- der mesostrukturellen Ebene der Beziehungsgestaltung,
- der exostrukturellen Ebene institutioneller Organisationsprinzipien,
- der makrostrukturellen Ebene kultureller Wertvorstellungen und Weltanschauungen.

Die mikrosozialen Interaktionen zwischen Menschen stellen dabei den Kern des Modells dar.

2.3 Die Bedeutung von Übergängen (Transitionen)

»Ein *Mikrosystem* ist ein Muster von Tätigkeiten und Aktivitäten, Rollen und zwischenmenschlichen Beziehungen, das die in Entwicklung begriffene Person in einem gegebenen Lebensbereich mit seinen eigentümlichen physischen und materiellen Merkmalen erlebt. Ein Lebensbereich ist ein Ort, an dem Menschen leicht direkte Interaktion mit anderen aufnehmen können« (Bronfenbrenner, 1981, S. 38). Zu diesen unterschiedlichen Lebensbereichen in denen sich Menschen bewegen, zählen z. B. Familie, Kindertageseinrichtung, Schule, Arbeitsplatz, Spiel- und Freizeitaktivitäten, Beziehungen außerhalb der Familie. Jedes dieser Mikrosysteme ist von bestimmten Tätigkeiten und Aktivitäten sowie von Rollen geprägt, die von den einzelnen Personen in diesem System ausgeübt werden. Entscheidend sind dabei vor allem die vom Individuum wahrgenommenen Eigenschaften der Lebenswelt (Bronfenbrenner, 1981, S. 20).

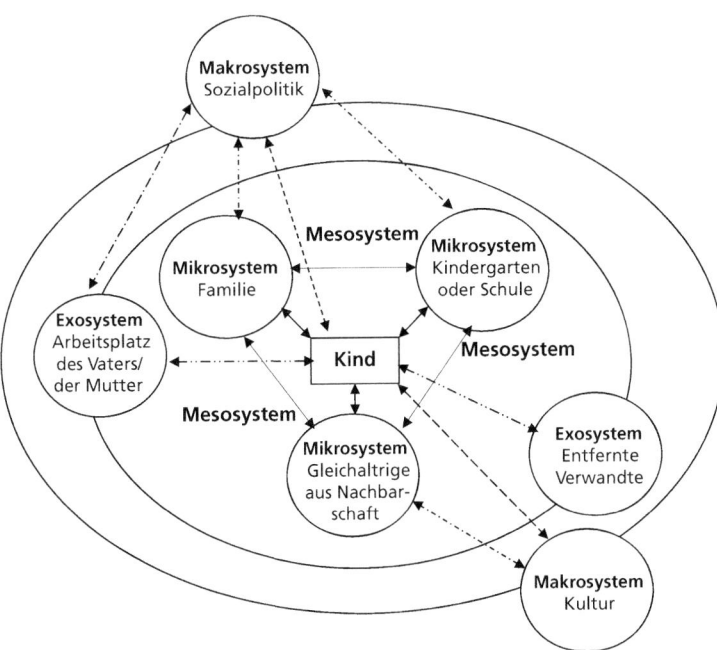

Abb. 2.2: Die systemtheoretische Betrachtung von Entwicklungsumwelten nach Bronfenbrenner (Mischo, 2009; S. 154)

Die Gesamtheit der Lebenswelten eines Menschen bildet nach Bronfenbrenner das *Mesosystem* (vgl. Bronfenbrenner, 1981, S. 38). Es umfasst die Wechselbeziehungen zwischen den Lebensbereichen, an denen sich das Individuum aktiv beteiligt, und die Institutionen, in denen verschiedene Mikrosysteme eines Individuums aufeinandertreffen. Für ein Kind könnte sich diese Wechselbeziehung zwischen Familie, Kindertageseinrichtung und Verein im Stadtteil abspielen. Die Übergänge (von der Familie in die Kita oder später von der Schule in den Beruf etc.) zwischen den Systemen stellt Bronfenbrenner als besonders bedeutsam heraus. Sorgsam gestaltete und begleitete Übergänge sowie miteinander vereinbare Rollenanforderungen in vity (motorische Aktivität), affect (affektive/emotionale Erregung) und attention (Aufmerksamkeit)« (ebd., S. 82).

Nach Petermann und Wiedebusch (2016) findet in der Eltern-Kind-Interaktion »eine gemeinsame Regulation von Gefühlen« statt. »Dabei sind die Neugeborenen zunächst noch ganz auf die Regulation ihrer Emotionen durch die Bezugspersonen angewiesen, während ältere Säuglinge und Kleinkinder in zunehmendem Maße geringe emotionale Belastungen selbst regulieren können, jedoch beim Erleben negativer Gefühle auf Bewältigungshilfen seitens der Eltern angewiesen sind« (ebd., S. 62; vgl. auch Papoušek et al., 2004).

Eine besonders hohe Bedeutung hat das »Spiegeln« der kindlichen Affekte durch die Eltern; durch das kontinuierliche und gleichartige Spiegeln der eigenen Affekte kann das Kind innere Abbilder der eigenen Zustände aufbauen und so zu einer immer verfeinerteren Selbstwahrnehmung – auch als Grundlage für die Selbststeuerung – kommen (z. B. Fonagy, Gergely, Jurist & Target, 2004; Remsperger, 2011 und Gutknecht, 2012, sprechen von der »Sensitivität« der erwachsenen Bezugspersonen). Es kommt insbesondere darauf an, die »Feinzeichen« kindlicher Affekte, insbesondere der Offenheit vs. Belastung des Kindes möglichst immer präziser zu erkennen und dann adäquat zu beantworten. Diese Feinzeichen können in vier Verhaltenssystemen beobachtet werden (Ziegenhain et al., 2010, S. 24): (a) im physiologischen System (Regulation von Atmung, Körpertemperatur, Kreislauf und Verdauung), (b) im motorischen System (Muskeltonus; Körperhaltung), (c) Schlaf/Wachzustände (verschiedene Erregungs- und Bewusstseinsniveaus) und (d) Aufmerksamkeit und soziale Zuwendung/Aufgeschlossenheit.

Neben der Regulation geht es um die *Affektabstimmung* (»affect attunement« nach Stern, 1992), dabei steht die Richtung der Affekte, z. B. Neugier vs. Furcht angesichts eines unbekannten Objekts, mit Unterstützung der Bezugspersonen im Vordergrund. »Das affektive Erleben ist eine wesentliche Grundlage dafür, dass ein Mensch von einem anderen in seinem Erleben verstanden werden kann ... andere Menschen können sich in das Baby einfühlen, können sein Erleben erkennen, verstehen und das Kind in diesem mehr oder weniger akzeptieren« (Biermann-Ratjen, 2002, S. 18).

In diesen, schon im ersten Lebensjahr hoch bedeutsamen Prozessen liegen zugleich die Wurzeln für die Herausbildung von Empathie und emotionaler Perspektivenübernahme, die ihrerseits eine wichtige Mediatorvariable, z. B. für die »Eindämmung« aggressiven und die Ausbildung prosozialen Verhaltens, darstellt (Petermann & Wiedebusch, 2016; Essau & Conradt, 2004).

Folgende Detailprozesse spielen bei der Affektabstimmung und Ausdifferenzierung der Emotionen eine Rolle:

- Gefühlsansteckung
- geteilte Aufmerksamkeit (joint attention)
- soziale Rückversicherung (social referencing)
- Affektspiegelung

Mit der zunehmenden Sprachentwicklung besteht die Möglichkeit zur *Symbolisierung* der Emotionen. Emotionen werden jetzt benannt und durch diese Form der

Symbolisierung werden sie dem Bewusstsein zugänglich(er) und eben in sprachlicher Form kommunizierbar, zugleich differenziert sich auf diese Weise das Emotionswissen aus. Andererseits sind diese Symbolisierungen natürlich Einschränkungen des breiten Spektrums von Gefühlszuständen, damit sind ja immer – oft automatisch verlaufende – physiologische Prozesse, Bilder, Erinnerungen, Erfahrungen etc. verbunden. Die Symbolisierung erlaubt jetzt das bewusste Bearbeiten der Emotionen und ihrer Differenzierungen.

Das Differenzieren der Emotionen ist auch deswegen von Bedeutung, weil viele Gefühle mit ähnlichen psycho-physiologischen Zuständen verbunden sind: So sind sowohl Angst, als auch Wut mit erhöhtem Herzschlag, verändertem Hautwiderstand, erhöhtem Muskeltonus etc. gekoppelt – Kinder müssen lernen, dass und wie diese zunächst ähnlich erscheinenden physiologischen Zustände mit unterschiedlichen Gefühlen verbunden sind.

Der aufbauende Entwicklungsprozess zu *emotionaler Kompetenz* vollzieht sich folgendermaßen (▶ Tab. 3.1)[9]:

Tab. 3.1: Entwicklungsprozess emotionaler Kompetenz

	Emotionsausdruck (nonverbal und sprachlich)	Emotionsregulation (innere und äußere Strategien im Umgang mit Emotionen)	Emotionsverständnis und -wissen (Wissen über Auslöser bestimmter Emotionen bei sich und anderen)
1.–3. Monat	Lust/Unlust (Behagen/Unbehagen) wird mimisch und ganzkörperlich signalisiert, ab 4–6 Wochen »Basisemotionen«: Freude, Interesse, Überraschung, Ärger, Traurigkeit und Angst	erste Strategien, z. B. Aufmerksamkeitslenkung, (sich Abwenden, Daumenlutschen) und auch Weinen bei Unwohlsein	Anlächeln/zurücklächeln, Differenziertes Erkennen von »Tonlagen«
4.–6. Monat	Freude wird gezielter durch Lachen, Angst durch Weinen ausgedrückt. Erste differenzierende Reaktion auf unterschiedliche Menschen	ab etwa 4 Mon. Selbstberuhigung (gelingt aber nur bei schwacher bis mittlerer Erregung), z. B. Schaukeln	Gefühls»ansteckung«; »Mitweinen«
7.–12. Monat	Selektives Lächeln zu best. Personen; Angst vor Fremden [»Fremdeln«]; soziale Rückversicherung	Zunehmend gerichteter Appell an Bezugspersonen; Übergangsobjekt: Kuscheltier; »Ablenkung« körper-	Differenziertes Erkennen der Gefühlszustände anderer; Differenzierung des eigenen Gefühlsspektrums im Abgleich mit

---

[9] Ein herzlicher Dank geht an die Kollegin Katja Mackowiak für die wichtigen Rückmeldungen zu dieser Tabelle.

Tab. 3.1: Entwicklungsprozess emotionaler Kompetenz – Fortsetzung

	Emotionsausdruck (nonverbal und sprachlich)	Emotionsregulation (innere und äußere Strategien im Umgang mit Emotionen)	Emotionsverständnis und -wissen (Wissen über Auslöser bestimmter Emotionen bei sich und anderen)
		lich (starke Bewegungen, Unruhe, …)	anderen (sog. social/emotional referencing als Soziale Strategie); Unterscheidung von Emotionen im mimischen und vokalen Ausdruck – Basis des Emotionsverstehens
2. Lebensjahr	Weitere Differenzierung des mimischen und gestischen Ausdrucks; Beginn des Erlernens der so genannten sekundären Emotionen (Stolz, Scham, Schuld und Neid)	Langsam zunehmende eigenständige Regulation; erstes Erfahren von Regeln bzgl. Emotionsausdruck	Erkennen, dass Emotionen innere Zustände sind, die einer Person zugehören (ggfls. situationsunabhängig); Entwicklung eines Emotionsvokabulars: Beginn erster Zuordnung Worte – Gefühl (positiv – negativ Klassifizierung: lachen/lustig – traurig); Unterscheidung von Emotionen im mimischen und vokalen Ausdruck – wird Basis des Emotionsverstehens
Ab ca 3½ Jahren	Differenzierung Empfindung – Kognition – Ausdruck; Unterscheidung zwischen Emotionserleben und -ausdruck → »Manipulation«; Erstes »Verstecken« von Emotionen	»Ablenkung« kognitiv	Differenzierung des Wortschatzes entsprechend emotionaler Zustände; Verstehen der inneren Zustände anderer (Beginn Perspektivenübernahme; »theory of mind«, Premack & Woodruff, 1978); Beginn wirklicher Empathie; Beginnendes Wissen darum, dass Emotionen unterschiedliche Ursachen haben können; Beginnende Fähigkeit, Vorhersagen zu treffen, wie ein

Tab. 3.1: Entwicklungsprozess emotionaler Kompetenz – Fortsetzung

	Emotionsausdruck (nonverbal und sprachlich)	Emotionsregulation (innere und äußere Strategien im Umgang mit Emotionen)	Emotionsverständnis und -wissen (Wissen über Auslöser bestimmter Emotionen bei sich und anderen)
			Protagonist sich fühlt (»theory of emotion« analog zur theory of mind, s. o.); »Egozentrische Empathie« (Wertfein, 2006): Vermischung eigener und fremder Gefühle, allmähliche Zunahme prosozialen Verhaltens (zunächst aus Sicht des eigenen emotionalen Erlebens)
4./5. Lebensjahr	Emotionen werden zunehmend deutlicher und differenzierter gezeigt – dennoch bleiben »Verwirrungen« (Unsicherheiten) über den eigenen emotionalen Zustand), mit denen das Kind noch nicht allein umgehen kann. Gefühle wie »Stolz« oder »Neid« werden deutlicher; Vortäuschen von Emotionen	Selbstberuhigungsstrategien werden erlernt und angewandt (z. B. Rituale wie »tief durchatmen« oder »Selbstgespräche«); differenziertere kognitive Strategien und Aufmerksamkeitsablenkung (Phantasiewelt); Gezielter Rückzug	Zunahme Emotionsvokabular; Mehrdeutigkeit des Emotionsausdrucks anderer kann zunehmend besser erkannt werden (Fremdwahrnehmung); Verstehen emotional mehrdeutiger Situationen; Emotionen der Mitmenschen rücken ins Zentrum der kindlichen Betrachtungen

Zu 4: *Grundlagen sozialer Kompetenz*

Der *Aufbau sozial kompetenten Verhaltens* ist eine wesentliche Entwicklungsaufgabe des Kindesalters, die sich in den ersten Lebensjahren anbahnt. Lösel, Jaursch, Bellmann und Stemmler (2007, S. 216) beschreiben folgende »Komponenten« der sozialen Kompetenz: »soziale Wahrnehmung, Informationsverarbeitung, Empathie, Emotionsregulation, Selbstkontrolle und Handlungsfertigkeiten« – hier wird schon deutlich, dass es eine Reihe von Überschneidungen dieser Faktoren oder Teilkompetenzen gibt.

- Die Wahrnehmung und Interpretation sozialer Situationen ist durch einen Prozess gekennzeichnet, der vom Erkennen von Verhaltensweisen über deren Interpretation zur Reaktionssuche, zur Reaktionsentscheidung und dann -umsetzung gekennzeichnet ist. Soziale Kompetenz basiert also auf einer möglichst

unverzerrten Verarbeitung der Informationen in sozialen Situationen (Crick & Dodge, 1994).
- »Empathie, d. h. das Vermögen, sich in andere Personen hineinversetzen zu können, ihre Gedanken nachvollziehen und ihre Gefühle identifizieren und nachempfinden zu können, ist eine wesentliche Voraussetzung für adäquates Verhalten in zahlreichen sozialen Interaktionen« (Aßhauer, Burow & Hanewinkel, 1999, S. 13, s. o.). Voraussetzung für das Entwickeln von Empathie ist die Fähigkeit zur Perspektivenübernahme. Die meisten Kinder sind mit einem Alter von zwei Jahren in der Lage, zu erkennen, dass andere Menschen gleichfalls Wünsche haben, und sie können den Unterschied zwischen der eigenen Bedürfnislage und den anderer Personen repräsentieren (Flavell, Green, Flavell & Linet al., 1999).

In sozialen Situationen geht es neben den im obigen Abschnitt (3) genannten Voraussetzungen der emotionalen Kompetenz darum, ein Spektrum an konkreten Fertigkeiten zur Verfügung zu haben, um angemessen handeln zu können. Diese Handlungsfähigkeiten werden nach und nach aufgebaut; die Grundlagen jedoch in den ersten Lebensjahren gelegt.

Sowohl bei der *Lösung von* (zwischenmenschlichen) *Konflikten*, aber auch der Selbsteinbringung oder *Selbstbehauptung* müssen die zur Verfügung stehenden Handlungsmöglichkeiten abgewogen und im Weiteren realisiert werden. Im Falle der Selbstbehauptung geht es zum Beispiel darum, negative Gefühle und Kritik angemessen zum Ausdruck zu bringen, Nein sagen, Wünsche äußern und Forderungen zu stellen zu können. Beim Konflikt geht es darum, mögliche Konsequenzen deutlicher in Betracht zu ziehen und Ziele bzw. Lösungen nach möglichen Ausgängen zu bewerten. Ebenso bedeutsam ist es hier, Verständnis für das Verhalten und die Bedürfnisse anderer zu zeigen. Im letzten Schritt geht es dann darum, die gerade erfolgten Konsequenzen zu bewerten und innerpsychisch zu integrieren.

Eine wichtige Bedeutung bei der Entwicklung sozialer Kompetenz hat auch die Fähigkeit zum Mentalisieren, der sozial-kognitiven Kompetenz, »sich mentale Zustände im eigenen Selbst und den anderen Menschen vorzustellen« (Fonagy et al., 2002, S. 31). Dabei geht es – über die Empathie hinaus – darum, Absichten des anderen zu erkennen und in ein Verhältnis zu eigenen Plänen und Motiven zu setzen (s. a. Taubner, 2015).

Zu 5: *Selbstwirksamkeit und Kontrolle*

Entsprechend der Lebenserfahrungen, die ein Individuum insbesondere in den ersten Lebensjahren macht, »entwickelt es eine Grundüberzeugung darüber, inwieweit das Leben einen Sinn macht, ob Voraussehbarkeit und Kontrollmöglichkeit besteht, ob es sich lohnt, sich einzusetzen und zu engagieren … Diese lebensgeschichtlichen Erfahrungen führen zu bestimmten Erwartungen, in welchem Ausmaß dieses Grundbedürfnis befriedigt wird« (Grawe, 1998, S. 350; vgl. auch Rotter, 1966). Kontrollerleben wird über (Beziehungs-)Erfahrungen von Regelmäßigkeit und Verlässlichkeit aufgebaut. Wenn das (kleine) Kind erlebt, dass seine Bedürfnisse und Äußerungen wahrgenommen und beantwortet werden und dass Abläufe, z. B. beim Einschlafritual, weitestgehend gleichartig verlaufen, kann es auf kognitiver

Ebene Verständnis für die Außenwelt entwickeln und entsprechende Schemata aufbauen (s. o.). Auf emotionaler Ebene entsteht ein Grundgefühl von Sicherheit.

Das Erleben von Kontrolle steht in engem Zusammenhang mit dem Erleben von *Selbstwirksamkeit* (»self-efficacy«, Bandura, 1977, 1995, 1997). Selbstwirksam zu sein heißt, aufgrund bisheriger Erfahrungen auf seine Fähigkeiten und verfügbaren Mittel vertrauen zu können und davon auszugehen, ein bestimmtes Ziel auch durch Überwindung von Hindernissen am Ende tatsächlich erreichen zu können.

Eine große Bedeutung haben dabei die Erwartungen, ob das eigene Handeln zu Effekten führt oder nicht. Diese Erwartungen steuern schon im Vorhinein das Herangehen an Situationen und Aufgaben, damit auch die Art und Weise der Bewältigung, und führen so oftmals zu einer Bestätigung des eigenen Selbstwirksamkeitserlebens.

Die Ergebnisse der empirischen Säuglingsforschung haben gezeigt, dass die Wurzeln für die Entstehung des Selbstwirksamkeitserlebens schon in einem sehr frühen Entwicklungsabschnitt, nämlich dem der sogenannten Kern-Selbstbildung (ca. zwischen dem dritten bis siebten/neunten Lebensmonat) liegen. Dabei ist es sehr entscheidend, in welchem Ausmaß und mit welcher Eindeutigkeit Kinder sogenannte »Urheberschaftserfahrungen« machen können (vgl. Stern, 1992; Dornes, 2009, 1997).

Das Selbstwirksamkeitserleben wird gefördert durch angemessene Rückmeldungen der Bezugspersonen. Bedeutsam ist hier der Prozess der »gemeinsam geteilten Aufmerksamkeit« (joint attention; s. Pauen, 2007; Tomasello, 1995): Durch das gemeinsame Zeigen von Kind und Bezugsperson auf ein Objekt, das präsente Beschäftigen mit der gleichen Sache, macht das Kind die Erfahrung, dass das eigene Handeln bedeutsam ist und dass sein Handeln (auch in der Beziehung) wirkungsvoll ist. Ebenso bedeutsam ist es für das Kind, Erwachsene zu haben, die es zur Bewältigung lösbarer Aufgaben ermutigen und ihm Anforderungen in seiner »Zone der nächsten Entwicklung« (Wygotsky, 1987) stellen.

Die Erfahrungen von Selbstwirksamkeit und Kontrolle stärken zum einen das kindliche Grundbedürfnis nach Autonomie, aber auch das nach Orientierung (vgl. Grawe, 2004).

Zu 6: *Problemlösekompetenzen*

Auch »die kognitive Entwicklung ist kein passiver Prozess, sondern bereits der Säugling ist darauf aus, sich aktiv seine Umwelt anzueignen, seine vorhandenen Kern-Wissensbestände zu erweitern und Neues aus der Umwelt aufzunehmen« (Mischo, 2009, S. 129). In dieser Auseinandersetzung mit der Umwelt werden Kategorien und später kognitive Schemata gebildet, die in hohem Maße miteinander vernetzt sind. Dieser Aufbau vollzieht sich systematisch und gleichfalls als »Prozess der Ko-Konstruktion« (ebd.) zwischen Kind und Bezugspersonen. Dabei bauen Kinder erste *Problemlösekompetenzen* auf, die über das »einfache« Versuch-Irrtum-Verhalten hinausgehen. Im Probieren, aber auch durch die Rückmeldungen von Erwachsenen/Älteren werden – zunächst einfache – Probleme erkannt, analysiert und dann die zur Lösung vorhandenen Mittel zunehmend gezielt(er) erprobt. Unter entwickelter Problemlösekompetenz wird die Fähigkeit verstanden, »komplexe, fachlich nicht eindeutig zuzuordnende Sachverhalte gedanklich zu durchdringen und zu verstehen, um dann unter Rückgriff auf vorhandenes Wissen Handlungsmöglichkeiten zu entwickeln, zu bewerten und erfolgreich umzusetzen« (Leutner et al., 2005, S. 125).

3.1.2 Bedeutungen für die frühkindliche Resilienzentwicklung

Wie in Kapitel 1 (▶ Kap. 1) ausgeführt basiert Resilienz zum einen auf dem Erfahren sicherer, haltgebender Beziehungen, zum anderen auf Erfahrungen, die dazu führen, dass die »Resilienzfaktoren« und damit die Bewältigungskompetenzen auf- und ausgebaut werden. Die Bedeutung für eine entwicklungsförderliche und resilienzstärkende Beziehungsgestaltung soll im Folgenden näher betrachtet werden; auf die spezifische Förderung der personalen Resilienzfaktoren wird in Kapitel 3.1.3 (▶ Kap. 3.1.3) eingegangen.

Es findet sich eine Reihe empirischer Ergebnisse, die Hinweise darauf geben, welche Formen der Beziehungsgestaltung bedeutsam für die Herausbildung seelischer Gesundheit und der Resilienz sind. Diese Parameter werden hier orientiert an den o. g. sechs (früh)kindlichen Entwicklungsthemen beschrieben:

1. Zum Aufbau stabiler Selbst-Struktur-Elemente benötigen Kinder regelmäßige, verlässliche, konsistente Begegnungserfahrungen mit den erwachsenen Bezugspersonen. Das kontinuierliche Dasein, die Nähe und Verfügbarkeit und v. a. auch Präsenz im Kontakt gibt dem Kind Sicherheit; ähnliche oder gleichartige Reaktionen oder Begegnungsformen führen dazu, dass klare innere Abbilder von Kontakterfahrungen und der Weltbegegnung aufgebaut werden. Wichtige Elemente sind die bedingungslose Akzeptanz des Kindes (Rogers, 1987) sowie Freundlichkeit und Zugewandtheit in Körpersprache, Mimik, Gestik, Stimme, Sprache und Gesichtsausdruck.
2. Zum Aufbau sicherer Bindungsrepräsentation ist die feinfühlige (s. o.) und responsive Begegnung zwischen Kind und Bezugsperson die wichtigste Voraussetzung (Ainsworth et al., 1978, Booth, Kelly, Spieker & Zuckerman, 2003; Ahnert, 2007). Dies bedeutet auch ein Bezogensein auf das Kind unter Wahrung der Abgrenzungs- und frühen Autonomiebedürfnisse.
3. Wie dargestellt benötigen Kinder zum Aufbau eigener Regulationsstrategien zunächst eine enge Co-Regulation; dies gilt insbesondere bei starker Erregung und deutlichen Affekten. Booth et al. (2003), aber auch Papoušek et al. (2004) weisen darauf hin, dass besonders kleine Kinder schnelle und passgenaue Unterstützung bei der Stressreduktion – insbesonders bei eigenen negativen Emotionen – also Trost und Hilfe benötigen. Diese passgenaue Unterstützung ist gleichfalls bei der Affektabstimmung, bspw. durch das Spiegeln der Gefühlsausdrücke des Kindes, nötig.

Auch die Fähigkeit zum Mentalisieren entwickelt sich beim Kind aus konkreten und genauen Spiegelungen durch die erwachsene Bezugsperson. Diese ist einerseits Vorbild beim Zeigen eigener Mentalisierungsprozesse, indem sie z. B. eigene innere Zustände und Absichten klar verstehbar kommuniziert. Anderer-

seits ist es wichtig die kognitive Perspektivenübernahme gezielt durch Rückfragen und verbale Spiegelung anzuregen (Taubner, 2015; Fröhlich-Gildhoff & Jürgens-Jahnert, 2017).
4. Vorläuferformen sozialer Kompetenz entwickeln sich schon früh im Zusammenspiel zwischen Erwachsenem und Kind: auch hier ist das Spiegeln von Mimik, Gestik und Lautäußerungen von großer Bedeutung, später das direkte Mitfühlen, und dann die Vorbildfunktion eines empathischen Gegenübers. Eine liebevolle Zuwendung und Kommunikation bildet die Grundlage für Abstimmungs- und später Aushandelnsprozesse. Als Vorläuferformen von Empathie entwickeln Kinder die Fähigkeit, das Ausdrucksverhalten des Gegenübers zu deuten, wenn dieser ihnen dazu die Möglichkeit und Rückmeldung gibt.
Weltzien (2014) weist unter Bezugnahme auf Bischof-Köhler (2011) auf eine zweite bedeutende Grundkomponente sozialer Kompetenz, das prosoziale Verhalten, hin. Es »entwickelt sich zeitglich zur Empathiefähigkeit etwa im Alter von 18 Monaten und drückt sich in verschiedenen Formen aus:
- Tröstendes oder helfendes Verhalten, das darauf abzielt, eine Situation für jemanden zu verbessern;
- Teilhabe an den Absichten des anderen, um dessen Ziele zu erreichen;
- Mitfreude über den Erfolg des anderen;
- Antizipation eines empathischen Erlebnisses: Vorfreude oder Rücksichtnahme auf mögliche Enttäuschungen anderer« (Weltzien, 2014, S. 66).

  In engem Zusammenhang mit dem prosozialen Verhalten stehen vier konkrete Verhaltensformen, die von den Erwachsenen beachtet, aufgegriffen und unterstützt werden müssen: »Teilen, … Mitteilen, … Mitfühlen, … Helfen« (ebd., S. 67 f.).
5. Zur Entwicklung positiver Selbstwirksamkeitserwartungen müssen Kinder frühe Urheberschaftserfahrungen machen können und benötigen dabei die Rückmeldung durch Erwachsene. Sie müssen bewältigbare Herausforderungen und Aufgaben gestellt bekommen und sie benötigen »Explorationsunterstützung« (Ahnert, 2007) – die erwachsene Bezugsperson spendet dem Kind einerseits Sicherheit, ermutigt es gleichwohl seine Umgebung und seine Umwelt zu erforschen, zu entdecken und zu erleben. Vielfach benötigen die Kinder unter drei Jahren (und auch ältere Kinder) »Assistenz« (Booth et al., 2003): Sie stoßen beim Erkunden ihrer Umwelt hin und wieder an ihre Grenzen und benötigen die Unterstützung einer erwachsenen Person. Wichtig ist dabei, dem Kind so viel Selbständigkeit und Erfahrungsraum wie möglich zu geben, es aber bei zu hohen Anforderungen passgenau zu unterstützen.
6. Die Entwicklung der Problemlösekompetenz wird unterstützt, indem mit dem Kind eine Kommunikation darüber gesucht und gestaltet wird, *wie* Aufgaben ›angegangen‹ und bewältigt wurden. Dies betrifft »kleine« Handlungen, wie den Versuch, einen Stuhl zu besteigen, aber auch das »Bearbeiten« eines Formen-Memorys o. ä. In der früh-/kindheitspädagogischen Didaktik sind diese Formen der Meta-Kommunikation des Denkens und Sprechens über das Denken auch bei kleinen Kindern unter dem Begriff des »sustained shared thinking« (Siraj-Blatchford et al., 2005; Sylva et al., 2004; Siraj-Blatchford, 2007) bzw. der »sich dialogisch entwickelnden Denkprozesse« (König, 2009) untersucht worden –

durch das gezielte, nicht überfordernde Verbalisieren solcher Prozesse wird die Reflexions- und Problemlösefähigkeit gestützt.

Besonders bedeutsam bei der Gestaltung einer entwicklungsförderlichen Beziehung ist also der genaue und einfühlsame, die Bedürfnisse des Kindes achtende und verstehende Blick auf das *einzelne* Kind, eine situativ und bedürfnispassende Begegnungsantwort unter Wahrung der Balance der kindlichen Bindungs- und Autonomiebedürfnisse wie der Kongruenz der Bezugsperson (vgl. Fröhlich-Gildhoff, 2013b). Dies klingt zunächst einfach, stellt jedoch immer wieder Herausforderungen an Eltern wie professionelle pädagogische Fachkräfte dar und sollte daher eher als Zielperspektive und weniger als Standard beschrieben sein. Dieses Grundprinzip entwicklungs- und resilienzförderlicher Interaktion wie Beziehungsgestaltung weist Parallelen auf zu den grundlegenden Erkenntnissen der Säuglingsforschung (Stern, 1992, 1995; Dornes, 2009), den empirisch begründeten pädagogischen Grundlegungen der Interaktionsgestaltung in der Kindheitspädagogik (Weltzien, 2014) oder Erziehung allgemein (»5 Säulen der Erziehung«, Tschöpe-Scheffler, 2007), aber auch der Inklusionsperspektive (z. B. Booth, Ainscow & Kingston, 2006; Albers & Weltzien, 2014; Prengel, 2014) und der individualisierten Bildungsplanung (z. B. Borchert, 2007; Opp et al., 2006) sowie der Kinderpsychotherapie (»Interaktionsresonanz«, Behr, 2012).

3.1.3 Die Förderung der Resilienzfaktoren auf der personalen Ebene

Wustmann (2020) beschreibt, dass besonders junge Kinder von ihrem Umfeld Unterstützung in der Entwicklung von resilienten Fähigkeiten benötigen, da sie eigene Ressourcen und Stärken nicht nur aus sich heraus entwickeln können, kaum über Copingstrategien zur effektiven Bewältigung von Risikosituationen verfügen und insgesamt ihre Fähigkeiten noch nicht adäquat einschätzen und einsetzen können.

Als Konsequenz leitet sie hieraus ab, dass Maßnahmen zu Förderung dieser Fähigkeiten so früh als möglich einsetzen sollten (Wustmann 2020). Dann können diese

- »frühzeitig … die Förderung von solchen Resilienzfaktoren bzw. Basiskompetenzen fokussieren.
- Kindern wirksame Handlungsmöglichkeiten aufzeigen, wie sie mit Stresssituationen umgehen können und
- ihnen Stabilität und Sicherheit vermitteln« (ebd., S. 71).

Die Förderung der Resilienzfaktoren kann in drei Zusammenhängen erfolgen: Durch die Unterstützung der elterlichen Interaktionskompetenzen, die Begleitung und Förderung in alltäglichen Schlüsselsituationen (zuhause und im professionellen Rahmen) sowie konkret in Betreuungssettings. Dabei geht es jeweils nicht darum, ein spezifisches Programm für die Kinder ›anzuwenden‹, wie dies z. B. für ältere

Kinder möglich wird (▶ Kap. 3.2) – die Förderung der Resilienz- und personalen Schutzfaktoren sollte alltags- und interaktionsbezogen erfolgen.

Unterstützung der Eltern/Bezugspersonen-Kind-Interaktion[10]

Nicht alle Eltern sind ›Naturtalente‹ in der Interaktion mit ihren Kindern, ein größerer Teil der Eltern erlebt sich verunsichert in der eigenen Elternrolle bzw. hinsichtlich der eigenen Erziehungskompetenzen (Henry-Huthmacher, 2008; Fröhlich-Gildhoff, Kraus & Rönnau, 2006); dies hängt auch mit einem Wandel der Erziehungsziele – weg von autoritären allein leistungsbezogenen, hin zu partnerschaftlichen, sozial-bezogenen Zielen – zusammen (Fuhrer, 2005).

Erziehungsstil

Die neuere Erziehungsstilforschung bietet hilfreiche Orientierungen für eine entwicklungsförderliche Interaktionsgestaltung: Während lange Zeit drei Stile (der demokratische, der autoritäre und der laissez-faire Stil) unterschieden wurden, sprechen neuere Forschungsergebnisse eher dafür, dass es zwei Dimensionen von Erziehungsstilen gibt, die dann quantitative Abstufungen zwischen den Stilen erlauben (vgl. Baumrind, 2008). Die eine Dimension lässt sich als emotionale Unterstützung bzw. emotionale Wärme und Zuwendung unterscheiden. Die zweite davon unabhängige Dimension ist die der Lenkung und Kontrolle bzw. das Setzen von Anforderungen (Fuhrer, 2005). Je nach Ausprägung dieser Dimensionen finden sich vier unterschiedliche Cluster von elterlichem Erziehungsverhalten (▶ Abb. 3.1):

Der autoritäre Erziehungsstil ist durch ein hohes Maß an Kontrolle und Anspruchssetzung, jedoch nur geringe emotionale Wärme und Unterstützung gekennzeichnet. Beim vernachlässigenden Erziehungsstil sind emotionale Unterstützung aber auch Anforderung und Kontrolle niedrig ausgeprägt, beim permissiven bzw. laissez-faire Erziehungsstil ist ein hohes Maß an Wärme gegeben, jedoch werden nur im geringen Maß Anforderungen gestellt.

Der autoritative Erziehungsstil ist gekennzeichnet durch einerseits hohe Anforderungen und auch Kontrolle bzw. Interesse am Kind und andererseits ein hohes Maß an emotionaler Unterstützung. In einer Vielzahl von Studien haben sich Vorteile dieses emotional warmen und kontrollierenden, aber auch strukturierenden und Grenzen setzenden Verhaltens der erwachsenen Bezugspersonen gezeigt. Ziegenhain (2007, S. 176) fasst entsprechende Ergebnisse zusammen: »Die offensichtlichen Vorteile autoritativen elterlichen Verhaltens für die kindliche Entwicklung zeigten sich … in Studien in sozialen Kompetenzen wie Selbstvertrauen, Eigenständigkeit oder Selbstkontrolle und schulischen Kompetenzen«.

Keller und Kollegen (2004) haben insbesondere aus interkulturellen Studien zwei etwas anders gefärbte Stile elterlichen Verhaltens beschrieben: den proximalen und den distalen Erziehungsstil. »Beim proximalen Erziehungsstil wurden Körperkon-

---

10 Dieser Abschnitt ist eine gekürzte und überarbeitete Version des Kapitels 4.1 aus Fröhlich-Gildhoff (2013a).

3 Resilienz und Resilienzförderung im Lebenslauf

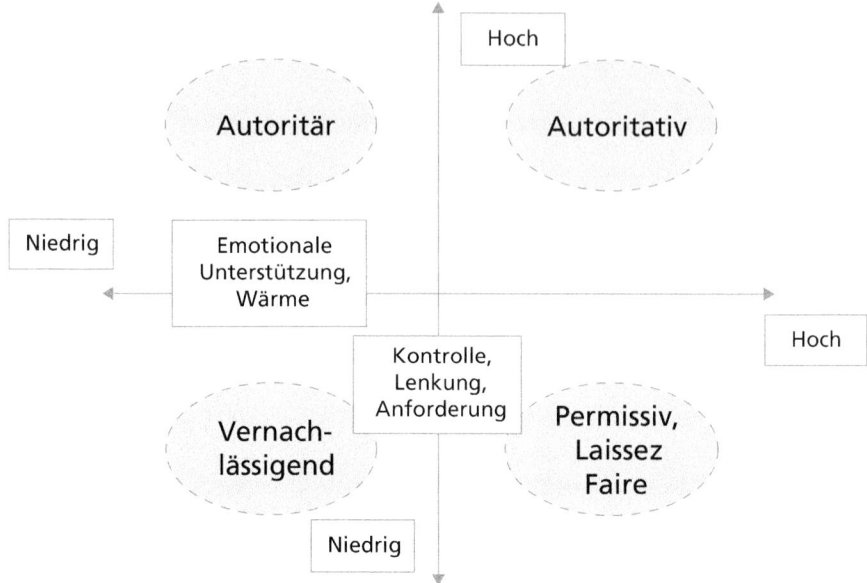

Abb. 3.1: Erziehungsstil-Dimensionen

takt und körperliche Stimulation des Kindes bevorzugt, beim distalen Erziehungsstil Blickkontakt und Objektstimulation. Ein dritter Stil kombinierte Aspekte des proximalen und distalen Erziehungsstils. Die unterschiedlichen Stile elterlichen Verhaltens im Umgang mit drei Monate alten Säuglingen standen im empirischen Zusammenhang mit Selbsterkennen im Spiegel als Entwicklungsmeilenstein und Selbstregulationskompetenzen ... bei den Kindern mit 18 bis 20 Monaten« (Ziegenhain, 2007, S. 177). Zudem zeigte sich, dass bei rein proximalem Erziehungsstil frühere Selbstregulationskompetenzen, bei rein distalem Erziehungsstil früheres Selbsterkennen im Spiegel zu erkennen sind (ebd.).

Beobachten und Verstehen

Ein ganz bedeutender Aspekt der Interaktion ist das genaue Beobachten und Verstehen der Signale, Ausdrucksformen und Handlungen des Kindes. Dies geschieht oft intuitiv und in Sekundenschnelle – sollte in professionellen Zusammenhängen, z. B. in der Krippe, systematisch und regelgeleitet erfolgen. Dabei geht es nicht nur um das ›reine‹ Wahrnehmen, sondern auch um das Verstehen des Kindes, darum »hinter die Dinge zu schauen« (Strätz, 2007). Das Kind fühlt sich durch dieses basale Verstehen und Eingehen auf seine Bedürfnisse sicher, es lässt sich bspw. beruhigen, was wiederum die Eltern in ihrem Kompetenzerleben bestärkt.

Aus dem Erkennen, Verstehen und Interpretieren der kindlichen Signale folgt eine – oft gleichfalls intuitive – Handlungsplanung und im nächsten Schritt die Umsetzung. Die Reaktionen des Kindes auf das Handlungs- und Begegnungsangebot führen im Sinne eines Kreislaufprozesses zu einer Überprüfung der Handlungsergebnisse, zu erneuter Beobachtung und entsprechend differenzierter Planung (▶ Abb. 3.2).

Dieses Modell soll verdeutlichen, dass der »Schnellschluss« vom Beobachten zum Handeln, einer entwicklungsförderlichen Interaktion nicht zuträglich ist und dem Kind und seinen Bedürfnissen nicht gerecht wird. Nicht immer ist es möglich, innezuhalten und die kindlichen Verhaltensäußerungen zu analysieren – spätestens bei deutlichen Reaktionen und gezeigten negativen Emotionen des Kindes muss jedoch der Verstehensprozess einsetzen.

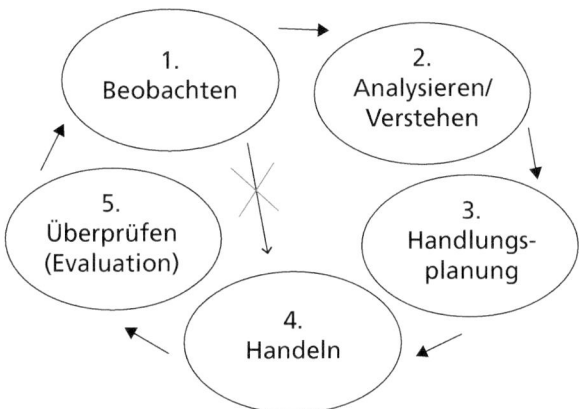

Abb. 3.2: Kreislauf Beobachten, Verstehen, Handeln

Programme und Möglichkeiten zur Unterstützung von Familien

Es gibt eine Reihe von Unterstützungsmöglichkeiten für Familien, um den Unsicherheiten der Eltern zu begegnen und sie in der (Weiter-)Entwicklung ihrer Erziehungskompetenzen zu unterstützen.

Neben Institutionen wie Familienbildungsstellen, Beratungsstellen aber auch Kinderärzten/Kinderärztinnen und Pädagogen/Pädagoginnen in Institutionen wie Kindertageseinrichtungen sind zunächst *schriftliche Informationen* wie sogenannte »Elternbriefe« zu nennen. Zu den bekanntesten zählen die regelmäßigen Elternbriefe des »Arbeitskreis Neue Erziehung« (ANE); auch Jugendämter und Verbände verschicken systematisch Elternbriefe an alle Familien mit Säuglingen. Schneewind (2006) hat eine interaktive CD herausgegeben (»Freiheit in Grenzen«), die auf der Grundlage des Konzepts von Baumrind (1971, 1991) die unterschiedlichen Erziehungsstile und ihre Folgen aufzeigt.

Die Bundeszentrale für gesundheitliche Aufklärung hat parallel zu den Früherkennungsuntersuchungen für Kinder U1 bis U9 einen Eltern-Ordner entwickelt. In diesem Eltern-Ordner werden »auf den Zeitpunkt der jeweiligen Früherkennungsuntersuchung bezogene Informationen zu zentralen Entwicklungs- und Gesundheitsthemen [gegeben] mit Fragen an die Eltern zum aktuellen Entwicklungsstand ihres Kindes (Elternhefte) sowie vertiefende Hintergrundinformationen zur gesunden kindlichen Entwicklung und zur Vorbeugung vermeidbarer Erkrankungen (Infohefte)« (BZgA, o. J.).

Ein niedrigschwelliger *Kurs* für werdende und junge Eltern ist das Programm »Auf den Anfang kommt es an«. Dabei werden in einem Baukastensystem mittels Videomaterial und Arbeitsblättern für den Zeitraum von Schwangerschaft bis zum ersten Lebensjahr folgende Kursinhalte angeboten/vermittelt: »relevante Partnerschaftsaspekte, sowie entwicklungspsychologische Aspekte wie Entwicklungsmeilensteine, Bindung, Regulation und Belastungsverhalten, aber auch alltagspraktische Informationen zum Füttern, Schlafen und Schreien bzw. relevante Informationen zum Alltag mit dem Baby« (Ziegenhain, 2007, S. 185; Reichle, 1999).

Das Programm SAFE® –Sichere Ausbildung für Eltern – (z. B. Brisch, 2007, 2010) ist ein »primäres Präventionsprogramm ... das spezifisch eine sichere Bindungsentwicklung zwischen Eltern und Kindern fördern und die Entstehung von Bindungsstörung und ganz besonders die Weitergabe von traumatischen Erfahrungen über Generationen hinweg verhindern soll« (Brisch, 2007, S. 170). Die Eltern finden sich in Gruppen von der Schwangerschaft bis Ende des ersten Lebensjahres zusammen und werden in der Regel von zwei professionellen Mentoren/Mentorinnen betreut. Das Programm umfasst vier Module (pränatales Modul, postnatales Modul, individuelle Traumapsychotherapie für traumatisierte Eltern, Hotline; ebd.), die beiden letzen Module werden individuell von Eltern bei Bedarf in Anspruch genommen. Die Inhalte umfassen intensive Informationen und Austausch, z. B. über Kompetenzen des Säuglings, Erwartungen der Eltern etc. Ein »Video-Interaktionstraining ermöglicht den Eltern, anhand ganz konkreter Situationen wie etwa dem Füttern, Stillen und Wickeln oder dem Spielen und dem Zwiegespräch zwischen Eltern und Kind erste Erfahrungen zu sammeln und sich auf die Signale des Säuglings feinfühlig einzustellen. Hierbei werden auch elterliche Kompetenzen und die Reaktionsbereitschaft des Säuglings mit kurzen Videosequenzen auf intensive Weise geschult« (ebd., S. 171). Im postnatalen Modul stehen vor allen Dingen »elterliche Kompetenzen die Dreierbeziehung zwischen Mutter, Vater und Kind, interaktionelle Schwierigkeiten mit dem Füttern, Stillen und Schlafen sowie der Aufbau der emotionalen Beziehung im Mittelpunkt. Die Eltern bringen die Babys zu den Terminen mit« (ebd., S. 172) auch hier wird mit Video und Videofeedback gearbeitet. SAFE wurde evaluiert (ebd.; weitere Informationen www.safe-programm.de, Brisch, 2010).

Ein weiteres, eher auf der Ebene selektiver Prävention angesiedeltes, Programm ist STEEP (Steps Toward Effektive, Enjoyable Parenting; Errickson & Egeland, 2006). Die Förderung einer gesunden und realistischen Einstellung zur Schwangerschaft, Geburt, Erziehung und Eltern-Kind-Bindung ist eines der Ziele dieses Interventionsprogramms. Damit die Erwartungen gegenüber dem Kind realistisch eingeschätzt werden, ist die Vermittlung von Grundlagenwissen über die kindliche Entwicklung ausschlaggebend. Die Förderung der feinfühligen und vorhersagbaren Reaktionen der Eltern auf die Signale des Kindes stellt ein weiteres wichtiges Ziel dar. Zudem möchte das STEEP-Programm die Eltern zum Perspektivwechsel ermutigen. Das erweiterte Wissen über die kindliche Entwicklung sowie das wachsende Verständnis für die Signale des Kindes stellen die Voraussetzung dafür dar (Kissgen & Suess, 2005).

Förderung der Resilienz in Alltags-/Schlüsselsituationen (zuhause und im professionellen Rahmen)

Immer wiederkehrende Schlüsselsituationen im Alltag (z. B. Füttern, Wickeln, An-/ Ausziehen) – und natürlich auch die Begleitung des freien kindlichen Spiels – bieten für Eltern wie für pädagogische Fachkräfte eine Fülle von Möglichkeiten, Säuglingen und Kleinkindern individuelle Wertschätzung und Aufmerksamkeit zu schenken und auch gezielt die Entwicklung der Resilienzfaktoren zu unterstützen. Becker (2011a, b, 2012a) und Kaiser (2015, 2019; Kaiser & Fröhlich-Gildhoff, 2022) haben sehr sorgfältig Möglichkeiten der Resilienzförderung im »Freispiel« und in Schlüsselsituationen herausgearbeitet. Auf dieser Grundlage ist folgender Katalog von Möglichkeiten zusammengefasst[11], der aus den o. g. Werken der beiden Autorinnen zitiert ist[12]:

Resilienzfaktor Selbst- und Fremdwahrnehmung

Durch das Schaffen von positiven Körper- und Sinneserfahrungen, durch Raumgestaltung und gezielte Aktivitäten (z. B. Zimmer, 2009), das differenzierte Wahrnehmen und Spiegeln von Gefühlslagen und Stimmungen (Papoušek, Schieche & Wurmser, 2004; Remsperger, 2011) und eine bedingungslose Wertschätzung dem Kind gegenüber kann das Kind zunehmend eine Vorstellung über sein »Ich« entwickeln.

Bezogen auf die Alltagssituationen ergeben sich beispielhaft folgende Möglichkeiten:

- Essen/Füttern
  - Die Bezugsperson stellt beim Essen eine freundliche Atmosphäre her,
  - … nutzt Essen als Zeit der aktiven Beziehungsgestaltung
  - … beobachtet den Prozess der Nahrungsaufnahme der Kinder, spricht über die Speisen mit dem Kind, über den Geschmack, die Farbe des Obstes/des Gemüses
  - … achtet auf Anzeichen von Sättigung, das Kind darf von sich aus bestimmen, wann es satt ist
  - … lässt dem Kind Zeit zum Essen, beim Füttern achtet sie auf die Signale von Zu-/Abwendung des Kindes
- Wickeln
  - Die Bezugsperson ist zugewandt, weiß um die besondere Verletzlichkeit und Ungeschütztheit des Kindes in Wickelsituationen
  - … kündigt Handlungen mit Worten an, spricht mit dem Kind

---

11 An dieser Stelle können aus Platzgründen nur einzelne stützende Interaktionsmöglichkeiten dargestellt werden; ausführliche Beschreibungen bei Kaiser (2015, 2019), Kaiser & Fröhlich-Gildhoff, 2022 und Becker (2011a).

12 Bei den Beispielen wird nicht hinsichtlich der Möglichkeiten für Eltern/Familienmitglieder und Tagespflegepersonen/pädagogische Fachkräfte in Krippe und Kindertageseinrichtung unterschieden; die meisten aufgeführten Beispiele sind in beiden Erfahrungsräumen des Kindes zu realisieren.

- ... geht auf Signale des Kindes nach Gespräch oder Ruhe ein,
   - ... nutzt die Zeit des Wickelns, um dem Kind die ungeteilte Aufmerksamkeit zu schenken
   - ... nutzt die Zeit des Wickelns, um die Selbstwahrnehmung des Kindes zu fördern, bspw. durch Körperreime, Benennen der Körperteile
   - ... spiegelt Gefühle und Wahrnehmungen des Kindes
   - ... lobt das Kind detailliert, wenn es aktiv mithilft beim Wickeln
- Freispiel
   - Die Bezugsperson lobt und kritisiert konstruktiv
   - ... begleitet Handlungen mit Worten, entfernt sich, wenn Kinder in eigenständiges Spiel vertieft sind,
   - ... ist präsent, wenn nötig, signalisiert Ansprechbarkeit und Gesprächsbereitschaft

Resilienzfaktor Selbstwirksamkeit

Um die Selbstwirksamkeit eines Kindes zu fördern, braucht es Gelegenheiten, aktiv und selbständig seine Umwelt zu explorieren und sich als »Verursacher« wahrzunehmen (Weiß, 2007). Die Förderung der Selbstwirksamkeit kann erfolgen durch:

- die Ermöglichung von aktiven und selbst-initiierten Handlungen
- die Ermöglichung einer selbständigen Erforschung der Umwelt
- die Ermutigung beim Herangehen an An-/Herausforderungen (Fröhlich-Gildhoff, 2014)
- verbale Verstärkung des Selbstwirksamkeitserlebens (z.B. lobende Ansprache oder ermutigende Blickkontakte)
- stellvertretende Erfahrungen an Modellen, durch welche das Kind Erfolgserlebnisse beobachten und Rückschlüsse auf die eigene Person ziehen kann (Knoll, Scholz & Riekmann, 2005).

Bezogen auf die Alltagssituationen ergeben sich beispielhaft folgende Möglichkeiten:

- Essen/Füttern
   - Die Bezugsperson lässt das Kind selbst essen, wenn es das altersgemäß schon kann
   - ... lässt das Kind den Löffel selbst führen je nach Alter und Entwicklungsstand
   - ... achtet auf Feinzeichen der Zu- und Abwendung
   - ... erlaubt dem Kind, das Essen mit allen Sinnen zu genießen und zu erforschen (das kann auch heißen, mit den Fingern in den warmen Tee zu fassen oder das Brot zu zerkrümeln oder die Banane zu matschen)
   - Kinder wirken mit beim Tisch decken und abräumen
   - Kinder dürfen selbst Getränke einschenken und einen Lappen holen, wenn etwas danebengeht
   - Kinder dürfen in ihrem eigenen Tempo essen

- Wickeln
  - Die Bezugsperson lässt das Kind sich selbst anziehen, soweit es das alters- und entwicklungsentsprechend schon kann
  - … lässt sich vom Kind die Windel reichen und die Creme
- Freispiel
  - Die Bezugsperson lässt Kinder explorieren, wo immer möglich
  - … greift nur so viel ein wie nötig, so wenig wie möglich, wenn die Kinder am Ausprobieren sind
  - … lässt Kinder selbst entscheiden, womit sie spielen wollen,
  - … beobachtet erst das Spiel/die Situation, ehe sie interveniert (erst den Eigen-Sinn von Handlungen hinterfragen, das kindliche Erkenntnisinteresse, ehe sie sich entscheidet, einzuschreiten)
- Anziehen
  - Die Bezugsperson greift beim Anziehen nur so viel als nötig ein
  - … signalisiert: »Du schaffst das!« durch Worte, Lächeln, ermunternde Blicke, Kopfnicken etc., wenn Kind mit einem Kleidungsstück »kämpft«
- Spezifische Angebote
  - Die Bezugsperson sieht, würdigt und benennt Erfolgserlebnisse
  - … plant Angebot so, dass die Kinder weder über- noch unterfordert werden, in der »Zone der nächsten Entwicklung« (Wyotsky, 1987) eines jeden Kindes
  - … lässt Kinder selbst auf Lösungen kommen (bspw. beim Schneiden mit der Schere, beim Türme bauen, wenn Turm immer wieder umfällt)

Resilienzfaktor Soziale Kompetenzen

Die Förderung sozialer Kompetenzen kann in jeder Alltagssituation geschehen, in der wertschätzenden, achtenden und verstehenden Kommunikation zwischen Bezugsperson und Kind und durch die Unterstützung von Interaktions- und Kommunikationsformen zwischen den Kindern (z. B. durch gezielte, zunächst moderierte Gespräche mit mehreren Kindern), die Unterstützung in der differenzierten Wahrnehmung eigener Gefühle und darüber hinaus durch das Fördern von Empathie gegenüber anderen (Rauh, 2008) oder die Unterstützung bei Konflikten und der Lösungssuche zwischen den Kindern (Fröhlich-Gildhoff, Dörner & Rönnau-Böse, 2021) (z. B. Anleitung beim abwechselnden Gebrauch von Gegenständen).

Bezugspersonen sind Vorbilder hinsichtlich einer wertschätzenden Kommunikation und dem respektvollen Umgang miteinander, das angemessene Ausdrücken von Ärger, das klare Setzen von Grenzen oder das Einhalten von Regeln. Die Bezugsperson zeigt Interesse an Kommunikation und Austausch mit den Kindern. In Gruppensituationen behält sie sowohl das einzelne Kind im Blick als auch die ganze Gruppe.

Bezogen auf die Alltagssituationen ergeben sich beispielhaft folgende Möglichkeiten zur Unterstützung der (Weiter-)Entwicklung sozialer Kompetenzen (vgl. Kaiser, 2019):

- Essen/Füttern
  - Essen soll Freude machen, angenehm und gesellig sein (statt anhaltender Ermahnungen, weiter zu essen, anständig zu essen und sitzen, keinen Quatsch zu machen)
  - Kinder werden altersgemäß einbezogen beim Tisch decken, Getränke einschenken (Kinder dürfen Aufgaben für die Gemeinschaft erledigen)
  - Das Essen wird mit Ritualen verbunden (gemeinsamer Beginn, wenn möglich, »Essensspruch«)
  - Die Bezugsperson achtet auf Äußerungen/Signale »vorsprachlicher« Kinder, kleidet dies in Worte anstelle des Kindes
  - ... trägt ihren Teil zu anregender Kommunikation bei
  - ... lässt Kinder ausreden, bemüht sich um Verstehen
  - Da beim Essen oft alle Kinder relativ aufmerksam sind, können die sich bietenden Gelegenheiten genutzt werden als Lernsituation für verschiedenste Bereiche: Spiegeln von Gefühlen und Verhalten, geteilte Aufmerksamkeit, dialogisch sich entwickelnde Denkprozesse durch offene Fragen und gegenseitiges gemeinsames anfängliches Nachdenken über ein Thema
- Wickeln
  - Die Bezugsperson nützt die Pflegesituation als Situation der aktiven Beziehungsgestaltung und des Dialogs; dies kommt zum Ausdruck in zugewandter Haltung, Kind ansehen, aufmerksam sein für die Signale des Kindes, mit sensitiver Responsivität (Remsperger, 2011; Gutknecht, 2012) auf das Kind eingehen
- Freispiel
  - Die Bezugsperson unterstützt Kinder bei der Kontaktaufnahme, bspw. wenn Kinder in der Spielecke spielen und ein weiteres Kind mitspielen will, dies aber noch nicht in Worte kleiden kann
  - ... unterstützt bei Kontaktaufrechterhaltung, wenn »vorsprachliche« Kinder miteinander interagieren und in der Verständigung nicht weiterkommen, so kann die Bezugsperson die Anliegen der Kinder in Worte ausdrücken, Gefühle der einzelnen äußern, Signale deuten
  - ... beachtet und beobachtet auch die stilleren, schüchternen, vermeintlich »pflegeleichten« und unauffälligen Kinder und stärkt sie in entsprechenden Situationen, sich einzubringen
  - ... greift in Konfliktsituationen da ein, wo Konflikte unter den Kindern nicht selbständig bewältigt werden können; versucht, unterschiedliche Standpunkte zu benennen und altersentsprechend gegenseitiges Verständnis zu wecken
  - ... nutzt auftretende Konflikte als Lern- und Beispielsituationen, ist sich ihrer Bedeutung als Rollenmodell und Vorbild bewusst, indem sie den Kindern durch ihr Konfliktlösungsverhalten nützliche Wege und Alternativen anbietet,
  - ... unterstützt Kinder, wo nötig dabei, sich angemessen durchzusetzen
- Anziehen
  - Die Bezugsperson unterstützt Kinder dabei, sich gegenseitig zu helfen beim Anziehen, wenn ein jüngeres Kind noch Unterstützungsbedarf hat
  - ... bleibt geduldig, auch wenn ein Kind länger braucht beim Anziehen oder etwas erzählen will

Resilienzfaktor Selbstregulation

Wie in Kapitel 3.1.1 (▶ Kap. 3.1.1) ausführlich dargestellt haben Säuglinge in ihren ersten Lebenswochen nur geringe Möglichkeiten der eigenen Selbstregulation und sind in den ersten Lebensmonaten fast gänzlich auf ihre Bezugspersonen angewiesen: Weint ein Säugling, müssen diese das Beruhigen und Trösten übernehmen. Durch intuitive Kommunikationsformen (z. B. Ammensprache, rhythmisches Wiegen, gemeinsames Umherlaufen und Wippen) wird das Kind in der Regulation seiner Emotionen unterstützt. Das Kind lernt so Regulationsmechanismen kennen und kann diese nach und nach für sich übernehmen, verinnerlichen und eigene Möglichkeiten der Emotionsregulation finden. Altersangemessen entwickeln Kinder immer mehr Fähigkeiten der Selbstregulation; sie können sich zunehmend aus belasteten Situationen selbst ›herausziehen‹ und eigene Emotionen besser steuern. Die Bezugsperson ist Vorbild bei der Verbalisierung und Regulation eigener Gefühle.

Bezogen auf die Alltagssituationen ergeben sich beispielhaft folgende Möglichkeiten zur Unterstützung der (Weiter)Entwicklung der Selbstregulation:

- Essen
  - Die Bezugsperson drückt kindliche Gefühle bezüglich Nahrungsaufnahme oder Lust/Unlust angemessen aus und stellvertretend, wenn ein Kind noch nicht selbst in der Lage ist, dies auszudrücken
  - … sorgt beim Essen für entspannte Atmosphäre, regt die Kinder an, sich mitzuteilen
- Wickeln
  - Die Bezugsperson bringt Gefühle des Kindes zum Ausdruck (»Jetzt willst du die nasse Windel loswerden, die fühlt sich unangenehm an«)
- Freispiel
  - Die Bezugsperson tröstet das Kind, wenn es Trost und Schutz und Geborgenheit braucht/sucht, nimmt auch solche Kinder wahr, die diese Bedürfnisse »still« zeigen
  - … verbalisiert Gefühle des Kindes (»Da ärgerst du dich, wenn X dir den Ball wegnimmt!«, »Du bist traurig, wenn die Mama erst nach dem Mittagsschlaf kommt!«)
  - … unterstützt Kinder darin, mit Ärger und Freude adäquat umzugehen bzw. diese sozial angemessen zum Ausdruck zu bringen
- Anziehen
  - Die Bezugsperson spricht dem Kind ermutigend zu, wenn Ärger aufkommt beim Ankleiden
  - Reguliert und verbalisiert eigene Gefühle angemessen und ist sich ihrer Vorbildfunktion bewusst (»Wenn alle gleichzeitig was von mir wollen und durcheinanderrufen, werde ich hektisch und kann niemandem richtig antworten. Eines nach dem anderen und in Ruhe ist besser.«)
  - Übt mit den Kindern, dem Alter entsprechend warten zu können (»Jetzt helfe ich A beim Anziehen, danach komme ich zu dir. Möchtest du schon mal versuchen, deine Hausschuhe selbst auszuziehen?«)

- Gibt Hilfestellung beim Umgang mit Frustrationen (»Wenn ihr so warm angezogen nebeneinandersitzt und warten müsst, wird euch das zu eng und ihr schwitzt. Möchtet ihr schon mal an der Türe warten oder den Kleineren helfen?«) und verlangt nur Dinge, die dem Alter und Entwicklungsstand nach schon gekonnt werden
- Angebot
  - Die Bezugsperson verbalisiert für das Kind (»Da wirst du ungeduldig, wenn das nicht so geht, wie du möchtest. Versuch es noch einmal in Ruhe, das kannst du!«)
  - ... bietet Angebote nur für eine solche Anzahl an Kindern an, dass sie diese so viel als nötig, so wenig als möglich unterstützen kann bei der Durchführung der Tätigkeiten und den Kindern hilfreich sein kann bei der flexiblen Bewältigung der Aufgaben
  - ... bietet Angebote, die der jeweiligen Stimmung des Kindes entsprechen, z. B. Bewegungsangebote draußen bei Unruhe oder Vorlesen und Kuscheln zum Beruhigen

Resilienzfaktor Problemlösefähigkeiten/Kreativität

Die Bezugsperson kann auch komplexere Sachverhalte durchdringen und – der Situation entsprechend – auf der Handlungsebene diese Sachverhalte lösen unter Rückgriff auf ihre Kompetenzen, Kreativität und Phantasie. Sie kann unplanbare, unvorhersehbare Situationen, die im Familien- oder Kita-Alltag häufig vorkommen, zumeist für alle Beteiligten zufriedenstellend lösen und ist in der Lage, flexibel auf Störungen/außerplanmäßige Ereignisse zu reagieren.

Die Bezugsperson verbalisiert mit Kindern Probleme und potentielle Lösungswege und reflektiert altersangemessen die entsprechenden Lösungen. Sie zeigt sich zuversichtlich in die Fähigkeiten der Kinder, Probleme lösen zu können, sowohl in sozialen Situationen als auch die Fertigkeiten einzelner Kinder bspw. die Motorik etc. betreffend.

Bezogen auf die Alltagssituationen ergeben sich beispielhaft folgende Möglichkeiten zur Unterstützung der (Weiter-)Entwicklung der Problemlösefähigkeiten:

- Essen
  - Die Bezugsperson gibt Kindern Hilfestellung durch Worte und ggf. Taten bei auftretenden schwierigen Aufgaben wie Öffnen eines Joghurtbechers, Einräumen der Vesperdose
  - ... verfügt über Ideen- und Einfallsreichtum, auftretende kleinere und größere Schwierigkeiten zu lösen und bietet diese den Kindern an
  - ... beachtet Problemlösefähigkeiten der Kinder und benennt diese konkret
- Freispiel
  - Die Bezugsperson vermittelt den Kindern Zuversicht, dass sich Schwierigkeiten lösen lassen und dass man eine stimmige Lösung suchen und finden kann

- ... bezieht Kinder ein in Problemlösungen (»Wenn ihr vier gleichzeitig mit dem Puppenherd kochen wollt, aber nicht alle Platz daran habt, wie könntet ihr das dann machen?«)
  - ... fördert das eigenständige Finden von Lösungen, unterstützt die Kinder in ihrer Planungskompetenz (z. B. wenn ein Kind ein Haus bauen will aus verschiedenen Materialien: Was brauchst Du alles dazu? Wenn Du nicht weiterweißt oder wenn es nicht klappt, woran liegt es, wenn etwas immer wieder verrutscht?)
- Anziehen
  - Die Bezugsperson trägt Altersunterschieden Rechnung (traut den Kindern altersentsprechend zu, schwer anzuziehende Kleidungsstücke auch selbst anziehen zu können, formuliert ermutigende Sätze)
- Angebote
  - Die Bezugsperson bezieht die Kinder mit ein, lässt ihnen Wahlfreiheit bei der Ausführung eines Angebotes
  - ... hält sich zurück wo möglich und überlässt es dem Kind, Probleme zu bewältigen, signalisiert Vertrauen in die Fähigkeiten des Kindes durch Beachten, Zunicken, Zugewandtheit, Bestätigen

Resilienzfaktor Aktive Bewältigungskompetenzen/Flexibilität

Bei neuen und/oder stresserzeugenden Situationen unterstützt die Bezugsperson die Kinder altersgemäß bei der Bewältigung und zeigt ein hohes Maß an Präsenz – ohne das Kind zu bevormunden. Auch bei der Bewältigung anstrengender, ›kritischer‹ Situationen ist die Bezugsperson ein Vorbild: Sie ist Modell für vielfältige, günstige Bewältigungsstrategien (Coping), vermittelt einen ›Hoffnungshorizont‹ und ist ermutigend. Die Bezugsperson holt sich Unterstützung, wenn sie eine Situation nicht alleine bewältigt. Sich Hilfe holen zu können, ist ein Zeichen für Kompetenz, nicht für Schwäche. In der Kita/Krippe spricht die PädagogIn herausfordernde Situationen im Team/in der Supervision an, um diese für sich zu klären und Handlungsalternativen zu finden usw.

In Betreuungszusammenhängen unterstützt die pädagogische Bezugsperson Eltern bei der Bewältigung von auftretenden Schwierigkeiten im Umgang mit dem Kind, die sich ergeben können aus anstehenden Entwicklungsaufgaben, alltäglichen Belastungen und kritischen Lebensereignissen.

Bezogen auf die Alltagssituationen ergeben sich beispielhaft folgende Möglichkeiten zur Unterstützung der (Weiter-)Entwicklung der Bewältigungsfähigkeiten:

- Essen
  - Die Bezugsperson gestaltet Essenssituation aktiv, versucht Stresssituationen durch vorausschauende Planung erst gar nicht auftreten zu lassen oder zu minimieren, stellt die nötigen Gegenstände bereit (z. B. Lappen zum Tisch abwischen, wenn eine Tasse umfällt)

- ... kennt für sie kritische Bereiche, sorgt für Stressreduktion, indem sie Situationen reflektiert und Bewältigungsstrategien entwickelt für künftige ähnliche Situationen
- ... (er-)kennt Stresssymptome bei sich selbst und beim einzelnen Kind und agiert wo möglich präventiv oder aufgrund dieser Erkenntnis angemessen stressreduzierend
- Wickeln
  - Die Bezugsperson kennt den derzeitigen Entwicklungsstand und die Kompetenzen des Kindes, berücksichtigt diesen bei der Pflegesituation, indem sie das Kind einbezieht
  - ... entwickelt Strategien für schwierige Wickelsituationen, in denen sich ein Kind bspw. nicht wickeln lassen will, sich wehrt
- Freispiel
  - Die Bezugsperson unterstützt den Explorationsdrang der Kinder, fördert die Entdeckerfreude und sieht Schwierigkeiten als Möglichkeit, daran zu wachsen und Problemlösungsstrategien zu entwickeln
  - ... fungiert als Vorbild und bleibt kongruent und authentisch (»Da fällt mir gerade auch keine Lösung für alle Beteiligten ein. Was können wir denn da machen?«)
  - .. hat Vertrauen in die (anfänglichen) Problembewältigungskompetenzen der Kinder (»Wie könntet ihr euch einigen, wenn ihr beide gleichzeitig mit dem Feuerwehrauto spielen wollt?«)
  - ... gibt Unterstützung zur aktiven Problembewältigung
  - ... denkt laut bei Konfliktbewältigung, bezieht Kinder ein.
- Anziehen
  - Da beim Anziehen oft Stresssituationen entstehen, plant die Bezugsperson vorausschauend, welche Schwierigkeiten sich vermeiden lassen. Wenn Schwierigkeiten auftreten, erkennt sie diese, bevor eine Situation eskaliert und (re-)agiert entsprechend.

Kaiser (2015, 2019) hat im Rahmen ihrer Dissertation ein Weiterbildungsprogramm für pädagogische Fachkräfte in Krippen entwickelt, umgesetzt und evaluiert, bei dem gezielt in Interaktionssituationen, auch mittels Videoanalyse und -reflexion, der Fokus auf die Stärkung der Resilienzfaktoren gelegt wird, wobei die Realisierung einer stützenden und die seelische Gesundheit förderlichen Beziehungsgestaltung die Grundlage bildet. Dieses Weiterbildungsprogramm kann gleichfalls eine Orientierung für Tagespflegepersonen wie Eltern darstellen.

Resilienzförderung im institutionellen/professionellen Rahmen

Die o. g. Prinzipien der Unterstützung der kindlichen Entwicklung der Resilienzfaktoren sind gut im institutionellen/professionellen Kontext der Bildung, Betreuung und Erziehung, in Krippen und der Tagesbetreuung umzusetzen; sie drücken Aspekte der Prozessqualität aus.

Allerdings bedarf es dazu einer Reihe von Grundvoraussetzungen auf der strukturellen und konzeptionellen Ebene, die im Folgenden angesprochen werden sollen. Diese Voraussetzungen beziehen sich auf die aktuellen Studien, die zeigen, dass im Krippen- wie im Tagespflegebereich in Deutschland ein Bedarf zur Qualitätsentwicklung besteht (Egert & Eckhart, 2022; Rönnau-Böse et al., 2020, Tietze et al., 2013, Viernickel, Nentwig-Gesemann, Nicolai, Schwarz & Zenker, 2013). Eine Sicherstellung von Qualität in der professionellen Bildung, Betreuung und Erziehung – unter Einschluss der Kindertagesbetreuung – kann die (Resilienz-)Förderung der Säuglinge und Kleinkinder sowie eine positive Pädagogen/Pädagoginnen-Kind-Interaktion gewährleisten[13].

Strukturelle Voraussetzungen[14]

Ein wesentliches, qualitätssicherndes Merkmal ist die Gewährung von *Beziehungskontinuität* und *-stabilität* sowie der Präsenz der professionellen Fachkräfte in der Interaktion mit den einzelnen Kindern. Die im Kapitel 3.1.1 (▶ Kap. 3.1.1) beschriebene Sicherheit (Ahnert, 2007), in der das Kind Vertrauen hat und seine Lebenswelt erkunden kann, kann nur durch Beständigkeit und Verlässlichkeit in der Betreuung gewährleistet werden (z. B. Kasüschke & Fröhlich-Gildhoff, 2008). Eine wichtige Grundlage hierfür ist ein klar geregeltes System der *Bezugsbetreuung* . Ahnert (2007) beschreibt, dass durch Bezugspädagogen und -pädagoginnen stabil betreute Kinder beim morgendlichen Bringen mehr positive und freudige Verhaltensäußerungen aufzeigten und sich auch während des Tagesablaufs häufiger der stabilen Betreuungsperson zuwenden als zu Pädagogen/Pädagoginnen, die nicht die Stellung der primären Bezugsperson in der Krippe innehatten. Sie schlussfolgert deshalb, dass Pädagogen/Pädagoginnen »tatsächlich eine sicherheitsgebende Funktion erfüllen … können und zu Bindungspersonen werden, deren Nähe vom Kind auch eingefordert wird. Es kann deshalb keine Zweifel geben, dass das Bindungskonzept auch auf ErzieherInnen angewendet werden kann, und dass die Beziehung, die sie mit den Kindern eingehen, als Bindungsbeziehungen zu werten sind« (Ahnert, 2007, S. 32).

Eine wichtige Voraussetzung für ein funktionierendes Bezugsbetreuungssystem sind *angemessene* Fachkraft-Kind-Relationen, in deren Berechnung auch die Zeiten für mittelbare pädagogische Arbeit sowie Fehlzeiten aufgrund von Urlaub, Krankheit etc. eingerechnet sind. In der wissenschaftlichen Diskussion herrscht Übereinstimmung, dass folgende, altersangepasste Relationen einen Mindeststandard darstellen (vgl. Strehmel & Viernickel, 2022, Viernickel & Schwarz, 2009; Fröhlich-Gildhoff, Weltzien, Kirstein, Pietsch & Rauh, 2014; ▶ Tab. 3.2)

---

13 Die Diskussion über qualitätsvolle Arbeit in Krippen und entsprechende Standards kann an dieser Stelle nicht ansatzweise dargestellt werden; es liegt dazu eine Vielzahl von Fachliteratur vor (z. B. Egert & Eckert, 2022; Haug-Schnabel & Bensel, 2006; Hédervári-Heller et al., 2008, Leu & von Behr, 2013).
14 Eine ausführliche Betrachtung findet sich bei Becker (2012a).

Tab. 3.2: Notwendige Fachkraft-Kind-Relationen

Alter der Kinder	Fachkraft-Kind-Relation
Unter 12 Monaten	1:2
12–24 Monate	1:2 bis 1:3
24–36 Monate	1:3 bis 1:5
36–48 Monate	1:5 bis 1:8
48–60 Monate	1:5 bis 1:8

Ein weiterer wichtiger Aspekt der Qualitätssicherung sind pädagogisch qualifizierte Fachkräfte sowie deren kontinuierliche Fort- und Weiterbildung. Für die Reflexion der eigenen Tätigkeit müssen ausreichende Zeiten und Strukturen (Fachberatung, Supervision) zur Verfügung stehen.

Konzeptionelle Voraussetzungen

Auf konzeptioneller Ebene sind *Grundlinien der pädagogischen Arbeit* mit den kleinen Kindern festzuschreiben, um Fachkräften wie Eltern eine Orientierung zu gewährleisten. Dies betrifft die grundlegende *Tagesstruktur*, aber auch die Gestaltung der *Schlüsselsituationen* (Essen/Füttern, Pflegesituationen, Ruhe/Schlafsituationen, Gestaltung von Angeboten etc.).

Der Tagesablauf sollte den Kindern die Möglichkeit geben, ihren Fähigkeiten entsprechend, eigenen Interessen nachgehen zu können. Ein Wechsel zwischen den Ruhephasen und dem Spiel der Säuglinge und Kleinkinder sollte berücksichtigt werden (Viernickel et al., 2012, 2013).

Eine sehr wichtige Zeit ist die der Eingewöhnung des Kindes – und seiner Bezugspersonen! In dieser Zeit soll systematisch Vertrauen in der Krippe oder Kindertagesbetreuung aufgebaut werden; das Kind soll Bindungssicherheit auch in der Einrichtung zu seinen dortigen Bezugspersonen gewinnen. Hierzu ist ein *Eingewöhnungskonzept* (z. B. Laewen et al., 2007a, b) eine absolute Grundvoraussetzung. Dieses Eingewöhnungskonzept muss schriftlich fixiert sein, mit den Eltern abgesprochen, wirklich gelebt und kontinuierlich reflektiert und evaluiert werden.

Eine weitere wichtige Grundlage professioneller Pädagogik ist die *systematische Beobachtung* jedes Kindes, die Dokumentation dieser Beobachtungen und der kontinuierliche Austausch mit den Eltern darüber (Leu & von Behr, 2013; Mischo, Weltzien & Fröhlich-Gildhoff, 2011).

Nicht zuletzt soll die *Zusammenarbeit mit den Eltern* auf Grundlage einer Konzeption erfolgen. Die Zusammenarbeit muss die große Bedeutung der Eltern reflektieren, von Wertschätzung und Akzeptanz geprägt sein und kontinuierliche Formen des Austausches – von Tür- und Angelgesprächen bis hin zu regelmäßigen Entwicklungsgesprächen – beinhalten (vgl. hierzu Roth, 2010; Viernickel, Nentwig-Gesemann, Nicolai, Schwarz & Zenker, 2011).

Diese strukturellen und konzeptionellen Voraussetzungen stellen Mindeststandards im Bereich der professionellen Bildung, Betreuung und Erziehung von Säuglingen und kleinen Kindern dar. Sie sind eine Grundlage für die dargestellten Möglichkeiten der Beziehungs-/Interaktionsgestaltung und der Förderung der seelischen Gesundheit. Vielfach sind diese Rahmenbedingungen noch nicht (voll) realisiert – hier gilt es seitens Finanzgeber und Träger nachzusteuern. Andererseits, so zeigen viele Praxisbeispiele, lassen sich auch unter »schwierigeren« Rahmenbedingungen in guter Weise Elemente einer entwicklungs- und gesundheitsförderlichen Pädagogik realisieren.

Exkurs: Familienresilienz[15]

Die Bedeutung der Resilienz bei der Bewältigung von Herausforderungen und Krisen wird vielfach auf individueller Ebene betrachtet; gleiches gilt für die Resilienz*entwicklung*. Im Unterschied zum angloamerikanischen Raum wird die Bedeutung der Familie in diesem Prozess nur wenig beachtet. Das Thema ›Resilienz in Familien‹ lässt sich unter zwei Aspekten beleuchten: Zum einen die (Förderung der) Resilienz einzelner Familienmitglieder, v. a. der Kinder, in der und durch die Familie, zum anderen die (Förderung der) Resilienz des Familiensystems an sich. Die individuelle Resilienz der Familienmitglieder und die Familienresilienz stehen in einem Zusammenhang. Zwischen beiden finden sich strukturelle Ähnlichkeiten: Es geht um die adaptive Bewältigung von Entwicklungsaufgaben, aber auch um kritische, belastende Situationen und Herausforderungen. Hierbei sind vorhandene Resilienzfaktoren hilfreich. Einige finden sich sowohl auf der Individuums- wie auch auf der Familiensystemebene wie z. B. adäquate (Emotions-) Regulationsstrategien, Problemlösefähigkeiten, positive Selbstwirksamkeitsüberzeugungen, klare Sinnstrukturen oder Grundflexibilität. Im Alltag des familiären Zusammenlebens können die Resilienzfaktoren in vielfältigen Interaktionen der Familienmitglieder gestärkt werden können. Dabei ist die individuelle Unterstützung bedeutsam, ebenso wichtig sind jedoch auch Rituale, Haltungen und Werte oder Grundorientierungen im System Familie, die die Entwicklung der einzelnen Mitglieder beeinflussen (Imber-Black et al., 1993): So kann ein Erziehungsstil, der von starken Forderungen, jedoch wenig Wertschätzung geprägt ist, den kindlichen Selbstwert beeinträchtigen und die eigenständigen Bewältigungspotentiale begrenzen (Mischo, 2015). Auf diese Aspekte wird in Kapitel 3.1.3 noch näher eingegangen (▶ Kap. 3.1.3).

---

15 Dieser Beitrag ist eine überarbeitete Fassung des Artikels von Fröhlich-Gildhoff & Rönnau-Böse (2022). Resilienz in Familien. In J. Ecarius & A. Schierbaum (Hrsg.), *Handbuch Familie. Band 1: Gesellschaft, Familienbeziehungen und differenzierte Felder* (2. Überarb. Aufl.), 611–629. Wiesbaden: © Springer VS. .

Bei der Familienresilienz treten weitere Faktoren hinzu, wie Organisationsprozesse innerhalb des Systems, Kommunikationsstrategien, Regeln und Grenzsetzungen sowie gemeinsame Werte und Orientierungen. Die Bedeutung wichtiger externer Schutzfaktoren – im Besonderen soziale Unterstützung und materielle Ressourcen – lassen sich wiederum auf individueller und Familiensystemebene nachweisen. Im Folgenden wird »Familienresilienz« ausführlicher betrachtet.

1. Definition Familienresilienz

Sonnenmoser (2016, S. 170) definiert in ihrem Übersichtsartikel Familienresilienz folgendermaßen: »Die Familienresilienz umfasst Einstellungen, Eigenschaften, Kompetenzen und Strategien (etwa Kommunikation und Problemlöseverhalten) von einzelnen Familienmitgliedern und Familien insgesamt, die dazu beitragen, widerstands- und anpassungsfähig in Anbetracht von Krisensituationen zu sein und diese gemeinschaftlich zu überstehen«. Das Konzept der Familienresilienz richtet explizit den Fokus auf die Stärken und Ressourcen von Familien (und deren Subsysteme) – damit ist ein Paradigmenwechsel verbunden: Familie wird nicht mehr (vorrangig) als eine Instanz gesehen, die dazu führen kann, dass einzelne Mitglieder seelische Störungen entwickeln, sondern es rücken die Unterstützungs- und Bewältigungspotentiale in den Vordergrund (Walsh, 2016). Dabei stärkt die erfolgreiche Bewältigung von Familienkrisen das System als solches, aber auch die einzelnen Mitglieder: »How a family confronts and manages disruptive life challenges, buffers stress, effectively reorganizes, and moves forward with life will influence immediate and long-term adaptation for every family member and for the viability of the family unit« (Walsh 2016, S. 14f.). Es wird also von einer Wechselwirkung der Resilienz der einzelnen Familienmitglieder und der ›Gesamtresilienz‹ der Familie ausgegangen. »Darüber hinaus besitzt eine Familie auch übergeordnete Resilienzmerkmale, die aus der Interaktion der Mitglieder hervorgehen oder aus der gemeinsamen Vergangenheit entstanden sind und dazu beitragen können, Defizite und Schwächen einzelner Mitglieder auszugleichen« (Sonnenmoser 2016, S. 170).

2. Konzepte der Familienresilienz

Im Folgenden werden drei Ansätze zur Konzipierung von ›Familienresilienz‹ aus dem angloamerikanischen Raum dargestellt, die unterschiedliche, sich jedoch ergänzende Schwerpunkte setzen. Anschließend werden die wenigen deutschen Forschungsansätze beschrieben.

a) Für Walsh (2007; 2016) bestimmt sich Familienresilienz bzw. ein ›Family Resilience Framework‹ aus ›Kern- bzw. Schlüsselprozessen‹ (›keyprozesses‹), die Familien im Besonderen beim Umgehen mit stressigen Situation und/oder länger andauernden Herausforderungen und Belastungen aktivieren: »Key family processes […] can reduce stress and vulnerability in high risk situations; foster healing and growth out of crisis; and empower families to surmount prolonged adversity« (Walsh 2016, S. 18). Dabei ist die Realisierung dieser Kernprozesse bei jeder Familie unterschiedlich: Sie wird aus den Potentialen der einzelnen Familienmitglieder und den Interaktionsformen ›gespeist‹.

Walsh beschreibt neun Kernprozesse, die in drei »domains of family functioning« (Walsh, 2016, S. 18) zusammengefasst werden, wobei diese neun Prozesse interaktiv und synergetisch sind (▶ Abb. 3.3), innerhalb und außerhalb der Domänen:

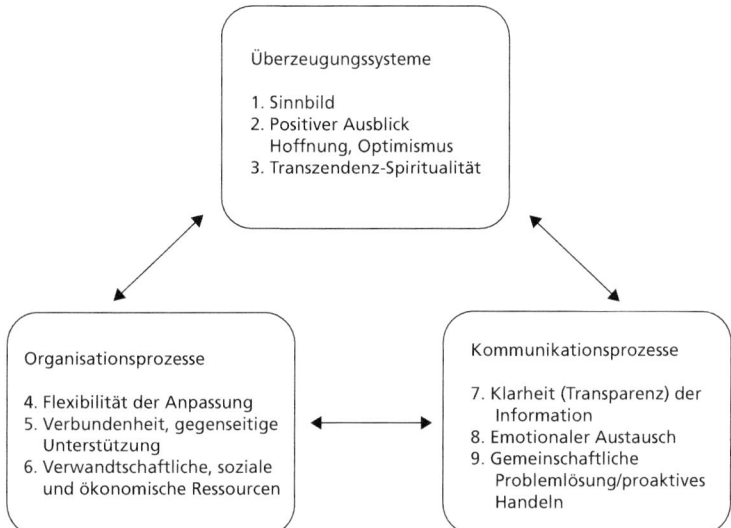

Abb. 3.3: Kernprozesse der Familienresilienz (Republished with permission of Guilford Publications, from. *Strengthening family resilience*, Walsh, F., 3rd. Edition, 2016, permission conveyed through Copyright Clearance Center, Inc.)

Bedeutsam ist dabei die Variabilität der Prozesse und Elemente in unterschiedlichen Belastungssituationen: »Various processes may be more (or less) relevant and useful in different adverse situations and in varying social and cultural contexts« (Walsh 2016, S. 19). Die positive Bewältigung von Krisen stärkt das System, führt zu Stolz und erhöhtem Selbstwirksamkeitserleben und perspektivisch zu einer weiteren Verbesserung der Bewältigungspotentiale. Walsh hebt hervor, dass die ›Kernprozesse‹ auch eine Orientierung für professionelle Interventionen, zur Unterstützung bei Krisen, aber auch für die Prävention geben können.

b) MacPhee und Kollegen (2015) verstehen ›Resilienz als Regulationsprozess‹, innerhalb dessen ein Familiensystem, das durch eine Krise aus dem Gleichgewicht gebracht worden ist, dieses Gleichgewicht wieder herstellt:

»Resilience can be defined as establishing equilibrium subsequent to disturbances to a system caused by significant adversity. When families experience adversity or transitions, multiple regulatory processes may be involved in establishing equilibrium, including adaptability, regulation of negative affect, and effective problem-solving skills« (MacPhee et al. 2015, S. 153).

Beim Vorliegen von starken oder chronischen Schwierigkeiten tritt ›adaptive Selbst-Stabilisierung und Selbstorganisation‹ auf, die dazu führt, dass ein neues Gleichgewicht gefunden wird (MacPhee et al. 2015, S. 153).

In Anlehnung an Patterson (2002) wird auf die Bedeutung familiärer Traditionen, Rituale und Alltagsroutinen sowie Regeln hingewiesen, die einen ›Familiensinn‹ bestimmen, der wiederum Identität und Stabilität gewährleistet. Die Regeln beschreiben zugleich Erwartungen an das Verhalten der Familienmitglieder in sozialen Situationen. In einem dynamischen Prozess können Verhaltensweisen wie eine offene Kommunikation, ein effektives Problemlösen und wechselseitige emotionale Unterstützung sowohl als Regulationsmechanismus dienen, zugleich aber auch ein Ergebnis des Regulations- bzw. Äquilibrierungsprozesses sein.

Allerdings können zu starre Regeln und Werte in Übergangs- oder Veränderungssituationen und bei unvorhergesehenen Belastungen maladaptiv sein. Das (Familien-)System benötigt eine Reorganisation, um auf die externalen Stressoren oder inneren Herausforderungen antworten zu können und damit eine gewisse Flexibilität: »Although maintenance of what is familiar and comfortable may be functional in many circumstances (Patterson, 2002), intolerance for change (i. e., inflexibility) may be maladaptive when families encounter significant life transitions or non-normative threats (Cox & Paley 1997)«(McPhee et al. 2015, p. 155).

Als wichtige Regulationsfaktoren beschreiben Mc Phee und Kollegen:

- Generelle Anpassungsfähigkeit (adaptability): Hierunter werden vor allem Rollenflexibilität sowie die Fähigkeit gefasst, in neuen Situationen auch ungewohnte Bewältigungsstrategien zu entwickeln und einzusetzen.
- Zusammenhalt (cohesion) umfasst emotionale Bindungen, Verlässlichkeit, geteilte Interessen, gemeinsames Problemlösen und geteilte Normen.
- Emotionsregulation und Flexibilität im emotionalen Ausdruck (»the ability to enhance or suppress emotional expression«, McPhee et al. 2015, S. 159).

Eine besondere Bedeutung hat in den Regulationsprozessen das Zusammenspiel von Gesamtsystem und Subsystemen (Dyaden, Generationenebenen) und den einzelnen Mitgliedern.

c) Im Unterschied zu Ansätzen, die Faktoren oder ›Eigenschaften‹ von Familien ›sammeln‹, die mit ›family functioning‹ korrespondieren, verstehen DeHaan, Hawley & Deal (2013) ›Familienresilienz als Prozess‹: Wenn eine belastende ›Stress‹-Situation auftaucht, so reagieren das System als Ganzes und seine Mitglieder. Familienresilienz wird als ›Pfad‹ definiert, der beschreibt, wie Familien angesichts ›Stress‹ reagieren und sich adaptieren. Dabei lassen sich abstrakt mehrere Phasen unterscheiden, die Familien durchlaufen

> »(a) a period of disorganization, which may be marked by increased conflicts, a search for effective ways of coping, and a general atmosphere of confusion, anger, and resentment; (b) a period of recovery during which family members discover new means of adjusting to the crisis; and (c) a period of reorganization wherein a family reconstructs itself at, above, or below its precrisis level of functioning. It is also possible that a family system will not recover from its period of disorganization, leading it to disintegrate« (DeHaan et al. 2013, S. 18).

Familienresilienz ist demnach kein statisches Konstrukt. Die Bewältigung der Krisen ist abhängig vom Zusammenspiel von den jeweiligen Risikofaktoren, Belastungen und vorhandenen Ressourcen, die sich wiederum über die Zeit ändern können. Die Autoren betonen, dass es sinnvoll sei, Methoden zu entwickeln, um die Verläufe der Bewältigungsprozesse über verschiedene Zeitpunkte zu erfassen, um dann aus familienübergreifenden, erfolgreichen Prozessmerkmalen auch unterstützende Interventionen ableiten zu können.

d) In Deutschland finden sich Publikationen von zwei Autoren, die sich explizit mit der Bewältigung kritischer Lebensereignisse aus der Sicht von Familien und der Resilienzperspektive befassen:

In einer Sonderauswertung der Rostocker Längsschnittstudie (ROLS) untersuchte Reis (2007; 2018), wie Familien den Übergang der DDR in ein ›einheitliches Deutschland‹ erlebt haben und wie die z. T. sehr stressbelastete Übergangszeit bewältigt wurde. Insbesondere für Familien, die bereits vor der deutschen Vereinigung konfliktbelastet waren, führten der Systemwechsel und Prozesse der sozialen ›Entsicherung‹ (Heitmeyer, 2012) zu einer Kumulation von Risiken. Dabei wurden Familien mit deutlichen Eltern-Kind-Konflikten mit solchen verglichen, die über geringe Konfliktbelastungen während Kindheit und Jugend berichteten. Eine besondere Bedeutung hatte dabei die Frage, wie »soziale Beziehungen auf den Dimensionen ›Nähe‹ (Relatedness) und ›Distanz‹ (Separateness) aktiv gestaltet bzw. konstruiert« wurden (Reis, 2018, S. 15). Die dabei identifizierten innerfamilialen Beziehungsstrukturen gingen »weitgehend konform mit der durch das Verhältnis ›Familie-DDR-Staat‹ geprägten Nischenform. Identifiziert werden insgesamt drei Nischen mit jeweils korrespondierenden Eltern-Kind-Konstellationen: (1) Eher ›staats-verbunde‹ Nischen und unkontrollierte Generationenbeziehungen, (2) ›separierte Nischen‹ und binnenfamiliale Überkontrolle und (3) im Falle der (positiven) Ausbildung von Familienresilienz, eher balancierte Nischen mit einer balancierten Kontrolle« (Reis, 2007, S. 75). Dabei stellte sich heraus, dass für den Erfolg des Anpassungsprozesses an den gesellschaftlichen Wandel eine flexible Gestaltung der Eltern-Kind-Beziehungen wichtig war (Reis, 2018).

Retzlaff (2016) befasste sich mit den Stärken und Ressourcen von Familien, die mit einem Kind mit einer Behinderung zusammenleben und dadurch in besonderer Weise herausgefordert und auch belastet sind. Dabei muss konstatiert werden, dass »auch bei schweren Behinderungen eines Kindes […] keineswegs in allen Familien Stresssymptome oder dysfunktionale Beziehungsmuster [entstehen]. Die erlebte Stressbelastung, die Qualität der Bewältigung und die Langzeitanpassung hängen nicht ausschließlich von objektiven Faktoren wie dem Grad der körperlichen Beeinträchtigung ab. ›Trotz alledem‹ kommen viele betroffene Familien mit den Folgen schwerer Krankheiten und Behinderungen bemerkenswert gut zurecht und zeigen gegenüber widrigen Lebensumständen Resilienz« (Retzlaff, 2016, S. 16). Bedeutsam für die ›positive‹ Bewältigung dieser Lebensherausforderung sind vor allem eine Sinnfindung und -gebung (›wir sind anders als andere Familien‹) bzw. die Schaffung positiver familiärer Überzeugungen, die positive Bewertung auch kleiner (gemeinsamer) Entwicklungsschritte (›Besserungen‹), das bewusste Wahrnehmen und Reflektieren der Beziehungen sowie das Stärken dieser Beziehungen durch wertschätzendes Miteinander und die Fähigkeit und Bereitschaft, sich als Familie

Unterstützung zu holen, damit auch eigene Grenzen anzuerkennen. Resilienz wird von Retzlaff ebenfalls als »dynamischer Prozess verstanden […], was impliziert, dass Familien nicht zu allen Zeiten und unter jeglichen Bedingungen resilient sein müssen. Familien und Organismen leben nicht in Gleichgewichtszuständen, das Leben ist vielmehr gekennzeichnet durch Veränderungen, die dynamische Veränderungsprozesse erforderlich machen. […] Familien können gestärkt aus der Krise hervorgehen und nachfolgende Ereignisse und Krisen besser meistern« (Retzlaff, 2016, S. 96).

Alle diese Ansätze bzw. Konzepte versuchen systematisch die Bedeutung der Familie als (potentieller) Resilienzfaktor herauszustellen und Faktoren zu identifizieren, die die Widerstandskraft des Systems wie der einzelnen Mitglieder stärkt. Dies sollte im Besonderen in den Fachdiskursen im deutschsprachigen Raum einen stärkeren Stellenwert einnehmen.

3.2 Resilienz und Resilienzförderung im Kindesalter

3.2.1 Entwicklungsthemen und -aufgaben

In der Kindheit vollziehen sich zahlreiche Veränderungen auf unterschiedlichen Entwicklungsebenen. Neben deutlichen körperlichen Veränderungen durchläuft die psychische Entwicklung innerhalb kurzer Zeit eine Reihe von Kompetenzzuwächsen, die mitentscheidend für die jugendliche und erwachsene Entwicklung sind. Die verschiedenen Entwicklungsthemen orientieren sich an Funktionsbereichen, wie der sozialen, emotionalen, motorischen und kognitiven Entwicklung. Diese Entwicklungen laufen nicht getrennt voneinander ab, sondern bedingen sich gegenseitig.

Das Kindesalter wird in diesem Kapitel auf das Alter von 3 bis 12 Jahren festgelegt, wobei nochmal unterschieden wird in Vorschulalter (3–6 Jahre) und Schulalter bzw. die spätere Kindheit (7–12 Jahre).

Entwicklungsthemen im Vorschulalter (3–6 Jahre)

Die Entwicklungen im sozialen Bereich sind von ersten Ablöseschritten von den Bezugspersonen gekennzeichnet sowie vom Aufbau tragfähiger Beziehungen zu Gleichaltrigen und anderen Erwachsenen, wie z. B. pädagogischen Fachkräften. Nachdem das Kind im dritten Lebensjahr in der Beziehung zu den primären Bezugspersonen autonomer wird und sich Handlungsspielräume zunehmend erweitern, lernt das Kind um das 3./4. Lebensjahr *triadische Beziehungen* zu gestalten (Stern, 1992). Dies gewinnt insbesondere mit dem Eintritt in die Kindertageseinrichtung an Bedeutung. Dieser Übergang verändert den Tagesablauf und die Beziehungswelt des Kindes enorm. *Neue Beziehungen zu Gleichaltrigen und anderen*

Erwachsenen müssen aufgebaut, die Trennung von der primären Bezugsperson ausgehalten und selbständiges Handeln erweitert werden. Spezifische Spiel- und Interaktionspartner werden gewählt, Interaktionen zu anderen Kinder müssen aufrechterhalten werden. Dazu gehören erste Konfliktbewältigungen, aber auch ein positiver Austausch mit Gleichaltrigen (vgl. Sroufe, Egeland & Shulman, 1999). Das *prosoziale Verhalten* nimmt zu, zudem differenzieren Kinder mehr, in welchen Situationen welches Verhalten angemessen ist (vgl. Zimmermann & Pinquart, 2011). Nach Selman (1981) dominiert im Vorschulalter ein Freundschaftskonzept, das auf die momentane spielbezogene Interaktion bezogen ist, d. h. Freund ist der, mit dem man gerade spielt (zitiert in Zimmermann & Pinquart, 2011, S. 218).

Die Interaktionen mit Gleichaltrigen sind zum Großteil von kooperativen Spielen geprägt. Das Rollenspiel in Dyaden oder Kleingruppen wird eine der Hauptspielformen, neben Konstruktions- und ersten Regelspielen. Im *sozialen* Spiel lernen Kinder ihre Verhaltensweisen aufeinander abzustimmen, miteinander zu kommunizieren und gegenseitige Interessen zu berücksichtigen (vgl. Castello, 2009). Im Zusammenhang damit steht die Entwicklung der *Theory of Mind* (Premack & Woodruff, 1978), also die Fähigkeit, anderen Personen mentale Zustände zuzuschreiben. Ab dem Alter von ca. 3,5 bis 4 Jahren entwickeln Kinder ein Verständnis dafür, dass man eine falsche Überzeugung über einen Sachverhalt haben kann, d. h. sie lernen zwischen Überzeugung und Realität zu unterscheiden (vgl. Bruning, Konrad & Herpertz-Dahlmann, 2005). Im Alter von ca. 4,5 bis 5 Jahren ist dann die Fähigkeit zur Mentalisierung deutlicher entwickelt, »also die Fähigkeit den anderen und die eigene Person als Wesen mit geistig-seelischen Zuständen zu betrachten« (Dornes, 2009, S. 168). Mit der sozialen Perspektivenübernahme verknüpft ist die Moralentwicklung. Kohlbergs (1969, 1996) kognitive Theorie der Moralentwicklung enthält keine Angaben über die moralische Entwicklung im Vorschulalter. Nunner-Winklers (2007) Studien weisen dagegen auf einen zweistufigen Lernprozess hin. Kinder entwickeln in dem Alter ein *moralisches Wissen* über das, was richtig oder falsch ist (z. B. dass man nicht stehlen darf), aber die moralische Motivation ist noch nicht vorhanden, d. h. welche Beweggründe für oder gegen das Stehlen sprechen (vgl. Pinquart, 2011).

Zwischen dem 2. und 5. Lebensjahr sind die Kinder immer besser in der Lage, ihre *Emotionen selbständig, intrapsychisch zu regulieren*. Ab dem fünften Lebensjahr geschieht dies weitestgehend ohne soziale Rückversicherung (vgl. Petermann & Wiedebusch, 2016). Das *Emotionsvokabular* erweitert sich und ab dem Alter von drei Jahren differenziert sich das *Emotionswissen* auf typische Ursachen, Ausdrucksformen und mögliche Konsequenzen (vgl. Zimmermann & Pinquart, 2011). Ein gut entwickeltes Emotionswissen korreliert deutlich mit hohen sozialen Kompetenzen (Denham, Blair & DeMulder, 2003).

Ein weiteres Entwicklungsthema betrifft den Erwerb von *Geschlechtsrollenkompetenz* (Kohlberg, 1966). Im Kindergartenalter entwickelt sich die Geschlechtsidentität, d. h. mit ca. drei Jahren können Kinder sich richtig einem Geschlecht zuordnen und benennen. Die Kategorisierung erfolgt zunächst meistens anhand äußerer Merkmale, wie z. B. Haarlänge und Bekleidung. Damit einher geht eine klare Geschlechtsrollenpräferenz, d. h. Personen des eigenen Geschlechts werden bevorzugt und das Wissen um Geschlechtsstereotype erweitert (vgl. Trautner, 2008).

Bis zum Alter von fünf Jahren verstehen die Kinder, dass das Geschlecht zeitlich stabil ist, allerdings nicht auf alle Situationen bezogen. Dies wird in der Regel zwischen dem fünften und siebten Lebensjahr mit der Geschlechtskonstanz erreicht (vgl. Pinquart, 2011). In einer Studie von Ruble et al. (2007) zeigte sich zudem, dass im Vorschulalter sich die mit dem Geschlecht verbundenen Bewertungen verändern. Fünfjährige bewerteten ihr Geschlecht positiver als Dreijährige (zitiert in Pinquart, 2011).

Schmidtchen (2001) zählt zusätzlich den Erwerb von *Rollenkompetenzen des täglichen Lebens* zu den Entwicklungsaufgaben. Vorschulkinder lernen insbesondere anhand von Modellen, wie man sich z. B. als Kunde, als Patient oder Verkehrsteilnehmer verhält.

Entwicklungsthemen im Schulalter (7–12 Jahre)

Die spätere Kindheit ist deutlich von dem Übergang in die Schule und dem damit verbundenen *Erwerb von schulspezifischen Kompetenzen* verbunden. Die Transition in die Lebenswelt Schule stellt eine große Herausforderung dar, da »die schulischen Anforderungen nicht auf die individuellen Bedürfnisse des einzelnen Kindes zugeschnitten sind, sondern auf das Erlernen bestimmter gesellschaftlicher Leistungskompetenzen des späteren Arbeitslebens« (Schmidtchen, 2001, S. 60).

Im Fokus steht zunächst das *Erlernen von sogenannten Kulturtechniken*, wie Lesen, Schreiben und Rechnen. Köller und Baumgart (2008) nennen vier »Kernbereiche schulischer Bildung«: Deutsch, Mathematik, Naturwissenschaften und das Erlernen einer Fremdsprache. Voraussetzung dafür sind Entwicklungen auf der kognitiven und sprachlichen Ebene. Das Kind kann zunehmend planvoller und regelgeleiteter Probleme lösen, Strategien flexibel einsetzen und analoge Schlüsse ziehen. Nach Piaget befindet sich das Kind im konkret-operationalen Stadium, d. h. die Wahrnehmungsleistungen werden analytischer und differenzieren sich aus. Abstraktes Denken ist nur begrenzt möglich, das Denken erfolgt zumeist anhand konkret beobachteter Inhalte (vgl. Zimmermann & Pinquart, 2011).

Der Erfolg in der Schule ist eng gekoppelt an die *Leistungsmotivation*. Ab dem Grundschulalter kann ein Kind erste Unterscheidungen zwischen Anstrengungsleistung und Fähigkeiten herstellen. Mit 12 Jahren wird dann auch erkannt, dass fehlende Fähigkeiten durch höhere Anstrengung ausgeglichen werden können und umgekehrt (vgl. Pinquart, 2011). Zwischen dem 10. und 12. Lebensjahr konkretisieren sich *Interessen* für bestimmte Fächer und Bereiche, die auch durch die Fächerspezialisierung in der Schule gefördert werden. »Es hat sich bezüglich schulischer Anforderungen und deren Bewältigungsfähigkeiten ein individuelles Anspruchsniveau entwickelt, d. h. die Kinder können jetzt schon recht gut einschätzen, was sie an Anforderungen und wie sie diese bewältigen können. Ihr Fähigkeitskonzept ist schon relativ stabil ausgebildet« (Joswig, 2013).

Vergleiche mit anderen werden immer stärker zum Wertmaßstab für die eigene Leistung. Die Selbstbeschreibungen werden differenzierter und realistischer (»Ich bin gut in Mathe und schlecht in Deutsch oder ich bin besser geworden«). Diese Bewertungen und die gemachten Erfahrungen in der Schule bestimmen maßgeblich das *(schulische) Selbstkonzept* des Kindes. Kann das Kind die Erfahrung machen, mein Handeln, meine Anstrengungen haben Erfolg (sich also als selbstwirksam erleben), führt das zu einem positiveren Selbstbild und zu einem verbessertem Selbstwirksamkeitserleben. Darüber hinaus wird das Selbstbild mitgeprägt durch die Erfahrungen mit anderen. Der Kreis der Gleichaltrigen wird erweitert, es werden *affektive Bindungen* in Form von Freundschaften hergestellt, die sowohl zeitlich, als auch räumlich und ereignisübergreifend an Kontinuität gewinnen. Eingebunden sein in eine Gruppe, loyale Freundschaften knüpfen und Beziehungen auch in Konfliktsituationen aufrechterhalten sind wichtige Parameter in der Entwicklung der sozialen Kompetenz. Damit verbunden sein können aber auch Selbstzweifel bzgl. der sozialen Position in der Gruppe, insbesondere dann wenn es zu Ausschlussprozessen kommt (vgl. Scheithauer, 2003). In der Regel finden sich häufiger gleichgeschlechtliche Gruppen, die Aktivitäten ausführen, »für die Rollenzuweisungen, Teamwork oder das Übernehmen von Führung nötig sind« (Petermann, Niebank & Scheithauer, 2004, S. 218). Bedürfnisse und Handlungen müssen aufeinander abgestimmt werden.

Die Peerkompetenzen sind für den Sozialisationsprozess für verschiedene Aspekte bedeutsam:

- »die Kinder lernen sich bezüglich ihres Einflusses auf andere und ihres Ansehens in Gruppen einzuschätzen.
- Gruppenerfahrungen haben zusätzlich zu den Bindungserfahrungen mit den Eltern und Freunden eine große Bedeutung für das Selbstwertgefühl der Kinder.
- Gruppenerfahrungen fördern die Selbstkonzeptbildung und den Ablöseprozess von den Eltern.
- Kinder lernen in Gruppen, Gemeinschaftsnormen zu erwerben sowie Affekte in Gemeinschaften zu kontrollieren.
- Wegen der statusmäßigen Gleichheit aller Gruppenmitglieder können symmetrische Interaktionskompetenzen erworben werden« (Resch, 1996, S. 67).

3.2.2 Resilienz im Kindesalter

Die Resilienzforschung hat sich schwerpunktmäßig mit dem Kindesalter beschäftigt, die meisten Forschungsergebnisse liegen für die spätere Kindheit, also das Schulalter, vor. Insbesondere die Kauai-Studie hat differenzierte Ergebnisse für unterschiedliche Altersstufen ergeben. So erwiesen sich Kinder, die als resilient bezeichnet wurden, im Kleinkindalter als selbständig, selbstbewusst und unabhängig. Im Gegensatz zu ihren Gleichaltrigen waren sie kommunikativer und interessierter am sozialen Spiel. Ab dem 10. Lebensjahr zeigten die resilienten Kinder gut entwickelte Problemlöse- und Kommunikationsfähigkeiten sowie ein positives Selbstkonzept. Die schulische Leistungsfähigkeit war stärker ausgeprägt und das Sprach- und Lesevermögen erhöht (vgl. auch Wustmann, 2020).

In Kapitel 1 (▶ Kap. 1) wurden bereits die Resilienzfaktoren erläutert, die sich als protektiv für belastende Lebenssituationen herausgestellt haben. Im Folgenden werden analog dieser Resilienzfaktoren beispielhaft Forschungsergebnisse für das

Kindesalter aus den verschiedenen Langzeitstudien vorgestellt (vgl. dazu ausführlich Rönnau-Böse, 2013, S. 67 ff.):

1. **Selbstwahrnehmung**
Eine adäquate Selbst- und Fremdwahrnehmung als Bestandteil des Selbstkonzepts wird in den vorliegenden Resilienzstudien konsistent als schützender Faktor in Belastungssituationen beschrieben. So zeigte eine »Studie zur Erziehung und Entwicklung von Kindern in normalen Familien und Familien mit affektiven Störungen« (Radke-Yarrow & Brown, 1993) signifikante Unterschiede in der Selbstwahrnehmung von Kindern, die als resilient eingestuft wurden, und Kindern, die in »Schwierigkeiten« waren. Die resiliente Gruppe hatte eine bessere Selbstwahrnehmung auf verschiedenen Ebenen wie z. B. die Wahrnehmung der sozialen, schulischen und körperlichen Fähigkeiten (ebd., S. 587). Die Kinder der Minnesota-Eltern-Kind-Studie, die als resilient bezeichnet wurden, verfügten über ein hohes Selbstwertgefühl. Das führte dazu, dass sie die Ressourcen in ihrer Umgebung eher wahrnehmen und für sich nutzen konnten. Bengel, Meinders-Lücking und Rottmann (2009) referieren mehrere Studien zur schützenden Wirkung eines positiven Selbstkonzepts, weisen aber auch daraufhin, dass eine positive Selbstwahrnehmung stark mit familiären und sozialen Schutzfaktoren im Zusammenhang steht. Hetherington (1989) unterscheidet in seiner »Studie zu Scheidung und Wiederheirat« durch Clusteranalysen verschiedene Gruppen von Kindern, die er entweder als »Gewinner«, »Verlierer« oder »Überlebende« der Scheidung und Wiederheirat ihrer Eltern bezeichnet. Die Kinder, die gut mit der neuen Familiensituation umgehen konnten und sich trotz aller damit einhergehenden Schwierigkeiten gut entwickelten, wurden als Kinder mit einem guten Selbstwertgefühl identifiziert. Sie zeigten wenige Verhaltensprobleme und waren beliebt bei Gleichaltrigen und pädagogischen Fachkräften (vgl. ebd., S. 11).

2. **Selbstwirksamkeit**
Selbstwirksamkeit gilt als anerkannter personaler Schutzfaktor, dessen Unterstützung und Förderung die Entwicklung über die gesamte Lebensspanne positiv beeinflusst. Teilweise wird der Selbstwirksamkeit auch eine besondere Stellung unter den personalen Faktoren zugewiesen, da durch sie die Ausprägung anderer Resilienzfaktoren stark moderiert wird. »Selbstwirksamkeit im Sinne der Resilienzentwicklung wird hier demnach als Kompetenz definiert, eigene Fähigkeiten adäquat einschätzen zu können und die Motivation, eigene Ziele (mit diesen Stärken) zu verfolgen – auch wenn Schwierigkeiten vorhanden sind« (Rönnau-Böse, 2013, S. 80). Das Konstrukt der internalen Kontrollüberzeugung wird als Bestandteil der Selbstwirksamkeit gezählt (vgl. z. B. Schwarzer & Jerusalem, 2002). Die Bewertung eines Ereignisses als das Resultat eigener Handlungen erwies als relevant für eine resiliente Entwicklung.
Bengel und Kollegen (2009) verdeutlichen in ihrem Review, dass das Konstrukt der Selbstwirksamkeit sehr konsistent in verschiedensten Studien als Schutzfaktor belegt ist (z. B. Deater-Deckard, Ivy & Smith, 2006; Luthar, 2006; Mullis, Cornille, Mullis & Huber, 2004). So referieren sie eine Studie von Martin und Marsh (2006), die einen Zusammenhang zwischen akademischer Resilienz, d. h. im schulischen Leistungsbereich, und Selbstwirksamkeitsüberzeugungen nachwei-

sen konnten. Die Studie macht deutlich, dass eine Stärkung der Selbstwirksamkeit einen positiven Effekt auf die schulischen Leistungen ausüben kann (zitiert nach Bengel et al., 2009, S. 76). Eine andere Studie von Capella und Weinstein (2001) zeigt, dass sich Schüler mit einer hohen internalen Kontrollüberzeugung positiv entwickelten und ihre Leseschwierigkeiten verbesserten – im Gegensatz zu den Schülern mit Leseschwierigkeiten, die eine externale Kontrollüberzeugung aufwiesen (zitiert nach Bengel et al. 2009, S. 73).

Die »Virginia-Längsschnittstudie zu Kindesmisshandlung« (Bolger & Patterson, 2003) fand heraus, dass höhere Selbstwirksamkeit einherging mit weniger internalisierenden Problemen, d.h. missbrauchte Kinder mit einer hohen Selbstwirksamkeit entwickelten weniger internalisierende Probleme als Kinder mit einer niedrigen Selbstwirksamkeit. Je früher die Kinder missbraucht wurden, desto weniger selbstwirksam erlebten sie sich (ebd., S. 169). Die Verknüpfung von Selbstwirksamkeit mit einer hohen Leistungsmotivation bzw. Leistungsbereitschaft konnte auch in der »Studie zur Erziehung und Entwicklung von Kindern in normalen Familien und Familien mit affektiven Störungen« (Radke-Yarrow & Brown, 1993) nachgewiesen werden. Die Kinder, die als resilient eingestuft wurden, zeigten eine hohe Leistungsmotivation und waren durchsetzungsfähiger als die Gruppe der Kinder, die als nicht-resilient klassifiziert wurden. Dies war wiederum verknüpft mit positiven Beziehungen zu Lehrern und Gleichaltrigen (vgl. ebd., S. 590).

Die Rochester-Längsschnittstudie verwendet den Begriff »Realistic Control Attributions« (Wyman, 2003, S. 302) und meint damit die Überzeugung, dass manche Probleme beeinflussbar sind, andere aber nicht. Wyman (2003) differenziert damit das Konstrukt der internalen Kontrollüberzeugung in eine unspezifische und eine realistische Überzeugung. Das Rochester-Child-Resilience-Project konnte zeigen, dass eine realistische Kontrollüberzeugung eine höhere adaptive (und damit resiliente) Wirkung aufwies als unspezifische internale Kontrollüberzeugungen. Darüber hinaus zeigte sich, dass die Kinder, die eine positive und differenzierte Erwartung an ihre Zukunft hatten, z. B. in Bezug auf ihren Bildungsweg und ihre Beziehungen, als stressresilient identifiziert werden konnten. Diese positive Zukunftserwartung korreliert mit geringerer Angst, mit besseren Schulleistungen und mit besserem Schulverhalten (vgl. Wyman, 2003, S. 304).

3. **Soziale Kompetenz**

Die Studienlage zu sozialer Kompetenz als Resilienzfaktor ist sehr eindeutig. Die Operationalisierung von sozialer Kompetenz erfolgt zwar je nach Anlage der Studie oft unterschiedlich, im Sinne der Resilienzentwicklung ist damit aber insbesondere die Fähigkeit gemeint, Unterstützung durch andere einzufordern, aber auch wahr- und annehmen zu können. Dadurch werden soziale Ressourcen aktiviert, die in Belastungssituationen schützend wirken. Um diese sozialen Unterstützungspotentiale zu mobilisieren, sind angemessene Beziehungskompetenzen notwendig. Diese beinhalten vor allem effektive Kommunikationsfähigkeiten und das Gespür für soziale Verhaltensregeln. Sozial kompetente Kinder haben gelernt, sich unterstützende Netzwerke aufzubauen und diese in Krisenfällen zu aktivieren und für sich zu nutzen (Wustmann, 2020, S. 103). Jerusalem und Klein-Heßling (2002) verweisen in diesem Zusammenhang auf Längsschnittstudien, die zeigen, dass hohe Sozialkompetenzen mit der erhöhten Wahrnehmung sozialer Unterstützung verknüpft sind und das auch bei schwierigen, sozialen Anforderungen (ebd., S. 167). Die Minnesota-Langzeitstudie bestätigt diese Ergebnisse und beschreibt die Kinder, die schwierige Lebenssituationen und -phasen gut überwanden, als sozial kompetent und empathisch im Umgang mit anderen (vgl. Yates, Egeland & Sroufe, 2003). Hetherington (1989) untersuchte in seiner Studie Kinder, deren Eltern sich hatten scheiden lassen und dann wieder geheiratet haben. Er konnte beobachten, dass Jugendliche, die enge Freundschaften eingehen konnten, besser mit der Wiederheirat umgingen und auch geschützter waren vor Ablehnung von anderen Kindern (ebd., S. 10). Kinder, die mehr in der Lage waren Beziehungen einzugehen, beliebt bei anderen waren und sich um andere kümmerten, gingen unbeschadet aus der herausfordernden Familiensituation hervor. Der Autor bezeichnete sie als »caring-competent children« (ebd., S. 12).

Die Kompetenz, soziale Probleme lösen zu können und Empathie zu zeigen, war in der Rochesterstudie ein Nachweis für stressresiliente Kinder. Das Vorhandensein von prosozialen Fähigkeiten konnte ein positiveres Verhalten in der Schule und soziale Anpassung zwei Jahre voraussagen (vgl. Wyman, 2003). Die Studie von Radke-Yarrow und Brown (1993) zur »Erziehung und Entwicklung von Kindern in normalen Familien und Familien mit affektiven Störungen« wies auf die Fähigkeit hin, sich soziale Unterstützung holen zu können. Kinder mit psychisch kranken Eltern, die sich als resilient erwiesen, hatten eine positive Ausstrahlung und erhielten auch (aber nicht nur) dadurch leichter diese Unterstützung und hatten positive Beziehungen zu Gleichaltrigen. Bengel und Kollegen (2009) weisen darauf hin, dass bisher nicht genug belegt ist, *wie* soziale Kompetenz wirkt, sie sind aber der Auffassung, *dass* die Evidenz über die Wirkung sehr hoch ist und damit die Bedeutung für eine Resilienzförderung unterstrichen wird (vgl. ebd., 2009, S. 86).

4. **Selbstregulation**
Selbststeuerung oder Selbstregulation in Verbindung mit Resilienz kann als Kompetenz verstanden werden, »emotional flexibel auf unterschiedliche Belastungssituationen reagieren zu können und je nach Anforderung den Erregungsstand herauf- oder herunter zu regulieren« (Rönnau-Böse, 2013, S. 88). So zeigten die Kinder der Minnesota-Langzeitstudie (Yates et al., 2003), dass die resilienten Teilnehmer über adäquate Selbstregulationsfähigkeiten verfügten und eine hohe Frustrationstoleranz aufwiesen. In zwei in Großbritannien durchgeführte Studien (vgl. Schoon, 2006) erwiesen sich gute Selbstregulationsfähigkeiten als Prädiktor für hohe akademische Leistungen.

Die Dunedin-Multidiziplinäre-Gesundheits- und Entwicklungsstudie (Poulton & Moffitt, 2010) untersuchte u. a. die Zusammenhänge von Selbstregulation und körperlicher Gesundheit, Drogenkonsum und Delinquenz von 1000 Kindern von der Geburt bis zum Alter von 32. Eine adäquate Selbstkontrolle konnte körperliche Gesundheit, Drogenabstinenz und eine geringe Delinquenzquote vorhersagen, unabhängig von IQ und sozioökonomischem Status (vgl. Moffitt et al., 2011). In Bezug auf Selbstkontrolle scheint es laut Bengel u. a. (2009) »weniger wichtig zu sein, ob ein Kind eher über- oder unterkontrolliert ist als vielmehr, wie es je nach Situation und Erfordernissen das Ausmaß an Kontrolle flexibel anpassen kann« (ebd., S. 79).

5. **Problemlösefähigkeiten**

Werden Problemlösefähigkeiten im Rahmen des Resilienzkonzepts definiert, so ist damit vor allem die Kompetenz verbunden, zielorientiert Pläne zu verfolgen und auch angesichts belastender Lebensereignisse effektive Strategien zur Erreichung der Ziele zu entwickeln. Die damit verknüpfte Zielorientierung und Planungskompetenz führt zu einer optimistischeren Haltung in Bezug auf die Zukunft. Darüber hinaus analysieren resiliente Kinder mit hohen Problemlösefähigkeiten ihre eigenen Ressourcen im Hinblick auf ihre Belastungen und reagieren damit realistischer und besser vorbereitet auf schwierige Situationen. Entscheidungen können so leichter getroffen und Strategien effektiver auf unbekannte Situationen angewendet werden (vgl. Rönnau-Böse, 2013, S. 92).

Beispielhaft zeigten die Ergebnisse des internationalen Resilienzprojekts (Ungar, 2008), dass Problemlösefähigkeiten über die Kulturen hinweg eine protektive Wirkung entfaltete. Kultur- und kontextspezifisch war allerdings die Art und Weise, wie die Probleme gelöst und welche Ziele verfolgt wurden. In der Kauai-Studie berichten Werner und Smith (1992) von proaktiven Problemlösekompetenzen der resilienten Stichprobe, d. h. die Kinder warteten nicht auf Hilfestellungen, sondern gingen ihre Probleme selbstbewusst und eigeninitiativ an.

6. **Aktive Bewältigungskompetenz**

Dieser Resilienzfaktor ist mit flexiblen Copingstrategien verbunden, d. h. die Fähigkeit je nach Ausgangssituation verschiedene Strategien einzusetzen. Dies müssen dann nicht immer aktive Formen sein, sondern auch vermeidende/defensive Strategien können – z. B. nach einem Trauma – hilfreich sein, um den Alltag bewältigen zu können. Hilfreiche Bewältigungsstrategien sind laut zitierter Studien von Luthar (2006) z. B. die Fähigkeit, Probleme in der Familie nicht auf sich zu beziehen, Probleme artikulieren zu können oder Strategien auf verschiedene Situationen anwenden zu können (vgl. z. B. Beardslee, 2002). Die als stressresilient bezeichneten Kinder der Rochesterstudie (Cowen et al., 1997) zeigten schon früh effektive Bewältigungsstrategien, die auch zu den späteren Messzeitpunkten deutlich wurden und sie von der Gruppe der stressbelasteten Kinder unterschieden (ebd., S. 575).

Schutzfaktor Beziehung

Die Förderung der personalen Kompetenzen ist immer eingebettet in soziale Beziehungen. Die resilienzförderliche Fachkraft-Kind-Beziehung ist gekennzeichnet von emotionaler Zuwendung und ermutigender Unterstützung. Die Fachkraft bietet Orientierungssicherheit, fordert das Kind in seiner Entwicklung aber auch angemessen heraus. Sie tröstet und bietet Hilfestellungen bei der Emotionsregulation (vgl. Fischer & Fröhlich-Gildhoff, 2013). Die förderlichen Beziehungsparameter entsprechen den vorgestellten Aspekten in Kapitel 1 und 3.1 (▶ Kap. 1; ▶ Kap. 3.1).

Darüber hinaus wurden eine Reihe von Studien durchgeführt, die die *Beziehung zwischen Lehrkräften und Schüler/Schülerinnen* fokussieren und ihre Auswirkung auf das Klassenklima sowie die sozial-emotionale Entwicklung untersuchen (Hamre & Pianta, 2001; Murray & Greenberg, 2000; Pianta, Hamre & Stuhlman, 2003). Lehrkräfte, die eine warme und unterstützende Beziehung zu ihren Schülerinnen und Schülern haben, tragen wesentlich zu einer Umgebung bei, in der die Schülerinnen und Schüler lernen können. Sie geben ihnen ein Gefühl von Sicherheit, die Basis, um zu explorieren, kreativ zu werden und auch Risiken einzugehen. Hamre und Pianta (2001) berichten ähnliche Ergebnisse für pädagogische Fachkräfte in Kindertageseinrichtungen. Eine Studie von Baker (2006) mit 1310 Schülern und Schülerinnen ergab eine schützende Wirkung einer positiven Lehrer-Schüler-Beziehung im Grundschulalter. Auch die Langzeitstudie von Christle, Jolivette und Nelson (2005) untermauert diese Befunde: hochqualifiziertes Lehrpersonal erfüllte für Kinder, die unter schwierigen sozioökonomischen Bedingungen aufwuchsen, eine kompensatorische Funktion und gab ihnen ermutigende Unterstützung. Auch bei Kindern mit Leseschwierigkeiten stellte sich eine positive Lehrerbeziehung als schützend heraus (vgl. Al-Yagon & Margalit, 2006). Darüber hinaus minimiert sich risikoreiches und aggressives Verhalten laut einer amerikanischen Studie mit 75 000 Schülern und Schülerinnen. Fühlten sich die Schüler und Schülerinnen subjektiv von ihren Lehrpersonen wahrgenommen und unterstützt, so sank das aggressive Verhalten (vgl. Opp & Wenzel, 2003a). Auch Freundschaften und Peerbeziehungen können durch die Lehrkraft beeinflusst werden (Klem & Connell, 2004). Dies wirkt sich dann wieder positiv auf die Einstellung zur Schule und auf die psychosoziale Resilienz auf (vgl. Masten & Reed, 2002).

Fröhlich-Gildhoff et al. (2014) fassen die bedeutenden Wirkmechanismen einer entwicklungsförderlichen Lehrer-Schüler-Beziehung zusammen:

- »Eine Stärkung des Selbstwertes wird durch bedingungslose Akzeptanz und Wertschätzung (siehe auch Masten & Reed, 2002) sowie prosoziales und konstruktives Verhalten, das eine Modellfunktion für die Kinder hat, bewirkt.
- Ein wichtiger Aspekt einer guten Beziehung beinhaltet insbesondere, mit den Lehrern und Lehrerinnen über seine Probleme sprechen zu können (Piko, Fitzpatrick & Wright, 2005).
- Die Professionalität der Lehrkraft spiegelt sich in ihrem empathischen Verhalten und folgender Umsetzung des Unterrichts wider: Eine empathische Lehrperson wählt individuelle Aufgaben für den Unterricht, die die Kinder fordern, aber nicht überfordern, sondern einen motivationalen Zugang bieten (Jungmann & Reichenbach, 2011; Göppel, 2011).
- Geddes (2007) beschreibt, dass ein wertschätzendes, konsequentes und stabiles Lehrerverhalten, mit Respekt vor dem einzelnen Schüler, sich positiv auf die Lernmotivation und Lernerfahrungen eines Kindes auswirkt und die Selbständigkeit fördert.
- Jungmann und Reichenbach (2011) schlussfolgern nach der Zusammenfassung unterschiedlicher Studienergebnisse, dass eine positive und stabile Schüler-Lehrkraft-Beziehung die Eingewöhnung in die Schule, die Schulleistungen, den sozial-emotionalen Lernfortschritt sowie das Selbstkonzept positiv beeinflussen.

- Die Lehrkraft muss dabei den Kindern aktiv Interesse entgegenbringen und auf einen respektvollen Umgang im Miteinander achten. Darüber hinaus ist eine enge Zusammenarbeit mit den Eltern der Schüler und Schülerinnen bedeutsam und wirkt sich positiv auf die Entwicklung des Kindes aus (Wustmann, 2020)
- Somit kann die Beziehungsqualität zwischen Schülern und Schülerinnen und Lehrkräften als Prädikator für schulische und soziale Erfolge gesehen werden (Rudasill & Rimm-Kaufmann, 2009)« (ebd., S. 31 f.).

Bedeutung von Schulklima und Schulkultur

Neben den Lehrkräften haben auch das Schulklima und die Schulkultur eine schützende Wirkung (vgl. dazu zusammenfasend Fröhlich-Gildhoff et al., 2014). Positive Schulerfahrungen tragen zu einer Erhöhung des Selbstwertes und der Selbstregulationsfähigkeiten bei, die wiederum die Resilienzentwicklung fördern (s. o.) (Heller, Larrieu, D'Imperio & Boris, 1999).

Bengel und Kollegen (2009) zitieren Studien, die das deutlich machen, wie z. B. die von Christle, Jolivette und Nelson (2005). Schule wirkte dann als Schutzfaktor gegenüber Kriminalität, wenn sie hohe, aber machbare schulische und soziale Anforderungen an ihre Schüler und Schülerinnen stellten und bei der Umsetzung dieser Aufgaben unterstützte.

Wenn körperlich misshandelte Schüler und Schülerinnen ein hohes Verpflichtungsgefühl gegenüber der Schule entwickelten, wurde weniger delinquentes und gewalttätiges Verhalten gezeigt (Herrenkohl, Tajima, Whitney & Huang, 2005).

Opp und Wenzel (2003b) formulieren vier Kriterien, die eine positive Schulkultur ausmachen: Kontrolle und Konsequenz, Fürsorge und Wärme, Konfliktkompetenz und Kooperation im Kollegium sowie eine unterstützende Schulleitung.

Die Ergebnisse der PISA-Erhebungen (2006 und 2009) geben Aufschluss darüber, welche schulischen Faktoren insbesondere für sozioökonomisch benachteiligte Kinder schützend wirken. So erwies sich zum einen die quantitative Lernzeit für naturwissenschaftliche Inhalte als aussagekräftiger Prädiktor für ein höheres schulisches Leistungsniveau. Zum anderen hatten als resilient bezeichnete Schüler und Schülerinnen mehr Vertrauen in die eigenen schulischen Fähigkeiten. Außerdem korrelierte vorhandene intrinsische Motivation schwach mit der Resilienzentwicklung (vgl. OECD, 2011). Die Autoren der PISA-Studie plädieren aus diesen Gründen für die »Schaffung gerechter Lernmöglichkeiten ... und die Stärkung [des] Selbstvertrauen[s] und [der] Motivation [der Schüler und Schülerinnen]« (OECD, 2011, S. 4).

Wie wesentlich Resilienz gerade für die Entwicklung von Kindern mit sozioökonomischer Benachteiligung ist, hat eine Sonderauswertung der OECD PISA Daten ergeben. Hier zeigte sich, dass personale Resilienz – gefördert durch ein »positives Schulklima«, eine »offene Kommunikation« sowie vertrauensvolle Lehrende-Lernende-Beziehung und Projekte, die die Selbstwirksamkeit unterstützen« – eine verbesserte Schul- und Anpassungsleistungen von Jugendlichen trotz ungünstiger Startschwierigkeiten zur Folge hat (vgl. OECD/Vodafone Stiftung, 2018).

3.2.3 Förderung der Resilienz im Kindesalter

Die referierten Befunde zeigen die Bedeutung der Förderung von personalen Kompetenzen, von positiven Beziehungen, aber auch die Wirkung von unterstützenden Settings. Diese Erkenntnisse bilden die Grundlage für eine wirkungsvolle Resilienzförderung. Darüber hinaus haben die Ergebnisse hervorgehoben, dass eine frühzeitige Unterstützung die Entwicklung von Kindern nachhaltig positiv beeinflusst. Schutz- und Resilienzfaktoren tragen hierzu wesentlich bei. Diese Förderung kann zum einen durch Programme erfolgen, zum anderen kann die Beachtung von verschiedenen Aspekten der Resilienzforschung eine Unterstützung der Resilienzfaktoren im Alltag ermöglichen.

Programme zur Resilienzförderung sind dem Bereich der Gesundheitsförderung zuzuordnen. Die WHO empfiehlt, Lebenskompetenzen als Grundlage für solche Programme zu nehmen. Der sogenannte »Life-skill-Ansatz« als Strategie unterstützt die Entwicklung von psychosozialen Fertigkeiten, die Kinder und Jugendliche befähigen, mit Anforderungen und Problemen umzugehen (vgl. Jerusalem & Meixner, 2009). Laut Bühler und Heppekhausen (2005) ist die Weiterentwicklung von Lebenskompetenzen eine »potentielle Resilienzförderung« (S. 20).

Wirksame Programme basieren auf verschiedenen Faktoren, die sich aus den Erkenntnissen der Präventionsforschung (z.B. Greenberg, Domitrovich & Bumbarger, 2000; Durlak, 2003; Röhrle, 2008) ableiten lassen:

- Das Programmkonzept sollte auf einer klaren theoretischen Fundierung beruhen, die eine Definition der einbezogenen Variablen, wie z.B. Resilienz, beinhaltet.
- Es empfiehlt sich eine Kombination aus Verhaltens- und Verhältnisprävention und damit die Berücksichtigung aller relevanten Ebenen, die für das Kind und seine Förderung eine Bedeutung haben.
- Der Fokus liegt dabei auf den Schutz- und Resilienzfaktoren und fördert breit und universell die Entwicklung des Kindes. Darüber hinaus eignen sich Bausteine für eine individuelle und risikospezifische Förderung (selektive und indizierte Prävention) (▶ Abb. 3.4).

Die empirischen Erkenntnisse haben die Bedeutung des frühen Beginns einer Gesundheitsförderung deutlich gemacht; deshalb bietet sich eine Programmimplementierung im Setting Kindergarten und Schule an. Damit lässt sich auch ein niedrigschwelliger Zugang zu den Eltern erreichen. In diesem Sinne ist ein Mehrebenen-Ansatz angezeigt, der durch (1) eine Qualifizierung der pädagogischen Fachkräfte, (2) eine konkrete Förderung der Resilienzfaktoren auf der Ebene der Kinder, (3) die Resilienzförderung auf der Ebene der Bezugspersonen und (4) einen Aufbau institutioneller Netzwerke gekennzeichnet ist (▶ Abb. 3.5)

Resilienzförderung im Vorschulalter

Die Ergebnisse der Präventionsforschung haben verdeutlicht: eine Förderung ist umso effektiver, je früher sie beginnen kann. Im Vorschulalter stellen insbesondere

3.2 Resilienz und Resilienzförderung im Kindesalter

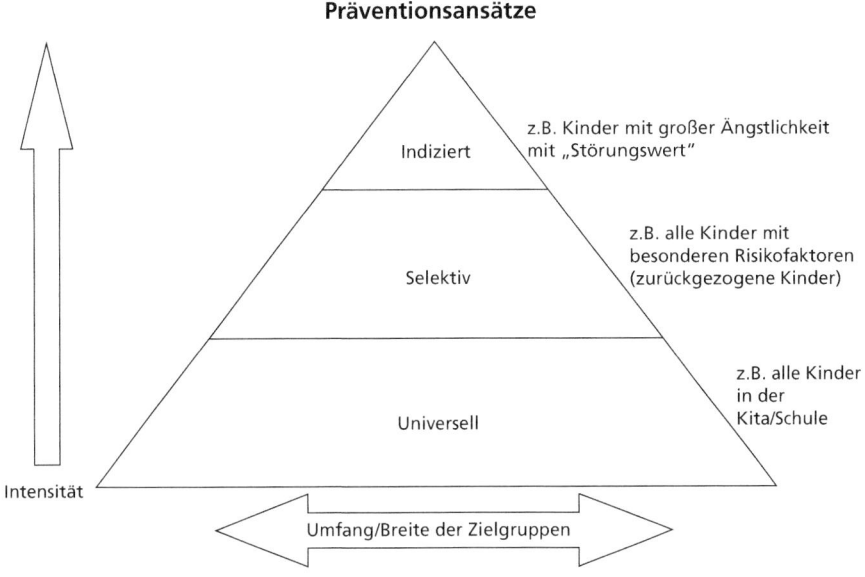

Abb. 3.4: Präventionsansätze

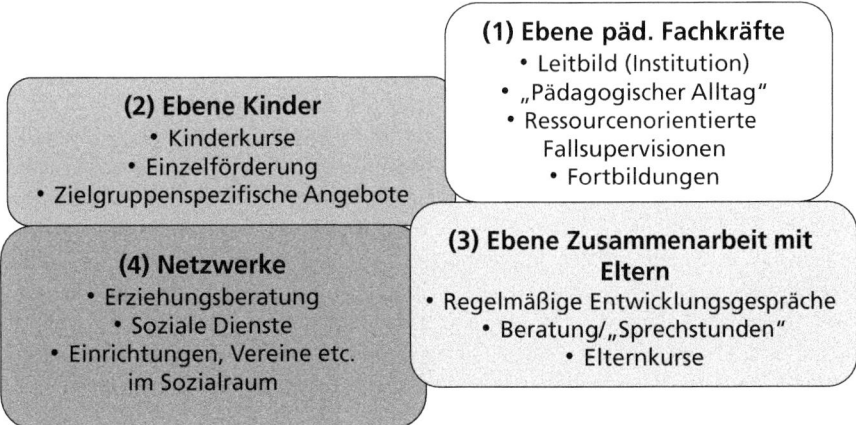

Abb. 3.5: Multimodales Vorgehen im Setting-Ansatz

Kindertageseinrichtungen ein Setting dar, in dem Kinder und ihre Familien niedrigschwellig erreicht werden können. Welche große Rolle dabei die Qualität der Einrichtung spielt, wurde in Kapitel 3.1 (▶ Kap. 3.1) erläutert. Diese Erkenntnisse werden von der Studie von Bennet, Elliot und Peters (2005) unterstützt: eine gute Einrichtungsausstattung, ein unterstützendes Klima für die pädagogischen Fachkräfte sowie ein niedriger Prozentsatz an Verhaltensproblemen in der Gruppe korrelierten positiv mit einer verbesserten Selbstkontrolle von Kindergartenkindern und senkten Verhaltensprobleme.

Resilienzförderung durch Programme[16]

Programme, die als resilienzförderlich gelten, sind in der Regel an eine universelle Zielgruppe gerichtet. Nur sehr wenige Programme berücksichtigen mehrere Ebenen und verbinden Verhaltens- und Verhältnisprävention. Kaum ein nationales oder internationales Programm fördert breit die Entwicklung und die wenigsten Programme führen explizit Resilienzförderung als Ziel auf, sondern haben einzelne Resilienzfaktoren als Inhalt, wie z. B. soziale Kompetenz, Selbstwirksamkeit usw. Im Vorschulalter sind derartige Programme insgesamt noch wenig verbreitet. Bis zum jetzigen Zeitpunkt können sechs evaluierte Programme identifiziert werden, wovon auch nur vier einen Mehrebenenansatz verfolgen (vgl. Fröhlich-Gildhoff & Rönnau-Böse, 2022a; Bengel et al., 2009; Bühler & Heppekhausen, 2005):

Im Folgenden wird das Programm »Kinder Stärken! – Resilienzförderung in der Kindertagesstätte« (Rönnau-Böse, 2013) als Beispiel für ein evaluiertes Mehrebenenprogramm näher vorgestellt, da es eines der wenigen Programme ist, das Resilienzförderung explizit im Titel hat[17]. Die oben beschriebene Mehrebenenstrategie wurde in dem Projekt folgendermaßen umgesetzt:

Ebene 1: Qualifizierung der pädagogischen Fachkräfte

Die Weiterbildung der pädagogischen Fachkräfte stellte den Ausgangspunkt der Projekte dar. Im Vordergrund stand dabei die (Weiter-)Entwicklung einer ressourcenorientierten Haltung, die insbesondere durch spezifische Fortbildungsmodule angeregt und durch kontinuierliche Reflexion in der Alltagsbegleitung befördert wurde. Bei der Förderung von Resilienz geht es nicht nur darum, verschiedene Methoden zu kennen und anzuwenden, sondern eine reflektierte Haltung einzunehmen. Diese Haltung beinhaltet die Orientierung an den Ressourcen und Bewältigungskompetenzen eines Kindes, seiner Bezugspersonen und seiner Lebenswelt sowie die Fähigkeit, diese im Hinblick auf Schutz- und Risikofaktoren zu bewerten und einschätzen zu können. Das Verhalten der Kinder und auch der Eltern kann so aus einer anderen Perspektive betrachtet und neue Ressourcen erschlossen werden.

Um möglichst nachhaltige Effekte zu erzielen, setzte die Qualifizierung der Fachkräfte auf unterschiedlichen Ebenen an:

1. Gesamtteamfortbildungen (in der Regel 6 ganztägige Einheiten im Verlauf von 18 Monaten)

---

16 Siehe hierzu auch Fröhlich-Gildhoff, Becker & Fischer (2012); Rönnau-Böse (2013).
17 Ein weiteres Programm ist Resilienz und Sicherheit + von Pfeffer, Storck & Carl: Projektförderung ReSi+ .Deutsches Forum für Kriminalprävention (kriminalpraevention.de)

2. Unterstützung durch Projektmitarbeiter und -mitarbeiterinnen bei der praktischen Umsetzung der Programmelemente auf der Ebene der Kinder und Eltern
3. Systematische Reflexion der Prozesse im Alltag (»Prozessbegleitung«)
4. Ressourcenorientierte Fallsupervision

Ebene 2: Pädagogische Arbeit mit den Kindern

Die pädagogische Arbeit mit den Kindern zielte darauf ab, den Alltag in der Einrichtung insgesamt resilienzförderlich zu gestalten. Dieser Ansatz fand sich in verdichteter Form in den Kinderkursen wieder, die sich am Manual »Prävention und Resilienzförderung in Kindertageseinrichtungen« (vgl. Fröhlich-Gildhoff et al., 2021) orientierten und den dialogischen Austausch mit den Kindern in den Mittelpunkt rückten (s. u.). Dieses Manual muss auf die Situation der Kinder, v. a. angesichts möglicherweise vorhandener Sprachprobleme, adaptiert werden. Ein weiterer wichtiger Schritt ist die Integration der Bausteine in den Alltag, die in den Reflexionsgesprächen mit den Erziehern und Erzieherinnen vorbereitet wurde.

Ebene 3: Zusammenarbeit mit Eltern

Bei der Zusammenarbeit mit Eltern standen die Ermöglichung elterlicher Selbstwirksamkeitserfahrungen und der Ausbau der elterlichen Erziehungskompetenzen im Mittelpunkt. Eine niedrigschwellige Ausgestaltung der Elternangebote war insbesondere bei Eltern mit geringen Deutschkenntnissen und geringem Selbstwertgefühl von zentraler Bedeutung. Entsprechend war in den Projekten die Zusammenarbeit mit Eltern unterschiedlich niedrigschwellig aufgebaut. Wesentliche Elemente waren:

1. Informationen über das Projekt und dessen Hintergründe
2. Gezielte Fortbildungs-/»Themen«-Abende für die Eltern zum Thema Resilienz
3. Wöchentliche, offene Elternsprechstunde
4. Stärkenorientierte Elternkurse (analog Fröhlich-Gildhoff, Rönnau & Dörner, 2008)

Ebene 4: Vernetzung

Die Kindertageseinrichtung dient Eltern als eine der ersten Anlaufstellen, wenn es um Erziehungsfragen und -probleme geht. Bei Anliegen, die eine tiefergehende sozialrechtliche oder psychosoziale Beratung erforderlich machen, sind Kindertageseinrichtungen auf eine gute Vernetzung mit entsprechenden Einrichtungen im Sozialraum angewiesen.

Demzufolge wurden folgende Angebote direkt vor Ort angebunden und niedrigschwellig realisiert:

- Elternsprechstunden in der Kita, meist durch die zuständige Erziehungsberatungsstelle
- bei Bedarf: schneller Austausch zwischen pädagogischen Fachkräften in den Kitas, Eltern und Beratungsstellen bzw. dem Allgemeinen Sozialen Dienst des Jugendamtes (Stichwort: »kurze Wege« bahnen, *bevor* Probleme entstehen)
- Kontakte zu weiteren Unterstützungssystemen, wie Frühförderstellen, Ärzte etc.

Resilienzförderung sollte nicht als Projekt oder einmaliges Programm unter vielen im pädagogischen Alltag verstanden werden. Ziel ist eine fixe Verortung im Konzept bzw. dem pädagogischen Qualitätsmanagementsystem einer Kindertageseinrichtung. Aus diesem Grund wird das Thema in einer einführenden Veranstaltung allen Mitwirkenden einer Organisation präsentiert. Daraufhin wird ein Ressourcenprofil (»Stärkenbilanz«) auf den Ebenen Institution und Team erstellt. Auf dessen Grundlage erfolgt wiederum eine Einigung auf gemeinsame Zielpfade zur Resilienzförderung. Auf der Ebene der Umsetzung werden pädagogische Fachkräfte in einem nächsten Schritt fundiert weitergebildet und im Prozess der Umsetzung der einzelnen Bausteine des Konzepts und des Kursprogramms sowie beim Aufbau einer resilienzförderlichen Haltung im pädagogischen Alltag begleitet.

Kursprogramm »Prävention und Resilienzförderung in der Kindertageseinrichtung«

Ein wichtiger Bestandteil der Resilienzförderung auf der Ebene der Kinder war die Umsetzung des Kursprogramms »Prävention und Resilienzförderung in Kindertageseinrichtungen PRiK« (Fröhlich-Gildhoff et al., 2021) durch die pädagogischen Fachkräfte in den Einrichtungen in Kleingruppen von Kindern. Das Programm für Kinder zwischen vier und sieben Jahren ist auf eine zehnwöchige Durchführung angelegt und umfasst zwanzig Einheiten. Eine optimale Gruppengröße ist mit sechs bis acht Kindern erreicht, die möglichst einen ähnlichen Entwicklungsstand aufweisen sollten. Die Umsetzung des Programms durch zwei Fachkräfte ermöglicht während der Kursdurchführung gezielte Beobachtungen, die Aufschluss über den Prozess und die Entwicklung einzelner Kinder geben können. Für eine Einheit sind etwa 45 Minuten einzuplanen. Das Programm zielt darauf, Kinder in ihrem Entwicklungsprozess und bei der Ausformung ihrer individuellen Stärken zu unterstützen und Schutzfaktoren im sozialen Umfeld des Kindes aufzubauen. Durch eine kindzentrierte Didaktik und Methodik werden die Kompetenzen für ein erfolgreiches Bewältigungshandeln gefördert. Das Programm ist rückbezüglich aufgebaut, so dass erworbene Strategien und Kompetenzen in Folgeeinheiten wiederholt werden (vgl. Fischer & Fröhlich-Gildhoff, 2013). Fischer und Fröhlich-Gildhoff (2013) haben darüber hinaus folgende bedeutsame Prinzipien für den Erfolg der Umsetzung herausgearbeitet:

- *Regeln und Rituale*, die Orientierung und Sicherheit ermöglichen. Die Durchführung des Programms folgt keinem starren Plan, ist jedoch so strukturiert, dass alle Kinder Orientierungssicherheit gewinnen und nicht durch beständigen

Wechsel des Ablaufs irritiert werden. Regeln, die eine reale Mitbestimmung der Kinder ermöglichen, können gemeinsam festgelegt werden. Auch Rituale ermöglichen eine zeitliche und inhaltliche Orientierung. Sie geben Kindern die erforderliche Sicherheit, markieren den Wechsel von einer Aktivität in die nächste und setzen Anfangs- und Schlusspunkte. Kinder können sich jedoch nur dann an Ritualen orientieren, wenn sie verlässlich wiederkehren und nicht willkürlich eingesetzt werden.

- *Beteiligung der Kinder an Entscheidungsprozessen:* Welche Regeln für die Kurseinheiten Gültigkeit besitzen sollen und welche Rituale die Einheiten strukturieren, wird zu Beginn gemeinsam mit den Kindern ausgehandelt. Darüber hinaus können Kinder über die Inhalte und die Auswahl von Medien mitentscheiden. Bei der Beteiligung an Entscheidungen üben sich die Kinder in demokratischen Umgangsformen und die Erfolgswahrscheinlichkeit erhöht sich bei gemeinsam beschlossenen Aktivitäten. Dadurch werden einerseits das Selbstwirksamkeitserleben und die soziale Kompetenz der Kinder gestärkt, andererseits üben sie sich im Probleme lösen (Fischer & Fröhlich-Gildhoff, 2013).
- *Reflexion auf der Metaebene*, um beispielsweise Verhalten, Handlungen oder Lernprozesse retrospektiv nachzuvollziehen (vgl. Fischer, 2012). Die Reflexion über Handlungen, Verhalten oder Beobachtungen bringt Kinder und pädagogische Fachkräfte miteinander ins Gespräch. In der Retrospektive können Inhalte, Ziele und Lernprozesse auf der Metaebene noch einmal nachvollzogen werden. Auf diese Weise kann das Kind oder die Gruppe verschiedene Standpunkte beleuchten und Kinder können sich ihrer individuellen Denkmuster und Handlungsweisen vergewissern. Stärken können benannt werden und Kinder erhalten die Möglichkeit nachzuvollziehen, auf welche Ressourcen sie in den einzelnen Aktivitäten zurückgreifen konnten. Darüber hinaus lernen Kinder Unterschiede und Gemeinsamkeiten kennen und akzeptieren. Die Reflexion ist als In-Beziehung-treten zu verstehen und als Möglichkeit über die Kommunikation, Weiterentwicklung sozialer Kompetenz zu ermöglichen (vgl. ebd., 2012).

PRiK umfasst folgende *Programmbausteine:*

- Baustein 1: Selbstwahrnehmung
  In dem ersten Baustein zum Thema Selbstwahrnehmung geht es zum einen darum, sich selbst besser kennen zu lernen und zum anderen, auch Fremdwahrnehmungen in das Selbstbild zu integrieren. Ein wichtiger Bestandteil für diese Fähigkeiten sind dabei die Einheiten zum Thema Gefühle. Die Kinder lernen Gefühle kennen, lernen sie zu benennen und lernen auch, wie man diese nonverbal ausdrückt und bei anderen erkennt. Materialien dafür sind z. B. eine Gefühlsuhr mit verschiedenen Gesichtern, die Gefühle ausdrücken oder die Geschichte vom Seelenvogel, in der beschrieben wird, woher die Gefühle kommen.
- Baustein 2: Selbststeuerung
  Aufbauend auf dem ersten Baustein wird den Kindern hier eine Fülle an Möglichkeiten geboten, das Regulieren von Gefühlen zu erforschen. Im gemeinsamen Spiel und in bildgestützten Gesprächen erschließen sie sich Strategien zur Gefühlsregulation und entdecken, wie eigene Verhaltensweisen auf andere wirken.

Positive und negative Gefühle können bei sich und anderen benannt und differenziert werden.
- Baustein 3: Selbstwirksamkeit
In Baustein drei steht die Förderung der Selbstwirksamkeit im Vordergrund. Hier sollen die Kinder Erfahrungen machen, auf sich selbst stolz zu sein; erkennen, was sie schon alles können und sich bewusstmachen, auf welche Erfahrungen sie zurückgreifen können, wenn sie schwierige Situationen zu bewältigen haben. Dies wird z. B. anhand eines »Stärkenbuchs« versucht; dabei wird mit den Kindern gesammelt, was sie schon alles können und ihre Stärken werden damit hervorgehoben.
- Baustein 4: Soziale Kompetenz
Baustein vier umfasst Übungen zum Empathievermögen und zur Konfliktbewältigung, z. B. »Wie löse ich einen Streit?«. Die Kinder reflektieren gemeinsam über Möglichkeiten, Wut zu kontrollieren und sprechen darüber, in welchen Situationen sie wütend sind, wie sich diese Situationen voneinander unterscheiden und lernen dabei, Gefühle als von der Situation der Betroffenen abhängig zu verstehen.
- Baustein 5: Aktive Bewältigungsfähigkeiten
Der Umgang mit Stress wird im fünften Baustein eingeübt. Hierfür wird den Kindern die Bedeutung des Begriffs »Stress« nähergebracht. Es wird mit ihnen reflektiert, was für sie Belastungssituationen sind und wie sie diesen begegnen können bzw. welche Strategien hilfreich sind.
- Baustein 6: Problemlösen
In vielfältigen Übungen entwickeln die Kinder in den Einheiten des sechsten Bausteins unterschiedlichste Strategien ein Problem zu erkennen und anzugehen. Sie entdecken, dass es für ein Problem viele Lösungen geben kann. Auf der Metaebene werden die verschiedenen Lösungswege diskutiert und Handlungsschritte zum besseren Verständnis nachvollzogen.

Die Ergebnisse der komplexen Evaluation im Kontrollgruppendesign zeigten eine hohe Akzeptanz und positive Resonanz bei allen Zielgruppen sowie signifikant positive Ergebnisse bei den Kindern der Durchführungsgruppe im Bereich des Selbstkonzepts und der kognitiven Entwicklung im Vergleich mit der Kontrollgruppe (vgl. dazu Rönnau-Böse, 2013).

Werden die Fachkräfte in der Entwicklung einer resilienzförderlichen Haltung und von spezifischen Kompetenzen zur Resilienzförderung unterstützt, hat dies positive Auswirkungen sowohl auf die Kinder als auch die Eltern sowie die Fachkräfte selbst. Die ressourcenorientierte Wahrnehmung der Kinder führt zu mehr Zutrauen in die eigenen Fähigkeiten bei allen Beteiligten. Die Kinder erleben vermehrt positive Selbstwirksamkeitserfahrungen, die Fachkräfte erhalten dadurch positive Rückmeldung auf ihre Angebote, was wiederum in einen Anstieg des Vertrauens in die eigenen fachlichen Kompetenzen mündet. Die Eltern erhalten durch die ressourcenorientierte Perspektive der Fachkräfte mehr positive Rückmeldungen, die zu mehr Zuversicht in die eigenen Erziehungskompetenzen führen. Dieses Vertrauen wirkt sich dann wieder auf die Beziehung zu den eigenen Kindern aus, die so von zwei Seiten gestärkt werden (vgl. Rönnau-Böse, 2013, S. 303).

Zum »Anstoß« solcher Programme ist es notwendig, zusätzliche Personalkapazität zur Implementierung eines Programms – eine »Prozessbegleitung« – zur Verfügung zu stellen, da zu Beginn ein Blick von »außen« unterstützend wirkt und insbesondere die Vermittlung der Haltung besser und nachhaltiger gelingen kann. Es wurde zudem aufgezeigt, wie verschiedene Kursmethoden in den Alltag integriert werden können, um eine nachhaltige Unterstützung zu sichern. Dies war ein bedeutsames Element, da die Fokussierung der Fachkräfte sonst sehr schnell auf den Kinderkursen lag und Resilienzförderung so auf eine reine Erweiterung des Methodenrepertoires verkürzt wurde (vgl. Rönnau-Böse, 2013, S. 299). Gleichzeitig wurde auch deutlich, dass ein Konzept zur universellen Prävention für Kinder und Familien mit besonderen Unterstützungsbedarfen weiter ausdifferenziert werden muss, um ihren Bedürfnissen gerecht zu werden. So konstatieren Bengel und Kollegen (2009), dass Kinder aus einem benachteiligten Umfeld eher aus hochstrukturierten Programmen einen Nutzen ziehen, während Kinder aus der sozialen Mittelschicht sich durch »offene Curricula« besser entwickeln. Damit alle davon profitieren, ist viel Flexibilität und Erfahrung in der Umsetzung von Manualen erforderlich. Dies spricht auch dafür, sowohl eine breite Entwicklungsförderung im Alltag anzuregen als auch gleichzeitig gezielte Programmförderung anzubieten.

Das Programm PRiK wurde im Rahmen weiterer Praxisforschungs-Projekte eingesetzt, in denen Kindertageseinrichtungen sich in Organisationsentwicklungsprozessen zu resilienzförderlichen Institutionen entwickelten:

Im Rahmen der »Offensive Bildung« in der Metropolregion Rhein Neckar (gefördert durch die BASF SE; Zugriff am 07.03.2023 unter https://www.offensive-bildung.de/p05/engagement/de/content/projekte/resilienz/index) wurden zunächst zehn Kindertageseinrichtungen im Projekt »Kinder Stärken!« in einem 18-monatigen Prozess begleitet und qualifiziert, in Kursen und im Alltag resilienzförderlich und ressourcenorientiert Kindern zu begegnen und Eltern entsprechende Angebote zu machen. Auch dieses Projekt wurde sorgfältig evaluiert; die Ergebnisse aus den vorherigen Studien konnten repliziert werden (Weltzien & Lorenzen, 2016; Lorenzen et al., 2018).

Im »Präventionsnetzwerk Ortenaukreis« (PNO; Zugriff am 07.03.2023 unter http://pno-ortenau.de) wurden ebenfalls für Kindertageseinrichtungen und Schulen Organisationsentwicklungsprozesse zur gesundheitsförderlichen Institution Kita bzw. Grundschule systematisch durch Teamfortbildungen initiiert. Dabei wählten 30 der teilnehmenden 34 Kitas und alle 14 Grundschulen in der Projektlaufzeit (2014–2018) den Schwerpunkt Förderung der seelischen Gesundheit/Resilienz. Es zeigte sich hier sehr deutlich, dass die selbst- und fremdgeschätzten Kompetenzen der pädagogischen Fachkräfte zunahm, das psychische Wohlbefinden der Kinder signifikant anstieg und sich die Zufriedenheit der Eltern in der Kooperation mit der Kita verbesserte (Rauh & Fröhlich-Gildhoff, 2018; Fröhlich-Gildhoff & Böttinger, 2018; Fröhlich-Gildhoff et al., 2018). Die z.T. hohen Effekte hielten auch nach dem Ende der Projektlaufzeit an (ebd.).

Resilienzförderung im Alltag[18]

Eine Entwicklung und Förderung der Resilienz kann nur gelingen, wenn sie kontinuierlich im Alltag verankert ist. Vieles von dem, was Eltern und Fachkräfte tun, fördert die Resilienz, ohne dass ihnen dies bewusst ist. Analog der sechs Resilienzfaktoren werden verschiedene Ansatzmöglichkeiten im Alltag vorgestellt, die zu einer Weiterentwicklung beitragen können. Selten unterstützt ein Angebot oder eine Situation einen Resilienzfaktor isoliert. In der Regel werden verschiedene Faktoren gleichzeitig angeregt, da sie sich gegenseitig bedingen. Fischer und Fröhlich-Gildhoff (2013) betonen, dass eine wichtige Ausgangsbasis für das gezielte Arbeiten an den Resilienzfaktoren die systematische Beobachtung der Kinder ist. Diese ermöglicht zum einen Entwicklungspotentiale und Ressourcen zu erkennen, zum anderen gezielt zu erfassen, inwieweit die Kinder in der Lage sind, die Schutzfaktoren als eigene Kompetenzen zu realisieren.

1. **Selbst- und Fremdwahrnehmung**
   Indem die Gefühle der Kinder von den pädagogischen Fachkräften und ihren Bezugspersonen einfühlsam erfasst und sprachlich passend begleitet werden, kann die Selbst- und Fremdwahrnehmung im pädagogischen Alltag oder auch zu Hause gefördert werden. Dadurch erfolgt der Aufbau eines differenzierten Emotionssprachschatzes und unterstützt die Reflexion der Gedanken. Nonverbale Ausdrucksweisen werden kennengelernt, verstanden und interpretiert (Fischer & Fröhlich-Gildhoff, 2013). Die Fachkraft und die Bezugspersonen fungieren als Modell, indem sie selbst über eigene Gefühle sprechen und diese auf die entsprechende Körperhaltung und Mimik abstimmen.
   Bezogen auf die Alltagssituationen ergeben sich beispielhaft folgende Möglichkeiten:
   - Spiele zur Sinneswahrnehmung, wie z.B. die Unterscheidung von Gerüchen, Geschmäckern und Geräuschen sowie Erfühlen von unterschiedlichen Materialien
   - Räume, die die Sinne anregen und die bewusste Erkundung der Natur
   - Bücher, Gespräche, Spiele zu Gefühlen
   - Reflexionen über Gefühle
   - Vorbilder, die über eigene Gefühle sprechen
2. **Selbststeuerung**
   Die Förderung der Selbststeuerung bezieht sich zum einen auf die Unterstützung der Gefühlsregulation, zum anderen »können die Kinder im Kita-Alltag [und zu Hause] darin begleitet werden, ihre Aufmerksamkeit zielbezogen zu steuern und sich in Aktivitäten positiv selbst zu motivieren« (Fischer & Fröhlich-Gildhoff, 2013, S. 18). Hilfreich hierbei sind positive Rückmeldungen und, dass die Bezugspersonen als verlässliche und sicherheitsgebende Assistenz fungieren sowie die Kinder zum selbständigen Handeln motivieren.

---

18 Grundlegende Ausführungen zu diesem Thema finden sich in Rönnau-Böse und Fröhlich-Gildhoff (2020) sowie Fischer und Fröhlich-Gildhoff (2013).

Bezogen auf die Alltagssituationen ergeben sich beispielhaft folgende Möglichkeiten:
- Strategien zur Selbstregulation, wie z. B. der Einsatz von Ampelkärtchen, um Situationen bewusst zu steuern. Die rote Ampel bedeutet »Stopp!«, d. h. das Kind stoppt seine Handlung. Die gelbe Ampel fordert zum Nachdenken über Lösungsmöglichkeiten und Handlungsfolgen auf. Mit der grünen Ampel wird eine Entscheidung gefällt. Die Lösung wird ausprobiert und bewertet (vgl. Fröhlich-Gildhoff, Dörner & Rönnau-Böse, 2021, S. 71).
- Regelmäßige Abläufe und Rituale, wie z. B. Essenszeiten, Einschlafrituale usw.
- Regelspiele
- Rückmeldungen über das eigene Handeln
- Lautes Aussprechen von Selbstinstruktionen

3. **Selbstwirksamkeit**

Ein Kind, das viele Selbstwirksamkeitserfahrungen machen kann, ist sich seiner Fähigkeiten bewusst, traut seinen Kompetenzen und geht mit einem anderen Selbstverständnis an neue Aufgaben heran. Pädagogische Fachkräfte und Bezugspersonen sollen sich als Ermöglicher für vielfältige Selbstwirksamkeitserfahrungen der Kinder auf ihren Erkundungs- und Entdeckungstouren verstehen. Das ist in vielen Alltagssituationen möglich, wie z. B. Tisch decken, sich alleine anziehen, das eigene Zimmer gestalten, beim Bäcker bezahlen usw. Fischer und Fröhlich-Gildhoff (2013) machen darauf aufmerksam, dass die Bezugspersonen und Fachkräfte der Selbsteinschätzung der Kinder vertrauen und mit ihnen aushandeln sollen, in welchem Bereich sie Verantwortung übernehmen und selbständig handeln möchten. Nur so lernen Kinder, sich und ihre Kompetenzen realistisch einzuschätzen. Der Erwachsene bleibt im Hintergrund als sichere Basis und greift erst ein, wenn das Kind wirklich Hilfe benötigt. Diese Hilfestellung kann auch erstmal nur aus Ermutigung bestehen, bevor aktiv handelnd eingegriffen wird.

Bezogen auf die Alltagssituationen ergeben sich beispielhaft folgende Möglichkeiten:
- Aufzeigen der Stärken und Fähigkeiten, z. B. mit Hilfe eines Stärkenbuchs
- Altersgerechte und passgenau auf das Kind bezogene Herausforderungen
- Zutrauen zum Kind
- Reflexionen über Handlungen, Erfolge und Misserfolge
- Urheberschaftserfahrungen (»Ich verursache Effekte«)
- Dokumentation der Entwicklung eines Kindes
- Übertragung von Verantwortung, wie zum Beispiel die Übernahme von Aufgaben, die wichtig für einen geregelten Familienalltag oder die Kitagruppe sind, wie z. B. den Tisch zu decken
- Partizipation bei Entscheidungen, wie z. B. wohin der nächste Familienausflug geht oder was beim nächsten Kochtag in der Kita gekocht wird

4. **Soziale Kompetenz**

Alle sozialen Situationen eignen sich zur Förderung dieses Resilienzfaktors. Wie schon bei der Selbst- und Fremdwahrnehmung stellt die Vorbildfunktion der erwachsenen Bezugspersonen ein wichtiges Modell dar, wie adäquat kommuniziert wird und Konflikte gelöst werden. Auseinandersetzungen in gemeinsamer

Aussprache nach festen Regeln und Abläufen sowie die Reflexion von verschiedenen sozialen Situationen unterstützen die Entwicklung von sozialer Kompetenz.
Bezogen auf die Alltagssituationen ergeben sich beispielhaft folgende Möglichkeiten:
- Rollenspiele
- Kooperationsspiele
- Gemeinsame Suche nach Lösungen bei Konflikten
- Patenschaften für jüngere Kinder
- Zuhören, wenn Kinder erzählen

5. **Problemlösefähigkeiten**

Das Bewusstmachen von einzelnen Schritten zur Problemlösung aktiviert die Fähigkeiten zur Lösung von Problemen. Ziel ist es, allgemeine Strategien auf verschiedene Situationen anwenden zu können. Das Kind soll sich bewusstwerden, was es zur Lösung eines Problems gebraucht hat, um dies in einer anderen Problemsituation auch wieder nutzen zu können. Dabei muss es sich nicht zwangsläufig um schwerwiegende Probleme handeln, im Mittelpunkt steht vor allem die Alltagsbewältigung. Kinder können von Beginn an in Entscheidungs- und Planungsprozesse einbezogen werden. Außerdem sollten sie sich in selbstbestimmten Tätigkeiten in ihrem Tempo beschäftigen dürfen, ohne dabei vorschnelle Hilfestellungen zu erhalten.
Bezogen auf die Alltagssituationen ergeben sich beispielhaft folgende Möglichkeiten:
- Gespräche über verschiedene Situationen
- Bewusst machen von Abläufen
- Aufzeigen von Unterstützungsmöglichkeiten
- Bilderbücher und Geschichten, in denen eine Hauptfigur ein Problem erfolgreich löst
- Modellverhalten für konstruktives Problemverhalten

6. **Aktive Bewältigungsfähigkeiten**

Bewältigung von belastenden, stressigen Situationen erfordert eine Auseinandersetzung zum einen mit eigenen Grenzen und zum anderen mit Kompetenzen und Strategien, die flexibel eingesetzt werden können. Kinder sollen erkennen, welche Situationen sie unter Anspannung setzen und wie sie darauf reagieren. Das An- und Entspannungsbedürfnis ist individuell verschieden und variiert je nach Situation. Es bedarf flexibler Strategien, um den eigenen Bedürfnissen gerecht zu werden.
Bezogen auf die Alltagssituationen ergeben sich beispielhaft folgende Möglichkeiten:
- Reflektieren von (potentiell) belastenden Situationen
- Vorleben aktiver Bewältigungsstrategien
- Bewegungsspiel
- Räume mit Rückzugsmöglichkeiten
- Entspannungsübungen
- Fantasiereisen

Resilienzförderung im Schulalter

Die in Kapitel 3.2.2 (▶ Kap. 3.2.2) referierten Befunde zu Schutzfaktoren in Schulen machen deutlich, dass Schulen ein gutes Setting darstellen, um Kinder in ihrer Entwicklung zu unterstützen. Fröhlich-Gildhoff und Kollegen (2012b) fassen diese Einflussgrößen als wichtige Bestandteile einer resilienzfördernden Schule zusammen:

- Ein klares Schulkonzept mit klaren und konsistenten Regeln
- Ein gutes Lehrer-Schüler-Verhältnis im und außerhalb des Klassenraums
- Eine grundlegende Bestärkungskultur und eine systematische Stärkung des Gefühls der Zugehörigkeit und Partizipation
- Individuelle soziale Unterstützung durch Lehrer und Lehrerinnen
- Angemessene und klar kommunizierte Leistungserwartungen
- Das Gestalten der Erreichbarkeit von Erfolgen durch hohe, aber machbare Aufgabenstellungen
- Persönliches und konstruktives Feedback in Form von Ermutigung und Anerkennung
- Übertragung von altersangemessenen Aufgaben
- Enge Zusammenarbeit mit Bezugspersonen
- Ermöglichung positiver Peerkontakte
- Zusammenarbeit mit Institutionen im sozialen Umfeld des Kindes

Resilienzförderung im Schulalter erfolgte bisher aber hauptsächlich auf der Ebene von einzelnen personalen Faktoren. Es findet sich eine Vielzahl von kindzentrierten Programmen, deren Zielgruppe universell die gesamte Klasse darstellt (vgl. Zusammenstellung bei Bühler & Heppekausen, 2005). Im Mittelpunkt steht häufig die Prävention von Risikofaktoren (z. B. zur Prävention von Gewalt, Aggression, Stress und Sucht: »Fit und stark fürs Leben«, Burow, Aßhauer & Hanewinkel, 2010) oder im Sinne von selektiver Prävention spezifischer Zielgruppen, wie z. B. sozial unsichere Kinder (»Mutig werden mit Till Tiger«, Ahrens-Eipper, Leplow & Nelius, 2010). Die Erkenntnisse der Präventionsforschung zeigen aber, dass eine langfristige Wirkung nur durch eine Verankerung auf mehreren Ebenen in der Lebenswelt von Kindern und ihren Familien erreicht werden kann (s. o.). In Deutschland gibt es bisher nur sehr wenige empirische Untersuchungen zur Umsetzung solcher Setting-Ansätze an Schulen (eine Übersicht siehe z. B. bei Günther, 2020). Ein Beispiel ist das Projekt »Grundschule macht starkt!« (Fröhlich-Gildhoff et al., 2014). International gibt es ein Mehrebenenprogramm, das eine Resilienzförderung zum Ziel hat: »MindMatters« (Wyn et al., 2000).

Resilienzförderung im Schulalter sollte als Gesamtentwicklungsprozess der Organisation Schule begriffen und gestaltet werden und folgende Ebenen miteinbeziehen (vgl. Becker, 2012b, S. 65 f.):

1. **(Gesamt-)Organisation Schule:** Herstellung einer resilienzfördernden Schulkultur und eines positiven Schulklimas (s. o.):

- Erstellung eines spezifischen und verbindlichen Schulprogramms zur Resilienzförderung, das Ziele und Maßnahmen enthält, die verbindlich von allen Beteiligten der Schule beschlossen wurden
- Partizipation von Schülern und Schülerinnen durch Übertragung von altersgerechten Aufgaben und Verantwortung
- Zielgruppenspezifische Angebote auf Schul-/Klassenebene für Eltern
- Kontinuierliche Evaluation und Reflexion
- Kooperation mit unterstützenden Institutionen

2. **Klassen-/Gruppenebene**
   - Verlässliche Beziehungen zwischen Lehrern und Schülern
   - Förderung von prosozialem Verhalten
   - Regelmäßige Klassenstunden zur Entwicklung der Klassenkultur
   - Durchführung von Resilienzkursen (z.B. Fröhlich-Gildhoff et al., 2021, siehe Beschreibung unten oder Hillenbrand, Hennemann & Hens, 2010)
3. **Lehrerkollegium und weitere pädagogische Fachkräfte**
   - Fortbildungen für das Gesamtkollegium (Lehrer und Lehrerinnen und weitere Fachkräfte, wie z.B. Schulsozialarbeiter und -sozialarbeiterinnen)
4. **Eltern/familiäre Bezugspersonen**
   - Informations-, Beratungs- und Kursangebote für Eltern auf Klassenebene
   - Gute Beziehung herstellen vor auftretenden Problemen
   - Niedrigschwellige Einzelberatung und Unterstützung von Eltern, z.B. durch Hausbesuche
5. **Einzelne Schüler:** Kinder mit besonderen Bedürfnissen oder Kinder mit spezifischen Risiken brauchen eine individuelle Förderung ihrer Stärken und Ressourcen
   - Unterstützung von Schülern und Schülerinnen mit spezifischem Bedarf an Gesundheitsförderung
   - Ggf. begleitete Weitervermittlung an Spezialdienste zur Unterstützung der Selbstwertentwicklung, der sozialen Kompetenzen und der Selbstregulationsfähigkeiten

Zusammenfassend sind die verschiedenen Wirkebenen in Abbildung 3.6 (▶ Abb. 3.6) dargestellt.

Als Ausgangspunkt dieses Schulentwicklungsprozesses sollte sich das gesamte Kollegium mit der bisherigen Schulkultur auseinandersetzen und dabei den Fokus auf die Stärken und Ressourcen der Schule richten, d.h. fragen welche Aktivitäten und Haltungen bisher zu einer stärkenorientierten Pädagogik beitragen. Mit dieser »Stärkenbilanz« wird deutlich, an welchen Ressourcen die Schule anknüpfen kann und wo noch Entwicklungsbedarfe bestehen, die evtl. auch aus noch anstehenden Herausforderungen resultieren, wie z.B. Umstellung auf die Ganztagesschule.

Neben der Entwicklung einer positiven Schulkultur sowie eines anregenden und guten Klassenklimas profitieren Kinder von ergänzenden strukturierten Angeboten, die personale Kompetenzen unterstützen (vgl. Fingerle & Walther, 2008). Ein solches Angebot stellt das Kursprogramm »Prävention und Resilienzförderung in Grundschulen« (PRiGS) dar. Das Spiralcurriculum enthält Bausteine zur Resilienzförderung für die erste bis zur vierten Klasse. Die Klassen 1, 2 und 4 erhalten zehn

3.2 Resilienz und Resilienzförderung im Kindesalter

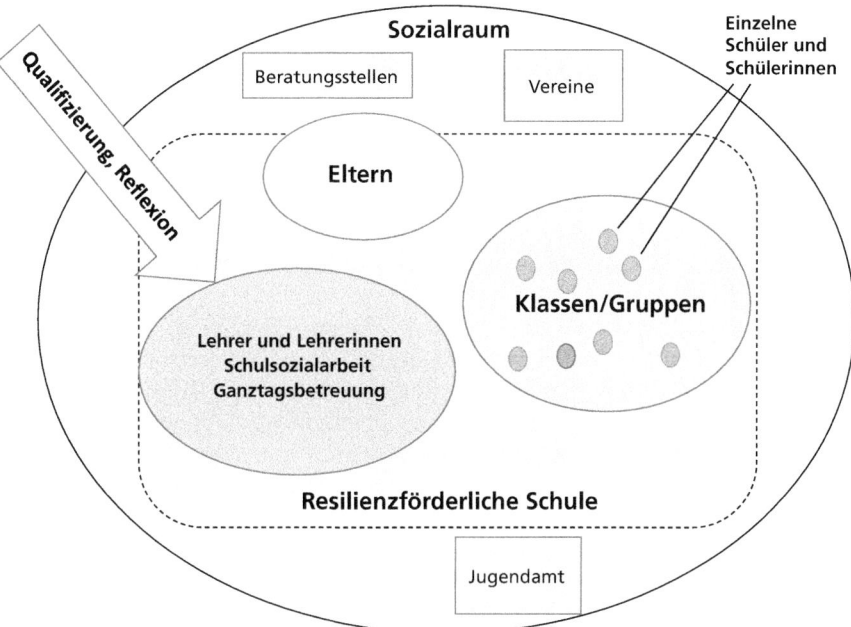

Abb. 3.6: Wirkebenen der Organisationsentwicklung zu einer entwicklungsförderlichen Schule

Bausteine zu je 90 Minuten, in der dritten Klasse wird ein Kompaktkurs außerhalb der Schule, z.B. in einem Schullandheim durchgeführt (vgl. Fröhlich-Gildhoff, Becker & Fischer, 2012):

1. Klasse
   Das Grundthema der ersten Klasse ist die Selbst- und Fremdwahrnehmung. Die Erstklässler befassen sich dazu mit ihrem Körper, ihren Sinnen und Gefühlen sowie mit den Gefühlen der anderen in verschiedenen sozialen Situationen.
2. Klasse
   Eigene Stärken und Begabungen stehen im Mittelpunkt des Kurses für die zweite Klasse. Das Bewusstwerden über diese Fähigkeiten fördert die Entwicklung der Selbstwirksamkeit. Zu spüren, dass man etwas kann, dass eigene Handlungen Einfluss auf die Umwelt und die Mitmenschen haben, sind wichtige Inhalte. Darüber hinaus setzen sich die Schüler und Schülerinnen mit den Themen »Mut«, »Wünsche und Ziele« sowie »Entspannung im Alltag« auseinander, d.h. mit Möglichkeiten, sich selbst in anstrengenden oder aufregenden Situationen zu beruhigen. Neben der individuellen Selbstwirksamkeit wird auch die der Klasse fokussiert. Ein Klassenrat und eine Wandzeitung werden angeregt.
3. Klasse
   Der Fokus der Kompakttage liegt auf der Förderung der sozialen Kompetenzen. Durch gemeinsame Spiele und Aktionen, wie z.B. Naturwahrnehmungsübungen oder Improvisationstheater vertiefen die Schüler und Schülerinnen ver-

schiedene soziale Fähigkeiten, wie z. B. Empathie, Durchsetzungsfähigkeit und Kommunikationsregeln. Aber auch das gemeinsame Vorbereiten von Mahlzeiten, Arbeitsteilung und Planung der Freizeit unterstützt diese Kompetenzen.
4. Klasse
Das Thema Sozialkompetenz wird in der vierten Klasse vertieft durch Interaktions- und Rollenspiele zu verschiedenen Problemsituationen. Hierdurch werden auch Problemlösekompetenzen angeregt. Außerdem wird der »Umgang mit Stress« thematisiert. Bewegung, Stilleübungen und Fantasiereisen werden als konstruktive Stressbewältigungsstrategien angeboten.

Solche Kurse sollten eingebettet sein in eine Gesamtkonzeption, um nachhaltige Wirkung zu entfalten. Zudem muss immer wieder auf die Bedeutung der pädagogischen Fachkräfte als Bezugspersonen hingewiesen werden: »Es ist zu vermuten, dass es … letztlich mehr auf die personalen Dimensionen ankommt, darauf, wie die einzelnen Lehrer oder Lehrerinnen das Programm umsetzen, … wie gut sie es schaffen, in der Klasse wirklich eine Atmosphäre der Offenheit und Unterstützung herzustellen. Letztlich wird wohl zählen, in welchem Maß sie bereit sind, sich als verlässliche Vertrauens- und Bezugspersonen längerfristig zu engagieren, und wie gut es gelingt, den Kindern im Rahmen des ganz normalen Unterrichts […] reale Erfolgserlebnisse und Könnenserfahrungen zuzuspielen« (Göppel, 2011, S. 400).

Der Aktionsrat Bildung (2022) hat in seinem Gutachten diese Erkenntnisse bestätigt und geht in seinen acht Empfehlungen für eine Resilienzförderung im Grundschulalter noch darüber hinaus: kontinuierliche Förderung von individueller Resilienz, Förderung von Selbstregulation beim Lernen, Qualifizierung der Lehrkräfte für die Vermittlung von selbstregulativem Lernen, Stärkung der Resilienz von Lehrkräften, Verbesserungen der Rahmenbedingungen des Lernens, Unterstützung des Aufbaus von Resilienz der Lernenden durch Elternarbeit, Integration von digitalen Medien in den Regelunterricht und Klärung der Zuständigkeiten der unterschiedlichen Entscheidungsebenen.

Ein Beispiel für einen resilienzförderlichen Schulentwicklungsprozess ist das oben erwähnte Projekt »Grundschule macht stark!« (Fröhlich-Gildhoff et al., 2014), das an zehn Schulen durchgeführt wurde. Die Implementation erfolgte nach den oben beschriebenen Prinzipien. Evaluiert wurde das Projekt mit einem Kombinationsdesign zu drei verschiedenen Zeitpunkten. Die Ergebnisse zeigen Wirkungen auf allen Ebenen (vgl. Fröhlich-Gildhoff et al., 2014): Ein entscheidender Faktor war die Prozessbegleitung des Implementationsprozesses: »Dort, wo es gelang, dauerhaft gute und verbindliche Beziehungen zu den LehrerInnen aufzubauen, sie persönlich in ihren Bedürfnissen zu erreichen, war das Engagement der PädagogInnen höher« (ebd., S. 204). Die Schulkultur profitierte ebenfalls von dem Projekt, so verbesserte sich in einigen teilnehmenden Schulen die gegenseitige Wertschätzung im Team und schlug sich bis auf die Ebene der Schüler und Schülerinnen nieder. Die Kinder wurden nicht mehr nur als Schüler und Schülerinnen wahrgenommen, sondern mit einer erweiterten Perspektive betrachtet. Unterstützend wirkten hier die wöchentlichen »Resilienzstunden«, die auch das Klassenklima positiv beeinflussten. Auf der Ebene der Kinder zeigten sich Verbesserungen im Bereich des Selbstkonzepts, bei den Schulerfahrungen und in geringer Ausprägung im Bereich Stressbewältigung und kognitiven Entwicklung. Hier gab es schulbezogene Unterschiede: In Schulen, in denen die Implementation gut gelang (gemessen an einem Umsetzungsindex[19]), verbesserte sich auch die Entwicklung der Kinder deutlicher. In den meisten Schulen wurde die meiste Zeit und Energie dafür verwendet, die Resilienzförderung auf der Ebene der Kinder zu etablieren und damit die Haltung der pädagogischen Fachkräfte zu reflektieren. Dadurch bedingt wurde die Zusammenarbeit mit den Eltern auf Seiten der pädagogischen Fachkräfte zum Teil weniger intensiv angegangen.

Weitere Gelingensfaktoren waren die Haltung bzw. Unterstützung der Schulleitungen, das Engagement pädagogischer Fachkräfte/Lehrer/Lehrerinnen, die als »Motor« fungierten, sowie die »Einflechtung des Themas Resilienz in das Schul-, Sozialcurriculum bzw. Leitbild der Schule« (ebd., S. 250). Hemmend wirken sich gleichzeitige Prozesse und Themen, wie z. B. die Weiterentwicklung zur Ganztagesschule aus, der Wechsel von Prozessbegleitungen und Schulleitungswechsel.

Abschließend kann im Hinblick auf die Resilienzförderung im Vorschul- und Schulalter konstatiert werden: »Eine resilienz- und ressourcenförderliche Pädagogik kann sich nicht in punktuellen Aktivitäten erschöpfen. Sie umfasst vielmehr alle Bereiche einer Bildungseinrichtung und steht in Abhängigkeit einer ermutigenden und wertschätzenden Beziehung« (Fischer, 2012, S. 55).

3.3 Resilienz und Resilienzförderung im Jugendalter (Adoleszenz)

Begriffliche Einordnung: Jugendalter

Viele Jahre wurde die Jugendphase als eine »Zwischenphase« zwischen Kindheit und Erwachsenen-Sein angesehen; noch 2002 spricht Mietzel in seinem Entwicklungspsychologiebuch vom »Entwicklungszeitraum zwischen Grundschulalter und Erwachsenenalter« (Mietzel, 2002, S. 321). Aktuell herrscht im Bereich der Entwicklungswissenschaften jedoch eine weitestgehende Übereinstimmung, das Jugendalter oder – unter einem anderen Begriff: – die Adoleszenz als eigenständige Entwicklungsphase mit eigenständigen Herausforderungen und Entwicklungsthemen zu betrachten.

Differenzen bestehen jedoch in der altersmäßigen Eingrenzung der Jugendphase: Klassisch wird der Beginn von »Jugend« mit dem Beginn der körperlichen Veränderungsprozesse in der Pubertät gleichgesetzt: »Die Adoleszenz beginnt mit der Pubertät, die durch die biologischen und physiologischen Veränderungen gekenn-

---

19 Der Prozess aller teilnehmenden Schulen wurde anhand von 12 Kategorien aus drei Perspektiven bewertet (Steuerungsverantwortlicher der Schule, Projektbegleitung des Forschungsteams, Projektleitung). Diese Kriterien ergaben einen spezifischen Wert für jede Schule, mit dem die Schulen miteinander verglichen werden konnten (vgl. ebd., S. 269).

zeichnet ist. Diese Phase geht einher mit der körperlichen und sexuellen Reifung. Biologisch gesehen umfasst die Adoleszenz die Gesamtheit der somatischen und psychischen Veränderungen, die sich am augenfälligsten in der körperlichen Entwicklung und der sexuellen Reifung zeigen« (Remschmidt, 2013, S. 423).

Zeitlich verbunden mit diesen körperlichen Veränderungen werden an Jugendliche – in den westlichen Industrienationen – spezifische gesellschaftliche Anforderungen an die Eigenständigkeit und Identitätsbildung gestellt, die sich auch in normativen Vollzügen niederschlagen. So beginnt in Deutschland mit 14 Jahren das Strafmündigkeitsalter und mit 18 Jahren sind Jugendliche, bzw. junge Erwachsene, volljährig.

Psychologisch gesehen müssen sich Jugendliche mit den körperlichen Veränderungen und den gesellschaftlichen Anforderungen auseinandersetzen. Zugleich befinden sie sich in der Tat in einem »Zwischenstadium«: Sie haben die (biologische) Geschlechtsreife erlangt, sollen zunehmend eigenständiger Verantwortung für ihr Leben – z. B. hinsichtlich der Erfüllung schulischer Anforderungen oder der Berufswahl – übernehmen und sind dennoch von der Teilhabe an bestimmten gesellschaftlichen Grundprozessen, wie der Möglichkeit zu wählen, ausgeschlossen.

Über das Ende der Jugendphase/Adoleszenz herrscht im wissenschaftlichen Diskurs wenig Einigkeit, wenngleich die Volljährigkeit nicht als entwicklungspsychologisches Ende der Jugend angesehen wird. Auch das Kinder- und Jugendhilferecht (SGB VIII) bietet grundsätzlich Unterstützungsmöglichkeiten für junge Menschen bis zum 27. Lebensjahr an – wenngleich diese in der Realität nicht mehr finanziert werden. Remschmidt (2013, S. 423) folgert entsprechend zum Thema »Ende der Jugendzeit«: »Die zeitlichen Grenzen sind bezüglich aller genannten Kriterien sowohl nach unten als nach oben unscharf«.

3.3.1 Entwicklungsthemen[20] und -aufgaben

Die klassischen Entwicklungsthemen und -aufgaben

Die Phase des Jugendalters wird also maßgeblich durch zwei Faktoren bestimmt: zum einen die körperlichen Veränderungen, die sich durch hormonelle Prozesse und körperliche Reifung vollziehen; zum anderen die spezifischen gesellschaftlichen Anforderungen an diese Altersphase.

In klassischen Lehrbüchern werden damit verbundene spezifische Entwicklungsaufgaben beschrieben:

- Das Umgehen mit der eigenen körperlichen Entwicklung oder, wie Fend (2005) es treffend ausgedrückt hat, »den eigenen Körper bewohnen lernen« (ebd., S. 222 ff.).

---

20 Dieser Abschnitt ist eine weitgehend überarbeitete, ergänzte und aktualisierte Fassung von Fröhlich-Gildhoff (2012a).

- Die Bildung einer verfestigten Identität, hierunter lassen sich die Entwicklung eines eigenständigen Wertesystems, aber auch die berufliche Orientierung fassen, ebenso die Entwicklung von Geschlechtsidentität.
- Damit verbunden ist die Ablösung von den Eltern und der Aufbau eigenständiger sozialer Bezüge und Perspektiven.

Die Bewältigung dieser Entwicklungsaufgaben ist für die Jugendlichen sehr anstrengend; die Lösung aus dem Elternhaus und das stärkere Einlassen auf sich selbst bedeuten, dass neue Wege gegangen werden müssen. Alte Unterstützungssysteme werden weniger tragfähig, möglicherweise aufgegeben und der/die Jugendliche begibt sich auf die Suche nach neuen. Eine hohe Bedeutung haben dabei die Gleichaltrigen (Peers) und in verschiedener Weise wird Erwachsensein und Erwachsenenverhalten ausprobiert. Risikoverhaltensweisen, wie das Ausprobieren von Suchtmitteln, haben hier ihren Platz.

Die beiden erstgenannten Entwicklungsaufgaben sollen vertiefter betrachtet werden:

1. »Den eigenen Körper bewohnen lernen« (Fend, 2005, S. 241 f.)

Die »Entwicklungsaufgabe des Jugendalters besteht darin, die eigene, sich verändernde körperliche Erscheinung zu akzeptieren und den Körper effektiv zu nutzen … Die körperlichen Veränderungen haben enorme Auswirkungen auf die gesamte Entwicklung. Jugendliche haben sich dieser Veränderung bewusst zu werden. Sie müssen lernen, ihren Körper in der Freizeit, im Sport aber auch im Spiegel der Gleichaltrigen und Erwachsenen kennen zu lernen und zu akzeptieren. Die körperlichen Veränderungen bedingen die neu zu erlernende Geschlechtsrolle« (Grob & Jaschinski, 2003, S. 33).

Verbunden mit den sichtbaren körperlichen Veränderungen kommt es zu einer erneuten Hirnreifung und dabei z. T. zu unterschiedlichen Reifungsgeschwindigkeiten: Die »Ungleichheitshypothese« (Casey, Jones & Hare, 2005) besagt, dass »die früher reifenden und stärker ausgeprägten subkortikalen Strukturen – insbesondere das limbische System und das Belohnungssystem – … emotionale Reaktionen [steuern], die infolge der Reifungsdissoziation in der Adoleszenz noch einer unzureichenden Kontrolle durch den später reifenden präfrontalen Kortex unterliegen« (Remschmidt, 2013, S. 424; s. a. Herpertz-Dahlmann, Bühren & Remschmidt, 2013; Fegert, Streck-Fischer & Freyberger, 2009). Diese Prozesse können in der Entwicklungsphase, die durch die äußeren und inneren An- und Herausforderungen sowieso schon eine besondere Vulnerabilität aufweist, im Zusammenhang mit sozialen und intrapsychischen Prozessen »verhaltensrelevant« (Remschmidt, 2013, S. 424) werden.

Die Körperlichkeit gewinnt zentrale Bedeutung im Leben der Jugendlichen: Eine Reihe von Untersuchungen zeigt, dass das Körperbild und das Körpererleben die entscheidenden Variablen für die Herausbildung bzw. Aufrechterhaltung von Selbstwert und Selbstbewusstsein im Alter zwischen 12/13 und 15/16 Jahren sind – wichtiger als z. B. schulische Erfolge. In einer Untersuchung konnten Buddeberg-

Fischer und Klaghofer (2002) nachweisen: »Das Körpererleben korreliert hoch mit der physischen und psychischen Befindlichkeit der Adoleszenten« (ebd., S. 707). Dabei haben jugendliche Mädchen zunächst ein negativer gefärbtes Gefühl zum eigenen Körper und ein entsprechend geringeres Kontrollerleben. Eine Studie von Roth (2002) ergab, dass »Mädchen im Vergleich zu Jungen eine insgesamt größere Körperaufmerksamkeit aufweisen… Auch berichteten weibliche Jugendliche von einer größeren Unzufriedenheit mit ihrer Figur, nahmen ein geringeres Ausmaß sportlicher Kompetenz wahr und unterschieden sich von ihren männlichen Altersgenossen zudem durch ein stärkeres Erleben der Körperentfremdung. Weiterhin zeigte sich, dass Jungen bezüglich der Beeinflussbarkeit körperlicher Zustände und Kompetenzen …eine stärkere internale Kontrollüberzeugung aufwiesen als Mädchen« (ebd., S. 157 f.; von gleichartigen Ergebnissen berichten Buddeberg-Fischer & Klaghofer, 2002; sowie Hähne & Zubrägel, 2004, unter Bezugnahme auf die internationale Gesundheitsstudie »Health Behavior in School-Aged Children, HBSC« der Weltgesundheitsorganisation, WHO). Auch Fend (2005) fasst Studienergebnisse diesbezüglich zusammen und stellt fest, dass Mädchen »in der überwiegenden Mehrzahl nicht mit ihrem Körper zufrieden« sind (ebd., S. 223); es zeigen sich Anzeichen einer dauerhaften »ängstlichen Selbstbeobachtung« (ebd., S. 234). Ein großes Problem stellen die gesellschaftlich vorgegebenen Ideale dar, an denen sich viele Jugendliche, insbesondere Mädchen, aus ihrer Sicht erfolglos »abarbeiten«. Es kommt zu einem teilweise selbstschädigenden Ausprobieren von Diäten, übermäßigem Piercing etc.

Neben der Aufgabe, eine Einstellung zum eigenen Körper und zur eigenen Körperlichkeit zu finden, müssen die Jugendlichen auch den Umgang mit ihrer Sexualität erlernen. Es geht darum, sich auszuprobieren, aber auch sich mit gängigen Sexualmoralvorstellungen auseinanderzusetzen und eine eigene Moralvorstellung zu entwickeln. Es gibt hierzu zunehmend weniger Wertorientierungen (s. u.), alles erscheint »machbar« – zugleich zeigen sich immer wieder auch fehlende Informationen bei Jugendlichen über Sexualität, über »Normalität«, bis hin zu Vorstellungen über Verhütung (ausführliche Informationen, auch über entsprechende Studien auf der Internetseite der Bundeszentrale für gesundheitliche Aufklärung, BzgA).

2. Identitätsbildung

Identität wird im psychologischen Sinne als Einheit der Persönlichkeit, als sinnstiftendes, handlungsleitendes Bild von sich selbst in der Welt verstanden. Zentrale Fragen nach der Identität sind: »Wer bin ich, wer war ich, wer will ich sein?«. Dabei basiert Identität auf zwei Aspekten, die sich gegenseitig ergänzen: zum einen die Selbstwahrnehmung, zum anderen die Fremdbewertung, d. h. die Einschätzung von außen (vgl. Grob & Jaschinski, 2003, S. 41). Fend (2005) differenziert die Besonderheiten der Identitätsentwicklung in der Jugendphase auf »drei Dimensionen«:

- »Vom naiven zum reflektierten Verhältnis zu sich selbst und der Welt,
- von der Fremdlenkung zur Selbstlenkung,

- von der kindlichen Elternbindung zum Aufbau neuer Beziehungen zu Gleichaltrigen« (ebd., S. 414 ff.).

Das Konzept der Identität und Identitätsentwicklung wurde insbesondere von Erikson (1966) geprägt. Erikson beschreibt im Verlauf der Entwicklung acht »Entwicklungskrisen«, die gelöst werden müssen (vgl. hierzu z. B. Fend, 2005, S. 402 ff.; Grob & Jaschinski, 2003, S. 41 ff.). Er nannte die fünfte, für das Jugendalter typische Krise, »Identität versus Identitätsdiffusion«. Identität als Antwort auf die Frage »Wer bin ich?« »stellt dabei eine Integration vergangener und gegenwärtiger Erwartungen mit Zukunftserwartungen dar. Die Integration von Vergangenheit, Gegenwart und Zukunft vermittelt die Erfahrung von Kontinuität des eigenen Selbst. Die Antwort auf die Identitätsfrage wird durch eine realistische Einschätzung der eigenen Person erreicht« (Grob & Jaschinski, 2003, S. 43). Wichtige Themen sind dabei:

- die Entwicklung eigener Wertvorstellungen, politischer Einstellungen, das Verhältnis zu gesellschaftlichem Engagement; aber auch die Frage von Sinn und die Beantwortung religiöser Fragen
- das Zusammenleben mit Anderen, insbesondere erste Beziehungen und Partnerschaften
- berufliche Orientierungen, hierzu zählt auch die Auseinandersetzung mit der eigenen Leistungsbereitschaft.

Während entwicklungspsychologische Autoren und Autorinnen lange Zeit davon ausgingen, dass die Identitätsentwicklung bis zum Ende des Jugendalters abgeschlossen ist – also die »Identitätsdiffussion« von einer kohärenten, gefestigten oder »erarbeiteten Identität« (Marcia, 1980) abgelöst ist – wird im aktuellen Diskurs die Entwicklung von Identität als ein offener Prozess betrachtet, der letztlich nie abgeschlossen ist. Identitätsentwicklung ist abhängig von den Lösungen früherer Entwicklungskonflikte, bzw. der Bewältigung von Entwicklungsaufgaben, und es stellen sich auch im späteren Leben immer wieder neue (Rollen-)Anforderungen. Die entsprechenden Erfahrungen und Erkenntnisse erfordern immer wieder eine (Selbst-)Prüfung und die Weiterentwicklung des Bildes und Erlebens von sich selbst in der Welt.

Neue Entwicklungsaufgaben unter den Bedingungen der Postmoderne

Unter den Bedingungen der sogenannten Postmoderne, der Pluralisierung von Lebenslagen und Lebenswelten, erscheint Identitätsbildung als eine Herausforderung, die weit über das Jugendalter hinausreicht. Auch bedingt durch ökonomische Notwendigkeiten und gesellschaftlichen Wertewandel ist es zu einem »Ende der Eindeutigkeiten« (Keupp, 1997a, S. 21) gekommen. Dies meint:

- Eine Vielfalt von Erfahrungsbezügen, die oft unverbunden nebeneinanderstehen und sich nur schwer in ein Gesamtbild fügen. Es kommt zu einer »Fragmentierung von Erfahrungen« (ebd., S. 21).

- Die »Pluralisierung von Lebensformen und Milieus führen zu einer schier unendlichen Fülle von Alternativen« (ebd., S. 21). Beispiele hierfür sind die Vielfalt familiärer Lebensformen und unterschiedlicher Lebensmilieus: traditionelle Familien leben neben Ein-Eltern-Familien und homosexuellen Paaren, das Single-Dasein etabliert sich als gleichwertige und in Großstädten fast als die Norm-Lebensform. »Auf dem Hintergrund der Pluralisierung von Lebensformen ist es nicht mehr möglich, allgemeine Konzepte vom ›guten‹ und ›richtigen‹ Leben zu formulieren. Meine eigene Entscheidung bricht sich und relativiert sich außer in abgeschotteten Lebensenklaven permanent. Die Zugehörigkeit zu Milieus ist kein unabänderliches Schicksal. Ich kann mir einen Rahmen suchen, in dem ich mich in meinem So-Sein hineinpasse« (ebd., S. 22).
- Es kommt zu einer weitgehenden Individualisierung: bisherige Strukturen, die für Bindungen und Orientierungen gesorgt haben, wie Religion, Familie, Wertesystem, politische Parteien, verlieren an Verbindlichkeit und Überzeugungskraft – das Individuum ist gefordert, sich immer wieder neu zu orientieren und verorten.
- Ein »Ende der Deutungsinstanzen« (ebd., S. 24): Traditionelle »Instanzen der Sinnvermittlung« verlieren an Bedeutung bis dahin, dass sich Religion als »integrales Modell von Deutung, Institution und personalem Habitus…immer weiter auf(löst)« (ebd., S. 25; vgl. auch Keupp, 2002).

Diese Situation birgt Chancen und Risiken: die zunehmenden Freiheitsgrade sorgen für eine »Erweiterung von Möglichkeitsräumen« (ebd., S. 54), andererseits ergibt sich daraus die Notwendigkeit, sich ständig neu zu orientieren. Die Situation von Kindern und Jugendlichen ist geprägt durch »eine eigentümliche Spannung« (Hurrelmann, 1990, S. 59), wie Hurrelmann schon 1990 feststellte. Zum einen profitieren die Jugendlichen von großen individuellen Freiheiten in Bezug auf ihre Lebensgestaltung, zum anderen fehlen soziale und kulturelle Vorgaben zur Orientierung. Die damit einhergehenden Unsicherheiten und neu entstehenden Belastungen können die Bewältigungsmöglichkeiten der Jugendlichen übersteigen (vgl. ebd., 1990).

Dies bedeutet nicht, dass sich Jugendliche beispielsweise nicht mehr gesellschaftlich oder politisch engagieren – dieses Engagement vollzieht sich jedoch eher punktuell oder projektbezogen und weniger in traditionellen Organisationen, wie Parteien oder Gewerkschaften. Ebenso wenig verlieren klassische Lebensformen wie der grundsätzliche Wunsch, eine Familie zu gründen, an Bedeutung – indes wird die »Umsetzung« nicht mit gleicher »Selbstverständlichkeit« realisiert, wie dies noch vor 50 Jahren der Fall war und es werden stärker die verschiedensten »Alternativen Lebensformen« akzeptiert (Busch, 2013, S. 290). Einen guten Überblick über wichtige Selbst- und Weltdeutungen von Jugendlichen, deren Einstellungen und Interessen geben die Shell-Jugendstudien, die etwa alle vier Jahre veröffentlicht werden; die 16. Studie wurde 2010 publiziert (Shell, 2010).

Eine deutliche Veränderung der Lebensweisen Jugendlicher ist durch die Nutzung elektronischer Kommunikationsmedien und der digitalen sozialen Netzwerke eingetreten: Diese haben eine zentrale Funktion bei der Kontaktgestaltung, bei der

Selbstdarstellung, auch bei der Partnersuche (z. B. Meister & Meise, 2012; Labatzki, 2013; Borg-Laufs, 2015).

Auf diese Weise entstehen für Jugendliche (in Anlehnung an Keupp, 2002) neue Entwicklungsaufgaben. Jugendliche und (junge) Erwachsene müssen

- »*Grenzmanagement*« betreiben, die Grenzen zwischen realer und virtueller Welt immer wieder neu bestimmen und ebenso (Ab-)Grenzungen zwischen öffentlichem und privatem Raum immer wieder ausloten – ein virulentes Beispiel sind hier die virtuellen sozialen Netzwerke.
- *Vielfalt und Ungewissheit* managen, d. h. sich in der Vielfalt von nebeneinanderstehenden Werten verorten, sich im »kulturellen Crossover« orientieren und immer wieder neu mit Brüchen von Strukturen (z. B. elterlichen Trennungen) umgehen.
- *Individualisierung und Zugehörigkeit* (das In-Beziehung-Sein) balancieren.

Durch diese Anforderungen und besonders die Vielfalt von Handlungs-, Beziehungs- und Kommunikationsoptionen besteht die wesentlichste Entwicklungsaufgabe im Jugendalter darin, den Prozess der Identitätsbildung als lebenslangen Prozess zu begreifen. Jugendliche (und Erwachsene) müssen zu beständigen Baumeistern und Baumeisterinnen des eigenen Lebens werden. Sie müssen lernen, proaktiv handelnd ihr Schicksal in die eigenen Hände zu nehmen. Wichtige, notwendige Fähigkeiten, also Bewältigungskompetenzen für eine »gelingende Lebensführung« (Keupp, 1997a) sind hierzu:

- eine grundlegende »Such-, Experimentier- und Veränderungsbereitschaft« (ebd., S. 30)
- die Fähigkeit zum Aushandeln und zum Austragen von Konflikten
- die Fähigkeit, soziale Netzwerke zu knüpfen und zu aktivieren (Zugehörigkeit, Anerkennung) – und sich in angemessener Weise gerade auch aus der elektronischen Kommunikation phasenweise zurückzuziehen
- die Fähigkeit, Ungewissheit partiell auszuhalten (Ambiguitätstoleranz)
- die Fähigkeit, sich selbstmotiviert Ziele zu setzen und kontinuierlich zu verfolgen.

Die im Kapitel 1 (▶ Kap. 1) dargestellten Resilienzfaktoren sind wesentliche Voraussetzungen wie Schutzfaktoren bei der Bewältigung dieser Entwicklungsaufgaben und der Förderung seelischer Gesundheit.

Übergänge, Verletzlichkeit und Teilhabe

Die Jugendphase ist auch durch Übergänge – von der Grundschule in weiterführende Schulen, von der Schule in Beruf bzw. Studium, von der Familie in neue Gleichaltrigen-Gemeinschaften, vom Kind zur Geschlechtsreife – gekennzeichnet, die von den Jugendlichen bewältigt werden müssen. Auf die generelle Bedeutung von Transitionen wurde schon in Kapitel 2 (▶ Kap. 2) eingegangen. Die Phasen des

Übergangs gehen oft mit einer erhöhten Vulnerabilität einher (z. B. Zimmermann & Brenner, 2010) und können, wenn Ungleichgewichte zwischen Schutz- und Risikofaktoren bestehen, zu dysfunktionalen Entwicklungen führen (z. B. Petermann et al., 2004). In der Jugendphase kommt es häufig zu einem verstärkten »Ausprobieren« und z. T. entsprechendem Risikoverhalten. Dies betrifft bspw. den Konsum von Suchtmitteln, waghalsige körperliche Betätigungen (»U-Bahn-Surfen«), kleinkriminelle Handlungen oder spezifische Sexualpräferenzen. Teilweise können, gewissermaßen überkompensatorisch, die mit den Transitionen verbundenen Verunsicherungen mit einem sehr hohen Maß an Selbstüberzeugung verbunden sein; Mietzel (2002, S. 341) spricht von »Egozentrismus: Der Glaube an Einzigartigkeit und Unverwundbarkeit«. Andererseits treten verstärkte Selbstzweifel bis hin zu Suizidphantasien auf[21].

Dennoch ›überstehen‹ die allermeisten Jugendlichen diese Perioden mit psychischer Stabilität und ohne langanhaltende starke Problembelastungen. Die Daten der Shell-Studien geben Hinweise, dass Jugendliche in der Breite ihre Situation positiv bewerten: »Gegenüber 2006 hat sich der Optimismus der Jugendlichen deutlich erhöht: 59 Prozent blicken ihrer Zukunft zuversichtlich entgegen, 35 Prozent äußern sich unentschieden und nur 6 Prozent sehen ihre Zukunft eher düster« (Shell, 2010). Der größte Teil der Jugendlichen verfügt nach eigenen Angaben auch über ausreichende Bewältigungsressourcen, sie haben Freunde, die sie bei Problemen ansprechen können, können sich ablenken und greifen nur in Ausnahmefällen auf Alkohol o. ä. zurück.

Allerdings zeigt sich bei Jugendlichen aus sozial benachteiligten Familien »ein anderes Bild: Hier ist nur noch ein Drittel (33 Prozent) optimistisch. Diese soziale Kluft wird auch bei der Frage nach der Zufriedenheit im Leben deutlich. Während fast drei Viertel aller Jugendlichen im Allgemeinen zufrieden mit ihrem Leben sind, äußern sich Jugendliche aus sozial schwierigen Verhältnissen nur zu 40 Prozent positiv« (Shell, 2010).

Das Phänomen der sozialen Benachteiligung und der eingeschränkten Teilhabe einer Gruppe von 15 bis 20 % der Jugendlichen zeigt sich in allen einschlägigen Studien immer wieder:

- *Bildungssystem:* »Ein zentrales Problem im deutschen Bildungssystem ist die Abhängigkeit der Bildungschancen von Schülern von ihrer sozialen Herkunft ... Das Risiko der Herkunftsbenachteiligung von Kindern und Jugendlichen bei der Kompetenzentwicklung steigt in der Sekundarstufe 1« (Bertelsmann-Stiftung et al., 2012, S. 27 f.). »Gleichwohl zeigt sich auch in den diesjährigen Leistungsdaten die ausgeprägte Abhängigkeit zwischen Bildungserfolg und sozialer Herkunft: Kinder und Jugendliche aus Familien höherer Sozialschichten erreichen in der neunten Klasse bundesweit und über alle Schulformen hinweg einen durch-

---

21 Ca. 20 % der Jugendlichen geben an, Suizidphantasien zu haben, Suizid ist bei Jugendlichen die zweithäufigste Todesursache (Bründel, 2001). Suizidales Verhalten nimmt mit Beginn der Adoleszenz zu, hat einen ersten Gipfel bei 16 Jahren und nimmt dann im jungen Erwachsenenalter wieder ab.

schnittlichen Vorsprung ... [von bis zu zwei Schuljahren] vor Kindern aus Familien niedrigerer Sozialschichten« (Bertelsmann Stiftung, 2014, S. 17).
- *Schulabschlüsse:* Im Jahr 2021 verließen 47.500 Jugendliche die Schule ohne Schulabschluss, das sind 6% aller Schulabgänger). Dabei gibt es deutliche Unterschiede bzgl. Geschlecht (60% sind Jungen) und Staatsangehörigkeit (ausländisch vs. deutsch: 13,4% zu 4,6%) sowie zwischen den Bundesländern ((Bertelsmann Stiftung 2023).. Diese Jugendlichen haben dauerhaft schlechtere Entwicklungsbedingungen und Teilhabechancen.
- *Armut:* »Armut vermindert die Möglichkeiten zur Teilnahme an den Alltagsroutinen der Gleichaltrigen und erschwert den Prozess der personalen und sozialen Identitätsbildung. Viele Jugendliche nehmen den Ausschluss aus der Gleichaltrigengruppe als belastend wahr, mit entsprechenden Auswirkungen auf das psychosoziale Wohlbefinden ... In Armut aufwachsende Jugendliche weisen demnach verstärkt gesundheitliche Beeinträchtigungen und Beschwerden auf. Besonders deutlich wird dies im Hinblick auf das allgemeine Wohlbefinden und beim Auftreten von Schlafstörungen, Kopf- und Magenschmerzen. Bei Jungen treten außerdem Unterschiede in der Selbstwahrnehmung des Gesundheitszustandes und im Empfinden von Einsamkeit zutage« (Klocke & Lampert, 2005, S. 14).
- *Seelische Gesundheit:* Der Zusammenhang zwischen Armut und subjektivem Wohlbefinden und psychischer wie körperlicher Gesundheit ist seit längerem vielfach belegt (z.B. Jungbauer-Gans & Kriwy, 2004; Böhm, Ellsäßer & Kuhn, 2003). Die neuesten Daten der KiGGS-Studie zeigen: Kinder und Jugendliche aus Familien mit niedrigem sozialen Status sind häufiger von psychischen Auffälligkeiten betroffen (RKI, 2014). »Bereits in der KiGGS-Basiserhebung unterlagen Kinder und Jugendliche aus Familien mit niedrigem Sozialstatus einem 3- bis 4-fach erhöhtem Risiko für psychische Auffälligkeiten gegenüber Gleichaltrigen mit hohem Sozialstatus ... Den Daten aus KiGGS Welle 1 zufolge hat sich dieser Zusammenhang in den letzten Jahren nicht verändert (Hölling et al., 2014). »Angesichts der anhaltend hohen Prävalenz und des sozialen Gefälles in der Verbreitung psychischer Auffälligkeiten kommt zielgruppenspezifischen Präventionsmaßnahmen große Bedeutung zu« (RKI, 2014). Diese Ergebnisse bestätigten sich auch in der Folgeuntersuchung (KiGGS »Welle 2«, Baumgarten et al., 2018).

Das Risiko der mit Sozialer Benachteiligung verbundenen eingeschränkten sozialen Teilhabe einer Gruppe von Jugendlichen ist kein ›unumstößliches‹ Schicksal und es kommt, wie mehrfach dargelegt, nicht ›automatisch‹ zu Phänomenen seelischer oder körperlicher Erkrankung – allerdings muss dem gesellschaftlichen Problem, dass nach wie vor eine größere Gruppe junger Menschen von Ausgrenzung betroffen oder bedroht ist, auch unter der Resilienzperspektive Aufmerksamkeit gewidmet werden: Es kann und wird nicht ausreichen, mit spezifischen Interventionen auf individueller Ebene Kompetenzen und Resilienzfaktoren zu stärken, wenn auf gesellschaftlicher Ebene systematisch Teilhabechancen reduziert sind.

3.3.2 Resilienz im Jugendalter

Die verschiedenen Untersuchungen zur Resilienz im Jugendalter[22] haben überwiegend das methodische Herangehen gewählt, Jugendliche unter Risikobedingungen – aus benachteiligten Gruppen, aus gewaltaffinen Milieus, in der Heimerziehung – zu erfassen und dann zu differenzieren, welche dieser Jugendlichen sich »resilient«, also stabil und positiv (operationalisiert durch die Vermeidung von Kriminalität, Drogen etc.), adaptiert haben und welche »Fehlentwicklungen« im Sinne von psychischen Erkrankungen, Delinquenz o. ä. genommen haben (z. B. Lösel & Bender, 2008; Bruckner, Mezzacappa & Berdslee, 2003). Es wurde dann nach Variablen gesucht, die diese beiden Gruppen unterscheiden. Zimmermann und Brenner (2010) kritisieren dieses defizitorientierte Vorgehen; es lassen sich so nur im Nachhinein Faktoren identifizieren, die problematische Entwicklungen verhindern (können) – Hinweise für die grundsätzlichen Bedingungen positiver Entwicklungsergebnisse lassen sich nur indirekt schlussfolgern. Nötig sind daher – bisher fehlende – Untersuchungen, die prospektiv angelegt sind, ein stärkenorientiertes Herangehen fokussieren und »stützende Faktoren« auf der Ebene der (individuellen) Kompetenzen wie der Lebenswelten fördern. Diese – mit einer großen Wahrscheinlichkeit – stützenden Faktoren sollen im Folgenden betrachtet werden.

Grundsätzlich ist von einem Zusammenspiel von Umweltfaktoren bzw. -ressourcen und individuellen Kompetenzen auszugehen, die Resilienz (nicht nur) im Jugendalter befördern. Grundsätzlich geht es nicht darum, alle Risikofaktoren im Leben, alle Herausforderungen zu ›eliminieren‹; dies erscheint auch angesichts der o. g. Entwicklungsthemen nicht möglich. Es gilt aber auch für das Jugendalter, dass ›moderate‹ Herausforderungen bzw. Risiken – und deren positive Bewältigung! – zu einer seelischen Stärkung, also einer Zunahme der seelischen Widerstandskraft führen (Zimmermann & Brenner, 2010; Fergus & Zimmermann, 2005; Garmezy, Masten & Taylor, 1984).

Besonders Ungar betont seit langem die Bedeutung der Person-x-Umwelt-Interaktion: »Individuen [zeigen] unter widrigen Lebensumständen in Abhängigkeit von bereitgestellten Ressourcen eine positive Entwicklung, die von der Passung zwischen den zugänglichen Ressourcen und den individuellen Bedürfnissen sowie von der Bedeutung« der verfügbaren Ressourcen abhängig ist« (Ungar et al., 2013, S. 3). Folglich sind »Individuen ... wahrscheinlich dann resilienter, wenn die Umwelt viele Ressourcen bietet« (ebd.). Damit wird das Konzept der individuellen Widerstandsfähigkeit konsequent in einen Rahmen von sozialen Voraussetzungen, aber auch entsprechenden Interventionen und politischen Strukturen gestellt. Eine solche »stärker kontextualisierte Interpretation von Bewältigung unter Stressbedingungen erfordert eine höhere Komplexität, um die sozial akzeptablen und nicht akzeptablen oder verborgenen Formen von Resilienz zu verstehen« (ebd., S. 4).

---

22 Insgesamt gibt es nur sehr wenige deutsche Studien zur Resilienz im Jugendalter (Aktionsrat Bildung, 2022; Richter-Kornweitz, 2012).

Umweltfaktoren

1. Auf die große Bedeutung der *Lebensumwelt Schule* wurde schon in Kapitel 3.2 (▶ Kap. 3.2) eingegangen; die Grundelemente einer resilienzförderlichen Schule, wie sie z. B. von Opp und Wenzel (2003a) beschrieben wurde, gelten natürlich auch für das Jugendalter.
2. Unter den positiven Umweltfaktoren haben die *sozialen Netzwerke*, *Peers*) eine hervorgehobene Bedeutung. Steinebach und Steinebach (2013) stellen grundsätzlich zur Bedeutung der Gleichaltrigen unter Bezugnahme auf Brown und Larson (2009) fest:
   - »Beziehungen zu Gleichaltrigen werden im Jugendalter wichtiger.
   - Mit dem Eintritt ins Jugendalter werden Peerbeziehungen komplexer, neben Gruppen treten evtl. auch Cliquen, engere Freundschaften oder romantische Beziehungen auf. Im weiteren sozialen und gesellschaftlichen Umfeld können sich Jugendliche als Teil größerer Gruppen oder auch spezifischer Jugendkulturen erleben und definieren.
   - In Freundschaften und Peergruppen sind die Jugendlichen einander ähnlich.
   - Status und Prestige sind wichtige Aspekte von Peerbeziehungen ... Gruppenzugehörigkeit und Zugehörigkeit und Stellung in der Gruppe [sind] wichtige Prüfgrößen für den Entwicklungsfortschritt.
   - Im Spannungsfeld von individueller Entwicklung und Gruppenprozessen erweisen sich soziale Kompetenzen als Schlüsselkompetenzen für die erfolgreiche Sozialisation« (Steinebach & Steinebach, 2013, S. 94 f.).

   Eine wichtige Voraussetzung für die Einbettung in Gruppen sind nach Steinebach und Steinebach (2013) soziale Kompetenzen, die vor dem Eintritt in das Jugendalter erworben werden. Dazu zählen die Situationsregulation, die Selbstregulation, die Interaktionsregulation und die Emotionsregulation (ebd., S. 100).

   Für die große, gesundheits- und resilienzförderliche Bedeutung der Einbettung in Peergruppen gibt es eine Reihe von Untersuchungsbelegen. Dubow, Edwards und Ippolito stellten schon 1997 in einer Studie fest, dass Peers Problemverhalten »abpuffern« können; auch Klocke und Lampert (2005) verweisen auf die stabilisierende Wirkung sozialer Netzwerke. »Offensichtlich ist allein schon das Erleben von Peerbeziehungen resilienzfördernd. Wer Peerbeziehungen erlebt hat, kann anscheinend besser mit Belastungen in Beziehungen umgehen« (Steinebach & Steinebach, 2013, S. 102). Neben diesen Einschätzungen verblasst die Erkenntnis einiger Studien, dass Gleichaltrigengruppen für einen – kleinen! –Teil von Jugendlichen, der z. B. schon aggressiveres Verhalten zeigt, auch einen Risikofaktor darstellt (Fröhlich-Gildhoff, 2013a).
3. Zumindest teilweise im Zusammenhang mit den Peers ist das wichtige Phänomen der *»Jugendkultur«* zu sehen: Jugendliche entwickeln eigene Werte, Rituale, Bedeutungszuschreibungen, Kleidungs- und Sprachstile – all dies sind kreative Akte, Symbole für die Entwicklung eigener Identität(en). Nach Gharabaghi (2013) gibt es im Leben der Jugendlichen immer mindestens zwei Kulturen, die miteinander konkurrieren: Die »Familienkultur und die Jugendkultur« (ebd.,

S. 137). Er plädiert daher dafür, nicht eine dieser Kulturen als schlecht oder schwach anzusehen, sondern die Stärken der Familien- und der Jugendlichenkultur zu nutzen. »Jugendliche brauchen Gelegenheiten, verschiedene Kulturen miteinander zu verbinden«. Unterstützungs- oder Begleitungssysteme sind nach Gharabaghi dann am erfolgreichsten, »wenn sie solche Gelegenheiten schaffen« (ebd., S. 139).
4. Auch in der Phase der Ablösung von Erwachsenen benötigen Jugendliche Anerkennung und Wertschätzung von Älteren; dies sind dann oftmals externe Personen, wie z. B. Lehrer/Lehrerinnen, Jugendsozialarbeiter/Jugendsozialarbeiterinnen etc. Richter-Kornweitz (2012) bezeichnet »ein persönliches Engagement der Fachkräfte und eine personalisierte, auf die individuellen Problemstellungen zugeschnittene Unterstützung« als bedeutsam. »Als resilienzfördernd für Jugendliche gilt zudem ein allgemeines Erziehungsklima in der Familie wie auch in Schulen und außerschulischen Institutionen, das gekennzeichnet ist durch folgende Merkmale: offen, Selbstständigkeit fördernd, aber zugleich regelgeleitet, organisiert und von Zusammenhalt geprägt« (ebd.).

Gharabaghi (2013) plädiert in diesem Zusammenhang für den Aufbau einer »diversity-freundlichen Umwelt« (ebd., S. 149 f.). Jugendliche brauchen ernsthafte Signale der Umwelt, dass Unterschiede wertgeschätzt werden. Dabei sei es am wichtigsten »dass die Fachkräfte regelmäßig und unmissverständlich klarmachen, dass Unterschiede wertvoll sind und auch in der eigenen Einrichtung geschätzt werden. Die alltägliche Botschaft an die Jugendlichen sollte sein: ›Es ist gut, anders zu sein; Konformität ist nicht der einzige Weg‹ ... Es muss jeden Tag eine Fülle von Zeichen geben, die den Jugendlichen zeigen, dass Unterschiede willkommen sind und als potentielle Stärken gesehen« werden (ebd., S. 141).

Stärkende Faktoren auf der personalen Ebene (Kompetenzen)

Auch im Jugendalter sind die allgemeinen Resilienz- oder Bewältigungsfaktoren – adäquate Fremd- und Selbstwahrnehmung, gelingende Selbststeuerung, positives Selbstwirksamkeitserleben, soziale Kompetenzen, Problemlösefähigkeiten und Kreativität, adaptive Bewältigungs-/Stressbewältigungskompetenzen – von besonderer Bedeutung für das Herangehen an und Umgehen mit den spezifischen Herausforderungen und Entwicklungsthemen dieser Lebensphase.

Dies sei am Beispiel der Selbst-Auseinandersetzung mit den deutlichen körperlichen Veränderungen beschrieben: Diese Veränderungen führen zwangsläufig dazu, dass das eigene körperliche wie psychische Selbstbild neu ›geeicht‹ werden muss und es kommt zwangsläufig zur (neuen) Auseinandersetzung mit der eigenen Geschlechtlichkeit. Zudem bekommen der eigene Körper und das eigene Aussehen eine sehr hohe Wertigkeit im Vergleich zu anderen, werden phasenweise zu *der* bestimmenden Größe für den eigenen Selbstwert (s. o.). Dies hat Folgen für

- die eigene *Selbst- und Fremdwahrnehmung*: Finde ich mich »schön«? Sind andere schöner? An welchen Idealen/Referenzrahmen richte ich mich aus?

- die *Selbststeuerungsmechanismen:* Wie gehe ich mit meinem Körper und dessen neuen, z. T. nur begrenzt steuerbaren Signalen und Ausdrucksformen (veränderter Hormonstatus, Monatsblutung, Haarwuchs, Samenerguss) um?
- das *Selbstwirksamkeitserleben:* Bestimmte körperliche Veränderungen lassen sich nicht einfach beeinflussen: Wenn nahezu alle Gleichaltrigen schneller wachsen, als schöner empfundene Körperformen haben, so werden der eigene Einfluss und die Handlungsmächtigkeit als gering erlebt. Können positive Selbstwirksamkeitserfahrungen in anderen Bereichen (z. B. Schulnoten) dies ausgleichen?
- die *sozialen Kompetenzen:* Mit der hohen Bewertung der Körperlichkeit und den deutlicher sichtbar werdenden Geschlechtsmerkmalen kann eine Verunsicherung im hetero- wie homosexuellen Kontakt entstehen. Reichen die erworbenen Kompetenzen aus, um mit dem Wunschpartner in Kontakt zu kommen? Wie gehe ich mit aufkommendem Neid um? Welche Verhaltensweisen sind in den wichtiger werdenden Cliquen ›angesagt‹?
- die *Problemlösefähigkeiten:* die Umbruchsphase bedeutet auch emotionale Verunsicherung; diese ist z. T. verstärkt durch die o. g. »Ungleichzeitigkeiten« der Hirnentwicklung. Das bedeutet, dass möglicherweise früher gut funktionierende kognitiv ausgerichtete Problemlösestrategien nicht mehr ›richtig‹ gelingen. Es müssen z. T. Antworten auf völlig neue Fragen und soziale Probleme – z. B. hinsichtlich der Loyalität gegenüber Eltern vs. Peergruppe – gefunden werden.
- Die *adaptiven Bewältigungsfähigkeiten:* Die Vielfalt neuer und z. T. gleichzeitig auftauchender Herausforderungen macht ›Stress‹ und fordert neue Bewältigungsformen: Wenn ich das Gefühl habe, ich hätte im Vergleich zu anderen zu wenige Muskeln, muss ich Aufwand betreiben, um hier meinen Körper zu ›formen‹ – das gilt natürlich auch für die den Eindruck des ›zu dünn‹-Seins mit all den damit verbundenen Risiken.

Es wird deutlich: All diese Fragen und neuen Anforderungen für die Resilienzfaktoren sind nur schwer allein zu beantworten bzw. zu bearbeiten – es bedarf tragfähiger, vertrauensvoller Beziehungen zu Gleichaltrigen und möglichst auch Erwachsenen, um sich hierzu austauschen zu können.

Neben diesen grundlegenden Resilienzfaktoren sind die o. a. spezifischen Fähigkeiten zur Orientierung und zur Erlangung von Handlungsfähigkeit in der multioptionalen Welt bedeutsam: Es bedarf einer Bereitschaft, sich immer wieder auf Neues und auf Ungewissheiten einzulassen, soziale Beziehungen und Netzwerke müssen immer wieder geknüpft, ausgehandelt und (re)aktiviert werden, eigene Ziele können und müssen (selbstmotiviert) entwickelt werden und sollten dann in Handlungen einfließen.

Die Beschreibung der Kompetenzen bietet nur Hinweise – der Erwerb dieser Kompetenzen und deren Realisierung erfordert Anstrengung und gleichfalls kontinuierliche, haltgebende und geduldige Unterstützung.

3.3.3 Förderung der Resilienz im Jugendalter

Resilienzförderung im Jugendalter kann sich sowohl auf die Gestaltung förderlicher Umwelten und Ressourcen beziehen als auch auf die Stärkung individueller Kompetenzen. Während in den USA und Kanada eher die Nachbarschaft/Gemeinde im Mittelpunkt der Interventionen stand, sind es in Europa eher Programme zur Stärkung von einzelnen Jugendlichen, oft vermittelt über Institutionen, wie die Schule. Auf beide Wege wird im Folgenden eingegangen.

1. Allgemein: Gestaltung von Umwelten

Insbesondere Ungar hat immer wieder betont, wie wichtig die Gestaltung stärkender, resilienzförderlicher Umwelten ist: »Kontext und Kultur beeinflussen, welche protektiven Prozesse am wichtigsten sind« (Ungar, 2013, S. 7). Ungar weist auf verschiedene Kontext- und Kulturfaktoren, z. B. die Werte einer Familie oder Gemeinschaft oder die Kultur hin. Er schildert die »besondere Herausforderung für das Verständnis von Resilienz im Kontext über Kulturen hinweg: Wir müssen die Spannung zwischen Gleichheit und Unterschiedlichkeit von Gruppen und von Individuen in diesen Gruppen anerkennen« (ebd., S. 9 f.).

Aus diesen Prinzipien ergeben sich auch Schlussfolgerungen für Interventionsprogramme, um »Resilienz wahrscheinlicher werden zu lassen«. Ungar kritisiert in diesem Zusammenhang rein manualisierte Behandlungsprogramme, die der Komplexität des Zusammenwirkens unterschiedlicher Faktoren nicht gerecht werden. »Dieser Komplexität können manualisierte Behandlungsprogramme, die nur ein einzelnes maladaptives Verhalten oder singuläre Symptome einer psychischen Störung ... isoliert von den vielfältigen anderen psychopathologisch relevanten Einflüssen betrachten, kaum Rechnung tragen« (Ungar et al., 2013, S. 13). Es geht darum, ein »Spektrum aufeinander abgestimmter Leistungen zu entwickeln« (ebd.). Dies betrifft z. B: die Gestaltung von Bildungsumwelten. Schulen, Kindertageseinrichtungen etc. müssen dahingehend entwickelt werden, dass sie Bewältigungsressourcen zur Verfügung stellen. »Sozialpolitische Programme, die Bildungsmaßnahmen und andere Interventionen auf die Bedürfnisse der besonders gefährdeten Kinder ausrichten, können Entwicklungsprozesse sehr viel besser beeinflussen als Förderprogramme, die sich [bspw.] ausschließlich auf Kinder mit Lese-Rechtschreib-Schwäche konzentrieren. Interventionen auf der Ebene des einzelnen Kindes sind nicht sehr effektiv, es sei denn, dass sie in ein Netzwerk von Unterstützungsangeboten und -programmen eingebettet sind (Cicchetti, 2010)« (ebd., S. 14). Und: »Ein Wechsel der Perspektive hin zu einem stärker ökologischen Verständnis von Resilienz kann uns dabei helfen, das komplexe Gefüge von protektiven Prozessen zu identifizieren, die sowohl die Exposition gegenüber Risiken mindern als auch die Befähigung zu einer positiven Entwicklung aufbauen können« (ebd., S. 17; Ungar, 2008). In diesem Zusammenhang geht es auch darum, kulturelle Vielfalt zu berücksichtigen (Uslucan & Brinckmann, 2013; Fuhrer & Uslucan, 2005) – mit einem besonderen Fokus auf der Unterstützung von Jugendlichen, deren soziale Teilhabe gefährdet ist (s. o.).

2. Spezifisch: Die Bedeutung von Nachbarschaft[23]

In der amerikanischen, kanadischen oder australischen Resilienzforschung wird die Bedeutung der ›community‹ seit langem diskutiert und erforscht. So definierte Benard schon 1991 drei Kennzeichen von resilienzförderlichen Gemeinden:

- Verfügbarkeit sozialer Organisationen, die für die Bewohner konkrete Unterstützung zur Förderung seelischer Gesundheit bereithalten,
- konsistente soziale Normen, die den Bewohnern eine Orientierung darüber geben, was erwünschtes/sozial akzeptiertes Verhalten bedeutet; Luthar (2006) beschreibt die angemessene soziale Beachtung bis Kontrolle (supervision) der Jugendlichen durch die Erwachsenen der Gemeinde,
- Gelegenheiten für Kinder und Jugendliche, am Leben der Gemeinschaft als wertgeschätzte Mitglieder teilzuhaben.

Multivariate Analysen (Yonas et al., 2010) zeigen bspw. den moderierenden Effekt von sozialem Zusammenhalt und sozialer Kontrolle: Jugendliche, die in der früheren Kindheit Missbrauch und Vernachlässigung erfahren haben, zeigen weniger aggressives bzw. externalisierendes Problemverhalten, wenn sie in Nachbarschaften mit hohen Werten von (gemeinschaftlicher) sozialer Verantwortung (collective efficacy) aufgewachsen sind.

Bei Zimmermann und Brenner (2010, S. 292 f.) findet sich eine ausführliche Zusammenstellung, welche kompensatorischen Mechanismen sich in Studien in »benachteiligten Nachbarschaften« gezeigt haben; unter anderem sind dies: gute Beziehungen zwischen den unterstützenden Personen/Professionellem, Akzeptiert-Werden durch die Professionellen, Sicherheit in Schulen, systematischer Familien- und Peer support, Gelegenheiten zum prosozialen Engagement.

3. Raum und Partizipation

Jugendliche benötigen Räume, in denen sie unter sich sein können, sich austauschen und entfalten können, also

- die Ermöglichung von Partizipation und Verantwortungsübernahme für Jugendliche (Raumgestaltung, eigene ›Plätze‹)
- die Unterstützung einer (positiven) Peer Culture durch Begegnungsmöglichkeiten und unterstützte Chancen, Netzwerke zu knüpfen

Dies umfasst reale Gestaltungs- und Partizipationsmöglichkeiten – z. B. in den verschiedenen Formen von »Jugendtreffs«. Zugleich finden sich in einigen Untersuchungsergebnissen (z. B. Luthar, 2006) vielfältige Hinweise, dass Jugendliche in diesen Prozessen auch eine sensible Begleitung Professioneller benötigen.

---

23 Das Thema der »community resilience« wird eigens im Kapitel 4.1 (▶ Kap. 4.1) ausführlich betrachtet.

4. Die Rolle der Schule und der Jugendsozialarbeit

Auf die Möglichkeiten der Resilienzförderung in der Grundschule wurde im Kapitel 3.2 (▶ Kap. 3.2) eingegangen, gleiche Prinzipen, wie die Schaffung einer anregenden schulischen Umwelt und die Gestaltung positiver Lehrer-Schüler-Beziehungen (Murray, 2009; Ungar, 2013) haben auch für weiterführende Schulen Gültigkeit.

Kant-Schaps (2013) stellt *schulische Resilienzförderung* im Kontext europäischer Bildungspolitik vor und zitiert die relevanten EU-Papiere, insbesondere das EU-Konsenspapier »Psychische Gesundheit der Jugend und in der Bildung« (Jané-Llopis & Braddick, 2008).

In diesem Papier wird auf die zentrale Bedeutung der Schule für die Gesundheitsförderung von Kindern und Jugendlichen hingewiesen. »Das psychische, physische und emotionale Wohlbefinden junger Menschen ist eine wesentliche Voraussetzung für erfolgreiches Lernen und kann sich nur in enger Zusammenarbeit mit der Schule als ganzheitlicher Organisation entwickeln. Bildungserfolge tragen zu besserer Gesundheit im Allgemeinen und zu psychischer Gesundheit im Besonderen bei.... Ebenso führt bessere Gesundheit zu besseren Bildungsergebnissen« (Jané-Llopis & Braddick 2008, S. 8). Zu ähnlichen Ergebnissen kommt der Aktionsrat Bildung (2022) und plädiert für eine systemische Resilienzstärkung.

Für Jugendliche sind die Institutionen und *Fachkräfte der Jugendsozialarbeit*, manchmal auch der Erziehungshilfen, Begleiter und Ansprechpartner. Gharabaghi (2013) geht von der Perspektive von Erziehungs- und Jugendhilfe und entsprechenden Institutionen aus und betont die Notwendigkeit, dass entsprechende Interventionen die Einzigartigkeit jedes Jugendlichen berücksichtigen und »die Vielfalt als Stärke verstehen« (ebd., S. 136). Dies bedeutet nach Gharabaghi nicht, die Gesellschaftserwartungen als Interventionsziel zu setzen, sondern die vielfältigen Ressourcen der Jugendlichen als Ausgangspunkt für eine Resilienzentwicklung wahrzunehmen, die vielleicht auch auf den ersten Blick nicht als Ressourcen erscheinen.

Besonders notwendig ist für Jugendliche, die von Ausgrenzung bedroht sind, die individuelle und passgenaue Unterstützung und Begleitung des *Übergangs von der Schule in den Beruf* und die Einmündung in die kontinuierliche Berufstätigkeit. Hier gibt es vielfältige Modelle und Konzepte (z. B. Pätzold, 2008). In einer Evaluation dieser Prozesse konnten Häferli und Schellenberg (2010, S. 155) zeigen, dass »nicht nur der Jugendliche selbst im Fokus steht, auch das familiäre Umfeld wie auch die Peers sollten berücksichtigt und einbezogen werden«.

5. Die Begegnungshaltung der (professionellen) Erwachsenen

Elemente einer wertschätzenden, stärkenorientierten und mithin resilienzförderlichen Begegnungshaltung von (professionellen) Erwachsenen gegenüber Jugendlichen sind in den vorherigen Teilen dieses Kapitels schon angesprochen worden.

Da es zu den Themen dieser Altersphase gehört, neue Dinge auszuprobieren, auch neue »Ansichten« und Standpunkte zu vertreten, sich insgesamt von der Erwachsenenkultur abzugrenzen und sich mit einer eigenen Jugendkultur zu identifizieren, sind Gespräche und Begegnungen zwischen Erwachsenen und Jugendlichen nicht immer einfach. Die Erwachsenen benötigen Offenheit und Geduld, um den Jugendlichen Raum für deren – manchmal als merkwürdig oder beängstigend empfundenen – Entwicklungsbewegungen zu geben. Manchmal geht es auch darum, Abstandsbewegungen auszuhalten.

Neben der grundlegenden Akzeptanz und Wertschätzungen des jugendlichen Gegenübers ist ein genaues Hinsehen und vor allem Verstehen besonders relevant. Für den professionellen Zusammenhang beschreiben Petermann und Lohbeck (2013) Möglichkeiten und Methoden einer Ressourcendiagnostik, die »der Erfassung von personen- und umweltbezogenen Ressourcen mit dem Ziel [dient], vorhandene Ressourcen zu stärken und fehlende aufzubauen« (ebd., S. 34).

Steinebach (2013, S. 51) beschreibt Merkmale »stärkenorientierter Beratung«. Er geht davon aus, dass »Jugendliche Angebote nur dann annehmen, wenn diese ihre zentralen Bedürfnisse berücksichtigen. Kompetenz, Vertrauen, Bindung, Charakterstärken und Sorge für andere ... sind die Kernkonzepte der positiven Jugendpsychologie« (ebd., S. 53). Die spezifische Förderung der Stärken, Ressourcen und Kompetenzen der Jugendlichen lässt sich nach Steinebach aus drei Perspektiven gestalten:

- »aus einer entwicklungsorientierten Perspektive, die besonders die Möglichkeiten des Jugendlichen und die Unterstützung seiner Umwelt, die Ziele und die Zielbewertung und die verfügbaren individuellen wie umweltseitigen Mittel mit Blick auf den Lebenslauf zu gestalten sucht,
- aus einer bedürfnisorientierten Perspektive, die die Beratung [allgemeiner: die Begegnung, d. Verf.] im Dienst grundlegender Bedürfnisse nach Selbstbestimmung, Bindung und Kompetenzerleben sieht, und
- aus einer ressourcenorientierten Perspektive, die die Stärkung oder den Auf- und Ausbau von Ressourcen des Jugendlichen und seiner Umwelt im Blick hat« (ebd., S. 58).

6. Programme/Konzepte

Es existieren einige Programme zur Förderung einzelner Resilienzfaktoren oder (sozial-emotionaler) Kompetenzen im Jugendalter, die jedoch zum Teil eng auf die Prävention dysfunktionaler Verhaltensweisen – wie Gewalt, Alkoholkonsum – ausgerichtet sind. In der Präventionsforschung herrscht allerdings Einigkeit darüber, dass eine multimodale, konzeptionell ausgerichtete Gesundheitsförderung im Setting-Ansatz die besten Wirkungen entfaltet (▶ Kap. 1). Zimmermann und Brenner (2010, S. 302) führen Metaanalysen von Präventionsstudien im Jugendalter an, die ebenfalls zeigen, dass »school-based« Programme, die soziale Kompetenzen *und* Selbstkontrolle *und* einen Wandel der Schulkultur bzw. eine Verbesserung der Schulumwelt zum Gegenstand haben, erfolgreicher sind, als »traditionelle« Instrumente der Verhaltensmodifikation. Auch Ungar (2013) spricht sich aufgrund seiner Untersuchungsergebnisse gegen manualisierte Programme und für Interventionen in und mit der Umwelt aus (s.o.); ähnliches zeigte eine Studie der obersten schwedischen Schulbehörde (Skolverket, 2011).

Im Folgenden sind einige Konzepte kurz beschrieben, die sowohl die Resilienzförderung einzelner Jugendlicher zum Ziel haben als auch den sozialen oder Lebenskontext der Jugendlichen fokussieren:

1. *Resilienzförderung im Quartier*
   In einem Stadtteil von Weil/Rhein mit sehr starken sozialen Problemlagen wurde ein integriertes Konzept der Resilienzförderung im Stadtteil realisiert. Dabei wurden alle relevanten Institutionen (Krippe, Kindertageseinrichtungen, Grundschule, weiterführende Schule, Jugendsozialarbeit, Mehrgenerationenhaus) zusammengeführt und die Fachkräfte zur Resilienzförderung der Kinder und Jugendlichen und deren Familien qualifiziert. Ein besonderer Schwerpunkt wurde auf die Übergangsgestaltung, die Entwicklung resilienzförderlicher und stärkenorientierter Haltungen der Pädagogen und Pädagoginnen und die Etablierung konkreter Elemente der Förderung der Resilienzfaktoren im Unterricht (Programm: Fröhlich-Gildhoff et al., 2021) gelegt. Es zeigten sich in der Evaluation Veränderungen der Haltungen/handlungsleitenden Orientierungen der Fachkräfte, eine Etablierung der Resilienzförderung im alltäglichen Unterrichtsgeschehen und auf der Ebene der Kinder ein gestärkter Selbstwert, verbesserte Problem- und Konfliktlösungsstrategien und im Grundschulbereich ein Anstieg der Intelligenztestwerte (Fischer, Fröhlich-Gildhoff & Rauh, 2015).
2. *Resilienzförderung in weiterführenden Schulen*
   Im Rahmen eines internationalen Praxisforschungsprojekts wurden unterschiedliche, nach einem Rahmenkonzept auf die jeweilige Schule abgestimmte Interventionen zur Resilienzförderung umgesetzt. Auch hierbei waren die Pädagogen und Pädagoginnen Ziel von Weiterbildungsmaßnahmen; sie setzen ihre neuen Erkenntnisse und Fähigkeiten dann im Unterricht, in außerschulischen Projekten und in der Zusammenarbeit mit Eltern um. Neben Effekten auf der Ebene der Schüler und Schülerinnen (gestiegene Schulzufriedenheit, verbessertes soziales Klima, konstruktivere Konfliktlösestrategien) zeigte sich, dass ein solches Konzept immer passgenau auf die Situation der jeweiligen Schule, des Teams von Lehrern und Lehrerinnen und auf die Zusammensetzung der Schüler und Schülerinnen (und ihrer Familien) adaptiert werden muss (Fröhlich-Gildhoff et al., 2013c). Hierauf aufbauend wurde ein Spiralcurriculum für die Resilienzförderung in weiterführenden Schulen für die Klassen 5–10 und den Übergang in Oberstufe bzw. berufliche Schulen entwickelt, erprobt und evaluiert (Fröhlich-Gildhoff, Reutter & Schopp, 2021). Dabei wird auf die Lebenswelt und -themen der älteren Kinder und Jugendlichen Bezug genommen und z.B. eine Verbindung von Resilienzentwicklung und Medienkompetenz hergestellt. Bei der Evaluation dieses Programms zeigte sich ebenfalls, dass immer wieder eine Passung zwischen den Programminhalten und der jeweiligen teilnehmenden Gruppe gestaltet werden muss.
3. *Positive Peerkultur*
   Die Möglichkeiten, eine positive Peerkultur zu fördern, ist von Opp und Kollegen (Opp, Teichmann & Otto, 2012; Opp & Teichmann, 2008; Opp & Unger, 2006)

in verschiedenen Projekten und institutionellen Zusammenhängen erprobt und evaluiert worden. Ausgangspunkt ist ein »Menschenbild, das auf den Stärken und Potentialen sowohl des Einzelnen als auch der Gruppe aufbaut« (Opp et al., 2012, S. 109). In den positiven Peergruppen bearbeiten Kinder und Jugendliche »im Rahmen ritualisierter Gespräche ihre Alltagsthemen und Sorgen, erkennen die Vergleichbarkeit ihrer Lebenswelten und können sich gegenseitig authentische Handlungsalternativen bieten« (ebd.). Dieser Grundansatz kann in verschiedenen pädagogischen Settings – von der Jugendsozialarbeit in Freizeiteinrichtungen bis in den unterschiedlichsten Schulformen – umgesetzt werden. Der Ablauf der Gesprächsrunden folgt einem einheitlichen Ablauf (»Begrüßung und Einstieg; Positivrunde und Rückblick; Themensammlung; Entscheidung für zu besprechende Themen; Diskussion und Beratung; Festhalten der Entscheidungen; Abschlussrunde und Rückmeldung«, ebd.), der dann flexibel in den pädagogischen Arbeitsfeldern eingesetzt und auf die jeweilige Zielgruppe adaptiert werden muss.

4. *Mentorenprogramme*
Auf der Ebene einzelner Kinder und Jugendlicher haben Mentorensysteme (1:1-Beziehungen von Freiwilligen zu gefährdeten Kindern/Jugendlichen) positive Effekte auf Schulleistung, Abnahme des Drogen- und Alkoholkonsums, Abnahme des Schulschwänzens und die Betroffenen zeigten sich insgesamt psychisch stabiler. Dies konnten schon vor fast 20 Jahren Tierny, Grossman und Resch (1995) mit dem »Big Brothers, Big Sisters«-Programm nachweisen. In Deutschland ist das Konzept des Projekts »Balu und Du« (http://www.balu-und-du.de) ähnlich aufgebaut (Evaluationsergebnisse: Müller-Kohlenberg, 2008; Drexler, Borrmann & Müller-Kohlberg, 2011; hier zeigten sich positive Effekte in Schulleistungen, Motivation und Problemlösefähigkeiten bei den Projektteilnehmern und -teilnehmerinnen gegenüber einer Kontrollgruppe).

5. *Father and son programmes*
Ein interessanter, in Deutschland noch nicht verbreiteter Ansatz sind »Vater-und-Sohn-Programme«: Caldwell et al. (2004) arbeiteten mit Vätern und 8- bis 12-jährigen Söhnen afro-amerikanischer Herkunft, um deren Ressourcen – die Vater-Sohn-Interaktion, soziale Netzwerke und Unterstützung, väterliche Erziehungskompetenzen, Identität mit der eigenen ethnischen Herkunft, Selbstwirksamkeit – zu stärken. Nach der Intervention fanden sich auf der Ebene der Väter verbesserte Erziehungsfähigkeiten und ein offeneres Gesprächsverhalten mit den Söhnen; die Kinder/Jugendlichen berichteten ebenfalls, dass sie besser mit den Vätern, auch über Risikoverhalten, sprechen konnten und sie zeigten ein gewaltfreieres Konfliktlösungsverhalten.

Diese fünf Beispiele stehen für ein breites Spektrum von Möglichkeiten, die Resilienz von Jugendlichen zu fördern. Sie setzen auf unterschiedlichen Ebenen – Stadtteil, Schule, Peer group, externen Erwachsenen-Jugendlichen-Beziehungen, familiären Beziehungen – an. Dabei gibt es nicht den einzigen oder effektivsten Weg; am vielversprechendsten erscheinen abgestimmte Strategien, die mit unterschiedlichen Methoden arbeiten und immer das Individuum mit seiner Familie in seiner Lebenswelt berücksichtigen.

3.4 Resilienz im frühen und mittleren Erwachsenenalter

3.4.1 Entwicklungsthemen und -aufgaben

Zentrale Konzepte der Entwicklung im Erwachsenenalter

Das Erwachsenenalter wird in der Forschungsliteratur der Entwicklungspsychologie (vgl. z. B. Faltermaier, Mayring, Saup & Stremel, 2014; Krampen & Reichle, 2008) grob in drei Abschnitte unterteilt, die allerdings zum einen nicht einheitlich definiert werden, zum anderen auch zeitliche Unterschiede aufweisen. Es wird zwischen dem frühen, mittleren und höheren Erwachsenenalter unterschieden. Das frühe Erwachsenenalter wird in den meisten Publikationen in dem Zeitraum von 18 bis 29 Jahren angesiedelt, teilweise auch bis 40 Jahren. Das mittlere Alter entsprechend von 30/40 bis ca. 65 Jahren und das hohe Alter von 65 Jahren bis zum Tod. Der Beginn des frühen Erwachsenenalters wird in der Regel mit dem Erreichen der Volljährigkeit festgelegt. Dieser Zeitpunkt stellt allerdings nur eine rechtliche Grundlage für das Erreichen des Erwachsenenalters dar. Die soziale Rolle des Erwachsenen, gekoppelt an Auszug aus dem Elternhaus, Beginn der Berufstätigkeit, Eheschließung usw. findet zunehmend später statt. Aus diesem Grund wird das frühe Erwachsenenalter noch einmal differenziert und die Phase von 18 bis 25 Jahren als »emerging adulthood« (Arnett, 2004) bezeichnet, um diese Entwicklungsphase quasi als ein Moratorium oder Zwischenstadium zum Erwachsensein zu kennzeichnen.

Für das mittlere Alter gibt es noch weniger klare Grenzen und es gilt als die am schlechtesten definierte Zeitspanne des Erwachsenenalters. Absolute Altersgrenzen lassen sich also insgesamt nur schwer festlegen, da insbesondere das frühe Erwachsenenalter geprägt ist von einer großen Entwicklungsvariabilität und stark individualisierten Lebensverläufen (vgl. Lang, Martin & Pinquart, 2012). In der Kultur- und Gesellschaftsform der Postmoderne sind verschiedenste Lebensformen möglich und normative sowie symbolische Aspekte verlieren immer mehr an Bedeutung, so dass Faltermaier und Kollegen (2014) zu dem Schluss kommen, dass es kein eindeutiges Kriterium für die Zuordnung zum Erwachsenenalter geben kann. Krampen und Reichle (2008) halten diese Unschärfe aber auch für notwendig, um dem gesellschaftlichen Transformationsprozess und den kulturellen Unterschieden gerecht zu werden. Sie referieren verschiedene Kriterien, die den Übergang vom Jugend- zum Erwachsenenalter definieren können:

- »formale und rechtliche Kriterien [wie z. B. die Volljährigkeit mit 18 Jahren]
- objektive, verhaltensnahe Kriterien, wie etwa der Auszug aus dem Elternhaus, finanzielle Unabhängigkeit, Heirat oder Elternschaft
- psychologische Kriterien, wie Ablösung, emotionale Autonomie oder psychologische Reife …
- Subjektive Kriterien, bei denen nach der Selbstklassifikation von Personen zu einer Altersgruppe gefragt wird« (ebd., S. 334).

3.4 Resilienz im frühen und mittleren Erwachsenenalter

Im Folgenden wird ebenfalls zwischen dem frühen und mittleren Erwachsenenalter unterschieden und aus pragmatischen Gründen die erste Phase auf das Alter von 18 bis ca. 40 Jahren und das mittlere Erwachsenenalter von ca. 41 bis 65 Jahren festgelegt. Das höhere Erwachsenenalter wird in Kapitel 3.5 (▶ Kap. 3.5) behandelt.

Entwicklungsprozesse im Erwachsenenalter können wie die der Kindheit immer nur als Interaktionsprozess zwischen Person und Umwelt betrachtet werden.

Entwicklungsabschnitte und -themen im frühen Erwachsenenalter

Das frühe Erwachsenenalter stellt einen Übergangsprozess vom Jugendlichen zum Erwachsenen dar und beinhaltet eine relativ lange Lebensphase. Durch die Verlängerung der Ausbildungszeiten, einer Verschiebung des Heiratsalters und des Alters der ersten Elternschaft nach hinten, wird die Jugendphase quasi verlängert (▶ Kap. 3.3). Es handelt sich um keinen einheitlichen Lebensabschnitt, den alle jungen Erwachsenen durchlaufen, sondern er ist geprägt von ungleichzeitigen Entwicklungen und einem großen »Spektrum an individuellen Lebensentwürfen« (Faltermaier et al., 2014, S. 120). Arnett (2004), der den Begriff des »emerging adulthood« eingeführt hat, spricht von der »rollenlosen Rolle« (ebd., 2001, S. 471) der jungen Erwachsenen, da die normativen Vorgaben aufgeweicht wurden und die sozialen Erwartungen dementsprechend weniger klar sind. Die Entwicklung von »eigenen Lebenszielen und -plänen in Auseinandersetzung mit gesellschaftlichen Leitbildern und Rollen« (Hoff & Schraps, 2007, S. 198) steht im Mittelpunkt der Lebensphase.

Faltermaier und Kollegen (2014) bezeichnen das frühe Erwachsenenalter sogar als die »entscheidende Phase für die Bahnung des weiteren Lebensverlaufs und für die Erwachsenenentwicklung« (S. 116). In dieser Periode werden die Weichen auf verschiedenen wesentlichen Ebenen gestellt, z. B. Beruf, Partnerschaft und Elternschaft. Die Entwicklungsthemen und -aufgaben des frühen Erwachsenenalters sind deshalb eng gekoppelt mit diesen Ebenen. Es können zwei zentrale Themen identifiziert werden, mit denen verschiedene Aufgaben verbunden sind: *Beruf* und *Familie*. Damit verknüpft sind Entwicklungen der Identität und Entwicklung in sozialen Beziehungen. »Insgesamt dominiert die Einordnung des frühen Erwachsenenalters als Zeit der Beziehungs- und Verantwortungsentwicklung. Persönlichkeits- und Identitätsentwicklung spiegeln und vollziehen sich in den sozialen Beziehungen junger Erwachsener, die ausdifferenziert und intensiviert sowie mit einer zunehmenden Übernahme von Verantwortlichkeiten verbunden werden« (Krampen & Reichle, 2008, S. 338).

Eintritt in die Berufswelt

Der Übergang vom Bildungssystem in den Beruf ist kennzeichnend für das frühe Erwachsenenalter. Aber gerade dieses Entwicklungsthema macht deutlich, wie unterschiedlich Biographien verlaufen können. Beeinflusst durch eine sich stark wandelnde Arbeitswelt, muss sich der junge Erwachsene damit auseinandersetzen, dass in den meisten Fällen keine kontinuierliche Berufslaufbahn möglich sein wird, sondern Flexibilität und ständige Weiterentwicklung von ihm gefordert werden. Arbeitszeiten und Arbeitsverträge sind weniger zukunftsbindend als noch vor zwanzig Jahren, und die Multioptionalität von Lebensentwürfen sowie fehlende Rollenvorbilder erschweren Entscheidungen und geben wenig Orientierung (vgl. Faltermaier et al., 2014).

Welcher Beruf ergriffen wird, hängt von verschiedenen Einflussfaktoren ab, wie z. B. dem Geschlecht, dem sozioökonomischem Status der Herkunftsfamilie sowie der Arbeitsmarktsituation an dem Ort, an dem man wohnt (vgl. Krampen & Reichle, 2008). Letzteres hat eine immer stärkere Auswirkung auf die tatsächlich ausgeübte Erwerbsarbeit, die sich von den eigenen Wünschen und Interessen unterscheiden kann, weil die Arbeitsplatzsituation es nicht anders erlaubt. Ein »Person-Job-Fit« (Hoff & Schraps, 2007, S. 202), also ob ein Arbeitsfeld zu einer Person passt, hängt deshalb nicht nur von eigenen Interessen und der Berufsreife ab, sondern von den gegebenen Möglichkeiten.

Verbunden mit der beruflichen Rolle ist eine deutlichere Eigenständigkeit und Selbstverantwortung. »Erworbene Fähigkeiten, Wertehaltungen und Einstellungen [werden] jetzt stärker handlungsrelevant, aus dem Probehandeln [wird] eine selbständige und eigenverantwortliche Lebenstätigkeit« (Faltermaier et al., 2014, S. 131). Die Identitätsentwicklung wird in hohem Maße von der beruflichen Tätigkeit beeinflusst. Die damit verbundene soziale Position bestimmt über soziale Teilhabe und unterstützt – wenn das entsprechende Einkommen erzielt wird – die Ablösung von der Herkunftsfamilie und die Eigenständigkeit. Individuelle Voraussetzungen und Arbeitsbedingungen stehen in einem reziproken Verhältnis zueinander und beeinflussen die berufliche Entwicklung. Die Studien von Kohn und Scholer (1983), die sich mit dem Thema Persönlichkeit und Arbeit befassen, machen deutlich, je besser beide Variablen zueinander passen, desto höher wird die gegenseitige Beeinflussung. »Im positiven Sinne bedeutet dies beispielsweise, dass Autonomiebestrebungen, internale Kontrollüberzeugungen und Selbstwirksamkeitserwartungen zu Aufstiegen und zu Wechseln in Arbeitsumwelten mit höheren Handlungsspielräumen, komplexeren Anforderungen etc. beitragen, die dann ihrerseits kontinuierlich auf diese Bestrebungen, Überzeugungen und Erwartungen verstärkend zurückwirken« (Hoff & Schraps, 2007, S. 202). Selbständige, eigenverantwortliche und schöpferische Tätigkeiten sowie vielseitige Anforderungen und Lerngelegenheiten sind Arbeitsbedingungen, die diese Entwicklung positiv fördern. Dadurch steigen Wohlbefinden und Leistungsfähigkeit (vgl. Kramer, Sokoll & Bödeker, 2009). Die in diesem Prozess geförderte intellektuelle Flexibilität führt zu sich selbst verstärkenden Prozessen. So werden Berufsbiographien häufiger so angelegt, dass Ressourcen und Stärken positiver genutzt und eingebracht werden können und die gewählten Arbeitsstellen tragen damit zu einer gelingenden Persönlichkeitsentwicklung bei (vgl. Faltermaier et al., 2014).

Partnerschaft und Familiengründung

Mit dem Auszug aus dem Elternhaus wird ein wesentlicher Schritt in der Ablösung von der Herkunftsfamilie getan. Er leitet nicht nur eine räumliche, sondern auch eine psychologische Ablösung ein. Im besten Fall entwickelt sich die Beziehung zu den Eltern von einer komplementären zu einer symmetrischen Beziehung, d. h. auf eine gemeinsame Ebene (vgl. Krampen & Reichle, 2008).

Im frühen Erwachsenenalter werden in der Regel stabilere und längere (Partner-) Beziehungen eingegangen als im Jugendalter. Emotionale Intensität, befriedigende Sexualität und Verbindlichkeit gewinnen einen hohen Stellenwert für die psychische Entwicklung. Das Zusammenleben mit einem/r PartnerIn ist inzwischen auf vielfältige Weise möglich und die Ehe stellt längst nicht mehr die deutlich dominierende Form der Partnerschaft dar. Wie die beruflichen Möglichkeiten, sind auch die Beziehungsformen vielfältig und stellen die jungen Menschen vor die Herausforderung, sich für ihren eigenen Weg zu entscheiden, ohne sich dabei auf normative Vorgaben stützen zu können. So entstehen unterschiedliche Beziehungskonstellationen und Lebensformen und die Beschränkung auf eine Beziehungsform über die Lebensspanne wird seltener. Die Ergebnisse der LifE-Studie (Fend, Berger & Grob, 2009) zeigen, dass das Bildungsniveau die sozialen Lebenswege mitbestimmt. So dauert die Phase von den ersten sexuellen Kontakten in der Jugend bis zur Elternschaft bei Abiturienten und Abiturientinnen ca. 16 Jahre, bei Hauptschülern und Hauptschülerinnen nur ca. 10 Jahre.

»Eine Partnerschaft kann die Weiterentwicklung einer Person vor allem dadurch fördern, dass diese sich mit einer anderen Persönlichkeit, mit deren Erfahrungen, Gewohnheiten, Interessen und Fähigkeiten sehr intensiv auseinander setzt …; das enge Vertrauensverhältnis mit einem anderen Menschen kann zudem eine gute Grundlage dafür sein, sich neuen Anforderungen im Leben zu stellen und Probleme gemeinsam zu bewältigen« (Faltermaier et al., 2014, S. 159).

Die Wahl des Partners bzw. das Kennenlernen wird von mehreren Faktoren beeinflusst; dies sind die Ähnlichkeit bei verschiedenen Aspekten, wie z. B. sozioökonomischer Status, Bildungsstand, demographische Merkmale oder ähnliche Einstellungen, Werte und Interessen, die physische Attraktivität und der erste Eindruck (vgl. Felser, 2007). Die erste Phase der Partnerschaft ist davon geprägt, durch gemeinsame Erfahrungen und eine Intensivierung des Kontakts eine »sichere Basis« (Lewis, 1973) zu schaffen, um darauf aufbauend Verschiedenheiten, Konfliktpotentiale und Abgrenzungen auszuhandeln (vgl. Krampen & Reichle, 2008). Nach einer Phase der Euphorie sinkt die Partnerschaftszufriedenheit in der Regel erst einmal ab. Ob eine Partnerschaft von Dauer ist, ist zwar nur schwer konsistent in Studien abzubilden, deutlich wird aber, dass die Qualität der Partnerschaft hauptsächlich von den dyadischen Kompetenzen der Partner abhängt. Dies sind Problemlösefähigkeiten, Interaktions- und Kommunikationsfertigkeiten und ein angemessener Gefühlsaudruck (vgl. Faltermaier et al., 2014, S. 160). Fröhlich-Gildhoff (2008) fasst darüber hinaus folgende Prädiktoren für eine stabile Partnerschaft zusammen (ebd., S. 263 f.):

- Positive Gefühle (Liebe) (vgl. dazu im Überblick Krampen & Reichle, 2008)
- Die Möglichkeit, eigene Interessen zu verfolgen
- Gemeinsame Interessen und Überzeugungen
- Gelingende Aufgabenverteilung
- Bewahrung der gegenseitigen Attraktivität und gelingende Sexualität

- Aufeinander abgestimmte Bewältigungsstile bei der Auseinandersetzung mit Belastungen

Auch bei der Kinderfrage bzw. Gründung einer Familie bietet sich den jungen Erwachsenen eine Vielfalt von Optionen. Faltermaier und Kollegen (2014) bezeichnen die damit verbundene Entwicklungsaufgabe deshalb nicht als »eigene Kinder haben, sondern Auseinandersetzung mit den verschiedenen Möglichkeiten generativen Verhaltens« (S. 166). Der Kinderwunsch bzw. die Motive für ein Kind werden von der »Value-of-Children-Forschung« (z. B. Grant, 1992) durch folgende Aspekte beeinflusst (vgl. dazu insgesamt Krampen & Reichle, 2008; Faltermaier et al., 2014):

- Extrinsische, instrumentelle Werte (psychologische Nutzenfunktion, Sinngebung, vgl. Beck & Beck-Gernsheim, 1990)
- Intrinsische Werte (z. B. Freude am Zusammenleben mit Kindern)
- Stabile und sichere materielle Situation, Wohnsituation
- Berufliche Ziele
- Qualität der Partnerbeziehung
- Biographische Erfahrungen in der Herkunftsfamilie
- Politische Rahmenbedingungen (Vereinbarkeit von Familie und Beruf, Kinderbetreuungsmöglichkeiten).

Der Übergang zur Elternschaft stellt einen Wendepunkt im Leben eines Paares dar und ist nach dem Modell von Gloger-Tippelt (2007) ein über einjähriger Prozess, der in der Regel in acht Phasen verläuft:

1. Verunsicherung (ca. bis 12.SSW)
2. Anpassung (ca. 13.–20. SSW)
3. Konkretisierung (21.–32. SSW)
4. Antizipation und Vorbereitung auf die Geburt (ca. 33.SSW bis zur Geburt)
5. Geburtsphase
6. Überwältigung und Erschöpfung (bis ca. 8 Wochen nach Geburt)
7. Herausforderung und Umstellung (bis ca. 6. Lebensmonat)
8. Gewöhnung

Die elterlichen Entwicklungsaufgaben betreffen den sicheren Bindungsaufbau zu ihrem Kind, die Vermittlung und Einhaltung von Regeln des Zusammenlebens und die Bereitstellung von Lern- und Entwicklungsgelegenheiten für das Kind (vgl. Schneewind, 2010, S. 132 ff.; ▶ Kap. 3.1).

Die partnerschaftliche Zufriedenheit sinkt in den ersten Monaten der Elternschaft deutlich ab; wie die herausfordernde Lebensumstellung vom Paar zur Familie bewältigt wird, korreliert mit der Partnerzufriedenheit und -kommunikation vor der Geburt, mit den Rahmenbedingungen (wie z. B. Möglichkeiten der Entlastung und sozialen Unterstützung durch das Umfeld sowie materiellen Ressourcen) und dem Vorhandensein oder der Abwesenheit von zusätzlichen belastenden Lebensereignissen (vgl. Überblick Krampen & Reichle, 2008). Darüber hinaus spielt eine wesentliche Rolle für die Partnerschaftszufriedenheit die Rollenverteilung nach der Geburt. Hier ist die Unzufriedenheit der Frauen wesentlich höher als die der Männer, da die häufig wieder eingenommene traditionelle Aufgabenteilung im Widerspruch zu den eigenen Erwartungen und Werten der jungen Frauen steht. Ob weitere Kinder gezeugt werden, wird laut einer Studie von Schneewind und Sierwald (1999) hauptsächlich durch die Beziehungspersönlichkeit des Vaters vorherbestimmt. Wenn dieser beziehungskompetent, einfühlsam und wenig verletzbar ist, fühlen sich junge Mütter sicherer für eine Erweiterung der Familie.

Immer mehr Paare entscheiden sich aber auch für ein Leben ohne Kinder. Neben fehlenden Betreuungsmöglichkeiten und der Erwerbstätigkeitsrate der Frauen kommt es zu wiederholtem Aufschieben des ersten Kindes zugunsten von Ausbildung, Berufseinstieg oder Karriere. Zu dem sich daraus entwickelnden Lebensstil passen keine Kinder mehr oder es ist letztendlich aus biologischen Gründen zu spät für Kinder.

Geschlechtsunterschiede in der Lebensplanung bzw. -gestaltung

In der Lebensplanung und -gestaltung werden deutliche Geschlechtsunterschiede hinsichtlich Beruf und Familie ersichtlich. Obwohl Frauen inzwischen in Bezug auf die Bildungsbeteiligung signifikant bessere Bildungsabschlüsse aufweisen (Statistisches Bundesamt, 2013), besetzen sie deutlich weniger Leitungspositionen, arbeiten häufiger Teilzeit und verdienen weniger.

Das liegt zum einen daran, dass die Berufswahl häufiger auf Berufe fällt, die ein geringeres Einkommen ergeben und weniger Aufstiegsmöglichkeiten bieten. Zum anderen ist das Einkommen stark an die Gründung einer Familie gekoppelt. Auch wenn zu Beginn der Berufskarriere gleiche berufliche Leistungsorientierung und -motivation bestand, so hängt der Selbstwert von Frauen nach einer Familiengründung weniger stark von der beruflichen Kompetenz ab wie bei Männern (vgl. dazu z. B. Sandmeier, 2005). Die durch die Geburt des Kindes bedingte Unterbrechung der Erwerbsarbeit führt darüber hinaus zu diskontinuierlichen Berufsbiographien. Nur ein geringer Teil der Frauen arbeitet nach der Familiengründung Vollzeit, die meisten bleiben länger zu Hause als der Partner. Allerdings steigt bei beiden Geschlechtern der Wunsch, Familie und Beruf miteinander vereinen zu können, auch wenn der Anteil der Männer höher ist bei denjenigen, die ausschließlich berufliche Ziele in ihrem Leben verfolgen möchten (vgl. dazu Hoff & Schraps, 2007). Die Rollenverteilung – die vor der Geburt der Kinder durchaus partnerschaftlich geregelt war – erfolgt nach der Familiengründung häufig nach tradierten Mustern. Diese Muster bestehen nicht nur in der Partnerschaft, sondern auch im beruflichen Umfeld, so dass Frauen im gleichen Berufsfeld wie Männer weniger verdienen und bei Beförderungen weniger berücksichtigt werden. »Junge Erwachsene werden heute also mit einem gesellschaftlichen Widerspruch konfrontiert: Einerseits wird die Berufstätigkeit von Frauen immer selbstverständlicher und die Egalität der Geschlechter propagiert, andererseits werden ungleiche Chancen weiter reproduziert. Damit stehen die individuelle wie die gemeinschaftliche

Lebensplanung und -gestaltung in Paarbeziehungen im Spannungsverhältnis von Egalität und traditioneller Rollenaufteilung« (ebd., S. 200).

Hoff und Kollegen (2005) beschreiben verschiedene Formen der Lebensgestaltung, die wiederum geschlechtliche Unterschiede aufweisen:

- In der Lebensgestaltung der Segmentation werden berufliche und private Ziele voneinander getrennt verfolgt. Dies ist häufiger beim männlichen Geschlecht der Fall.
- Eine integrative Lebensgestaltung wird mehr von Frauen verfolgt. Hier geht es darum, eine Balance zwischen den beiden Lebensbereichen Arbeit und Familie zu finden, was in der Regel zu Beschränkungen in einem oder beiden Bereichen führt.
- Bei der entgrenzten Gestaltung wird nicht mehr zwischen beruflichen und privaten Zielen unterschieden, Arbeit und Freizeit werden nicht mehr getrennt. Dies ist in der Regel nur für Menschen möglich, die keine Kinder haben.

Das Entwicklungserleben im frühen Erwachsenenalter ist gekennzeichnet durch die Bewältigung der Vereinbarkeit von privaten und beruflichen Zielen. »Das Entwicklungserleben bahnt die Entwicklungspfade, die von den jungen Erwachsenen aktiv gestaltet werden. Es ist Ergebnis und Ausgangspunkt für die Bewältigung der sich immer neu stellenden Konflikte zwischen beruflichen und privaten Zielen im Verlauf ihrer persönlichen Entwicklung und variiert je nach individuellen Bewältigungskompetenzen und den jeweiligen Gelegenheitsstrukturen, d.h. der Ressourcen, welche die Realisierung von Entwicklungszielen unterstützen« (Faltermaier et al., 2014, S. 140).

Entwicklungsabschnitte und -themen im mittleren Erwachsenenalter

Während das frühe Erwachsenenalter durch eine Reihe von Entscheidungen, Transitionen und Neubeginnen geprägt ist, ist die Phase des mittleren Erwachsenenalters von »Bewertungen, Rücküberprüfungen und Modifizierungen von Lebenszielen« (Faltermaier et al., 2014, S. 200) gekennzeichnet. Das bedeutet aber nicht, dass diese Lebensphase wenig Herausforderungen bietet. Auch das mittlere Erwachsenenalter enthält eine Reihe von komplexen Anforderungen, die den *familiären Bereich*, wie z.B. Schulabschluss und Auszug der Kinder (»empty nest«) sowie Pflege der Eltern und die *berufliche Ebene* betreffen. Aber auch die Veränderungen der *körperlichen Gesundheit*, wie z.B. die Menopause, spielen eine immer größere Rolle. Staudinger und Bluck (2001) verknüpfen mit dem mittleren Erwachsenenalter eine Balance von Gewinnen und Verlusten. »So gibt es zum einen zahlreiche Herausforderungen in Beruf, Gesellschaft und Familie, die weiteres Wachstum ermöglichen und erfordern, zum anderen wächst die Notwendigkeit, sich mit konkreten Entwicklungsverlusten auseinander zu setzen und diese zu bewältigen« (Lang, Neyer & Asendorp, 2005, S. 392).

In den 1970er und 1980er Jahren wurde aufgrund verschiedener empirischer Arbeiten, z.B. von Gould (1979) und Levinson (1979), angenommen, dass das mittlere Erwachsenenalter insbesondere für Männer eine Phase der Krise beinhaltet (»midlife crisis«). Diese Ergebnisse waren aber nicht haltbar, da sie kohorten-, lebensbereich- und geschlechtsspezifische Forschungsergebnisse darstellen, die nicht universell auf alle Erwachsenen übertragbar sind (vgl. dazu Faltermaier et al., 2014). Wie schon das frühe Erwachsenenalter ist auch der folgende Lebensabschnitt nur individualisiert zu betrachten. Die Befunde der Forschung zu Wohlbefinden und Lebenszufriedenheit (z. B. Mroczek & Kolarz, 1998; Kahnemann, Diener & Schwarz, 1999) haben deutlich gemacht, dass kein linearer Verlauf im Hinblick auf die Lebensspanne festzustellen ist. D. h. das Wohlbefinden wird nicht kontinuierlich besser oder schlechter. Allerdings gibt es Unterschiede je nach Alter, welcher Aspekt von Wohlbefinden betrachtet wird. Affektive Variablen von Wohlbefinden scheinen mit dem Alter abzunehmen, während kognitive Aspekte (also die Lebenszufriedenheit) keine deutlichen Veränderungen mit dem Alter aufweisen (vgl. Diener, Oishi & Lucas, 2003, zitiert in Faltermaier et al., 2014, S. 207). Eine der älteren Studien zu Glück und Lebenszufriedenheit von Lowenthal, Thurner und Chiriboga (1975) kam zu dem Ergebnis, dass zu Beginn des mittleren Erwachsenenalters Glück und Zufriedenheit geringer ausgeprägt sind als im späteren mittleren Erwachsenenalter. Hier werden aber weniger positive Lebensgefühle benannt, sondern negative Lebensgefühle sind nur gering ausgeprägt, wie z. B. Langeweile, Depressivität oder Einsamkeit (vgl. Faltermaier et al., 2014, S. 207).

Die meisten Studien unterstreichen, dass die Entwicklung der Persönlichkeit individuell sehr unterschiedlich verläuft, insgesamt scheint die fortlaufende Identitäts- und Persönlichkeitsentwicklung aber eine Konsolidierung im mittleren Erwachsenenalter zu erfahren (vgl. z. B. Greve, 2005). Die gemachten Lebenserfahrungen haben zu einem relativ stabilen Identitätsstil geführt. Whitbourne (1987) unterscheidet hier akkommodative, assimilative und balancierte Identitätsstile, d. h. entweder passt sich das Individuum an die gegebenen Umstände an oder hält an bisherigen Gegebenheiten fest bzw. verdrängt widersprüchliche Erfahrungen oder bringt beide Stile in Gleichklang.

Berufliche Entwicklung

Die Entwicklungen im Beruf hängen auch im mittleren Erwachsenenalter von verschiedensten Faktoren ab. So spielt es eine große Rolle, welches Arbeitsverhältnis bzw. welche Position bis dahin eingenommen wurde. Sehr viele ältere Studien haben sich hauptsächlich mit Männern aus der Mittelschicht befasst und dadurch das mittlere Erwachsenenalter als Höhepunkt im beruflichen Leben definiert (vgl. z. B. Levinson, 1979). Diese Ergebnisse lassen sich auf heutige Arbeitsverhältnisse nur bedingt übertragen, da – wie schon im frühen Erwachsenenalter deutlich wurde – Berufsbiographien sehr heterogen verlaufen und von Diskontinuität geprägt sind. Arbeitnehmer, die als »Arbeiter« tätig sind, sind darüber hinaus mit der Annahme konfrontiert, dass ältere Arbeiter weniger leisten als jüngere (vgl. Übersicht zur »Defizithypothese« Hoff, 2005). Auch wenn sich diese Einschätzung empirisch nicht halten lässt, ist diese Einstellung doch weit verbreitet und führte zumindest lange Zeit oftmals zur Verjüngung des Personals und einer Bevorteilung von jüngeren

Arbeitnehmern; dieser Trend scheint sich angesichts des Fachkräftemangels zu verändern. Allemand, Lehmann und Martin (2012) zitieren eine Studie von Ng und Feldman (2008) nach der ältere Arbeitnehmer genauso motiviert sind wie jüngere und dass mögliche schlechtere Arbeitsleistungen mit anderen Leistungsdimensionen kompensiert werden, wie z. B. anderen helfen und kooperieren oder organisatorische Regeln und Prozesse beachten. So kann »der berufliche Bereich ... [vor allem in der zweiten Hälfte des] mittleren Erwachsenenalter eine Phase der kritischen Bilanzierung, des Konfrontiertwerdens mit Grenzen, mit Stigmatisierungen und der Auseinandersetzung mit möglichen Abbauprozessen dar[stellen]« (Faltermaier et al., 2014, S. 217). Auf der anderen Seite können Allemand, Lehmann und Martin (2012) nach einer Zusammenfassung der Befunde von Alter und Arbeitszufriedenheit, eine positive Korrelation zugunsten des Alters feststellen. D. h. ältere männliche Arbeitnehmer sind im Durchschnitt zufriedener als jüngere. Ab dem 30. Lebensjahr steigt die Zufriedenheit an, nachdem sie bis dahin kontinuierlich abgenommen hat. Am zufriedensten waren laut der Studie von Eskildsen, Kristensen und Westlund (2004) die Arbeitnehmer im Alter von 60+.

Für viele Frauen bedeutet das mittlere Erwachsenenalter den Wiedereinstieg in den Beruf, falls sie für die Kindererziehung ausgesetzt haben. Dabei stellten Wippermann und Wippermann (2008) hier Unterschiede je nach Bildungsniveau fest. Frauen mit geringeren und mittleren Bildungsabschlüssen nutzen den Wiedereinstieg, um neben der Familie noch eine andere Tätigkeit zu haben und sind hauptsächlich in Teilzeit oder in Minijobs beschäftigt. Frauen mit einem höheren Bildungsniveau haben ihre Berufsrückkehr stärker geplant, wollen sich weiterentwickeln und Familien- und Berufsleben in Einklang bringen (vgl. Faltermaier et al., 2014, S. 219).

Familiäre und soziale Entwicklung

Die familiären Entwicklungen sind geprägt von einem Wandel der Generationenbeziehungen und den verschiedenen Rollen, die der Erwachsene im mittleren Alter erfüllen muss. Begleitung von jugendlichen Kindern und ihren Übergang ins Erwachsenenleben, Großelternschaft sowie die Pflege älterer Angehöriger sind mögliche Themen. Alle diese Themen beinhalten Aspekte des »caring« (Sorge tragen) und kennzeichnen den Schwerpunkt der Beziehungen (vgl. Freund & Baltes, 2005). Lang, Neyer und Asendorp (2005) referieren Literaturbefunde, die Erwachsene im mittleren Alter in einer Sandwichposition sehen, d. h. sich in einer doppelten Verpflichtung in der Erziehung ihrer Kinder und in der Beziehung zu ihren alten Eltern befinden. Darüber hinaus sehen die Autoren in dieser Lebensphase einen Höhepunkt in der Beziehungsgestaltung, da die Beziehungsgefüge besonders komplex sind und dies nicht nur auf der familiären Ebene, sondern auch im beruflichen Leben.

Die Entwicklungen im familiären Bereich sind abhängig von der jeweiligen Lebensform. In traditionellen Familienformen stellt der Auszug der Kinder aus dem Elternhaus eine deutliche Veränderung dar. Inwieweit dies auch als eine Belastung empfunden und ein »empty nest syndrom« (Fahrenberg, 1986) entwickelt wird oder ob es als positives Lebensereignis bewertet wird, ist von Variablen auf der Kind- und Elternebene abhängig. Auf der Elternseite spielt die Qualität der Partnerbeziehung eine Rolle, die allgemeine Lebenszufriedenheit, die Gesundheit und auch die Einstellungen bzw. Erwartungen zur gegenwärtigen und zukünftigen Lebensspanne. Auf der Ebene der Kinder beeinflussen Variablen, wie z.B. Selbständigkeit und mit welchen Emotionen der Auszug verbunden ist (vgl. dazu Faltermaier et al., 2014, S. 212). Nach Schneewind und Grandegger (2005) ist mit dem Auszug der Kinder eine Neudefinition des eigenen Lebenskonzeptes, ein Neuaushandeln des Partnersystems und auch der Aufbau neuer Beziehungsformen in Erwachsenenqualität zu den eigenen Kindern verbunden.

Entwicklungen im Bereich der Partnerbeziehung sind im mittleren Erwachsenenalter hauptsächlich in Bezug auf langjährige Ehen erforscht. Die Befundlage zur ehelichen Zufriedenheit ist sehr heterogen und kann keine allgemeinen Aussagen über den Verlauf bieten. Es lassen sich aber Aussagen über Einflussfaktoren treffen. So korreliert die Qualität der Partnerbeziehung mit der ehelichen Zufriedenheit. Langjährige Ehen sind gekennzeichnet durch gegenseitige Wertschätzung, gemeinsame Aktivitäten, gemeinsame Ziele und Werte sowie eine ausgeglichene Rollenverteilung (vgl. Rohr & Lang, 2012). Ein maßgeblicher Einflussfaktor ist ein angemessener Umgang mit Konflikten. Frauen sind in der Regel unzufriedener mit der Ehe als Männer (vgl. z.B. Ergebnisse der ILSE-Studie, Martin et al., 2000).

Weitere Veränderungen im familiären Bereich können durch die Pflege eines älteren Familienmitglieds entstehen. Dies übernehmen in den meisten Fällen Frauen im mittleren Erwachsenenalter. Damit gekoppelt ist eine Reihe von Belastungen (zum Überblick Faltermaier et al., 2014), deren Bewältigung wiederum stark von materiellen, sozialen und psychischen Ressourcen der jeweiligen Familie sowie von den sozialpolitischen Rahmenbedingungen abhängt. Schneewind und Grandegger (2005) sehen hier die Aufgabe der Erwachsenen im mittleren Alter vor allem darin, »emotionale Autonomie gegenüber ihren alten Eltern [zu entwickeln] bei gleichzeitiger Beibehaltung von Verbundenheit, der Akzeptanz von elterlichen Defiziten sowie der Kontrolle von unangemessenen Schuldgefühlen« (ebd., S. 482f.).

Das Großeltern-Werden kann eine weitere Veränderung im mittleren Erwachsenenalter darstellen. Die Ausgestaltung dieser Rolle bestimmt die familiäre Veränderung mit, d.h. je stärker die Großeltern in die Betreuung usw. miteingebunden sind, desto mehr verändert sich der bisherige Alltag. Ob die Beziehung zu den Enkeln positiv gestaltet wird, hängt stark mit der Eltern-Großeltern-Beziehung zusammen. Ist die Beziehung zu den eigenen Kindern gut, so ist sie dies in der Regel auch zu den Enkeln (vgl. dazu im Überblick Schneewind & Grandegger, 2005).

Gesundheitliche Entwicklung

Das mittlere Erwachsenenalter ist per se nicht mit besonderen gesundheitlichen Risiken verbunden, aber die Sensibilität für das Thema Gesundheit steigt mit dem Lebensalter an. Dies hängt u.a. damit zusammen, dass körperliche Grenzen präsenter werden. Dies scheint aber nur geringe Auswirkungen auf die Bereitschaft zur gesundheitlichen Vorsorge bzw. Früherkennung zu haben. So nehmen nur 18% der Menschen in dieser Altersphase an Früherkennungsuntersuchungen teil (vgl. Bundesministerium für Gesundheit, 2006). Frauen erleben durch eine hormonelle Veränderung ihres Körpers, der Menopause, eine deutliche körperliche Umstellung. Diese führt aber nicht zwangsläufig zu einer Krise oder zu Belastungen, sondern kann bei bewusstem Umgang auch zu einer Entlastung führen (vgl. dazu Faltermaier et al., 2014).

3.4.2 Resilienz im Erwachsenenalter

Die Resilienzforschung hat sich lange Zeit zum größten Teil mit Schutzfaktoren und protektiven Prozessen bei Kindern und Jugendlichen beschäftigt. Der Fokus auf die Erwachsenen und damit auf die gesamte Lebenszeit entstand erst allmählich zum einen durch die in Kapitel 1 (▶ Kap. 1) erwähnten Langzeitstudien, zum anderen durch die Etablierung einer Entwicklungspsychologie der Lebensspanne.

Viele der Schutzfaktoren, die sich für das Kindes- und Jugendalter als besonders wirksam herausgestellt haben, gelten auch für das Erwachsenenalter. Darüber hinaus bilden in der Kindheit und Jugend entwickelte Schutz- und Resilienzfaktoren eine Basis für die Resilienzentwicklung im Erwachsenenalter. Masten und O'Dougherty Wright (2010) beschreiben sechs Faktoren, die eine bedeutende Rolle in Bezug auf die Resilienzentwicklung über die Lebensspanne spielen (vgl. ebd., S. 223 ff.):

1. *Beziehung*
   Wie schon im ersten Kapitel deutlich wurde, ist eine warme, emotionale Beziehung zu mindestens einer Bezugsperson der Schutzfaktor, der am konsistentesten in allen Studien nachgewiesen wurde. Die Befunde weisen eindeutig darauf hin, dass dies nicht nur im Kindesalter eine große Rolle spielt, sondern ebenso für das Erwachsenenalter bedeutsam ist. Außerdem zeigt sich hier der oben beschriebene Schneeballeffekt: Das Vorhandensein von protektiven Beziehungen im Kindes- und Jugendalter ist ein stabiler Prädiktor für stabile soziale Beziehungen im Erwachsenenalter (vgl. z. B. Collishaw et al., 2007).
2. *Die Motivation im Sinne der Zielerreichung zu handeln (»agency and mastery motivation system«)*
   Die Fähigkeit, sich zu motivieren, bestimmt den Grad der Zielerreichung wesentlich mit und ist eng verknüpft mit dem Selbstwirksamkeitserleben. Für als schwierig beschriebene Jugendliche, die sich zu resilienten Erwachsenen entwickelten, erwies sich die Motivation, etwas in ihrem Leben zu verändern und Ziele zu entwickeln, als Wendepunkt (vgl. Masten, Obradovic & Burt, 2006).
3. *Intelligenz oder Problemelösefähigkeiten*
   Mit diesem Faktor ist keine außergewöhnliche Intelligenz gemeint, sondern er beinhaltet die Aspekte Reflexionsfähigkeit, Planungskompetenz, strategisches Denken, sich einem höheren Ziel unterordnen bzw. daraufhin arbeiten zu können und auch Belohnung aufschieben zu können. Intelligenz scheint aber nicht für alle Belastungssituationen hilfreich zu sein, insbesondere nicht bei

Traumata, da mit hoher Intelligenz auch eine höhere Sensibilität einherzugehen scheint.
4. *Selbstregulationsfähigkeiten*
Masten und O'Dougherty Wright (2010) weisen darauf hin, dass im Übergang zum Erwachsenenalter durch die weitere Gehirnentwicklung Entwicklungsfenster entstehen, in denen sich die Förderung von Selbstregulationsfähigkeiten als besonders wirksam erweist.
5. *Sinn, Hoffnung und Glaube*
Der Glaube und die Hoffnung an einen Sinn des Lebens sind Faktoren, die eine stärkere Bedeutung für Erwachsene haben als für Kinder und Jugendliche. Das hängt z. T. auch damit zusammen, dass damit eine hohe reflexive Komponente verbunden ist.
6. *Kulturelle Traditionen und Religion*
Die protektive Wirkung von kulturellen Traditionen und Religionen liegt in der Bereitstellung von Ritualen und Strukturen zum Umgang mit verschiedenen Situationen, wie z. B. Sterberituale, Gebete oder Meditationen. Letzteren wird die Unterstützung selbstregulativer Fähigkeiten zugeschrieben, die Verbundenheit mit Gott oder anderen spirituellen Figuren kann ein Gefühl der Sicherheit erzeugen (vgl. Crawford, Wright & Masten, 2006).

Bengel und Lyssenko (2012) filtern nach einer umfassenden Literaturrecherche elf Faktoren heraus, die sich als schützend im Erwachsenenalter gezeigt haben:

1. *Positive Emotionen*
Die Fähigkeit, positive und negative Emotionen gleichzeitig erleben zu können, d. h. sich auch während einer schwierigen Lebenslage über etwas freuen zu können, unterstützt die Bewältigung von Belastungen (vgl. dazu z. B. Davis, Zautra & Smith, 2004). Positive Emotionen beeinflussen physiologische Erregungsparameter und ermöglichen die Freisetzung von Ressourcen und die Erweiterung von kognitiver Kapazität, wie Kreativität, Flexibilität und Problemlösestrategien (Frederickson, Tugade, Waugh & Larkin, 2003).
2. *Optimismus*
Eine konzeptionelle Überschneidung von positiven Emotionen findet sich mit dem Konzept des Optimismus. Verknüpft mit dieser Einstellung ist die Fähigkeit zu aktivem Bewältigungsverhalten.
3. *Hoffnung*
»Die Befunde empirischer Studien weisen konsistent darauf hin, dass mit Hoffnung … eine bessere Krankheitsbewältigung, adaptivere Bewältigungsstrategien, weniger psychopathologische Symptomatik und eine höhere Lebenszufriedenheit bei körperlichen Erkrankungen und chronischen Stressoren einhergehen« (Bengel & Lyssenko, 2012, S. 53). Die gemessene Hoffnung nach dem Modell von Snyder (2002) beinhaltet aber hauptsächlich die Fähigkeit, Ziele zu definieren und aktiv zu verfolgen. Hoffnung als positive Erwartung wird nicht in diesen Zusammenhang gesetzt. Es bleibt deshalb zu diskutieren, ob der Begriff Hoffnung an dieser Stelle richtig gewählt ist (vgl. Bengel & Lyssenko, 2012, S. 53).

4. *Selbstwirksamkeitserwartung*
   Wie die Forschungsbefunde zu bedeutsamen Schutzfaktoren für Kinder und Jugendliche, nimmt die Selbstwirksamkeit auch in der Resilienzforschung der Erwachsenen eine herausgehobene Stellung ein. Es ist der Resilienzfaktor, der am konsistentesten in den Studien nachgewiesen wird – und das in unterschiedlichen Kontexten und Kulturen. »Eine hohe Selbstwirksamkeit motiviert, im Sinne aktiver und problemorientierter Bewältigungsstrategien zu handeln, bei Rückschlägen nicht aufzugeben und die eigenen Bewältigungsmechanismen positiv zu bewerten (ebd., S. 58).
5. *Selbstwertgefühl*
   Ein positives Selbstwertgefühl als Schutzfaktor für belastende Ereignisse ist nicht eindeutig nachweisbar. Es wird eher erkennbar, dass ein niedriges Selbstwertgefühl sich negativ auf das Bewältigungsverhalten auswirkt. Positive Wirkweisen lassen sich aber für eine unrealistisch erhöhte Selbstwahrnehmung erkennen. Diese unterstützt den Schutz des bedrohten Selbstbildes aufgrund belastender Ereignisse und trägt dazu bei, dass der Selbstwirksamkeitsglaube nicht verloren geht (vgl. dazu Mancini & Bonanno, 2010).
6. *Kontrollüberzeugung*
   Auch Kontrollüberzeugungen sind nicht eindeutig als Schutzfaktor belegt. Die Schwierigkeit liegt insbesondere darin, dass die Vergleichbarkeit der Studien durch eine unterschiedliche Konzeptualisierung nicht gegeben ist.
7. *Kohärenzgefühl*
   Ob das Kohärenzgefühl nach Antonovsky (1997) als eigenständiger Schutzfaktor gewertet werden kann, wird weiterhin diskutiert und kann nicht abschließend beantwortet werden. Zumindest zeigen aber eine Reihe von Querschnittsstudien (siehe Überblick bei Bengel & Lyssenko, 2012), dass es deutliche Zusammenhänge mit Indikatoren der psychischen Gesundheit gibt und insbesondere bei chronischen Stressoren und weniger schwerwiegenden Situationen ein hohes Kohärenzgefühl eine schützende Wirkung entfaltet.
8. *Hardiness*
   Das Konstrukt Hardiness (Maddi, 2002), bestehend aus Engagement, Kontrolle und Herausforderung, zeigt eine schützende Wirkung insbesondere bei schwerwiegenden Ereignissen.
9. *Religiosität und Spiritualität*
   Religiosität ist eng verbunden mit anderen Faktoren, wie z. B. der sozialen Unterstützung, so dass nicht immer die differentielle Wirkung belegt werden kann. Die Unterteilung in positive und negative religiöse Copingstile verdeutlicht die schützende Wirkung von positivem Coping in Bezug auf lebensbedrohliche Situationen.
10. *Coping*
    In mehreren Studien wurde das Vorhandensein von konstruktiven Copingstrategien als effektiv für die Resilienzentwicklung beschrieben (vgl. dazu im Überblick Bengel & Lyssenko, 2012, S. 78 ff.). Dabei wurde deutlich, dass sowohl aktive/sich auseinandersetzende als auch defensive/vermeidende Bewältigungsstrategien sich positiv auswirken können, je nachdem welche Belastung vorliegt. So hat sich in der Trauer- und Traumaforschung (vgl. z. B. Bonanno &

Field, 2001) gezeigt, dass ein unbewusst repressives Coping (Vermeidung/Verdrängung von bedrohlichen Erinnerungen) insbesondere dann mit einer besseren psychischen Anpassung korrelierte, wenn Ereignisse das eigene Selbstkonzept bedrohten.
11. *Soziale Unterstützung*
    Das Vorhandensein von sozialen Netzwerken ist ein sehr gut empirisch abgesicherter Schutzfaktor, der sich sowohl auf emotionaler und kognitiver als auch auf körperlicher Ebene positiv auswirkt.

Insgesamt referieren die genannten Autoren einige Konzepte, die enge Überschneidungen aufweisen, wie z. B. positive Emotionen mit Optimismus und Hoffnung. Darüber hinaus werden Faktoren aufgelistet, die von anderen Resilienzforschern und -forscherinnen nicht als Schutzfaktoren, sondern als verwandte Konstrukte benannt werden, wie z. B. Hardiness und Coping (vgl. Luthar, 2006). Möglicherweise kommt es hier zu einer Vermischung verschiedener Konzepte, was ein generelles Problem der Resilienzforschung ist – wie auch schon die Diskussion um die Resilienzdefinition (▶ Kap. 1) deutlich macht. Das unterstreicht die häufig auch inkonsistente Befundlage zu einigen Faktoren, wie das Kohärenzgefühl oder Kontrollüberzeugungen.

Faltermaier und Kollegen (2014) haben die – potentiellen – psychischen Stärken von jungen Erwachsenen nach einer Aufstellung von Bocknek (1986) zusammengefasst:

- Junge Erwachsene haben …
    a. … »ein Gefühl der eigenen Stärke und Fähigkeiten« durch körperliches Wohlbefinden und neue befriedigende Erfahrungen
    b. …einen erweiterten Erfahrungshorizont, ein »Welt-Bewusstsein«
    c. … eine aktivistische Orientierung, um ihre Ziele zu verwirklichen, das Handeln erfolgt stärker geplant und kontrolliert als in der Adoleszenz
    d. …eine neue Perspektive auf die eigene Person. Die Wahrnehmung einzelner Schwächen führt nicht mehr zu einer Infragestellung der gesamten Persönlichkeit
    e. … »ein großes Reservoir an Selbstvertrauen« und erleben sich selbstwirksam
    f. … »einen kompromisslosen Idealismus« (ebd., S. 118 ff.).

Die LifE-Studie (vgl. Fend, Berger & Grob, 2009), die 1527 Menschen bis zum 35. Lebensjahr begleitete, beschäftigte sich mit Aspekten der Lebensbewältigung, die sich bis in das frühe Erwachsenenalter auswirken. Die Ergebnisse ergeben ein klares Bild insbesondere bei jungen Frauen in Bezug auf die Auswirkungen der psychischen Stärke im Jugendalter. Psychische Stärke wird in der Studie definiert als positives Zusammenspiel von Selbstakzeptanz, Selbstwirksamkeit, Erfolgsorientierung, Depressionsresistenz und Zufriedenheit mit den Kernbereichen des Lebens wie Beruf, soziale Einbettung, Gesundheit und Freizeit. Je höher die psychische Stärke in der Adoleszenz war, desto eher gelang die Lebensbewältigung im frühen Erwachsenenalter. Für beide Geschlechter wirkten sich frühe Freundschaften und soziale Beziehungen zu Gleichaltrigen positiv auf die Lebensbewältigung im Erwachsenenalter aus. Junge Männer profitierten besonders von einer Partnerschaft. Hier ergaben sich reziproke Zusammenhänge zur psychischen Stärke und Zufriedenheit (vgl. ebd.).

Die Bewältigungsperspektive wird in der Entwicklungspsychologie des Erwachsenenalters anhand von nicht-normativen Ereignissen, also Krisen verdeutlicht:

Arbeitslosigkeit und Arbeitsbelastungen

Erwerbslosigkeit, vor allem wenn diese über längere Zeit hinweg andauert, stellt eine starke Belastung für die Persönlichkeitsentwicklung dar. Wie und ob diese Belastung bewältigt werden kann, wird von unterschiedlichen Parametern in der Lebenssituation beeinflusst, z.B. Vorhandensein einer Partnerschaft, finanzielle Rahmenbedingungen usw. Ein hohes Selbstvertrauen und eine hohe Kontrollerwartung unterstützen den Bewältigungsverlauf (vgl. Faltermaier et al., 2014).

Allemand, Lehmann und Martin (2012) referieren Studienergebnisse von Bono und Judge (2003): Allgemeiner Selbstwert, generalisierte Selbstwirksamkeit, emotionale Stabilität und interne Kontrollüberzeugung (zusammengefasst als »Core Self Evaluations«) führen zu höherer Arbeitszufriedenheit und höherer Leistung. Menschen mit diesen positiven Selbstbewertungen entwickelten bessere Problemlösestrategien und gingen effektiver mit Arbeitsbelastungen und -schwierigkeiten um.

Verlust und Trauer

Die Forschergruppe um Bonanno (2002) hat sich intensiv mit der Verbindung von Trauer und Resilienz beschäftigt. Durch ihre verschiedensten Studien kommen sie zu dem Schluss, dass Trauer als Wachstumsprozess Ausdruck einer »natürlichen Resilienz« ist. Die überwiegende Anzahl von Menschen, die einen Verlust erfahren hat, bewältigt diese Erfahrung ohne nachhaltige Auswirkungen. In einer prospektiven Langzeitstudie mit 205 Witwen und Witwern zeigten ca. 25% chronische Trauerreaktionen, die anderen wiesen nur kurzzeitig geringe Trauersymptome auf, 46% zeigten zu allen Messzeitpunkten (vor dem Verlust, 6 und 18 Monate nach dem Verlust) niedrige Depressionswerte. Die emotionale Stabilität war bei der resilienten Gruppe vor dem Verlust am höchsten (vgl. Zusammenfassung von Pinquart, 2012b). Diese Ergebnisse werden von der Langzeitstudie von Ott und Kollegen (2007) bestätigt. Die Mehrzahl von ihren Probanden zeigen keine oder nur kurzfristige Trauerreaktionen. Dies ist kein Anzeichen von Verdrängung – wie viele Therapierichtungen angenommen haben –, sondern ein Zeichen von Gesundheit. Die in der bisherigen Trauerforschung angenommene fehlende Trauerreaktion führte nicht zu Spätfolgen oder verspäteter Trauer (Bonanno & Field, 2001). Das bestätigte Bonannos Annahme, dass eine phasentypische Trauerarbeit nicht den natürlichen Trauerprozessen entspricht. Er konstatiert deshalb, dass viele Witwen und Witwer keine therapeutischen Angebote brauchen und die Trauerberatung in den meisten Fällen nicht notwendig ist (vgl. Bonanno, 2009). Er kritisiert deutlich sogenannte »Debriefings«, die nach traumatischen Erlebnissen eingesetzt wurden und konnte nachweisen, dass sich diese vermeintliche Hilfemaßnahme sogar eher verschlimmernd auf die traumatisierten Menschen auswirkte. Seine Studien und die von Stroebe und Stroebe (1991) führten dazu, dass von diesen Maßnahmen seitens der WHO und der APA (American Psychological Association) abgeraten wird (vgl. Petzold, 2012). Petzold (2012) schließt aus diesen Ergebnissen, trauernde Menschen »in allgemeiner Weise zu entlasten und Erholungsverhalten zu unterstützen« (ebd., S. 231) und erst dann eine Therapie anzuraten, wenn eine komplizierte Trauer eindeutig diagnostiziert wird.

Mancini und Bonanno (2010) erkennen mehrere Faktoren, die eine resiliente Entwicklung in Trauerprozessen unterstützen: flexibler Umgang mit Gefühlen, repressives Coping (Verharmlosung/Verdrängung), Selbstüberhöhung, eine positive Weltsicht und positive Emotionen. Diese Aspekte finden sich in der oben dargestellten Metaanalyse von Bengel und Lyssenko (2012) wieder.

Trennung und Scheidung

Die Bewältigung einer Trennung und Scheidung wird durch ein hohes Selbstvertrauen, ein positives Selbstkonzept sowie eine wenig konservative Einstellung zu Partnerschaft positiv beeinflusst. Darüber hinaus ist die soziale Unterstützung durch Freunde und Bekannte ein wesentlicher Schutzfaktor, um den Verlust der Partnerschaft zu bewältigen (vgl. Schwarz, 2007).

Zusammenfassung

Die referierten Befunde zur Resilienz im Erwachsenenalter lassen sich sowohl auf der individuellen als auch der überindividuellen Ebene zusammenfassen:

1. Unterstützungsfaktoren auf der individuellen Ebene
   - Selbstwirksamkeitserwartung
   - Positive Emotionen
   - Flexibler Umgang mit Gefühlen
   - Flexible Zielanpassung
   - Problemlösefähigkeiten
   - Adaptive Bewältigungsstrategien
   - Ein positiver Selbstwert
2. Unterstützungsfaktoren auf der überindividuellen Ebene
   - Ein unterstützendes soziales Netzwerk
   - Eine Partnerschaft mit einer guten Beziehungsqualität
   - Organisierte soziale Netzwerke

Diese Faktoren liefern wichtige Ansatzpunkte für eine wirksame Resilienzförderung im Erwachsenenalter.

3.4.3 Förderung der Resilienz im Erwachsenenalter

Maßnahmen zur Förderung der Resilienz im Erwachsenenalter haben vor allem in Europa noch keine lange Tradition. In den USA ist dagegen in den letzten zehn Jahren ein deutlicher Zuwachs an Interventionen in unterschiedlichster Form zu beobachten, die eine Förderung der Resilienz zum Ziel haben. Bengel und Lyssenko (2012) differenzieren vier Ansatzformen der Resilienzförderung im Erwachsenenalter:

1. Informationsbasierte massenmediale Ansätze zur Förderung des öffentlichen Bewusstseins
2. Universelle Präventionsprogramme
3. Selektive Programme, die entweder mit Zielgruppen arbeiten, bei denen bereits eine Belastung vorliegt, oder durch einen spezifischen Aufbau von Schutzfaktoren im Sinne primärer Prävention erfolgen
4. Mehrebenenprogramme (vgl. ebd., S. 93 f.)

In Deutschland existieren vor allem Programme, die die Bewältigung von Entwicklungsaufgaben im Erwachsenenalter (wie z. B. Aufbau einer Partnerschaft, Eltern werden usw.) und die Bewältigung möglicher nichtnormativer Ereignisse in dieser Altersgruppe (wie z. B. Trennung/Scheidung, Arbeitslosigkeit, Krankheit) fokussieren. Diese Programme werden nicht explizit als Resilienzförderprogramme bezeichnet, sie enthalten aber häufig eine Stärkung der Schutzfaktoren und unterstützen dadurch eine resiliente Entwicklung. Bengel und Lyssenko (2012) geben zu bedenken, dass »die Abgrenzung von sogenannten Resilienzprogrammen und anderen Präventionsprogrammen, die die Stärkung von Schutzfaktoren zum Ziel haben, inhaltlich kaum möglich ist« (ebd., S. 97). Eine Reihe von Programmen ist sekundärpräventiv ausgerichtet, da Erwachsene sehr viel schlechter präventiv erreichbar sind als Kinder (vgl. dazu Krampen, 2003). Das liegt zum einen daran, dass »natürliche Interventionsorte« (Bengel & Lyssenko, 2012, S. 95), wie bei Kindern die Kindertageseinrichtung oder Schule, nicht vorhanden sind. Zum anderen sind die meisten Erwachsenen erst dann motiviert, wenn ein Leidensdruck vorhanden ist.

1. Resilienzförderung durch Hilfe zur Selbsthilfe

Eine Möglichkeit, Resilienz der Allgemeinbevölkerung näher zu bringen, entstand nach den Anschlägen vom 11. September 2001. Die »American Psychological Association« (APA) entwickelte die Kampagne »The road to resilience«, die mit Hilfe einer Internetseite, Broschüren und einer Fernsehdokumentation der amerikanischen Bevölkerung eine Hilfe zur Selbsthilfe bieten wollte. Es wurden zehn protektive Faktoren vorgestellt und Anregungen gegeben, sich an diesen Faktoren zu orientieren. Desweiteren wurden zielgruppenspezifische Materialien, z. B. für Eltern oder Lehrer/Lehrerinnen, entwickelt (vgl. Newman, 2003, 2005).

In der populärwissenschaftlichen Literatur werden inzwischen immer mehr Bücher veröffentlicht, die Erwachsene durch Selbsthilfe zu einer Förderung der eigenen Resilienz verhelfen sollen. Auf der einen Seite verbreitet sich das Konzept der Resilienz dadurch in der Allgemeinbevölkerung, auf der anderen Seite wird der Begriff teilweise unreflektiert auf alle Lebenssituationen angewendet und es besteht die Gefahr der Verwässerung und Beliebigkeit. Darüber hinaus entsteht der Eindruck, jeder ist für seine eigene Resilienz selbst verantwortlich und negative Einflussfaktoren werden bagatellisiert.

2. **Resilienzförderung durch Unterstützung bei der Bewältigung von Entwicklungsaufgaben**

Das Konzept der Entwicklungsaufgaben ist eng verknüpft mit dem Kompetenzgedanken, der in der Resilienzliteratur leitend ist. Mit Kompetenz beschreiben Masten und O'Dougherty Wright (2010) eine Funktionsfähigkeit in Abhängigkeit von Erwartungen und Verhaltensnormen der jeweiligen Kultur bzw. des Kontextes. Diese Erwartungen werden oft mit Entwicklungsaufgaben gleichgesetzt und viele Resilienzstudien legen solche externalen Kriterien zugrunde, um die Resilienzentwicklung zu messen. Dieses Konzept der Kompetenzentwicklung beschreibt einen Schneeballeffekt, d.h. positive Entwicklungen in jungen Jahren haben mit großer Wahrscheinlichkeit positive Effekte im Erwachsenenalter zur Folge. Außerdem können Streueffekte festgestellt werden, so führen positive Entwicklungen in einem Bereich zu weiteren Kompetenzen in anderen Bereichen (vgl. ebd., S. 219).

Aus diesem Grund ist es sinnvoll, die Entwicklungsthemen, die sich bei Gelingen positiv auf die Entwicklung der Resilienz auswirken, zu unterstützen. Außerdem können gleichzeitig damit verbundene mögliche Belastungen verhindert werden, wie z.B. durch die Verbesserung der Kommunikationsfähigkeit von Paaren, Verhinderung einer Trennung bzw. Scheidung. Mit diesen Programmen ist nicht immer explizit eine Resilienzförderung verbunden, aber sie enthalten alle eine Förderung von personalen Schutzfaktoren, wie z.B. Problemlösefähigkeiten oder Selbstwirksamkeit, so dass im weiteren Sinne von einer Resilienzförderung gesprochen werden kann. Im Folgenden werden exemplarisch Programme für einzelne Bereiche vorgestellt, es wird kein Anspruch auf Vollständigkeit erhoben.

Programme zur Prävention von Paar- bzw. Eheproblemen

Programme, die auf die Ehe bzw. Partnerschaft vorbereiten, um Eheproblemen präventiv vorzubeugen, haben vor allem den Aufbau von Kommunikations- und Problemlösefähigkeiten zum Ziel sowie die Entwicklung realistischer Erwartungen an die Partnerschaft und wechselseitiges Verständnis.

Pinquart (2012a) zitiert eine Metastudie von 117 Evaluationsstudien zu psychoedukativen Programmen mit Paaren, die im Durchschnitt geringe positive Effektstärken auf die Beziehungsqualität (d = .25) und Kommunikationsfertigkeiten (d = .32) aufwiesen (vgl. Hawkins, Blanchard, Baldwin & Fawcett, 2008).

Ein weit verbreitetes Programm, das auch im Rahmen von kirchlichen Ehevorbereitungskursen eingesetzt wird, wurde von Thurmaier, Engl und Hahlweg (1999) entwickelt: »Ehevorbereitung: ein partnerschaftliches Lernprogramm«. In sechs

Modulen werden in Kleingruppen durch Diskussionen und Rollenspiele Kommunikationsregeln, angemessenes Verbalisieren von Gefühlen und Problemlösefähigkeiten vermittelt sowie Erwartungen an die Partnerschaft und Sexualität thematisiert. Eine Evaluationsstudie unter Einbezug von Kontrollgruppen ergab eine Verbesserung in der Interventionsgruppe hinsichtlich des Interaktionsverhaltens mit bedeutsamen Effektstärken. Dieses Verhalten zeigte sich auch noch nach einer fünfjährigen Post-Erhebung. Darüber hinaus konnte eine signifikant niedrigere Scheidungsrate beobachtet werden (vgl. dazu Pinquart, 2012a).

Ein universelles Stressbewältigungsprogramm für Paare (»Freiburger Stressbewältigungstraining«, Bodenmann, 2000) möchte ebenfalls in sechs Modulen zum einen Wissen über Stress und Stressbewältigung vermitteln und den individuellen Umgang mit Stress unterstützen. Zum anderen wird die partnerschaftliche Stressbewältigung thematisiert und wie sie sich verbessern lässt. Dazu gehört wie im oben beschriebenen Programm die Verbesserung von Kommunikationsstrategien und Problemlösefähigkeiten. Schwache bis mäßige Effekte in Bezug auf die Partnerschaftsqualität und das Bewältigungsverhalten konnten auch noch nach zwei Jahren nach Kursende nachgewiesen werden.

Programme zur Vorbereitung auf die Elternschaft

Wie oben in der Beschreibung der Entwicklungsthemen ersichtlich wurde, sind die ersten Monate nach der Geburt eines Kindes sehr stressbelastet und die Partnerschaftszufriedenheit sinkt deutlich ab. Ziele von Programmen zur Vorbereitung auf die Elternschaft sind deshalb, positives Elternverhalten und die Funktionsfähigkeit des Paares zu erhöhen (vgl. Pinquart, 2012a). Beispiele für solche Programme zur Elternschaft finden sich in Kapitel 3.1.3 (▶ Kap. 3.1.3), Programme zur Verbesserung der Paarzufriedenheit wurden oben beschrieben. Pinquart und Teubert (2010a, b) konnten in einer Metaanalyse zu Interventionsstudien mit werdenden und neuen Eltern im Durchschnitt schwache signifikante Effekte auf die Partnerschaftszufriedenheit, Partnerschaftsstabilität, Elternverhalten und die Entwicklung der Kinder nachweisen. Die Effekte sind aber sehr spezifisch, so erzeugen Programme, die sich hauptsächlich auf die Partnerschaftsqualität beziehen, keine positiven Effekte auf das Elternverhalten und reziprok haben Interventionen zur Verbesserung des Elternverhaltens keine positiven Auswirkungen auf die Qualität der Partnerschaftsbeziehung (vgl. Pinquart, 2012a).

Programme zur Resilienzförderung am Arbeitsplatz

Die Verbesserung der Arbeitszufriedenheit und die Reduzierung von Stress und stressbedingten Erkrankungen stehen im Fokus von Programmen zur Resilienzförderung von Arbeitnehmern/Arbeitnehmerinnen und Studenten/Studentinnen. Im angloamerikanischen Bereich sind derartige Interventionen gut etabliert.

Ein in Australien entwickeltes Programm zur Resilienzförderung am Arbeitsplatz wurde von Burton, Pakenham und Brown (2009) entwickelt: »Resilience and activity for every day« (READY). In zehn Gruppenstunden werden positive Emotionen, kognitive Flexibilität, soziale Unterstützung, Lebenssinn und aktive Bewältigungsstrategien unterstützt. Darüber hinaus enthält das Programm Elemente um die körperliche Aktivität anzuregen. Neben den Gruppenstunden erhalten die Teilnehmer und Teilnehmerinnen ein Arbeitsbuch mit einer CD, um Übungen und strukturierte Reflexionen selbst durchzuführen (vgl. Bengel & Lyssenko, 2012, S. 96). Weitere Beispiele für Programme am Arbeitsplatz sind »Promoting adult resilience« (PAR; Liossis, Shochet, Millear & Biggs, 2009) und »Personal resilience and resilient relationships« (PRRR; Richardson & Waite, 2002), die ähnlich strukturiert sind wie das australische Programm. Die beiden letztgenannten Programme fokussieren darüber hinaus den Aufbau von unterstützenden Beziehungen. Alle Programme wurden evaluiert und weisen positive Ergebnisse auf (vgl. Bengel & Lyssenko, 2012).

Darüber hinaus interessieren sich immer mehr Unternehmen für resilienzförderliche Maßnahmen für die Gesamtorganisation. Diese Mehrebenenprogramme umfassen Weiterbildungen für die/den einzelne/n Mitarbeiter/in zur Verbesserung von Schutzfaktoren, Führungskräfteschulungen sowie Elemente zur Förderung der Teamresilienz. Außerdem werden Rahmenbedingungen verbessert, wie z. B. Arbeitszeitregelungen. Ein beispielhafter Zusammenschluss von 23 großen Unternehmen aus 11 Ländern ist das »Enterprise for health Netzwerk« (http://www.enterprise-for-health.org). Dieses Netzwerk hat das Ziel, die Gesundheitsförderung ihrer Unternehmen voranzutreiben.

Morciszek (2019) realisiert ein Konzept zur Förderung der Resilienz für Mitarbeiter, Fach- und Führungskräfte aus unterschiedlichen Berufsgruppen. Dieses setzt – biografisch orientiert – an individuellen Schutzfaktoren an, versucht diese zu fokussieren – und nimmt sich dabei auch realer Belastungen durch z. B. erhöhten Arbeitsdruck an.

Für einzelne Berufe gibt es ebenfalls Initiativen unter dem Label der Gesundheitsförderung, um zum einen personale Kompetenzen zu stärken, zum anderen strukturell die Arbeitssituation zu verbessern. So wurden z. B. vom Kultusministerium Baden-Württemberg Maßnahmen zum Gesundheitsmanagement für Lehrer und Lehrerinnen entwickelt. Eine der möglichen Schulungen umfasst ein »Resilienzcoaching« (Ministerium für Kultus, Jugend und Sport, 2014). Diese Ansätze sind zwar generell als positiv zu bewerten, da sie die Gesundheit der Fachkräfte berücksichtigen. Es besteht aber auch immer die Gefahr, dass die Programme dafür genutzt werden, die Menschen für immer mehr Stress und unzureichende Arbeitsbedingungen »fit« zu machen.

3. Resilienzförderung bei Belastungen

Ein weiterer Ansatz zur Resilienzförderung bei Erwachsenen stellen Maßnahmen zur Förderung bei Belastungen dar. In der Regel sind dies selektive und sekundärpräventive Programme, die Menschen zur Zielgruppe haben, bei denen bereits eine Belastung vorliegt. Teilweise enthalten solche Programme therapeutische Elemente und die Abgrenzung zur Therapie ist nicht immer möglich.

Eine Reihe von Programmen oder Ansätzen richten sich an Menschen mit chronischen Erkrankungen, wie z. B. HIV, Krebs oder Diabetes. Beispielhaft sei hier die »Intervention for those recently informed of their seropositive status« (IRISS;Moskowitz, 2010) genannt. Dies ist ein Programm für Menschen, bei denen kürzlich HIV diagnostiziert wurde. In fünf Einzelsitzungen mit einem Psychologen/einer Psychologin setzen sich die Patienten/Patientinnen mit folgenden Themen auseinander, die die Wahrnehmung von positiven Emotionen verbessern soll: positive Ereignisse, Dankbarkeit, Achtsamkeit, positive Neubewertung von Situationen, Fokus auf persönliche Stärken, erreichbare Ziele, altruistisches Verhalten. Eine Wirkungsüberprüfung fand bisher nur mit elf Patienten/Patientinnen statt, deren Depressionswerte fünf Wochen nach der Intervention im Vergleich mit einer Kontrollgruppe deutlich geringer ausfielen (vgl. ebd.).

Mit einem neuen, innovativen Konzept führte Fröhlich-Gildhoff (2020) eine Weiterbildung für Klienten und Klientinnen in einem Sozialpsychiatrischen Dienst und die Mitarbeitende dieses Dienstes zum Thema Resilienz durch; beide Gruppen nahmen gemeinsam, gleichberechtigt an dem Seminar teil. Dabei war besonders wichtig, den Fokus auf die eigenen Stärken und Ressourcen zu richten. Es konnten von den Teilnehmende mehr und mehr eigene positive Erfahrungen gesehen werden und es erfolgte zum Teil ein neuer Blick auf die eigene Biografie. Davon ausgehend erfolgte die Ermutigung, zunächst kleine weitere entwicklungsschritte anzugehen; dies wurde positiv angenommen. Wichtig bei der Umsetzung war zum einen der externe Input und die externe Moderation, zum anderen aber auch eine sorgfältige Vorbereitung bei der Planung – dies betraf das Gesamtkonzept, aber dann auch die Arbeit in Dyaden von Mitarbeitende sowie Klienten und Klientinnen

Weitere Ansätze zur Förderung der seelischen Gesundheit im Erwachsenenbereich finden sich in Ansätzen zur Resilienzförderung in der Gemeinde (»community resilience«) (▶ Kap. 4.1).

Exkurs: Resilienz und Resilienzförderung von Studierenden

1. Studieren als Entwicklungsaufgabe

Die Zeit des Studiums fällt in eine Lebensphase, die von verschiedenen Entwicklungsprozessen geprägt ist und dadurch mit vielen Herausforderungen verbunden sein kann. Der Übergang in die Erwachsenenidentität beinhaltet eine Auseinandersetzung mit eigenen Lebenszielen und -plänen und ist für viele Studierende die erste Zeit in ihrem Leben, in der sie unabhängig von der Herkunftsfamilie für sich Verantwortung übernehmen. Die Auseinandersetzung mit der eigenen Identität findet hier einen weiteren Höhepunkt, studiumsspezifische/akademische Kompetenzen müssen erlernt und neue soziale Netzwerke aufgebaut werden. Damit vollziehen sich Veränderungen auf drei verschiedenen Ebenen, mit denen gleichzeitig ein erhöhtes Stresserleben verbunden ist: der persönlichen, der beruflich/fachlichen und der gesellschaftlichen Ebene (Nicolaus und Ducheck, 2020). Darüber hinaus sinkt das Durchschnittsalter der Hochschulabsolvierenden kontinuierlich und lag für das Studienjahr 2021 bei 23,6 Jahren, während die Absolvierenden zehn Jahre zuvor noch drei Jahre älter waren (Statistisches Bundesamt, 2023). Grund dafür sind neben der Bologna-Hochschulreform, die Verkürzung der Schulzeit von 13 auf 12 Jahren. Die Reformen haben zu einer Verdichtung von zeitlichen Anforderungen und Prüfungsleistungen geführt und der Leistungsdruck hat sich dadurch dementsprechend erhöht (Grützmacher et al., 2018; Mühlfelder, 2014). Dies spiegelt sich auch in der Beratungsstatistik der Psychotherapeutischen Ambulanzen für Studierende wieder. So zeigt eine Studie aus Göttingen, dass »Studierende in den »neuen« Studiengängen [Bachelor- und Masterstudiengängen; Anmerkung der Autoren] häufiger wegen auf das Studium bezogener Probleme und in früheren Semestern Beratung und Therapie aufsuchen als in den »alten« [Diplom, Magister] (Reich & Cierpka, 2017, S. 393). Zwischen 2010 und 2015 stieg die Zahl der Gespräche in der psychotherapeutischen Ambulanz um ca. 30 % an. Insbesondere die Studieneingangsphase ist gekennzeichnet von der Auseinandersetzung mit der Transition in eine neue Lebensphase und assoziiert mit einer höheren Studienabbruchneigung. Berndt & Felix (2020) sprechen von dem Studienbeginn als einem kritischen Lebensereignis in einer Phase erhöhter Vulnerabilität.

Neben den entwicklungsbedingten Herausforderungen, sind mit der Zeit des Studiums also auch spezifische Belastungen verbunden. Inzwischen liegt eine Reihe von querschnittlichen Studien seit den 1990er Jahren vor, die bis heute belegen, dass ein großer Anteil von Studierenden psychische Auffälligkeiten aufweist. So zeigt der Barmer Arztreport von 2018, dass inzwischen mehr als jeder sechste Studierende (17 %) eine psychische Krankheits-Diagnose erhält (Grobe, Steinmann & Szecsenyi, 2018). Auch international lassen sich diese Ergebnisse replizieren. Eine internationale Studie der WHO (»WHO World Mental Health Survey International College Student Project«, Auerbach et al., 2018) zeigte, dass ein Drittel (35 %) der Erstsemester an 19 Universitäten in acht Ländern positiv gescreent wurde in Bezug auf verschiedene DSM-IV Diagnosen, wie Depression, Angst und Substanzmissbrauch. Von N = 13 984 Studierenden zeigten 21 % depressive Symptome, gefolgt von Angst mit knapp 19 % und dies länderübergreifend.

Auch ist der Stresslevel bei Studierenden mindestens genauso hoch wie bei einem Arbeitnehmer und einer Arbeitnehmerin, ermittelt die im Auftrag der AOK durchgeführte Stress-Studie (Herbst et al., 2017). 53 % der Studierenden (N = 18 000) geben in einer Selbsteinschätzung ein überwiegend hohes Stresslevel an, im Vergleich zu 50 % aller Erwerbstätigen. Eine weitere großangelegte Studie der Techniker Krankenkasse, umgesetzt durch die Freie Universität Berlin und dem Deutschen Zentrum für Hochschul- und Wissenschaftsforschung, aus dem Jahr 2017 mit N = 6 198 Studierenden verdeutlichte, dass vor allem weibliche Studierende psychische über Auffälligkeiten berichten: 21,2 % weisen Symptome einer generalisierten Angststörung auf, drei Viertel haben mehrmals im Monat psychosomatische Beschwerden und ein Viertel leidet unter einem hohen Maß an Erschöpfung (24,4 %)

(Grützmacher et al., 2018). Letzteres beschreiben die Autoren als ein »Initialsymptom für Burnout« (ebd., S. 7).

Eine europäische Studie stellte fest, dass insbesondere Studierende mit einem niedrigen sozio-ökonomischen Status und/oder der Angehörigkeit zu einer ethnischen Minderheit besonders vulnerable Gruppen sind und eine Lese-Rechtschreibschwäche und körperliche Einschränkungen weitere Faktoren darstellen, die mit einem hohen Belastungserleben korrelieren (Quinn, 2016).

Die Auswirkungen der Coronapandemie haben die Situation der Studierenden zusätzlich deutlich negativ verschärft: So belegen eine Reihe von Studien (z. B. »Stu.diCo I und II, Besa et al., 2021; »Studieren in Zeiten der Coronapandemie«, Zimmer, Lörz & Markzuk, 2021), dass das Belastungserleben deutlich gestiegen sowie eine Zunahme von körperlichen Beschwerden zu verzeichnen ist. Besonders vulnerable Gruppen sind Studierende der sogenannten ersten Generation, Studierende mit Beeinträchtigungen, bereits psychisch vorbelastete Studierende und Studierende mit Kind. Als größter Belastungsfaktor wurden fehlende soziale Kontakte angegeben. Aber auch eine fehlende finanzielle Absicherung wirkte sich negativ auf den Studienverlauf aus (Heublein, Hutzsch, Peter & Buchholz, 2021). Eine weitere Studie unter 729 Studierenden verschiedener Hochschulen in Deutschland (Franke et al., 2021) zeigte einen nachweisbaren Anstieg der psychischen Belastung und des Stresslevels. So gaben 53 % der Studierenden eine überdurchschnittliche hohe Stressbelastung an. Die Umstellung auf Onlinelehre war eine häufig genannte Ursache und führte zu weniger Studienmotivation. Aber auch Langeweile und Frustration waren Belastungsursachen während der Pandemie (Tasso et al., 2021).

2. Resilienz von Studierenden

Trotz der relativ breiten Studienlage zu der Belastung von Studierenden ist die Anzahl an Forschungsbeiträgen zu Resilienz und Hochschulen noch gering (vgl. Hofmann et al., 2020). Es sind aber verschiedene Studien vorhanden, die sich mit Ressourcen und Bewältigungsmöglichkeiten von Studierenden beschäftigt haben. So referieren Gusy, Wörfel & Lohmann (2016) verschiedene Studien, die das Wohlbefinden, die Lebensqualität, sowie studienbezogenes Engagement (ebd., S. 41) erfassen. Hennig et al. (2017) konnten in einer Studie mit 1000 Studierenden einen Zusammenhang zwischen sozialer Unterstützung und psychischer Belastung nachweisen. D. h. Studierende, die ein großes soziales Netzwerk hatten, waren weniger psychisch belastet. Dabei ist auch die gegenseitige soziale Unterstützung unter den Studierenden eine wesentliche Ressource und hat Auswirkungen auf die Lebenszufriedenheit, wie eine Befragung unter über 6 000 Studierenden der oben genannten Studie der Universität Berlin und dem Deutschen Zentrum für Hochschul- und Wissenschaftsforschung aus dem Jahr 2017 nachgewiesen hat (Niemeyer, 2020).

Eine weitere Ressource im Umgang mit Belastungen im Studium scheint das »Selbstmitgefühl« zu sein. Wörfel, Gusy & Lohmann (2015) beschreiben damit eine Fähigkeit, »auf kritische Ereignisse und eigene Unzulänglichkeiten verständnisvoll, nicht wertend zu reagieren und diese positiv zu bewältigen« (ebd., S. 49). Die Autoren konnten in einer Studie mit N = 809 Studierenden nachweisen, dass Studierende mit einem hohen Selbstmitgefühl ein geringeres Burnoutrisiko aufweisen, die an sie gestellten Anforderungen als geringer einschätzen und häufiger von sozialer Unterstützung durch Lehrende und andere Studierende berichten. Ergänzend wurde in einer weiteren Studie der Autoren (Gusy, Wörfel & Lohmann, 2016) deutlich, »wenn Studierende davon überzeugt sind, dass das was sie an der Hochschule lernen, in ihrem späteren Berufsfeld wichtig ist, studieren sie engagierter. Obst und Kötter (2020) konnten in ihrer Studie ebenfalls einen positiven Zusammenhang von der Identifikation mit dem Studium und dem Wohlbefinden der Studierenden nachweisen. Wenn die Studierenden ihre Lehrenden und (Mit-)Studierenden als konstruktiv unterstützend empfinden, fördert dies darüber hinaus die Motivation (vgl. dazu auch Hennig, Strack, Boos & Reich, 2017; Kirsch, Laemmert & Tittlbach, 2017). Dies setzt vor allem Zeit und Räume für die Interaktion zwischen Studierenden und Lehrenden – auch außerhalb von Veranstaltungen – voraus« (ebd., S. 52). Gusy und Kollegen sowie Mühlfelder (2014) weisen darauf hin, dass Studierende vor allem auch von den Rückmeldungen durch die Dozierenden profitieren.

Eine Studie von Frost & Mierke (2013) mit N = 1 014 Befragen untersuchte einen Zusammenhang zwischen Stresserleben, Nutzung von gesundheitsförderlichen Bewältigungsstrategien und Selbstwirksamkeitserwartungen sowie internaler Kontrollüberzeugung. Studierende, die ein sogenanntes »gesundheitsförderliches Erlebensmuster« (angelegt an AVEM-44, Schaarschmidt & Fischer, 2008) aufweisen, haben höhere Selbstwirksamkeitserwartungen und Kontrollüberzeugungen, was wiederum zu besserem Studiumserfolg und höherer Lebenszufriedenheit führt (ebd., S. 20). Der Einfluss von Selbstwirksamkeit auf einen positiven Studienerfolg und einer geringer empfundenen Stressbelastung ist insgesamt gut belegt (vgl. dazu zusammenfassend Kieseler, 2017). Grützmacher et al. (2018) referieren darüber hinaus eine Studie von Petersdotter, Niehoff & Freund (2017), die zeigen konnte, dass Selbstwirksamkeitserwartungen durch hochschulische Angebote gesteigert werden kann. Kontrollüberzeugungen waren auch in einer Corona-Zusatzbefragung des NEPS ein wesentlicher Faktor und hatte signifikanten Einfluss auf Resilienz und Well-Being der Studierenden (Siebenhaar, 2021).

Studien, die sich explizit mit der Resilienz von Studierenden befassen, sind bis jetzt vor allem im deutschen Sprachraum noch wenig zu finden. Hofmann et al. (2020) referieren vier internationale Studien, die verdeutlichen, »dass Resilienz (als Persönlichkeitsmerkmal) eine Rolle beim Eintritt in die Hochschule spielt (Denovan & Macaskill, 2017) und sich positiv auf die Studienleistung (de la Fuente et al., 2017), den Studienfortschritt (Backmann et al, 2019) sowie die psychische Gesundheit von Studierenden auswirkt (Wu et al., 2020)« (S.6).

In der Stressstudie von Herbst et al. (2016), wird Resilienz als »wichtige Prädisposition bezüglich des Umgangs mit Stress« (Herbst et al., 2016, S. 37) genannt. 33,3 % der N = 18 000 Studierenden, wiesen in der Selbsteinschätzung eine hohe »Stressresilienz« auf, d. h. sie fühlten sich durch die Belastungen des Studiums weniger gestresst.

Das Forschungsprojekt »ReST@MINT des Bayerischen Staatsinstituts für Hochschulforschung und Hochschulplanung beschäftigt sich mit dem Einfluss von Resilienz auf Studienerfolg in den sogenannten MINT-Studienfächern. Die Autoren Datzer et al. (2019) legen dafür eine Definition von akademischer Resilienz zugrunde, die eine konstruktive und positive Bewältigung von Belastungen und Rückschlägen im Studium beinhaltet. Diese Fähigkeit wird anhand selbstberichteter Aussagen abgeleitet. In der Studie berichten über 60 % der Studierenden von Belastungen und Rückschlägen (sowohl im privaten, als auch im akademischen Umfeld), die sie schon während des ersten Semesters zu bewältigen hatten. Die Studie konnte einen positiven Zusammenhang zwischen akademischer Resilienz und Studienerfolgskriterien herstellen: »eine höhere Resilienz scheint zudem im Zusammenhang mit einer verringerten Studienabbruchneigung und einer weniger ausgeprägten emotionalen Belastung zu stehen. Zudem deuten die bisherigen Analysen an, dass insbesondere eine hohe Befriedigung der psychologischen Grundbedürfnisse (d. h. des Bedürfnisses nach Autonomie, sozialer Verbundenheit und Kompetenz) einen positiven Einfluss auf die Resilienzentwicklung nehmen kann« (Hofmann et al., 2021a, S. 81). Eine Zusatzbefragung während der Coronapandemie (ReST@Corona) verdeutlichte darüber hinaus, dass als resilient bezeichnete Studierende sich als weniger gestresst und unsicher in Bezug auf die Coronapandemie erlebten und einen besseren Umgang mit den Belastungen hatten – auch wenn sie die damit einhergehenden Flexibilitätsanforderungen als hoch empfanden (Hofmann et al., 2021a).

3. Förderung der Resilienz von Studierenden

Die bisher zusammengefassten Ergebnisse bzgl. der Resilienz von Studierenden, sowie Ressourcen und Bewältigungsmöglichkeiten lassen die Schlussfolgerung zu, dass eine frühzeitige Förderung der Resilienz von Studierenden ein beeinflussender Faktor für die psychische Gesundheit und das Wohlbefinden darstellt. Hofmann et al. (2020) unterstreichen darüber hinaus mit Verweis auf verschiedene Studien, dass »ein kompetenter Umgang mit Stressoren prinzipiell zum Ausbau der individuellen Resilienz beitragen kann« und Resilienz als Fähigkeit »grundsätzlich veränderbar ist und trainiert werden kann« (ebd., 18).

Ducheck & Nicolaus (2019) konnten mit einem systematischen Literaturreview verschiedene Studien herausfiltern, die den Einfluss der Hochschule auf die Resilienz von Studierenden erfasst haben. Dabei zeigten sich zum einen individuelle Schutzfaktoren, wie eine hohe Identifikation mit der Hochschule und eine als hoch wahrgenommene soziale Unterstützung, als auch »situative hochschulseitige Schutzfaktoren« als wesentlich für die Entwicklung von Resilienz. Diese lassen sich vier Bereichen zuordnen: »(1) Lehrveranstaltungen, vor allem durch interaktive didaktische Methoden und selbstgesteuertes Lernen sowie Lehrinhalte mit Bezug zum Thema Resilienz, (2) freiwillige Zusatzkurse in Form von gezielten Resilienzprogrammen über einen Zeitraum von mindestens drei Wochen, (3) humorvolle und respektvolle Lehrende, die fordern und fördern, und (4) soziale Unterstützung sowie gute akademische Integration durch Peers, vorbereitende Kurse und unterschiedliche Partizipationsmöglichkeiten im Hochschulleben, wie bspw. persönliches Gremienengagement« (ebd. 2020, S. 62).

Die Ergebnisse weisen darauf hin, dass die Resilienzförderung von Studierenden sowohl auf individueller, als auch auf struktureller Ebene ansetzen muss. Niemeyer (2020) führt dazu aus, dass strukturelle Rahmenbedingungen der Hochschule von der Kultur dieser geprägt sind und sich als Ressourcen im Form des Qualifikationspotentials, sowie des Handlungs- und Zeitspielraums darstellen (Grützmacher et al., 2018). Insbesondere einem hohen Handlungsspielraum wird ein positiver Effekt auf die Gesundheit zugesprochen und stärkt Bewältigungskompetenzen (Lesener & Gusy, 2017; Reis et al., 2000).

Ein evaluiertes Konzept zur Förderung der individuellen Resilienz wurde von Schropp (2018) entwickelt. Die Autorin hat eine dezidert ausgearbeitete Maßnahme zur Förderung des Wohlbefindens und der Resilienz von Jugendlichen und jungen Erwachsenen erarbeitet. Dieses Konzept ist zwar nicht explizit für Studierende erarbeitet, aber die Themen und Methoden eignen sich dennoch für diese Zielgruppe. Die Gruppenintervention enthält vier übergeordnete Themen, die über einen Zeitraum von ca. fünf Wochen an jeweils zwei Tagen zu je anderthalb Stunden durchgeführt werden sollten. Die Themen beziehen sich auf (1) Die positive Wahrnehmung der Person, (2) Hoffnungsvolle Zielorientierung, (3) Eine aktive und optimistische Haltung im Angesicht von Herausforderungen sowie (4) Positive Emotionen.

Hofmann et al. (2020) identifizieren insbesondere die Vorgehensweisen als besonders wirksam, »bei denen Hochschulen auf der einen Seite die Verarbeitung des Unsicherheitserlebens frühzeitig gezielt adressieren und zugleich Angebote zur Verfügung stellen, welche es Studierenden ermöglichen, Zugehörigkeitserfahrungen zur Hochschulgemeinde zu machen« (S.20). Außerdem machen die Autoren darauf aufmerksam, dass die eingesetzten Maßnahmen die Bedürfnisse verschiedener Zielgruppen aufgreifen müssen. Die Ergebnisse zu den besonders belasteten Studierenden geben hier wichtige Hinweise (siehe oben).

Die meisten Hochschulen bieten zeitlich begrenzte Projekte mit dem Fokus auf Verhaltensprävention an, wie z. B. Sportwochen oder Angebote zur gesunden Ernährung. Maßnahmen zur Verbesserung der psychischen Gesundheit sind in der Regel auf Stressreduktion, Prüfungsangst und Zeitmanagement fokussiert (vgl. dazu zusammenfassend Gusy, Lohmann & Wörfel, 2015, S. 256). Allgöwer (2000) kritisiert deshalb zu Recht, dass reine Verhaltensprävention das ursächliche Problem der psychischen/psychosomatischen Probleme der Studierenden nicht löst, da diese mit den Verhältnissen und den studiumsbezogenen Aufgaben zusammenhängen.

Seit 1995 existiert ein Netzwerk von Hochschulen, die sich mit dem Thema Gesundheitsförderung intensiv auseinandersetzen und zehn Gütekriterien entwickelt haben, die deutlich machen, dass eine reine verhaltensorientierte Gesundheitsförderung der Studierenden nicht ausreicht, sondern genauso die Verhältnisse (also die Hochschule) mit betrachtet werden müssen. Grundlegend sind ein Setting-Ansatz und die Orientierung an »Bedingungen und Ressourcen für Gesundheit« (vgl. Techniker Krankenkasse, Landesvereinigung für Gesundheit & Akademie für Sozialmedizin Niedersachen e. V., 2013; www.gesundheitsfördernde-hochschulen.de). Auf internationaler Ebene haben sich auf Initiative der WHO Universitäten zur Gemeinschaft der »Health Promoting Universities« (Tsouros et al., 1998) zusammengefunden und 2015 die »Okanagan Charter for Health Promoting Universities and Colleges« formuliert. Diese gilt weltweit als Orientierung für gesundheitsfördernde Hochschulen (vgl. Schluck & Sonntag, 2018, S. 537).

Gusy (2010) plädiert für eine kontinuierliche Gesundheitsberichterstattung bei Studierenden, um aus den Ergebnissen für die jeweilige Hochschule konkret die Bedarfe und Maßnahmen passgenau entwickeln zu können. Der Bericht sollte sich nicht auf das Stresserleben der Studierenden beschränken, sondern die gesamte Studiensituation mit ihren Anforderungen und Ressourcen betrachten – ansonsten führen die Ergebnisse lediglich zu verhaltensorientierten Interventionen (Gusy, Lohmann & Wörfel, 2015, S. 251). Inzwischen bietet der »University Health Report« (https://www.uhreport.de/index.php/university-health-report.html) in Zusammenarbeit mit der Techniker Krankenkasse eine derartige Gesundheitsberichterstattung für Hochschulen an, die die Gesundheit, Ressourcen, Anforderungen und das Gesundheits- und Risikoverhalten der Studierenden erfasst.

Darüber hinaus existieren einige Handlungs- und Rahmenempfehlungen. Beispielhaft sei hier auf das Gutachten des Aktionsrat Bildung (2022) verwiesen, das acht Empfehlungen umfasst:

1. Sensibilisierung für das Thema Resilienz
2. Förderung der Vernetzung der Studierenden
3. Ausweitung von Unterstützungsangeboten für Studierende
4. Verbesserung der Studienbedingungen
5. Ausweitung von Unterstützungsangeboten für das wissenschaftliche Personal
6. Digitalisierung und Flexibilisierung der Hochschulen
7. Erarbeitung eines Hochschulresilienzkonzepts
8. Schaffung einer positiven Fehlerkultur

Hofmann et al. (2021b) haben aufgrund der Erkenntnisse des ReSt@MINT-Projekts einen Leitfaden vorgelegt, an dem Hochschulen sich orientieren können. Er beinhaltet ein sechsstufiges Vorgehen (Klärung der Bedeutung von Resilienz, Kenntnis von resilienzförderlichen Maßnahmen, Formulierung eines Resilienzkonzepts, Aufklärung der Studierenden bzgl. Resilienz, Nutzung vorhandener Resilienzressourcen, Ausbau von Resilienzressourcen) und empfiehlt zum einen belastungsreduzierende Interventionen, und zum anderen resilienzförderliche Interventionen umzusetzen. Sie weisen darauf hin, dass es wenig sinnvoll ist, ein einheitliches Interventionskonzept für alle Hochschulen umzusetzen, sondern das Vorgehen an die Bedarfe der Hochschule anzupassen und gleichzeitig bei der Interventionsplanung zielgruppenspezifisch vorzugehen. Als Orientierung können die empirisch belegten individuellen und sozialen Schutzfaktoren dienen.

Nicolaus & Duchek (2020) geben weitere Implikationen für die Hochschulausbildung und referieren folgende Möglichkeiten:

- Commitment zur Hochschule zu erzeugen durch einen respektvollen Umgang und Mentorenprogramme
- Die Passfähigkeit Studierender zur Hochschulform optimieren durch Studienberatung, Onlinetests oder Kennlernangebote
- Resilienzförderliche Lehrveranstaltungen und Zusatzkurse

- Nichtakademische Weiterbildung von Lehrkräften anbieten
- Die akademische Integration erhöhen, z. B. durch begleitende Prüfungsvorbereitungskurse oder Tutorien insbesondere in der Studieneingangsphase
- Soziale Unterstützung anbieten
- Partizipationsmöglichkeiten schaffen
- Einflussnahme auf die Studienorganisation

Die Techniker Krankenkasse hat in ihrer »Broschüre zur Gesundheitsförderung an Hochschulen« (2014) verschiedene Zugänge und Instrumente zusammengestellt, die hilfreich für den individuellen Prozess sein können. Auch bei Mühlfelder (2014) finden sich methodische Umsetzungsideen.

Insgesamt wird deutlich, dass sich Studierende in einer herausfordernden Lebenssituation befinden, die ein immer größer werdender Teil nicht gut bewältigt. Es scheint aber eine Reihe von Ressourcen und Schutzfaktoren zu geben, die sich positiv auf das Belastungserleben und damit den Studienverlauf auswirken. Diese sollten genutzt werden, um Studierende besser zu unterstützen. Dies führt nicht nur zu einem verbesserten Studienverlauf und weniger psychischen Erkrankungen, sondern hat auch Auswirkungen auf gesundheitlichen Einstellungen, die in späteren Berufsfeldern weitergegeben werden. Kieseler (2017) resümiert: »Studierende sind ein gesellschaftlich wichtiger Multiplikator in der Gestaltung gesunder Lebenswelten« (ebd., S. 72). Die Förderung der Resilienz der Studierende muss dabei immer zwei Bereiche beinhalten: zum einen die individuelle Stärkung der jungen Erwachsenen, zum anderen Veränderungen auf der strukturellen Ebene der Hochschule und der Fokus auf den sozialen Schutzfaktoren.

3.5 Resilienz im Alter[24]

3.5.1 Entwicklungsthemen und -aufgaben

Die Alter(n)sforschung (Überblicke z. B. bei Martin & Kliegel, 2014; Staudinger & Schindler, 2008) unterscheidet zwei, sich z. T. überlappende Entwicklungsabschnitte: Die »jungen Alten« haben ihre Berufstätigkeit zumeist mit dem 65. Lebensjahr beendet und müssen ihr Leben in der Nacherwerbsphase neugestalten (lernen), sich neue Ziele setzen, ihren Alltag und ggf. soziale Beziehungen neu gestalten. Weniger als im sog. 4. Lebensalter, der Phase ab dem 80. Lebensjahr, haben die Einschränkungen in verschiedenen körperlichen und geistigen Funktionsbereichen eine starke Bedeutung, gleichwohl ist die Auseinandersetzung mit der eigenen Gesundheit ein zunehmend wichtigeres Thema.

---

24 Ein Dank geht an Frau Prof. Dr. Birgit Schuhmacher, Evangelische Hochschule Bochum, für die hilfreichen Rückmeldungen zu diesem Kapitel.

Im »späten Alter« hingegen dominieren die Reflexion und Bewältigung dieser Funktionseinschränkungen – und die damit verbundenen Einschränkungen der Autonomie und des »Lebensraums« –, der Verlust von Sozialpartnern und die zunehmende Beschäftigung mit dem eigenen Tod die psychische Befindlichkeit.

Altern zeichnet sich »sowohl durch Multidirektionalität der Entwicklungsverläufe in verschiedenen Lebens- oder Funktionsbereichen aus, als auch durch hohe interindividuelle Variabilität im Umgang mit Einschränkungen und Verlusten« (Freund & Riediger, 2005, S. 565). Ebenso ist zu beachten, dass die Entwicklungsthemen im Alter von der ökonomischen Situation, aber auch einer Geschlechtsspezifik mitbeeinflusst sind.

Die vorliegenden Längsschnittstudien zeigen sehr deutlich, dass der Prozess der Bewältigung der Entwicklungsaufgaben, letztlich die Lebenszufriedenheit, stark geprägt wird von Erfahrungen und Einstellungen in früheren Lebensphasen und der eigenen »Vorbereitung« auf das Altern. Dies betrifft bspw. die Bildungsaktivitäten (Tippelt & Schmidt-Hertha, 2010), das freiwillige Engagement (BMFSFJ, 2005) aber auch allgemeiner die Entwicklung von Lebenszielen und Sinnstrukturen (Lehr, Thomae, Schmitt & Minnemann, 2000; Jopp, Rott & Wozniak, 2010).

Dies wird durch die Zusammenfassung der Analysen im 5. »Altenbericht« des Bundesministeriums für Familie, Senioren, Frauen und Jugend (BMFSFJ) verdeutlicht: »Inwieweit es Menschen gelingt, im Alter trotz gesundheitlicher Einschränkungen ein selbst- und mitverantwortliches Leben zu führen, hängt in starkem Maße von der sozialen Teilhabe in früheren Lebensabschnitten ab. Wer sich etwa im Alter ehrenamtlich engagiert, hat dies in aller Regel auch schon in früheren Lebensabschnitten getan. Auch sind Menschen, die in früheren Lebensabschnitten ein breites Interessen- und Tätigkeitsspektrum ausgebildet haben, besser in der Lage, nach dem Ausscheiden aus dem Erwerbsleben eine persönlich zufriedenstellende Zukunftsperspektive zu entwickeln« (BMFSFJ, 2005, S. 471). Die soziale Teilhabe ist auch immer mehr eine Frage des Zugangs zu digitalen Technologien, wie der 8. Altersbericht deutlich macht (BMFSFJ, 2020).

Gewinne und Verluste

Während lange vor allem die »Verluste« oder »Ressourcenbegrenzung« (Freund & Riediger, 2005) im Alter betrachtet wurden, werden jetzt auch Potentiale oder »Gewinne« untersucht. Staudinger und Schindler (2008) fassen eine Reihe von Untersuchungsergebnissen zu Gewinnen (»Produktivität«) im Alter zusammen. Hier zeigt sich beispielsweise:

- Ältere Menschen haben eine realistischere Selbsteinschätzung und ein kohärenteres Selbstkonzept – dies bedeutet eine größere Übereinstimmung der Bewertungen von Vergangenheit, Zukunft und Ideal.
- »Bis zum 75. Lebensjahr leisten wir mehr Hilfe als wir bekommen, ab dem 85. Lebensjahr dreht sich dieses Verhältnis um« (ebd., S. 946). Das Geben sozialer Unterstützung umfasst die aktive Übernahme der Großelternfunktion (15,5 % der

über 65-Jährigen), das Engagieren im Ehrenamt (10,6 %) sowie die Pflege von Angehörigen (9,2 %).
- Es besteht ein positiver Zusammenhang zwischen Aktivitäten und Lebenszufriedenheit; wichtig ist jedoch dabei, dass diese Entscheidungen zur Aktivität freiwillig getroffen werden können und keine »Hast« vorliegt (ebd., S. 950 ff.).

Demgegenüber stehen mit zunehmendem Alter »Verluste«:

- Es kommt zu einem Nachlassen der körperlichen Leistungsfähigkeit und zu einer Zunahme der körperlichen Beschwerden – das Ausmaß der Beurteilung der Beeinträchtigungen ist jedoch stark abhängig vom subjektiven Erleben und der Lebenszufriedenheit (s. u.).
- Die sozialen Kontakte verringern sich durch das Wegsterben von Altersgleichen, die Angst von Einsamkeit nimmt zu.
- Die Abhängigkeit und Pflegebedürftigkeit nehmen ebenso zu wie neurobiologische und neurophysiologische Verluste (die geistige Flexibilität nimmt ab, das Kurzzeitgedächtnis verringert sich). In den Gedächtnisleistungen ist zu beachten, dass die Neigung zu Depressivität eine intermittierende Variable ist: Wenn die Depression stärker ist, ist die Gedächtnisleistung geringer (Kliegel, Storck, Martin, Ramuschkat & Zimprich, 2003).

Die Verluste können allerdings zumindest teilweise unter dem Gesichtspunkt der Multifunktionalität differenziert betrachtet werden: Unter Bezugnahme der Studien von Baltes (1993) beschreibt Staudinger (2007, S. 76), dass »das Entstehen von Abhängigkeit im Alter nicht immer nur als Verlust zu sehen ist. Denn in der Alltagswelt von alten Menschen kann Abhängigkeit auch mit Gewinnen verbunden sein, wie beispielsweise vermehrtem Kontakt und der Nähe mit helfenden Personen«.

Es ist unbestritten, dass psychische Mechanismen und Faktoren für eine positive Entwicklung im Alter ausschlaggebend sind: »Denn obwohl gesundheitliche, kognitive und soziale Ressourcen mit dem Alter i. d. R. abnehmen, gelingt es einer beachtlichen Anzahl von alten und sehr alten Menschen, sich psychisch hiervon wenig beeinflussen zu lassen und ein relativ hohes Maß an Wohlbefinden zu erhalten« (Jopp et al., 2010, S. 52). Dieses wird als »Wohlbefindensparadox« bezeichnet (Staudinger, 2000). Dieser Aspekt wird im nächsten Abschnitt vertieft.

Lebenszufriedenheit

Der Zusammenhang zwischen (zunehmendem) Lebensalter und Lebensqualität ist relativ genau untersucht, in Deutschland durch die »Interdisziplinäre Längsschnittstudie im Erwachsenenalter (ILSE)« (zum Design vgl. Lehr et al., 2000).

Insgesamt zeigt sich, dass »der Zusammenhang zwischen selbstberichtetem Wohlbefinden und Merkmalen wie Einkommen, Bildung, Gesundheit und dergleichen ... typischerweise nur schwach bis moderat« ist (Brandtstädter, 2007, S. 686). Die Wirkung »objektiver Lebensumstände auf die Befindlichkeit [hängt] wesentlich davon ab, wie sie subjektiv wahrgenommen und im Hinblick auf Ziele und Ansprüche bewertet werden und welche praktischen Konsequenzen schließlich gezogen werden« (ebd., S. 686). Hier wird schon eine große Bedeutung subjektiver Einschätzungen deutlich: »Für die subjektive Lebensqualität sind nun nicht nur Wahrnehmung und Erinnerung, sondern auch Antizipationen bedeutsam: Emotionen wie Hoffnung, Sorge oder Verzweiflung beziehen sich auf eine erwartete Zukunft, werden aber in der Gegenwart erlebt« (ebd., S. 690). Diese Befunde haben auch für die Lebensqualität hundertjähriger Menschen Gültigkeit (Jopp et al., 2013, S. 64).

Weitere Ergebnisse aus den Forschungen zur Lebenszufriedenheit alter Menschen:

- »Der subjektive Gesundheitszustand [wurde] als der wichtigste Prädiktor von psychischem Wohlbefinden ausgewiesen« (Lehr et al., 2000, S. 14). Dabei gilt, dass die Selbsteinschätzung des Gesundheitszustandes einen höheren Einfluss auf die Lebenszufriedenheit hat, als das Arzt-Urteil bzw. die Arzt-Einschätzung. Der subjektive Gesundheitszustand ist ein besserer Indikator für Langlebigkeit als der objektive Gesundheitszustand (Wurm & Tesch-Römer, 2006).
- Die soziale Situation ist bedeutend für die Zufriedenheit – allerdings gilt auch hier: Die erlebte soziale Situation ist wesentlicher bedeutender für die Zufriedenheit als die objektive Situation (Größe des Netzwerks, Vorhandensein von Freunden etc., vgl. z. B. Wurm & Tesch-Römer, 2006, S. 101).
- Einen sehr hohen Einfluss auf die Lebenszufriedenheit hat die Einstellung zum Altern. Wenn dieses nicht nur als Nachlassen von Funktionen erlebt wird, dann ist die Lebenszufriedenheit hoch.
- »Personen mit hoher Bildung gelingt eine aktive und befriedigende Lebensgestaltung besser … als solchen mit niedriger Bildung« (Ettrich, 2000, S. 66).

Die Ergebnisse der neuen »Hundertjährigen-Studie« bestätigen die referierten Erkenntnisse zur Lebenszufriedenheit: »Eine erstaunlich große Anzahl der Hundertjährigen ist mit dem Leben zufrieden und findet ihr Leben lebenswert. Die Lebenszufriedenheit verschlechtert sich nicht im sehr hohen Alter. Dies bestätigt unsere früheren Befunde zum Wohlbefindensparadox: Trotz umfasser Verluste in zentralen Lebens- und Funktionsbereichen gelingt es den Hundertjährigen, ein hohes Niveau an positiver Lebensqualität zu empfinden. Insgesamt zeigt sich, dass die Lebenszufriedenheit vom Gefühl persönlicher Autonomie, von der Bindung an persönliche Ziele, vom subjektiven Kontrollerleben und vom emotionalen Wohlbefinden abhängt« (Jopp et al., 2013, S. 63).

Die Bedeutung der Zielanpassung

Wie dargelegt, zeigt sich in den verschiedenen Studien immer wieder, dass psychische Faktoren, die Fähigkeit Lebensziele weiterhin zu entwickeln und anzupassen und eine positive Lebensbewertung (Lawton et al., 1999) zu vollziehen, einen entscheidenden Einfluss auf den Alterungsprozess und den entsprechenden Entwicklungsverlauf haben.

Diese Zusammenhänge werden im vielzitierten Modell von Baltes und Baltes (1989, S. 99 ff.) zur Selektion, Optimierung und Kompensation (SOK) verdichtet.

Dieses Modell wurde ursprünglich für die gesamte Lebensspanne konzipiert, findet jedoch vor allem in der Alter(n)sforschung Berücksichtigung (vgl. Freund, 2007). Es beschreibt, dass die – auch durch Verlust und Funktionseinschränkung – geprägten »Vorbedingungen« durch das Individuum bewertet und davon ausgehend neue Entwicklungsziele formuliert bzw. priorisiert werden. Daran ausgerichtet werden Ressourcen, auch soziale Unterstützung (!), aktiviert, um das Funktionsniveau zu erhalten und zu steigern. Zugleich wird kompensatorisch auf (drohende) Verluste reagiert bzw. findet eine Um-/Neubewertung der eigenen Potentiale statt. Im optimalen Fall führt dies zu erhöhter Selbstwirksamkeit und erhöhtem subjektivem Wohlbefinden.

Entscheidend ist dabei also die Passung zwischen den Vorbedingungen und der Lebenslage einerseits und der realistischen, zielorientierten Entfaltung eigenen Potentiale – einschließlich der Akzeptanz von deren Begrenzungen – andererseits.

Auseinandersetzung mit Endlichkeit, Sterben und Tod

Hinsichtlich der Einstellung zu Sterben und Tod sind empirisch grundsätzlich zwei Formen festzustellen: Zum einen die Abwehr, also die Verleugnung von Tod; es besteht eine Illusion bezüglich der eigenen Selbstkontrolle. Zum zweiten das Akzeptieren des eigenen Lebensendes, wobei sich wiederum drei Unterformen feststellen lassen:

- ein »vermeidungsorientiertes Akzeptieren«: Tod ist in diesem Sinne ein Befreien von Schmerz und Last des Lebens
- ein »neutrales Akzeptieren«: Tod wird als Bestandteil des Lebens gesehen, es gibt einen Bezug zu übergeordneten Sinnzusammenhängen; die Menschen mit dieser Einstellung haben am wenigsten Angst vor dem Tod
- ein »annäherungsorientiertes Akzeptieren«. Der Tod wird als Beginn neuer Möglichkeiten, eines neuen Lebens gesehen, der Vereinigung mit Gott etc. (Wittkowski, 2003).

Insgesamt besteht ein enger Zusammenhang zwischen Einstellungen zu Sterben und Tod mit der generellen Einstellung zum Leben, insbesondere zur Sinnhaftigkeit des Lebens (Wittkowski, 2003). Dies zeigt sich folgendermaßen (▶ Abb. 3.7):

Von Hundertjährigen werden »Sterben und Tod … akzeptiert und als Teil des Lebens verstanden. Eine überwiegende Mehrheit der Hundertjährigen hat einen deutlich ausgeprägten Lebenswillen« (Jopp et al., 2013, S. 64).

Die Verarbeitung der Kriegserfahrungen

Im hohen Alter, auch angesichts der »Lebensbilanzierung« und angesichts des eigenen näher rückenden Todes erhalten die Erinnerungen an das (Er)Leben im Faschismus, im Krieg und der Nachkriegszeit (wieder) eine besondere Bedeutung und

3 Resilienz und Resilienzförderung im Lebenslauf

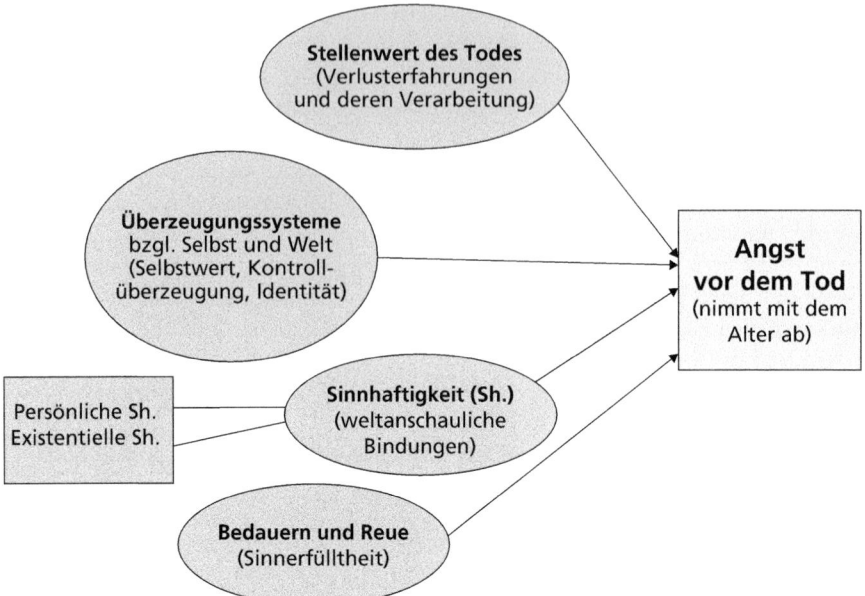

Abb. 3.7: Determinanten der Angst vor dem Tod

z. T. Brisanz. Dieses Erinnern und die damit z. T. verbundenen Re-/Traumatisierungen sind in den letzten Jahren – mit dem Älterwerden der Generation der in den Jahren 1920 bis 1945 Geborenen – stärker in den Vordergrund des wissenschaftlichen Interesses geraten. Es werden die Panik-Reaktionen älterer Menschen vor und nach Operationen jetzt besser als mögliche Trauma-Reaktivierungen von erlittenen Bedrohungen und seelischen Verletzungen in den Kindheits- und Jugendjahren im Krieg verstanden. In Extremfällen – wie die Fixierung demenzerkrankter Menschen an das Bett – können neue Traumata entstehen, deren Dramatik durch die intrapsychische Verbindung zu früh erlebten, strukturell gleichen Situationen erklärbar wird. So können auch Symptome einer überwunden geglaubten Posttraumatischen Belastungsstörung (PTBS) wieder auftreten (Glaesmer & Brähler, 2011). Diese Thematik kann an dieser Stelle nicht weitergehend bearbeitet werden, ein guter Überblick, auch zu therapeutischen Unterstützungen findet sich bei Radebold (2009).

3.5.2 Ressourcen und Potentiale im Alter

In diesem Abschnitt werden Erkenntnisse über Ressourcen und Potentiale älterer und alter Menschen dargestellt – sie sollten die Grundlage für resilienzstärkende Begegnungen und Interventionen darstellen. Nachdem zunächst allgemein auf die Bedeutung von Ressourcen eingegangen wird, werden dann einzelne relevante Potentiale beschrieben.

Allgemeine Bedeutung der Ressourcen im Alter

Bei der Betrachtung der Ressourcen im Alter werden unterschiedliche Differenzierungen vorgenommen; so unterscheidet bspw. Pohlmann (2010, S. 85 ff.) ökonomische, zeitliche, soziale und psychische Ressourcen; zu letzteren werden »Kreativität, Innovationsfähigkeit, emotionale Intelligenz, Alltags und Alterswissen« (»Weisheit«) gezählt.

Grundsätzlich ist festzustellen, dass ein größeres Ausmaß an Ressourcen mit höherem Wohlbefinden verknüpft ist, »empirisch nachgewiesen wurde diese Beziehung u. a. für demografische Merkmale wie Familienstatus (verheiratete Paare sind glücklicher…) oder Bildung, kognitive Leistungsfähigkeit, Gesundheitsstatus und soziale Beziehungen. Allerdings ist [dieser] Zusammenhang zwischen Ressourcen und Wohlbefinden oft nur von geringer moderater Stärke« (Jopp et al., 2010, S. 56).

Eine Vielzahl von Studien zeigt mit zunehmendem Alter auch eine Reihe zunehmender Ressourcenverluste auf, vor allem im körperlichen, zum Teil auch kognitiven Bereich. Allerdings stimmen die meisten Untersuchungen (z. B. Pinquart, 2001) überein, »dass sich ältere Menschen i. d. R. nicht schlechter fühlen als in früheren Phasen des Lebens und schon gar nicht in dem Ausmaße, in dem die im Alter zu beobachtenden Ressourcenverluste dies nahe legen« (Jopp et al., 2010, S. 54).

In einer Studie von Jopp und Rott (2006) wurde deutlich »dass die Ressourcen insgesamt weniger zur Vorhersage des Wohlbefindens beitrugen als die psychologischen Stärken. … In Modellen, die Ressourcen und Stärken kombinierten, zeigte sich, dass die psychologischen Stärken eine vermittelnde Funktion zwischen Ressourcen und Wohlbefinden einnahmen« (Jopp et al., 2010, S. 63). Eine ebenfalls positive Wirkung haben soziale Ressourcen: Die wahrgenommene Einbindung in soziale Netzwerke wirkt sich auf das Wohlbefinden aus.

Ressourcen können Entwicklungspotentiale darstellen. Staudinger (2007, S. 76) schlägt vor, zwischen Funktionsstatus und Entwicklungspotentialen zu unterscheiden: »Die Berücksichtigung der Entwicklungsreserven ermöglicht den Blick auf Interventionsmöglichkeiten und damit auf die Gestaltung von Entwicklung«.

Die (wahrgenommenen) Ressourcen und Potentiale stehen in Verbindung zu je individuellen Zielen – »Repräsentationen von Zuständen, die eine Person erreichen, vermeiden oder aufrecht erhalten will« (Freund & Riediger, 2005, S. 566) – und Interessen, wobei ältere Menschen »in ihren Zielen auf Gesundheit, Familie, Lebensrückblick und kognitive Leistungsfähigkeit fokussieren« (ebd.).

Brandstätter (2007b, S. 701 f.) weist auf die »Verschiebung« der Bedeutung unterschiedlicher Ressourcen hin: »Im … Altersbereich von 63 bis 87 Jahren zeigte sich einerseits eine Abnahme personaler Handlungsressourcen, zugleich auch eine abnehmende prädiktive Bedeutung dieses Ressourcentyps für die subjektive Lebensqualität; ein umgekehrtes Muster zeigte sich für Sinnressourcen. Letztere hatten … vor allem dann eine deutliche Beziehung zum Wohlbefinden, wenn personale Handlungsressourcen schwach ausgeprägt waren. Dieses Effektmuster lässt sich als Akkommodations- wie auch als Kompensationsprozess interpretieren«.

Für Hochaltrige gilt: »Obwohl die psychologische Stärke des wahrgenommenen Lebenssinns relativ hoch ausgeprägt ist, nimmt dieser kontinuierlich ab und ist bei den Hundertjährigen im Vergleich zu vorhergehenden Altersgruppen am geringsten« (Jopp, 2013, S. 65).

Bei der Betrachtung der Ressourcen sind Unterschiede hinsichtlich a) der sozioökonomischen Lage und b) des Geschlechts zu beachten: »Im Vergleich zu früheren Lebensphasen ist das Alter eher durch eine höhere Heterogenität als durch eine zunehmende Homogenität gekennzeichnet. Soziale Ungleichheiten reduzieren sich im Allgemeinen nicht mit dem Alter – schon gar nicht von selbst. Vielmehr lassen sich die im Alter verfügbaren materiellen und sozialen Ressourcen vielfach als Ergebnis einer Kumulation von Vor- oder Nachteilen beschreiben« (BMFSFJ, 2005, S. 466).

Ebenso gibt es eine Reihe von Geschlechtsunterschieden: Ältere Frauen sind nach wie vor materiell weniger gut abgesichert und nehmen stärker familienbezogene Aufgaben, insbesondere in der Pflege wahr (z .B. BMFSFJ, 2010), auch finden sich Unterschiede in den Bereichen der Involviertheit in familiäre oder weitere soziale Beziehungen (bei Frauen stärker); eine entsprechende Untersuchung von Fooken und Rott (2000, S. 27) zeigte allerdings, dass bei beiden Geschlechtern die Fähigkeit, wenig geschlechtskonforme Einstellungen und Verhaltensweisen in das eigene Leben zu integrieren, eine wichtige Indikatorvariable für Langlebigkeit ist.

Psychologische Stärken

Jopp und Kollegen (2010) konnten in verschiedenen Studien zeigen, dass »psychologische Stärken« – Fähigkeiten, Eigenschaften und Einstellungen, die hilfreich bei der Bewertung eigener Ressourcen und beim Umgang mit schwierigen Lebenssituationen sind – nicht nur zum Wohlbefinden, sondern »auch zur Langlebigkeit selbst« (ebd., S. 65) beitragen.

Als bedeutende Aspekte dieser »psychologischen Stärken« nennen die Autoren (ebd., S. 57 ff.):

- »Strategien«: eine Flexibilität hinsichtlich der Anpassung an Ziele einerseits und eine aktive Zielverfolgung andererseits, wobei mit zunehmendem Alter kognitive Strategien zur Umbewertung von Problemen oder Funktionseinschränkungen an Bedeutung gewinnen (s. a. Freund & Baltes, 2002)
- »Einstellungen und Überzeugungen«: positive Selbstwirksamkeits- und Kontrollüberzeugungen sowie Optimismus
- »Lebenssinn«: die Fähigkeit, dem Leben allgemein und schwierigen Situationen einen Sinn zuzuschreiben nimmt mit zunehmendem Alter tendenziell eher zu
- »Lebenswille«.

Diese Aspekte weisen eine hohe Affinität zum Resilienzkonzept auf, ohne dass dies explizit benannt wird.

Bildung und Engagement

Bildung wird vielfach als Ressource benannt, die ein »gelingenderes Altern« unterstützt. Gerontologische Studien (Baltes & Baltes, 1989; Kruse, 2006) zeigen, »dass Bildungsbeteiligung im Alter einen wesentlichen Beitrag zur Aufrechterhaltung eines autonomen und aktiven Lebensstils leisten kann und dass das gesundheitliche Wohlbefinden positiv beeinflusst wird« (Tippelt & Schmidt-Hertha, 2010, S. 287).

Die Bildungsbeteiligung ist allerdings abhängig von der Bildungsbiographie in früheren Lebensjahren: »In der Teilnahme an Bildungsangeboten spiegeln sich auch die in früheren Lebensphasen erworbenen Bildungsgewohnheiten wider. Die Grundlagen lebenslangen Lernens werden bereits in den frühen Bildungsphasen geschaffen. Die Befunde des 5. Altenberichts verweisen darauf, dass in der allgemeinen Bildung und beruflichen Weiterbildung erhebliche soziale Ungleichheiten in Bezug auf die Teilnahme existieren, die vor allem nach Bildungsgrad, Qualifikation, Erwerbstätigkeit, beruflichem Status, Geschlecht, Nationalität und Alter differieren« (BMFSFJ, 2005, S. 454). Ein weiterer Prädiktor für die Teilnahme an Bildungsaktivitäten ist die Einbettung in soziale Netzwerke, zugleich sind »die bildungsaktiven Älteren deutlich zufriedener mit ihren sozialen Netzwerken« (Tippelt & Schmidt-Hertha, 2010, S. 288).

Tippelt und Schmidt-Hertha (2010) betonen, dass Seniorenkurse zur Bildung nur begrenzt beitragen und nur i. d. R. von vornherein höher Gebildete erreicht werden. Nötig sind differenzierte Angebotsstrukturen.

Auch *freiwilliges soziales Engagement* ist verbunden mit Alter, Berufsstand, Geschlecht und subjektivem Altersbild: Freiwilliges Engagement nimmt mit zunehmendem Alter ab, ein höherer Bildungsstand ist mit einem höheren Engagement verbunden, Männer sind – außerhalb familialer Bezüge – tendenziell engagierter als Frauen. Grundsätzlich ist es so, »dass ältere Menschen in erheblichem Umfang unentgeltlich freiwillige, gemeinwohlorientierte Tätigkeiten übernehmen. Bei den so genannten ›jungen Alten‹ war der Anstieg des Engagements in den letzten Jahren im Vergleich aller Altersgruppen am höchsten« (BMFSFJ, 2005, S. 456f.). Eine besondere Bedeutung hat dabei die Freiwilligkeit: Nach der Erwerbsphase besteht der Wunsch nach selbstbestimmter(er) Tätigkeit und eine Wahlfreiheit bzgl. des Engagement-Umfangs (»keine Hast«; Staudinger & Schindler 2002, S. 980). »Die Erweiterung eigener Kenntnisse und Erfahrungen gehört nach der Freude an der Tätigkeit, dem mit freiwilligem Engagement verbundenen Kontakten und dem Wunsch, sich für das Allgemeinwohl einzusetzen, zu den wichtigsten Motiven für freiwilliges Engagement« (Tippelt & Schmidt-Hertha, 2010, S. 291).

Ein kritischer Blick

Die Betonung der Ressourcen und Potentiale (hoch)alter Menschen wirft allerdings auch kritische Fragen auf, so formuliert Klie (2010, S. 45) provokativ-nachdenklich: »Das Paradigma aktiven Alters provoziert Exklusionsprozesse« (S. 145). Der Autor, der insbesondere das Thema der Selbstbestimmung hoch alter und »demenzkranker« Menschen thematisiert und erforscht hat, weist daraufhin, dass hoch alte

Menschen nur begrenzt zu Aktivitäten bereit und fähig sind: »Alle Programme zur Förderung eines aktiven Alters und noch so positiver Altersbilder verhindern nicht das Älterwerden des Menschen; die neukonzipierten, an Aktivität und Produktivität orientierten Altersbilder können das Alter und die zunehmende Vulnerabilität des Alters nicht abschaffen« (ebd., S. 152).

Dies bedeutet zum einen, dass es darum gehen muss, eine Passung zu finden zwischen gesellschaftlichen Angeboten und Potentialen alter Menschen und nicht unreflektiert und überfordernd alte Menschen zu Aktivität(en) und Eigenleistung zu ›zwingen‹.

Zum anderen geht es darum, die Selbstbestimmung (hoch) alter Menschen zu fördern und »Pflegebedürftigen eine teilhabefördernde Umwelt zu bereiten, in der sie als Menschen bedeutsam sind für andere« (Dörner, 2007). Klie formuliert, dass letztlich die Bedeutung und gute Wirkung einer Zivilgesellschaft sich daran misst, wie hoch alte und demenzkranke Menschen, insbesondere in Altenheimen aber auch im Rahmen der familiären Pflege/Betreuung erreicht, integriert und entsprechend ihrer Bedürfnisse unterstützt werden können.

Aktives Altern bedeutet daher, sich auf einem längeren Weg in aktiver »und sehr eigenständiger Weise mit dem eigenen Sterben und dem Tod auseinanderzusetzen und sich als selbstbestimmter und autonomer Mensch bis zum Ende des Lebens zu bewahren« (Klie & Student, 2007, S. 25).

3.5.3 Resilienz im Alter

Das Thema Resilienz hat im Diskurs der deutschen Alter(s)forschung bisher noch wenig Beachtung gefunden; internationale Studien liegen in größerer Anzahl vor (siehe dazu Weitzel et al., 2023). Folgende direkte und einige indirekte Bezüge lassen sich aus den deutschen Studien ableiten

- Im dritten Altenbericht des BMFSFJ (2001) wird auf das Konzept von Staudinger und Kollegen (1995, Staudinger & Greve, 1999) Bezug genommen. Dabei wird unter Resilienz »die Aufrechterhaltung oder Wiederherstellung des früheren psychischen Adaptations- und Funktionsniveaus nach erlittenem Trauma oder bei eingetretenen Einschränkungen und Verlusten« verstanden (BMFSFJ, 2001, S. 51). Im Sinne von Staudinger und Kollegen (1995) geht es um die Balance im Rahmen eines »Beeinträchtigungs-Ressourcen-Systems«. Dabei werden die subjektiv empfundenen, aber auch objektiv gegebenen Einschränkungen und Verluste (»Beeinträchtigungen«) in ein Verhältnis zu vorhandenen »Ressourcen« gesetzt: Diese Mittel lassen sich in ›psychische‹ (zu denen vor allem die Persönlichkeit, das Bewältigungsverhalten sowie kognitive Fähigkeiten und Fertigkeiten gehören) und ›nicht-psychische‹ (zu denen vor allem Merkmale der sozialen, der infrastrukturellen und der räumlichen Umwelt gehören) unterteilen. Bei der Analyse des Beeinträchtigungs-Ressourcen-Systems ist auch zu berücksichtigen, dass im vierten Lebensalter nicht nur die Einschränkungen, Verluste und Belastungen zunehmen, sondern dass gleichzeitig die psychischen, zum Teil auch die nicht-psychischen Ressourcen abnehmen« (BMFSFJ, 2001, S. 52).

- Die Kommission des 3. Altenberichts kommt – aufgrund der Erkenntnisse, dass verschiedene Menschen gleichartige Einschränkungen und Verluste z. T. sehr unterschiedlich verarbeiten – zu folgender Empfehlung: »Die Kommission empfiehlt, die Bewältigung von Anforderungen und Verlusten auch unter dem Aspekt der Resilienz, d. h. der ›psychischen Widerstandsfähigkeit‹ des Menschen zu betrachten« (BMFSFJ, 2001, S. 50). Allerdings wird diese Betrachtung dann in späteren Altenberichten nicht mehr systematisch aufgegriffen.
- In einer späteren Publikation spricht Staudinger (2007, S. 80) von der »psychischen Widerstandsfähigkeit des Selbst«. Dazu gehören »Zielselektion, kompensierendes Bewältigungsverhalten, ein reichhaltiges und differenziertes Selbstbild, Selbstwirksamkeitsüberzeugung sowie Gewissenhaftigkeit und Offenheit für neue Erfahrungen«. Staudinger und Greve (2001) verweisen darauf, dass moderate, bewältigbare Herausforderungen die Widerstandsfähigkeit, aber auch Weiterentwicklung allgemein stärken.
- Pohlmann definiert Resilienz ähnlich: »Resilienz umfasst in diesem Kontext die Widerstandsfähigkeit älterer Menschen trotz eintretender Beeinträchtigungen und Verluste ein normales Funktionsniveau beizubehalten oder wiederherzustellen« (Pohlmann, 2010, S. 77); die dann vom Autor abgeleiteten Strategien orientieren sich am SOK-Modell von Baltes und Baltes (s. o.).
- Der 6. Altenbericht des BMFSFJ (2010) hat das Thema »Altersbilder« zum Schwerpunkt. Die Analyse vorliegender Studien wird folgendermaßen zusammengefasst: »Altersbilder können … zu einer psychischen Widerstandsfähigkeit trotz schwieriger Lebensumstände (Resilienz) führen, sie können jedoch Vulnerabilitätskonstellationen auch verstärken (Schmitt 2004). Allerdings haben Menschen, die in unserer Gesellschaft hinsichtlich der Entwicklung und Verwirklichung von Potentialen benachteiligt sind und die zugleich durch Bildungsangebote und Maßnahmen der Prävention am wenigsten erreicht werden, eher negative Altersbilder, blicken dem eigenen Älterwerden also pessimistisch entgegen (Kruse & Schmitt 2005)« (BMBSFJ, 2010, S. 156).
- Ein sehr verkürztes Konzept von Resilienz benutzen Fooken und Rott (200); sie setzen Resilienz mit Lebenserwartung gleich.
- Leppert, Gunzelmann, Schumacher, Strauß und Brähler (2005) untersuchten »das Ausmaß von Resilienz als protektives Persönlichkeitsmerkmal für körperliches Wohlbefinden« (ebd., S. 365) an einer Stichprobe von 599 60-Jährigen und Älteren. Resilienz wurde mittels einer deutschen Version der Resilienzskala von Wagnild und Young (1993) erfasst. Dabei wurde deutlich, dass »Resilienz ein ebenso bedeutsamer Einflussfaktor für körperliches Wohlbefinden ist wie das Alter oder das Geschlecht. Bei Frauen fand sich ein geringeres Gesamtausmaß an Resilienz« (Leppert et al., 2005, S. 369).
- Gilan, Helmreich und Lieb (2019) verweisen auf Studien von Leppin et al. (2014) und Macedo et al. (2014) und konstatieren, dass Resilienz auch im Alter noch aufgebaut werden kann aufgrund der Neuroplastizität des Gehirns und der damit verbundenen Möglichkeit, lebenslang zu lernen (vgl. Gilan et al., 2019, S. 146). Die Autoren nennen insbesondere soziale Unterstützung, Optimismus und einen Sinn im Leben sehen, als wichtigste Resilienzfaktoren, die es gilt kontinuierlich auszubauen.

In einer querschnittliche Analyse der LIFE Kohortenstudie Adult-Studie des Leipziger Forschungszentrums für Zivilisationserkrankungen wurde die selbstberichtete Resilienz von 2410 Menschen im Alter von 65 und älter erhoben und in Korrelation zu soziodemographischen und sozialen Korrelaten gesetzt (Weitzel et al., 2023). Insbesondere soziale Unterstützung und ein großes soziales Netz standen in engem Zusammenhang mit einer hohen Resilienzausprägung und werden von der Autorengruppe als wichtiger Präventionsansatzpunkt postuliert.Auch wenn das Resilienzkonzept als solches in der Alter(n)sforschung noch wenig Beachtung gefunden hat, so hat das Thema der Bewältigung von (Funktions-)Einschränkungen und der Erhalt/Ausbau von Ressourcen und Entwicklungspotentialen hohe Bedeutung. Deutliche Entsprechungen zu »Resilienz«, wie sie in Kapitel 1 (▶ Kap. 1) definiert bzw. auch operationalisiert wurde, finden sich in den Ausführungen von Staudinger (s. o.) und besonders zum Konstrukt der »psychischen Stärke«, wie es insbesondere Jopp und Kollegen (2010) untersucht haben: »Auch wenn die Funktionstüchtigkeit in vielen zentralen Lebensbereichen mit dem Alter abnimmt, so scheint die menschliche Psyche bemerkenswert widerstandsfähig zu sein. Für ... psychologische Stärken wie Lebensmanagement-/Copingstrategien, Selbstwirksamkeits-/Kontrollüberzeugung, Optimismus, Lebenssinn und Lebenswille findet sich wenig Abbau, sondern vor allem Stabilität und bisweilen sogar Zuwachs mit zunehmenden Alter ... Wie die Zusammenschau der Ergebnisse weiter verdeutlicht, ist eine ausschließliche Fokussierung auf personale Ressourcen und ihre altersassoziierten Verluste nicht angezeigt, da sie gemeinsam mit den psychologischen Stärken wirken. Hierbei ist vor allem von Bedeutung, dass die psychologischen Stärken die Effekte der Ressourcen vermitteln und negativen Einfluss geringer Ressourcen abwehren können« (Jopp et al., 2010, S. 67).

Zusammenführung

Im »jungen« wie im »hohen« Alter geht es um die Bewältigung von Anforderungen, Krisen und Belastungen – die Themen sind gegenüber früheren Lebensaltern z. T. deutlich andere: Von besonderer Bedeutung ist die Auseinandersetzung mit der eigenen Rolle und Funktion in der Gesellschaft jenseits der ›regulären‹ Beschäftigungsverhältnisse, die ›Optimierung‹ und ›Korrektur‹ von Lebenszielen, das Umgehen mit Funktionseinschränkungen und – auch sozialen! – Verlusten sowie die Auseinandersetzung mit Sterben und Tod. Bei diesem Bewältigungsprozess haben bisherige Lebenserfahrungen – bis hin zur jeweiligen Bildungsbiografie – einen starken Einfluss; der »Resilienzstatus« im Alter und das damit verbundene Wohlbefinden basieren auf den früheren Lebensphasen erworbenen Kompetenzen, Sinnstrukturen, Einstellungen und Überzeugungen.

Bei der Bewältigung der Entwicklungsaufgaben im Alter bzw. dem ›Umgehen‹ mit den Herausforderungen im dritten und vierten Lebensalter findet sich eine Reihe von Hinweisen zu (unter)stützenden Faktoren auf individueller und überindividueller Ebene, die im Folgenden aus den obigen Abschnitten noch einmal zusammengefasst werden:

1. Unterstützungsfaktoren auf der individuellen Ebene[25]

- »Psychologische Stärken«, im Besonderen folgende Einstellungen und Überzeugungen:
  - Positive Selbstwirksamkeits-/Kontrollüberzeugungen
  - reichhaltiges und differenziertes Selbstbild
  - Kreativität, Innovationsfähigkeit
  - Genereller Optimismus
  - Flexibilität hinsichtlich der Anpassung an Ziele einerseits und eine aktive Zielverfolgung andererseits; Zielanpassung und Strategieentwicklung im Sinne des SOK-Modells (s. o.)
  - Positive subjektive Gesundheitseinstellung
  - Erhalt eines breiten Interessenspektrums
  - Bereitschaft, an Bildungsangeboten zu partizipieren
  - Bereitschaft (und entsprechende Aktivitäten) zum Erhalt und zum Ausbau vorhandener sozialer Netzwerke; auch: positive Bewertung der Sozialbeziehungen
  - Optimismus
- Lebenssinn und Lebenswille – beide Aspekte hängen eng mit o. g. »psychologischen Stärken« zusammen, allerdings werden sie von mehreren Autoren/Autorinnen in besonderer Weise hervorgehoben und sind daher gesondert erwähnt.

Es wird deutlich, dass sich große Parallelen zu den sechs »Resilienzfaktoren« auf der personalen Ebene finden, wie sie aus den vorliegenden empirischen Studien von Rönnau-Böse (2013, s. a. Fröhlich-Gildhoff & Rönnau-Böse, 2022a; ▶ Kap. 1) extrahiert wurden. Die Faktoren »positive Selbstwirksamkeitsüberzeugungen« und »adaptive Bewältigungsfähigkeiten« finden eine direkte Entsprechung; »Problemlösekompetenzen« und auch »Selbstregulation« sind eng mit den Prozessen der Zielanpassung und -gestaltung verknüpft. »Soziale Kompetenzen« müssen in spezifischer Weise, bei der Gestaltung der – auch schwindenden – Sozialkontakte, aber ebenso unter dem Aspekt der Wahrung und Sicherung eigener Selbstbestimmung realisiert werden. Lediglich der Aspekt der adäquaten Selbst- und Fremdwahrnehmung scheint an Bedeutung zu verlieren – was damit zusammenhängen kann, dass diese Grundfähigkeiten im Alter »vorausgesetzt« werden.

Im Alter hat die Auseinandersetzung mit und die Gestaltung der »Sinnhaftigkeit« des eigenen Lebens eine besondere Bedeutung; dies weist über die allgemeinen Erkenntnisse der Resilienz- oder Schutzfaktorenforschung hinaus.

---

25 Bei diesen Aufstellungen werden die Erkenntnisse zu Unterschieden hinsichtlich sozioökonomischem Status und Geschlecht aus Vereinfachungsgründen vernachlässigt.

2. Unterstützungsfaktoren auf der überindividuellen Ebene

- Vorhandene soziale, unterstützende Netzwerke
- Unterstützende Strukturen im Umfeld/in der Gemeinde, die für alte Menschen leicht erreichbar sind, sowie Partizipation und Selbstwirksamkeit gewährleisten (von Bildungsangeboten, Möglichkeiten für bürgerschaftliches Engagement bis hin zu Formen der Alltagsbegleitung)
- Strukturen der direkten Unterstützung, z. B. tagesstrukturierende Angebote, Pflegedienste, Heimstrukturen; besonders bedeutsam ist hier gleichfalls, dass die Partizipations- und Selbstbestimmungsmöglichkeiten der alten Menschen gesichert werden.

Diese Auflistungen sind aus den recherchierten wissenschaftlichen Erkenntnissen und Positionierungen zusammengestellt. Sie sind Momentaufnahmen und erheben nicht den Anspruch auf Vollständigkeit, sollen dennoch Hinweise auf Unterstützungsmöglichkeiten der Resilienz im Alter geben.

Auffallend bei den Analysen ist, dass der in der Resilienzforschung wichtige Faktor einer stützenden *Beziehung* nicht oder indirekt ›angesprochen‹ wurde; auf die Bedeutung entwicklungs- und bewältigungsförderlicher Interaktionen auch mit alten Menschen soll im nächsten Abschnitt eingegangen werden.

3.5.4 Unterstützungsmöglichkeiten der Potentiale und der Resilienz

Wie schon mehrfach dargelegt, gibt es keine expliziten Konzepte oder Programme zur Förderung der Resilienz im Alter. Daher werden im Folgenden einige Ansätze einer ressourcenorientierten Unterstützung alter Menschen vorgestellt, die im Sinne der Resilienzförderung wirksam sein können[26]. Dabei wird auf die Erkenntnisse zu den Potentialen im Alter Bezug genommen und berücksichtigt, dass neben verschiedenen Programmen die grundlegende Begegnungshaltung einen bedeutenden Stellenwert hat.

Vorab sei – wie in den vorherigen Abschnitten ausgeführt – betont, dass Entwicklungen, Weltbegegnungsformen, Einstellungen etc. im Alter immer mit entsprechenden Erfahrungen und Verarbeitungs- bzw. Bewältigungsformen in vorhergehenden Lebensphasen zu tun haben. Resilienzförderung im Alter gründet also auf der bisherigen Resilienzentwicklung – eine gut ausgeprägte Resilienz in mehreren Lebensbereichen ist ein guter Schutzfaktor, um mit den besonderen Herausforderungen erfolgreich(er) umgehen zu können. Ebenso hat eine frühzeitige Auseinandersetzung mit diesen Herausforderungen eine schützende Funktion im Sinne erfolgreicherer Bewältigungschancen. Pohlmann (2010, S. 92 f.) verwendet den Begriff »Alter planen«: »Gut beraten ist, wem es gelingt frühzeitig eigene Interessen

---

[26] Bei der Betrachtung dieser Ansätze müssten eigentlich geschlechtsspezifische und sozioökonomische Differenzen beachtet werden, was jedoch aufgrund der geringen Befundlage zu diesen Ansätzen nicht möglich ist.

und Begabungen aber auch Schwächen und Problembereiche auszuloten. Die eigenen Dispositionen zu erkunden und realistische Ziele aufzubauen stellt dabei eine lebenslange Aufgabe dar ...«

1. Bedeutung der Begegnungshaltung

Vor inhaltlichen Überlegungen zur Unterstützung der Resilienz oder der Darstellung spezifischer Programme muss darauf hingewiesen werden, dass auch im Alter die Gestaltung Selbst-stärkender Begegnungen und Beziehungen eine zentrale Bedeutung hat. Die Realisierung entsprechender, die Selbstentwicklung fördernder Beziehungsparameter – exemplarisch seien hier bedingungslose Akzeptanz, Empathie, Partizipation und ›Passgenauigkeit‹ genannt – unterscheidet sich in ihrer Qualität nicht von der in anderen Lebensphasen. Allerdings ist bei der Begegnung stark die Wahrung der Balance zwischen dem Anbieten und Geben von Unterstützung einerseits und der Sicherung der Selbständigkeit und Selbstbestimmung andererseits zu (be)achten: Ein zentrales Thema im Alter ist – im Gegensatz zur Entwicklungsunterstützung bei kleinen Kindern – der Verlust von Funktionen. Dies sei an einem einfachen Beispiel verdeutlicht:

> *Motorische oder neurologische Beeinträchtigungen können die Fähigkeit, selbständig mit Messer und Gabel zu essen, einschränken. Als professioneller wie ›privater‹ Begegnungspartner ist es nicht nur notwendig, angesichts der deutlich längeren Essensdauer Geduld zu haben, sondern sich immer wieder Rückmeldungen einzuholen, wie weit die alte BegegnungspartnerIn Unterstützung – beim Zerkleinern des Brots, beim Halten der Gabel...– benötigt, und/oder haben möchte.*

Im professionellen Zusammenhang untersuchte Pfeifer-Schaupp (2009) eine Form einer sehr achtsamen und stützenden Begegnung mit alten Menschen, die ausführlicher dargestellt sein soll, weil hierbei generelle Prinzipien einer förderlichen Beziehungsgestaltung mit alten Menschen deutlich werden:

Pfeifer-Schaupp (2009) entwickelte das ursprünglich im Kontext der personzentrierten Psychotherapie und Pädagogik entwickelte Konzept der »Prä-Therapie« von Prouty (1994, 1998) für die Begegnung in der Arbeit mit alten Menschen, die (schwere) dementielle Symptome aufwiesen, weiter. Dabei geht es um eine »Hilfe, um eine Brücke in die Welt von Klientinnen zu bauen, die nicht oder nur sehr eingeschränkt in der Lage sind, Kontakt zu anderen Menschen aufzunehmen. Es geht dabei um die Wiederherstellung der so genannten ›Kontaktfunktionen‹ der Klientinnen und die Herstellung einer Beziehung zu Menschen, die ... häufig abgeschoben oder aussortiert werden« (Pfeifer-Schaupp, 2009, S. 15). Mittels »Kontaktarbeit« kann mit den Betroffenen eine Beziehung aufgebaut werden, um »ihnen (wieder) eine Beziehung zu sich selbst, zu den eigenen Emotionen und zum eigenen Körper (Selbstkontakt) und zur Realität in ihrer Umgebung (Realitätskontakt) zu ermöglichen bzw. diese Kontaktebenen zu fördern« (ebd.).

Dabei werden insbesondere vor-sprachliche Erfahrungen zu erfassen versucht und das Erleben verbalisiert sowie aufgegriffen und reflektiert. »Mit ›existenzieller

Einfühlung‹ werden Brücken zum anderen Menschen gebaut. Prouty (1994, 1998) spricht auch von ›Mit-Sein‹: Dabei geht es darum, mit dem ganzen Wesen zu hören, mit dem Herzen wahrzunehmen. Wichtig für die Praxis ist es, dass Feinheiten der Reaktion bzw. der scheinbaren Nicht-Reaktion genau beachtet und ›reflektiert‹ werden« (ebd.). Pfeiffer-Schaupp (2009, S. 21) schildert hierfür ein Beispiel:

»Herr M. ist 84 Jahre alt [er lebt in einem Altenpflegeheim]. Er soll abgeholt werden, um im Gemeinschaftsraum Kaffee zu trinken. Er weigert sich, mitzugehen. Herr M. will keinen Kaffee. Er wirkt, wie wenn er etwas Schweres tragen würde. Er steht gebeugt da, eine Hand gebogen. Pflegekraft (P): »Kommen Sie, es gibt Kaffee!«. Sie nimmt ihn am Arm. Er sträubt sich.

P. nähert sich nochmals, diesmal von vorn: »Herr M., ich habe noch ein bisschen Kaffee, wollen Sie ein wenig?«,

Herr M. zögert.

P.: »Oh, Sie haben was Schweres zu tragen, kommen Sie, ich helfe Ihnen!«. Die Pflegekraft nähert sich ihm und hilft ihm, die schwere Last zu tragen. Sie nimmt ihm – pantomimisch – die Last ab.

Er geht jetzt bereitwillig mit zum Kaffeetrinken.

P.: »Ich wusste, er hat als Maurer gearbeitet, und ich hab auch mal auf dem Bau gearbeitet. Da ist es so, dass man nach der Pause nicht gleich wieder zum Kaffee darf. Und ich habe gesehen, er trägt was Schweres«.

Pfeifer-Schaupp qualifizierte in Weiterbildungskursen 111 Fachkräfte der Altenpflege und führte dabei eine systematische Evaluation durch (Triangulation verschiedener qualitativer Instrumente). Nach einer Einführung – Grundlagen des Personzentrierten Konzepts nach Rogers (von besonderer Bedeutung ist hierbei die Grundhaltung der Akzeptanz und Wertschätzung), Empathieübungen und aktives Zuhören – wurde anhand konkreter Alltagssituationen die »Achtsamkeitsbasierte Kontaktarbeit« eingeübt, in der Praxis erprobt und reflektiert. Wesentliche »Hilfsregeln« waren:

- »Versuche, auf das unmittelbare Erleben einzugehen, auf das, was ›da‹ und im Moment wahrnehmbar ist. Leitfrage: Was nehme ich wahr? Was nimmt wohl die Klientin wahr?
- Gehe auf den Realitätssinn des Klienten ein, wo er sich zeigt. Bestätigung der Realität hilft zur Verankerung. Leitfrage: Wo zeigt die Klientin noch/bereits Kontakt zur Realität?
- Der/die Helfer/in muss genau hinschauen und genau zuhören. Leitfragen: Was sagt die Bewohnerin/der Bewohner? Welchen Körperausdruck zeigt sie? Welche Gefühle und Bedürfnisse hat sie wohl? Welche kann und will ich jetzt erfüllen? Es geht um das Zuhören mit allen Sinnen.
- Nicht das Tun ist entscheidend, sondern Einfühlung und Mit-Sein (Prouty et al., 1998, 28 ff.)« (Pfeiffer-Schaupp, 2009, S. 18).

Die Evaluation zeigte, dass es mit der »Achtsamkeitsbasierten Kontaktarbeit« auch »bei schwer gestörten BewohnerInnen [gelungen ist], Anker in der Realität zu vermitteln, schrittweise Beziehung zu ermöglichen, Inseln der Orientierung zu finden und durch das Ansprechen von Struktur und Ereignissen eine zeitliche Orientierung zu ermöglichen. Relevant bei der Kontaktarbeit ist vor allem die Haltung, nicht einzelne Techniken« (Pfeiffer-Schaupp, 2009, S. 23). Die Analysen der Interaktionen der Weiterbildungsteilnehmenden zeigten, dass

- ein ›tiefes‹ Eingehen auf die gezeigten Lebensäußerungen der Klienten/Klientinnen – seien es Verhaltensweisen, und dazu zählt auch das Verharren, seien es Emotionen – dem Ziel dienen, eine Ich-Du-Beziehung im Sinne Bubers (Buber, 1984; Rogers & Buber, 1992) aufzubauen. »Dabei ist oft eine Paradoxie zu erleben: Symptome freundlich willkommen zu heißen, erhöht die Wahrscheinlichkeit, dass sie verschwinden« (ebd., S. 19).
- besonders wichtig war für viele Weiterbildungsteilnehmenden der Aufbau von »Demut und Respekt vor unveränderlichem Leiden: Es kann manchmal auch darum gehen, Beziehungslosigkeit zu akzeptieren und Nicht-Kontakt oder die Ablehnung von Kontakt anzunehmen und auszuhalten« (ebd.) – und manchmal auf den »richtigen Zeitpunkt« zu warten.
- ebenso bedeutsam war es, die eigenen Grenzen (frühzeitig) wahrzunehmen, zu akzeptieren und auszudrücken, dabei Distanz zu wahren.
- »Hilfreich und Kontakt fördernd war es, alle Sinneskanäle zu nutzen, z.B. Gerüche beim Kochen, Musik, Rhythmik, Arbeit im Garten, Tiere, die Begegnung mit kleinen Kindern[27]. Als wichtige Aufgabe erwies sich, auch die Gestaltung der Räume, die Möbel und sinnhafte Ereignisse (z.B. gemeinsames Kochen) zu nutzen, um eine Entwicklung der Kontaktarbeit von der Ebene des Face-to-Face-Kontaktes in Richtung der Schaffung eines ›Kontaktmilieus‹ (van Werde, 1998) zu fördern« (ebd.).

Diese Grundprinzipien der »Achtsamkeitsbasierten Kontaktarbeit«, die aus dem Konzept der Prä-Therapie für die Begegnung mit »kontakteingeschränkten« Menschen weiter entwickelt wurden, bieten wichtige Orientierungen für die Begegnung mit allen (alten) Menschen: Das tiefe und akzeptierende Einlassen auf das Gegenüber, das Verstehen-Wollen der individuellen Ausdrucksformen, Lebensäußerungen und Lebensbewegungen, das – auch nonverbale – passgenaue Beantworten dieser Lebensäußerungen kann neue Kontaktmöglichkeiten, ja einen neuen Weltbezug der (alten) Menschen ermöglichen[28].

---

27 Ein wissenschaftlich begleitetes Projekt zur regelmäßigen Begegnung zwischen Kindern aus Kindertageseinrichtungen und alten Menschen in stationärer Betreuung haben Weltzien und Klie (Weltzien, Rönnau-Böse, Klie & Pankratz, 2013) realisiert.
28 Mehrere Aspekte der hier dargestellten Prä-Therapie bzw. »Achtsamkeitsbasierten Kontaktarbeit« finden sich auch im Konzept der Validation (Feil, 2010), das für die Arbeit mit Menschen mit Demenzerkrankungen entwickelt wurde. Es würde den Rahmen dieses Buches sprengen, hierauf dezidiert einzugehen.

2. Unterstützungsthemen

Bei der Unterstützung/Begleitung der Bewältigung der Herausforderungen im Alter stehen spezifische Themen im Vordergrund, die im Folgenden näher ›beleuchtet‹ werden:

Zielfindung/Zieladaptation

Wie in den vorherigen Abschnitten ausführlich dargelegt, hängt eine gelingende Adaptation persönlicher Ziele – gerade auch angesichts drohender oder realer Funktionsverluste – eng mit subjektiver Lebenszufriedenheit zusammen. Im Kontakt mit (hoch)alten Menschen wird es also darauf ankommen im Sinne des SOK-Modells von Baltes und Baltes (1989 ff.) auf die Aspekte der Selektion, Optimierung und Kompensation von Zielen im Gespräch[29], aber auch durch das Schaffen unterstützender Strukturen gezielt einzugehen.

Die *Selektion* von Zielen umfasst das Bewusstmachen vorhandener Ressourcen (»Ressourcencheck«) und Interessen sowie ggf. eine sorgfältige Auseinandersetzung mit den vorhandenen, aber bisher nicht genutzten Entwicklungspotentialen. Damit verbunden ist auch die Trauerarbeit angesichts der Verluste, verbunden mit biographischer Arbeit, dem Ermöglichen von Lebensrückblicken und einer Lebensbilanzierung (z. B. Maercker & Forstmeier, 2012). Klie (2013a) weist auf die Bedeutung des (zunehmenden) Akzeptierens von Abhängigkeit hin.

Unter dem Gesichtspunkt der *Optimierung* geht es darum, vorhandene Potentiale des alten Menschen zu nutzen und zur Entfaltung zu bringen. Dies betrifft alle Aspekte der Alltagsbewältigung, sowie die Systematisierung von Tagesstrukturen, um Sicherheit zu bieten. Komplexe Handlungsabläufe müssen sorgsam ›unterteilt‹ und gegliedert werden, um sie nachvollziehbar und wiederholbar machen zu können. Im Kontakt ist es ebenso bedeutsam, die Fremd- und Eigenwahrnehmung auf die eigenen Fähigkeiten zu richten und hier passgenau, Unterstützung anzubieten. Dies vollzieht sich sehr oft auf einer Handlungsebene, die mit Unterstützungsressourcen (Zeit, Personal) verbunden ist: Ob ein alter Mensch ›noch‹ aus einem Glas oder ›schon‹ aus einer Schnabeltasse trinkt, hängt oft weniger mit motorischen oder neurologischen Einschränkungen zusammen, sondern damit, welche zeitlichen bzw. personellen Ressourcen bei der Trinkbegleitung zur Verfügung stehen.

Kompensation kann durch gezielte organisatorische und/oder strukturelle Maßnahmen erfolgen (Umbau der Wohnung, Nutzung des Rollators), Alltags- und Merkhilfen sowie eine sorgsam geplante und gemeinsam reflektierte Nutzung sozialer Ressourcen/Netzwerke (Familie, Freunde) erfolgen; ebenso sind vorhandene Serviceleistungen (Pflegedienste, Essensdienste) zu aktivieren. Die eingeschränktere Mobilität und auch funktionale Notwendigkeiten führen oft dazu, dass sich der Lebensraum alter Menschen einschränkt – folglich sind auch hierbei Kompensationsmöglichkeiten (von gezielten Besuchen bis hin zu »Außenaktivitäten«) zu realisieren, ohne die Betroffenen zu überfordern.

---

29 Weitere Hinweise hierzu finden sich z. B. bei Rabaioli-Fischer (2010).

In Bezug auf die Hochaltrigen ist es besonders bedeutungsvoll – angesichts der starken Einschränkung körperlicher Fähigkeiten – die psychologischen Stärken zu stärken. »Die zentrale Rolle der psychologischen Stärken für die Lebenszufriedenheit der Hundertjährigen legt nahe, dass diese umfassend gefördert werden sollten … Ein Stabilisieren der psychologischen Stärken kann im Alter etwa durch die Schaffung von positiven Erlebnismöglichkeiten und die Anregung zu sinnstiftenden Aktivitäten erfolgen (z. B. intergenerationeller Austausch, Identifikation und Aktivierung von Kerninteressen oder ›Leidenschaften‹). Selbst bei umfassender Pflegebedürftigkeit kann das Erleben von Selbstwirksamkeit und Kontrollempfinden ermöglicht werden. Dies könnte dadurch erfolgen, dass im Pflegealltag ausreichend Zeit und Raum gewährt werden, Alltagshandlungen selbständig oder mit dem nötigen Minimum an Hilfestellung auszugleichen« (Jopp et al., 2013, S. 68).

Lebenssinn

Angesichts der veränderten »Gewinn und Verlust«-Bilanzierung (z. B. Staudinger & Schindler, 2008; Freund & Riediger, 2005), aber auch möglicher neuer Freiräume im »jungen Alter« nach dem Ende der Erwerbstätigkeit stellen sich grundlegende Lebenssinnfragen neu. Diese sind einerseits mit den o. g. Zielen verbunden, können jedoch in besonderer Weise handlungsleitend werden. Ein Beispiel ist hierfür das (ehrenamtliche) Engagement alter Menschen, das sinnstiftende Wirkung haben kann (BMFSFJ, 2010). Allerdings bedarf es – gerade angesichts eines stark schichtspezifischen Gradienten beim freiwilligen Engagement (z. B. Tippelt & Schmidt-Hertha, 2010; BMFSFJ, 2010) – qualifizierter Steuerungsstrukturen wie z. B. Freiwilligenagenturen auf kommunaler Ebene. Die tiefergehende Auseinandersetzung mit der Sinnhaftigkeit des eigenen Lebens – und der spezifischen Herausforderungen im Alter – sollte durchaus im Sinne der salutogenetischen Perspektive Antonovskys (1997; ▶ Kap. 1, Exkurs »Die Bedeutung persönlicher Ziele und Sinnstrukturen« in diesem Buch) erfolgen.

Soziale Kontakte

Durch eingeschränkte Mobilität und das Sterben Altersgleicher besteht die Gefahr einer deutlichen Reduktion sozialer Kontakte und einer Vereinsamung. Eine Sensibilisierung für diese Gefahr sollte *vor* der eigentlichen Lebensphase des jungen Alterns erfolgen. Die Verluste von Personen und Netzwerkstrukturen können im Rahmen professioneller Unterstützung/Begleitung durch systematische Netzwerkanalysen mit entsprechenden Instrumenten oder Methoden (vgl. Stegbauer & Häußling, 2010) und kompensatorisches Handeln durch das Wiederbeleben ›alter‹ Kontakte bzw. den Aufbau neuer Beziehungen, verbunden mit einer entsprechenden Ermutigung zumindest aufgefangen werden.

Auseinandersetzung mit dem Tod

Auf die Bedeutung dieses Themas wurde eingegangen. Im Zusammenhang mit o. g. Strategien der Lebensbilanzierung, aber auch Sinnfindung sind auch im hohen Alter Ängste vor dem Tod noch reduzierbar. Hierzu bedarf es allerdings vielfach einer qualifizierten (seelsorgerischen) Begleitung.

3. Beispiele für Unterstützungsprogramme

In den letzten Jahren wurden einige Programme (»Trainings«) zur Unterstützung spezifischer Kompetenzen oder Funktionen alter Menschen entwickelt, von denen wenige systematisch evaluiert wurden; exemplarisch werden zwei vorgestellt:

Stuhlmann (2011) entwickelte ein »Selbst-Sicherheits-Training bei Ängsten und zur Verbesserung der psycho-sozialen Kompetenz im Alter«; dabei adaptierte er das Assertiveness-Trainings-Programms (ATP) von Ullrich de Muynck und Ullrich (1997) für die Anwendung im stationären Setting der Altenhilfe oder Gerontopsychiatrie.

»Das therapeutisch ausgerichtete Verfahren integriert Interventionsansätze auf mehreren Ebenen der Kompetenzeinbußen: somatisch-organische Ebene, kognitive Ebene, affektive Ebene, Handlungsebene« (Stuhlmann, 2011, S. 45). Das Training umfasst zehn 90-minütige Einheiten; die Gruppengröße sollte bei sechs bis acht Personen liegen. Anhand von zehn Situationsbereichen, die sich auf konkrete Alltagssituationen beziehen, werden (Selbst- und Fremd-)Wahrnehmungsübungen, Rollenspiele und »Verbesserungsmöglichkeiten des Verhaltens in schwierigen Situationen« (ebd.) durchgeführt; das Übungsprogramm ist mit gezielten Verstärkungsformen verbunden. »In zwei kontrollierten Studien wurde ermittelt, dass das Selbst-Sicherheits-Training das Ausmaß an sozialer Kompetenz und Selbstvertrauen auf den Ebenen der Selbst- und Fremdwahrnehmung erhöhte, die depressive Symptomatik verminderte und die situative Ängstlichkeit im Erleben und der Bewertung zukünftiger Ereignisse reduzierte« (ebd., S. 50).

Werheid und Kollegen (2011) kreierten ein verhaltenstherapeutisch orientiertes »Soziales Kompetenztraining für ältere Patienten mit Depression«, das vom Grundansatz ähnlich wie das o. g. aufgebaut ist und ähnliche Ziele hat. Das Programm ist allerdings auch für Bereiche außerhalb von Institutionen nutzbar. Daher sind allgemeiner »alltagsrelevante, als schwierig eingeschätzte soziale Situationen« (ebd., S. 111) Gegenstand der konkreten Übungen. Als Material bzw. didaktisches Element werden zusätzlich »Videos mit älteren Laiendarstellern gedreht, die mehrere Varianten sozialen Verhaltens zeigen« (ebd.). Die Evaluation der ersten Erprobung zeigte positive Effekte.

In den letzten Jahren ist die Bedeutung von Biographie als Quelle von Identität, Individualität und des Selbstvertrauens im Alter stärker betont worden. Die heute sehr alten Menschen haben erlebt, wie die Bedeutung der individuellen Biographie für ihre persönliche Integrität immer größer wurde, in dem Maß wie die Determinationskraft von Milieus und Schichten geschwunden ist (Individualisierung). Das kann unterstützend, aber auch verunsichernd wirken. Auf diesem Hintergrund ist

Biographiearbeit (z. B. Hölzle & Jansen, 2012; Specht-Tomann, 2012) als Interventions- und Unterstützungsmöglichkeit, sowohl für kognitiv orientierte als auch für demenziell erkrankte Menschen, entwickelt worden. Biographiearbeit ist weniger ein »Programm« – auch wenn sie teilweise sehr strukturiert beschrieben/konzipiert ist –, sondern wird eher als Kern einer individualisierten Pflege begriffen. Das Grundprinzip besteht einerseits darin, durch Kenntnis der Biographie des alten Menschen zu einem besseren, ganzheitlicheren Verstehen seines Verhaltens und seiner Gewohnheiten zu kommen. Andererseits soll dem alten Menschen die Möglichkeit gegeben werden, seine eigene Geschichte, Erlebnisse, Erfolge und Misserfolge, Beziehungen usw. sich systematisch(er) wieder anzueignen und sich so selbst besser verstehen zu können; Konzepte und praktische Hinweise finden sich bspw. in Hölzle und Jansen (2012) oder Specht-Tomann (2012).

4. Unterstützende Rahmenbedingungen

Die bisher dargestellten Unterstützungsmöglichkeiten zeigen deutlich, dass zum einen gesellschaftlich noch deutlicher eine »Kultur des Alters« (Klie, 2010) entwickelt werden muss. Zum anderen bedarf gerade die Unterstützung und Begleitung hoch alter Menschen ein großes Maß an Zeit (und Geduld), das angesichts unzureichender Ressourcen in den Pflege-/Betreuungsinstitutionen sehr oft nicht gegeben ist (z. B. Schneekloth & Wahl, 2009; Fussek & Loerzer, 2005).

Wenn die Würde der (hoch) alten Menschen geachtet werden soll, wenn ein weitgehendes Maß an Selbständigkeit und Selbstverantwortung gesichert werden soll, bedarf es Bedingungen, die angesichts enger Zeittaktungen im Bereich der Altenpflege oder einer hohen Belastung pflegender Angehöriger oft nicht gegeben sind. Nötig sind stärkere gesellschaftliche Schwerpunktsetzungen und Investitionen in die Lebensbedingungen alter Menschen, aber auch die Perspektive einer »sorgenden Gesellschaft« (Klie, 2013a). Wichtige Hinweise für die Unterstützung hochaltriger Menschen finden sich in der Studie von Jopp und Kollegen (2013, S. 65 ff.).

Resilienzförderung basiert auf dem Prinzip der Ressourcenstärkung – auf personaler wie sozialer und Umweltebene. Es finden sich auch für alte Menschen eine Reihe von Ideen, Konzepten und Initiativen zur Sicherung der Handlungsfähigkeit, zum Ausbau der Bewältigungskapazitäten sowie zur sozialen Teilhabe (z. B. http://www.netzwerk-song.de/) – ohne dass hierbei der Resilienzbegriff explizit genannt wird. Allerdings handelt es sich bei diesen Initiativen zumeist um zeitlich oder regional begrenzte Modellprojekte. Zur regelhaften Sicherung des Primats der Selbstbestimmung alter Menschen und der konsequenten Förderung ihrer seelischen Gesundheit bedarf es vielfältiger, langfristiger Anstrengungen.

4 Resilienz und Resilienzförderung in spezifischen Bereichen

4.1 Community resilience

In den meisten Publikationen zu Resilienz liegt der Fokus auf der individuellen Fähigkeit, Belastungen zu bewältigen. Die Entwicklung dieser Fähigkeit wird aber moderiert von verschiedenen Kontextvariablen, so dass Ungar (2011) von »kontextualisierter Resilienz« spricht. So können sich Individuen insbesondere dann positiv entwickeln, wenn die Umwelt ihnen Ressourcen zur Verfügung stellt, die ihren Bedürfnissen entsprechen (vgl. Ungar, Bottrell, Tian & Wang, 2013). An diesen Erkenntnissen knüpfen Konzepte und Forschungen zur sogenannten »community resilience« an.

Der Begriff der community ist sowohl im angloamerikanischen Raum als auch in der deutschen Übersetzung nicht eindeutig. In Deutschland wird damit z. B. das Gemeinwesen, das Quartier oder der Sozialraum bezeichnet, aber auch im weiteren Sinne ein Netzwerk. Mit diesen Begrifflichkeiten sind jeweils verschiedene Konzepte verbunden, die Einfluss auf die Interpretation der Wirksamkeitsstudien von Gemeinden haben. So unterscheiden Black und Hughes (2001) Definitionen, die Gemeinden aufgrund ihrer räumlichen Merkmale eingrenzen und Definitionen, die »communities of interest« näher beschreiben. Damit sind Gruppen von Individuen gemeint, die gemeinsame Werte verbinden. Darüber hinaus können Aspekte von Lebenslage und Lebenswelt (vgl. Kraus, 2013) miteinbezogen werden. Hall und Zautra (2010) plädieren dafür, alle Aspekte zu berücksichtigen und wie schon Boulet, Krauss und Oelschlägel (1980) sowohl territoriale als auch kategoriale und funktionale Merkmale eines Gemeinwesens miteinzubeziehen.

Die Definitionen von resilienten Gemeinden sind nicht weniger zahlreich (vgl. dazu Castleden et al., 2011; Norris, Stevens, Pfefferbaum, Wyche & Pfefferbaum, 2008). Castleden et al. (2011) filtern in einer Metaanalyse von 61 Artikeln zu diesem Thema neben dem Begriff der »community resilience«, sieben weitere Begriffe heraus, die in diesem Zusammenhang genannt werden: 1) »Disaster resilience«, 2) »Ecosystem oder social-ecological resilience«, 3) »Infrastructure resilience«, 4) »Organizational resilience«, 5) »Network resilience«, 6) »Urban resilience«, 7) »System resilience«.

Mit den jeweiligen Begriffen sind unterschiedliche Forschungsschwerpunkte verknüpft und auch hier rekurrieren die jeweiligen Autoren auf verschiedene Konzepte, die eine einheitliche Konzeptualisierung erschweren.

In den meisten Publikationen wird unter »community resilience« die oder der Prozess einer Gemeinde verstanden, Belastungen und Krisen positiv zu bewältigen.

Norris und Kollegen (2008) beschreiben eine resiliente Gemeinde als ein »Set von vernetzten adaptiven Fähigkeiten« (S. 135, Übersetzung d. Verf.) und betonen, dass »das Ganze mehr ist als die Summe seiner Teile«. Viele resiliente Individuen garantieren demnach keine resiliente Gemeinde und der Blick muss über die individuelle Resilienz hinaus gerichtet werden.

Beerlage, Mayer und Traore (2013) stellen fünf verschiedene Modelle von »community resilience« vor, die mit unterschiedlichen Denkweisen verknüpft sind:

1. Das psychologische Modell: »Wenn jeder für sich sorgt, ist für alle gesorgt«
   In diesem Modell steht die Vorsorge des Einzelnen im Mittelpunkt. Aus der Summe aller individuellen Resilienzen bildet sich eine »community resilience«. Die Förderung der Lebenskompetenzen von Kindern oder die Unterstützung von Bezugspersonen sind Strategien um die individuelle Resilienz zu entwickeln.
2. Das psychosoziale Modell: »Alle für einen, einer für alle«
   Dieser Ansatz fokussiert zum einen den Nutzen sozialer Bindungen für das Gemeinwesen, zum anderen den Nutzen des Gemeinwesens für die Gesundheit der Person. Förderung von sozialen Netzwerken und Settingprävention sind Ansätze zur gemeinschaftlichen Vorsorge.
3. Das institutionszentrierte Modell: »Wir sorgen für Sie – und Sie sollten kooperieren«
   »Community resilience« manifestiert sich bei dieser Denkweise in der Vorbereitung von Institutionen des Gesundheitssystems und der Gefahrenabwehr. Dabei wird die persönliche Notfallvorsorge unterstützt durch die kommunale Vorsorgekoordination, wie z. B. durch Bürgerleitfäden oder Notfallpläne. Die Mithilfe bzw. eigene Anstrengung des Einzelnen wird dabei erwartet.
4. Das sozioökonomische Kapazitätsmodell
   Dieses komplexe Modell enthält vier Netzwerkressourcen: Ökonomische Entwicklung, Information und Kommunikation, Kompetenzen der Community und Soziales Kapital (vgl. Norris et al. 2008), die »community resilience« generieren (vgl. Ausführungen weiter unten).
5. Das gesamtgesellschaftliche Modell: »Gemeinsam sind wir fast unschlagbar«
   »Community resilience« wird in diesem Modell als die Gesamtheit aller Fähigkeiten und Möglichkeiten in einem lokal definierten sozialen System gesehen. Die gesamtgesellschaftliche Vorsorge und nachhaltige Entwicklung werden in unterschiedlichen Disziplinen verfolgt.

Ein Forschungsschwerpunkt der »community resilience« findet sich in Verbindung mit (Natur-) Katastrophen, wie z. B. dem Tsunami in Südostasien 2004 oder dem Hurrikan Katrina in New Orleans, aber auch den Terroranschlägen vom 11. September 2001 in New York. In diesem Zusammenhang wird von »community disaster resilience« gesprochen und ein Großteil der englischsprachigen Publikationen zu »community resilience« ist mit dieser Thematik im Rahmen von Bevölkerungsschutz und Public Health verknüpft.

In der deutschen Resilienzforschung findet die Bedeutung der Gemeinde bisher wenig Beachtung. Publikationen finden sich so gut wie gar keine, der Begriff ist auch nicht als Schlagwort in den gängigen Literaturdatenbanken gelistet. Vereinzelte Veröffentlichungen sind wie im angloamerikanischen Raum im Rahmen des gesundheitlichen Bevölkerungsschutzes erschienen (z. B. Beerlage et al., 2013). Es finden sich eher Ergebnisse in anderen wissenschaftlichen Disziplinen, wie der Gemeindepsychologie (z. B. Röhrle & Sommer, 1995), der lebensweltorientierten Sozialpädagogik (Thiersch, 1992) oder der Gemeinwesenarbeit der Sozialen Arbeit (z. B. Ackermann & Wegner, 2010).

Fröhlich-Gildhoff (2013b) bezeichnet die Gemeinde als Moderatorvariable der resilienten Entwicklung. Gewaltbelastete Umgebungen können für die Einwohner ein Risiko darstellen, aber ob aus diesem Risiko Verhaltensauffälligkeiten entstehen und wie sie sich ausprägen wird von weiteren Umgebungsvariablen moderiert, wie z. B. der Qualität von Bildungsinstitutionen, Vorhandensein von Rollenvorbildern, dem Familienklima usw. Fröhlich-Gildhoff (2013b) zitiert verschiedene Studien, die diesen Effekt verdeutlichen (DuMont, Widom & Czaja, 2007; Jaffee, Caspi, Moffitt, Polo-Thomas & Taylor, 2007). Auch Luthar (2006) fasst die Ergebnisse mehrerer Studien zusammen, die eine Moderatorenfunktion belegen.

Kennzeichen einer resilienzförderlichen Gemeinde

Hall und Zautra (2010) kritisieren, dass resiliente Gemeinden häufig an der Abwesenheit von Defiziten gemessen werden, wie z. B. eine niedrige Kriminalitätsrate oder geringe Schulabbrecherquoten. Sie plädieren dafür, stärker die Ressourcen und nachhaltigen Entwicklungen als Kriterien zu nehmen. Dafür operationalisieren sie verschiedene Indikatoren (»prime indicators«), anhand derer die Resilienz einer Gemeinde gemessen werden kann. Eine resiliente Gemeinde kennt die Möglichkeiten dieser Indikatoren und nutzt sie entsprechend (ebd., S. 361 ff.):

- »Physical infrastructure«
  Unter diesem Aspekt werden z. B. bezahlbarer Wohnraum, ein gut ausgebautes Straßennetz und der öffentliche Nahverkehr, freie Nutzungsflächen und funktionierende Kommunikationssysteme gefasst. Je mehr dieser Faktoren in einer Community vorhanden und für alle erreich- bzw. nutzbar sind, desto wahrscheinlicher ist eine resiliente Entwicklung der Gemeinde.
- »Social infrastructure«
  Unter diesem Indikator wird die Diskussion um das soziale Kapital (Putnam, 2001) einer Gemeinde gefasst. Dieses Kriterium erhält eine besondere Gewichtung in Bezug auf »community resilience«. Der soziale Zusammenhalt einer Gemeinde ist einer der entscheidenden Prädiktoren für eine resiliente Entwicklung (ebd., S. 367). Gemeinschaften mit einer hoch ausgeprägten Resilienz arbeiten an einem gemeinsamen Ziel, stellen Plätze zum Austausch und zur Kommunikation zur Verfügung, haben eine Reihe von ehrenamtlich organisierten Vereinen und bestehen aus Nachbarschaften, die sich gegenseitig vertrauen und unterstützen (vgl. dazu auch Mayunga, 2007).
- »Civic infrastructure«
  Mit der bürgerlichen Infrastruktur werden formale und informale Prozesse und Netzwerke beschrieben, die es Gemeinschaften ermöglichen, Entscheidungen zu

treffen, Probleme zu lösen und Zukunftsstrategien zu entwickeln. Dazu braucht es z. B. politische Partizipationsmöglichkeiten, verschiedene Komitees, die sich mit den Themen der Gemeinde auseinandersetzen und Regeln für die Führung einer Gemeinde.
- »Economic infrastructure«
  Je stabiler das ökonomische Kapital einer Gemeinde ist, desto wahrscheinlicher kann von einer resilienten Gemeinde gesprochen werden. Dies umfasst genügend und gut bezahlte Arbeitsplätze, Reduzierung ungleicher Einkommensverteilung und Investitionsmöglichkeiten.
- »Human development infrastructure«
  Unter dem humanen Kapital einer Gemeinde werden Möglichkeiten des lebenslangen Lernens gefasst, Mentorenprogramme, Freizeitaktivitäten und das gesamte Bildungssystem. Resiliente Gemeinschaften ermöglichen ihren Mitgliedern, die Ressourcen des Bildungssystems zu nutzen und investieren in dieses System. Mayunga (2007) betont die Bedeutung des humanen Kapitals für Community resilience. Je mehr davon vorhanden ist, auf umso mehr Kapazitäten kann zurückgegriffen werden, um Resilienz zu fördern (ebd., S. 8).
- »Health and well-being infrastructure«
  Mit diesem Indikator werden Investitionen einer Community beschrieben, die die Gesundheit und das Wohlbefinden ihrer Mitglieder fördern. Kriterien für eine resiliente Community können z. B. niedrige Scheidungsraten darstellen, die physische und psychische Gesundheit ihrer Mitglieder sowie eine hohe Lebenserwartung.

Hall und Zautra (2010) geben zu bedenken, dass Gemeinden sehr unterschiedlich sind und jede bei einem anderen Punkt ansetzen muss. Aber wenn die Indikatoren als Ausgangsbasis für Weiterentwicklung und Förderprogramme genommen werden, ist die Wahrscheinlichkeit groß, dass die Community sich zu einer resilienten Gemeinschaft entwickelt (ebd., S. 367).

Ähnliche Kriterien finden sich bei Norris und Kollegen (2008), die die Resilienz einer Gemeinschaft als ein Set von Netzwerkressourcen (»set of networked resources«) definieren (s. o.):

- Information und Kommunikation
  Die Autoren beschreiben die Notwendigkeit von vorhandener Kommunikation und verschiedenen Informationswegen. Ein entscheidender Aspekt scheint dabei das gegenseitige Vertrauen zu sein (vgl. Longstaff, 2005). Norris et al. (2008) verweisen darauf, dass es insbesondere darauf ankommt, dass die Fähigkeiten schon *vor* der Krise vorhanden sein müssen, damit sie wirksam werden können. Darüber hinaus machen sie auf einen weiteren interessanten Punkt aufmerksam: Resiliente Communities verfügen über Menschen, die ihre gemeinsame Geschichte erzählen und ausdrücken können. So konstatieren Landau und Saul (2004) in ihrer Studie, dass das gemeinschaftliche Teilen einer Geschichte und das darüber sprechen, für die Betroffenen des 11. September 2001 eine schützende Funktion hatte. Ähnliche Ergebnisse werden zum einen für andere traumatische Ereignisse beschrieben (vgl. Norris et al., 2008). Zum anderen hat das Ver-

sprachlichen einer gemeinsamen Realität und das Ausdrücken gemeinsamer Erfahrungen insgesamt eine schützende Wirkung, die eine resiliente Gemeinschaft beeinflussen kann (Alkon, 2004).
- Kompetenzen der Community
 Eine kompetente Gemeinschaft hat gemeinsame Ziele, arbeitet zusammen und entwickelt kreative und flexible Problemlösestrategien. Die Autoren beschreiben die »kollektive Selbstwirksamkeit« (Sampson, Raudenbush & Earls, 1997) einer Gemeinde bzw. Nachbarschaft, d. h. sich für das gemeinsame Wohl einzusetzen, einen hohen Zusammenhalt und gegenseitige Unterstützung als prägend für resiliente Communities und Voraussetzung für eine gelingende Kommunikation und das soziale Kapital einer Gemeinschaft. Perkins, Hughey und Speer (2002) verbinden mit der kollektiven Selbstwirksamkeit ein hohes Maß an Empowerment. Gemeinsame Entscheidungsfindung und Problemlöseprozesse unterstützen die Bewältigung belastender Ereignisse.
- Soziales Kapital
 Die Autoren unterstreichen die Gewichtung des sozialen Kapitals einer Gemeinde und referieren zahlreiche Studien, die das unterstreichen (vgl. Norris et al.,2008, S. 138 ff.). Drei Aspekte spielen dabei eine besondere Rolle: das Zusammengehörigkeitsgefühl, die Verbundenheit mit einem Ort und die Partizipationsmöglichkeiten der Bürger.
- Ökonomische Entwicklung
 Neben den schon bei Hall und Zautra (2010) genannten Aspekten des ökonomischen Kapitals, betonen Norris und Kollegen (2008) die Bedeutung von der sozial gerechten Bereitstellung von Ressourcen. D. h. eine Gemeinde muss wissen, wer die meisten Bedarfe hat und darauf entsprechend reagieren.

Castleden, McKee, Murray und Leonardi (2011) referieren in ihrer Metaanalyse eine Reihe von Aspekten, die mit dem Begriff der »community resilience« verbunden werden – egal aus welcher Perspektive bzw. Disziplin heraus das Konzept betrachtet wird. Die meisten Artikel befassten sich allerdings mit »disaster resilience«, so dass die zitierten Beispiele in der Regel im Rahmen von Katastrophen entstanden sind. Die Komponenten können als protektive Faktoren betrachtet werden, die eine resiliente Gemeinschaft ausmachen:

- Kommunikation
 Eine gut funktionierende Kommunikation wird in über der Hälfte der Artikel als entscheidender Faktor genannt. Als Beispiel wird die Zusammenarbeit und Kommunikation verschiedener Hilfesysteme nach dem Hurricane Katrina in New Orleans angeführt. Dort funktionierten insbesondere die Kommunikationssysteme, die auch schon vor der Katastrophe positiv entwickelt waren (ebd., S. 374).
- Lernfähigkeit und Wissen
 Das Wissen über hilfreiche Strategien und gesundheitsfördernde Maßnahmen unterstützt die resiliente Entwicklung einer Gemeinschaft. Aber auch die Fähigkeit aus vergangenen Krisen zu lernen und neue Strategien anzuwenden. Als Beispiel werden die Auswirkungen eines Erdbebens 1993 in Kalifornien genannt,

das aufgrund verbesserter Rettungsmaßnahmen nur zu 61 Todesopfern führte – im Gegensatz zu einem Erdbeben von 1989 mit derselben Stärke. Hier kamen 25 000 Menschen ums Leben (ebd., S. 374).
- Anpassungsfähigkeit
  Die Fähigkeit, Strategien in neuen, unbekannten Situationen anzuwenden, zeigte sich in vielen Publikationen zur Thematik als wichtige Kompetenz, um mit Krisensituationen umzugehen.
- Risikobewusstsein
  Durch das Bewusstsein über mögliche Risiken entwickelten verschiedene Communities Initiativen, um mit diesen Risiken besser umgehen zu können.
- Adäquate Planung und Vorbereitung
  Mit dem vorherigen Punkt verbunden ist eine adäquate Planung und Vorbereitung auf eine mögliche Krise, wie z. B. Frühwarnsysteme
- Soziales Kapital (Vertrauen, Soziale Verbundenheit)
  Wie schon in obigen Darstellungen zeigte sich auch in dieser Metaanalyse, dass gegenseitiges Vertrauen und soziale Verbundenheit resiliente Gemeinden ausmachen. Beim Hurricane Katrina arbeiteten 10 000 Freiwillige zusammen und engagierten sich auch danach aktiv für die Belange der Stadt.
- Ökonomisches Kapital
  Das ökonomische Kapital einer Gemeinde bestimmt ihre Möglichkeiten mit, hier kommt es insbesondere auf die gerechte Verteilung an.
- Körperliche und psychische Gesundheit
  Die körperliche und psychische Gesundheit der Mitglieder einer Gemeinde unterstützt die resiliente Entwicklung und fördert die soziale Verbundenheit.
- Eine »gute« Regierung
  In einigen Gemeinden zeigte sich eine demokratische Regierung als protektiv für die Gemeinde. Dabei wurde als wichtig erachtet, dass regionale Entscheidungsbefugnisse getroffen werden konnten, um dezentralisiert handeln zu können.
- Redundanz
  Dieser Aspekt gilt hauptsächlich für Gemeinden nach einer Katastrophe und beschreibt das Vorhandensein von z. B. mehreren Kommunikationswegen. Wenn einer dieser Wege ausfällt, sind weitere vorhanden, die den Wegfall ausgleichen können.

Auch die »International Federation of the Red Cross and Red Crescent Societies« (2011) kommt zu entsprechenden Ergebnissen und beschreibt analog sechs Kriterien einer resilienten Community.

Hall und Zautra (2010) fassen sechs Kennzeichen einer resilienzförderlichen Gemeinschaft zusammen, die auf verschiedensten Studien beruhen. Diese Kriterien können unter dem sozialen Kapital einer Community zusammengefasst werden (ebd., S. 355):

- »Nachbarn, die einander vertrauen
- Nachbarn, die mit einander kommunizieren und interagieren
- Einwohner, die ein eigenes Haus besitzen und längere Zeit an einem Ort bleiben
- Einwohner, die einen Sinn für Gemeinschaft und Zusammenhalt haben

- Einwohner, die für das Allgemeinwohl zusammenarbeiten und sich in die Gemeinschaft einbringen
- Formale und informale öffentliche Versammlungsplätze bzw. Treffpunkte«

Alle diese Zusammenstellungen machen deutlich, dass insbesondere Investitionen in das soziale Kapital einer Gemeinschaft viel zu einer resilienten Gemeindeentwicklung beitragen können. Luthar (2006) bestätigt diese Ergebnisse in ihrer Zusammenfassung verschiedener Studien. Sozial organisierte Prozesse der Nachbarschaft, sozialer Zusammenhalt, ein Gefühl der Zugehörigkeit und Begleitung von Jugendlichen durch Erwachsene sowie hohe Partizipationsmöglichkeiten in lokalen Organisationen zeigten sich in mehreren Studien als Kennzeichen einer resilienten Entwicklung (ebd., S. 773).

Förderung der »Community resilience«

Aus den oben aufgeführten Kennzeichen lassen sich verschiedene Förderstrategien ableiten:

1. Es müssen verschiedene Ebenen miteinbezogen werden analog der genannten Infrastrukturen von Hall und Zautra (2010) (soziale, ökonomische, technische, humane, bürgerliche und gesundheitsförderliche Infrastrukturen). Dies spricht auch für die Entwicklung mehrdimensionaler Programme, die den Einbezug verschiedener Disziplinen erfordert.
2. Insbesondere die Förderung des sozialen Kapitals einer Community scheint ein wichtiger Parameter für die Entwicklung protektiver Prozesse auf Gemeindeebene zu sein. Die Unterstützung gemeinsamer Aktivitäten fördert den sozialen Zusammenhalt und das Gemeinschaftsgefühl. Darüber hinaus sollte die Bedeutung der Beziehung auch im institutionellen Kontext berücksichtigt werden. Die Etablierung von Mentorenprogrammen (vgl. dazu Fröhlich-Gildhoff, 2013c) kann hier unterstützend wirksam werden.
3. Kindertageseinrichtungen, Schulen und strukturierte Freizeitangebote eignen sich als Orte der Settingprävention und können eine Moderatorenrolle insbesondere für die Zielgruppen spielen, die in ihrem häuslichen Umfeld mit schlechten Rahmenbedingungen umgehen müssen.
4. Die Entwicklung der Community sollte durch die Partizipation der Mitglieder gestaltet werden. Fröhlich-Gildhoff (2013b) empfiehlt die »Selbstentwicklungs- und Entfaltungspotentiale der Nachbarschaft zu fördern und nicht professionell zu ›bevormunden‹« (S. 170). Die Entwicklung gemeinsamer Ziele, kreativer Problemlösestrategien und gemeinsame Entscheidungsprozesse sollte in den Mittelpunkt gestellt werden. Entsprechende Anregungen finden sich in der Diskussion um bürgerschaftliches Engagement und zivilgesellschaftliche Entwicklung (vgl. Klie, 2013b).
5. Bei den verschiedenen Förderstrategien sollte insbesondere das Ziel der sozialen Teilhabe und Chancengerechtigkeit fokussiert werden. Dafür müssen die jeweiligen Bedürfnisse unterschiedlicher Zielgruppen wahrgenommen und verschie-

dene Wege zur Unterstützung bereitgestellt werden. So sollten neben universellen Programmen, auch gezielte (selektive und indizierte) Angebote entwickelt werden. So empfehlen sich Angebote mit einer Gehstruktur, die die Familien direkt in ihrer Lebenswelt aufsuchen, wie z. B. die sozialpädagogische Familienhilfe oder Hausbesuche von pädagogischen Fachkräften.

Praxisbeispiele für Mehrebenenprogramme und Förderung durch Mentoren finden sich bei Fröhlich-Gildhoff (2013b) oder Luthar (2006). Darüber hinaus gelangen die Wirkungen von »community resilience« auch immer stärker in das politische Bewusstsein, insbesondere im Feld der Public Health. So wird z. B. im Rahmenkonzept »Gesundheit 2020« der WHO als einer der vorrangigen vier Bereiche die »Schaffung stützender Umfelder und widerstandsfähiger Gemeinschaften« (WHO Regionalbüro für Europa, 2015) genannt. Insgesamt ist hier jedoch noch ein deutlicher Entwicklungs- und auch Forschungsbedarf zu konstatieren.

4.2 Resilienzförderung in der Jugend- und Erziehungshilfe[30]

4.2.1 Einführung

Der Bereich der Kinder- und Jugendhilfe ist ein weites Feld und umfasst – in Orientierung am Sozialgesetzbuch VIII – im Wesentlichen die Kindertagesbetreuung, die Jugend(sozial)arbeit und als weiteren bedeutenden Bereich die Hilfen zur Erziehung.
In diesem Kapitel wird der Schwerpunkt auf die Resilienzförderung in der Erziehungshilfe gelegt, da

- Kinder und Jugendliche, die im Bereich der Hilfen zur Erziehung betreut und unterstützt werden, in der Regel hochbelastet sind und oftmals Traumafolgestörungen zeigen (Fegert, Ziegenhain & Goldbeck, 2010; Rajendran, 2008). Zudem können die angebotenen Hilfen zusätzlich zu Belastungen führen, die dann bewältigt werden müssen; dies trifft insbesondere bei außerfamiliärer Unterbringung und entsprechenden Wechseln der Lebensorte zu.
- im Bereich der Hilfen zur Erziehung oft mit relativ hohen Zeitkontingenten Kinder, Jugendliche (und Familien) von zumeist hochqualifizierten Fachkräften betreut und begleitet werden. Hier liegen gute Potentiale zur Unterstützung der

---

30 Dieser Beitrag ist eine überarbeitete, ergänzte und aktualisierte Version des Artikels von: Fröhlich-Gildhoff, K. (2012b). Resilienzförderung in der Jugend- und Erziehungshilfe. In K. Fröhlich-Gildhoff, J. Becker & S. Fischer (Hrsg.), Gestärkt von Anfang an. Resilienzförderung in der Kita (S. 81–87). Weinheim: Beltz.

betroffenen Kinder und Jugendlichen, zur Förderung von deren seelischer Gesundheit im weiteren und der Resilienz im engeren Sinne.

In diesem Zusammenhang ist auch zu beachten, dass allgemeine oder universelle Resilienzförderung kein »Allheilmittel« ist und alle Maßnahmen nur die Wahrscheinlichkeit erhöhen können, dass Kinder, Jugendliche und auch Erwachsene, die Herausforderungen des Lebens und insbesondere Krisen ›besser‹, d. h. im Sinne des Erhalts seelischer Gesundheit, bewältigen. Ein Teil von Kindern und Jugendlichen ist mit allgemeiner auf Kompetenzentwicklung ausgerichteten Vorgehensweisen im Sinne universeller Prävention nicht (ausreichend) zu erreichen. Diese Kinder und Jugendlichen, die »herausforderndes Verhalten« zeigen, benötigen eine sehr gut geplante pädagogische (und therapeutische) Begegnung, für die oft die Möglichkeiten von Regelinstitutionen allein nicht ausreichen – hier, im Bereich der selektiven und v. a. indizierten Prävention, haben die Institutionen und Fachkräfte der Jugend- und Erziehungshilfen ihren bedeutsamen Platz.

Zunächst wird ein (kurzer) Blick auf die Forschung im Rahmen der Hilfen zur Erziehung und deren Bezüge zum Resilienzkonzept geworfen. Dann werden Erkenntnisse zu Möglichkeiten und Grenzen auch aus internationaler Perspektive zur Förderung in diesem Bereich vorgestellt. Im letzten Schritt werden Leitprinzipien der Resilienzförderung im Rahmen der Hilfen zur Erziehung abgeleitet.

4.2.2 Untersuchungen im Feld der Hilfen zu Erziehung und zur Resilienzförderung in Deutschland

Nach einer Phase, in der größere empirische Studien im Bereich der Hilfen zur Erziehung realisiert wurden, ist es diesbezüglich in den letzten Jahren etwas ›ruhiger‹ geworden. In der Studie »Zum Erfolg von Jugendhilfeleistungen« bzw. »Leistungen und Grenzen der Heimerziehung« (sog. JULE-Studie, Thiersch, 1998; BMFSFJ, 1998) wurden anhand von Aktenauswertungen und Interviews die Effekte von stationärer Heimerziehung, Tagesgruppen und betreutem Jugendwohnen analysiert und verglichen. Dabei zeigte sich, dass in »dreiviertel der Fälle die erbrachten Hilfeleistungen, gemessen an der Ausgangslage, gemessen an den Schwierigkeiten zu Beginn der Hilfe, hilfreich für junge Menschen« gewesen sind (Thiersch, 1998, S. 18). In der sog. Jugendhilfeeffektstudie (JES-Studie) wurden unterschiedliche Formen der Hilfen zur Erziehung untersucht und miteinander verglichen. Es zeigte sich hier, dass die Partizipation, neben der Durchführung des Hilfeprozesses, eine der zwei wesentlichen Faktoren ist, die für die Prozessqualität einer Hilfe eine entscheidende Bedeutung hat (Schmidt et al., 2002). In Untersuchungen zur niederfrequenten und intensiven Einzelbetreuung (Fröhlich-Gildhoff, 2003) und zur sozialpädagogischen Familienhilfe (Wolf, 2003; Fröhlich-Gildhoff, Engel & Rönnau, 2006) zeigte sich, dass die Beziehung zwischen professionellen Betreuern/Betreuerinnen und den Klienten/Klientinnen, sowohl bei den betreuten Jugendlichen als auch den Familien, der zentrale Faktor für den Erfolg einer Hilfe ist. Ein weiterer wichtiger Aspekt, der sich in allen Studien zeigte, war eine gute und durch ausreichende Untersuchungen (Diagnostik) abgesicherte und kooperativ abgestimmte Planung der Hilfen.

Während in diesen Untersuchungen das Konzept der Resilienz im engeren Sinne noch nicht berücksichtigt war, so wird die sog. Bielefelder Invulnerabilitätsstudie, die im Bereich der Heimerziehung durchgeführt wurde, als eine der grundlegenden Studien der Resilienzforschung in Deutschland angesehen. In dieser Studie, an der 146 Jugendliche im Alter von 14 bis 17 Jahren, die alle in Heimen aufwuchsen, teilnahmen, wurde der Frage nachgegangen, welche Schutzfaktoren außerhalb der Familie zu einer resilienten Entwicklung beitragen können. Die Jugendlichen wurden auf der Basis von Fallkonferenzen, Erzieher-Berichten sowie Selbsteinschätzungen mit einem Risikoindex eingestuft und dann in zwei Teilgruppen aufgeteilt. In der einen Gruppe befanden sich 66 Jugendliche, die als resilient beschrieben wurden, in der anderen Gruppe waren 80 Jugendliche aus denselben Heimen, die zwar eine gleichartige grundlegende Risikobelastung aufwiesen, aber im Gegensatz zur resilienten Stichprobe starke Verhaltensauffälligkeiten zeigten (Lösel & Bender, 2007, S. 58). Die Jugendlichen beider Gruppen wurden dann interviewt und es wurden Merkmale erfasst, die in einen Zusammenhang mit der seelischen Widerstandskraft gesetzt werden konnten: Die als »resilient eingestuften Jugendlichen zeigten während der Studienlaufzeit, eine Reihe von protektiven Faktoren, wie z. B. eine realistische Zukunftsperspektive, ein positives Selbstwertgefühl und eine hohe Leistungsmotivation. Auffallend war auch, dass sie bedeutend öfter eine feste Bezugsperson außerhalb ihrer Familie hatten, bessere Beziehungen in der Schule eingehen konnten und auch zufriedener mit der erhaltenen sozialen Unterstützung waren. Ob ein Jugendlicher über die Zeit der Untersuchung hinweg stabil resilient oder verhaltensauffällig blieb, hing vor allem auch damit zusammen, wie die Studienteilnehmer das Erziehungsklima in den Heimen erlebten, das im besten Fall autoritativ, das heißt durch Empathie und Grenzsetzung gekennzeichnet war, im schlechtesten Fall eher autoritär und restriktiv war (Lösel & Bender, 2007)« (Fröhlich-Gildhoff & Rönnau-Böse, 2022a, S. 17).

In jüngerer Zeit sind dann Bezüge zwischen einzelnen Handlungsfeldern der Hilfen zur Erziehung und der Resilienzförderung konzeptionell hergestellt worden:

- So begreift Jaede (2011) Resilienzförderung als »Neuorientierung für Erziehungs- und Familienberatung«. Er beschreibt Prinzipien, um in der Beratung Resilienz zu fördern: »Selbstwirksamkeit und Selbstkontrolle stärken, Lösung- statt Problemsicht, Ressourcen effektiv nutzen, Copingstrategien erweitern, innere Kohärenz finden, Schutzfaktoren nutzen und Bindung stärken« (Jaede, 2011, S. 463 ff.). Darüber hinaus empfiehlt Jaede gezielte präventive Programme in Kindertageseinrichtungen mit Eltern verstärkt einzusetzen, aber auch darauf zu achten, dass die Resilienz bei Beratern und Beraterinnen gestärkt wird und Überlastungs- und Erschöpfungssyndrome vermieden werden. Hierzu gibt er zahlreiche Anregungen.
- Frindt (2009a; 2009b) beschreibt »Impulse der Resilienzforschung für ambulante Hilfen zur Erziehung in Familien« und gibt Hinweise, wie im Rahmen der sozialpädagogischen Familienhilfe Resilienz für Kinder und Eltern gefördert werden kann. Nach Frindt sind die professionellen Familienhelfer und -helferinnen

als Sozialressourcen im weiteren sozialen Umfeld zu verstehen: »kompetente und fürsorgliche Erwachsene außerhalb der Familie, die Vertrauen fördern, Sicherheit vermitteln und als positive Rollenmodelle dienen« (Frindt, 2009a, S. 23). Dies soll in einem gezielten Prozess – ausgehend von einer sozialpädagogischen Diagnose, zu passgenauer Interventionsplanung, darauf beruhender Intervention und entsprechender Evaluation – realisiert werden. Analyse-, Planungs-, aber auch Evaluationsinstrumente sind u. a. Netzwerkkarten oder Resilienzlandkarten, die kontinuierlich im Hilfeprozess aktualisiert werden.

- Kormann (2011) untersuchte am Beispiel von SOS-Kinderdörfern die »Dialogische Erziehung im Heim« und identifizierte dabei folgende relevante Resilienzfaktoren: emotionale Wärme und Empathie, förderliches Erziehungsklima, hohe Strukturiertheit und klare Verhaltensregeln in der Kinderdorfgruppe, Einbeziehung der Herkunftsfamilie, frühe Selbständigkeit und Verantwortungsübernahme, Leistungsorientierung und wertschätzendes Klima in der Schule, Sport- und Freizeitaktivitäten im Kinderdorf, Einsicht in den Sinn und die Bedeutung des Erfahrenen für das eigene Leben (Kormann, 2011, S. 492 ff.). Ein weiterer wichtiger Faktor seien, so Kormann, »eine sichere, stabile positiv emotionale Beziehung zu vertrauten Bezugspersonen« sowie »Erfahrungen mit ErzieherInnen als Vorbilder und ihrer Bereitschaft zum Dialog« (Kormann, 2011, S. 502 f.): »Als entscheidende Unterstützungsfaktoren werden die Beziehungen zu den ErzieherInnen bzw. zu einer besonderen Erziehungsperson genannt und ganz allgemein die Lebensqualität in der Hausgemeinschaft und bei den Freizeitaktivitäten ... Generell kann gesagt werden, dass die jungen Menschen ihre Erfahrungen im Heim immer dann als besonders hilfreich und unterstützend ansehen, wenn es ihnen gelungen ist, diese Zeit als konstruktive Phase ihrer Lebensgeschichte einzuordnen und dies machen sie i. d. R. daran fest, ob es ihnen gelungen ist, stabile, tragfähige emotionale Beziehungen aufzubauen, die auch noch über den Aufenthalt in der Heimerziehung hinaus weiter bestehen« (Kormann, 2011, S. 509).

4.2.3 Blick über den Tellerrand: Internationale Studien

Insbesondere in Kanada und den USA hat die Resilienzforschung bekanntermaßen eine längere Tradition, demzufolge ist der Blick auch schon wesentlich früher auf die Resilienzförderung im Bereich der Jugendhilfe (social-welfare oder child-welfare) gerichtet worden. Neben dem Standardwerk von Flynn, Dudding und Barber (2006) »Promoting resilience in child welfare« gibt es noch eine Reihe von Einzelstudien, die die Rolle des Systems, aber auch der Professionellen (caregiver) untersucht. Dabei lassen sich die Ergebnisse unter vier Schwerpunkten betrachten:

1. Bedeutung der Beziehung

Rajendran (2008) führte eine Sekundäranalyse der quantitativen Daten des National Survey of Child and Adolescent Well-Being (NSCAW) durch; hier wurden Kinder und Familien nach ihren Erfahrungen im »social welfare system« befragt (Dowd et al., 2004); der Datensatz umfasste 6228 Kinder von der Geburt bis zum 14. Lebensjahr. Dabei zeigte sich, dass insbesondere auch bei misshandelten und vernachlässigten Kindern die Beziehung zu einer professionellen Fachkraft (langfristig) verbunden war mit geringeren Raten von emotionalen- und Verhaltensproblemen. Rajendran formuliert als Konsequenz aus der Studie, dass die Gestaltung einer optimalen Beziehung zwischen Jugendlichen und professionellen Fachkräften stärker in den Fokus (des Fachdiskurses wie der praktischen Arbeit) rücken muss. Es zeigt sich generell die Bedeutung eines ressourcenorientierten Vorgehens; Sozialarbeiter und Sozialarbeiterinnen sollten ein klares Verständnis der Prozesse und Konzepte der Resilienzförderung entwickeln. Zu gleichen Schlussfolgerungen kommt Luthar (2006) aufgrund ihrer umfassenden Analyse der Ergebnisse der Resilienzforschung.

Schon Tierny, Grossman und Resch (1995) konnten zeigen, dass (informelle) Mentoren-Systeme (1:1-Beziehungen von Freiwilligen zu gefährdeten Kindern/Jugendlichen) eine Schutzfunktion haben und es zu positiven Effekten wie verbesserten Schulleistungen, Abnahme des Drogen- und Alkoholkonsums oder einer Reduktion des Schulschwänzens kommt – auch solche Mentorensysteme könnten konzeptionell verankert werden.

Gharabaghi (2013b, S. 23) weist daraufhin, dass es für die »Resilienzförderung in der Erziehungshilfe … notwendig [ist], das Konzept der ›Beziehung‹ nicht allein als Erziehungsmethode, sondern auch im übertriebenen Sinne als ›Ort‹ in der Welt von Jugendlichen zu verstehen«.

2. Organisation

Hier zeigen Untersuchungen (zusammenfassend z. B. Glover, 2009), dass eine wichtige Bedeutung das Gesamtkonzept einer Einrichtung hat, die risikobelastete Kinder und Jugendliche betreut. Als Kriterien werden vor allem genannt: Beachtung der Bedeutung einer sicheren haltgebenden Beziehung, Orientierung an Stärken und Ressourcen, gezieltes Ermöglichen von neuen Selbstwirksamkeits- und Bewältigungserfahrungen, Erweiterung sozialer Kontakte. Ein wichtiger Aspekt ist dabei die Frage der Kapazität: Wie viel Zeit kann der/die Professionelle mit dem jungen Menschen verbringen? Eine ressourcenorientierte Haltung sollte zum Ethos von Diensten werden. Auf dieser Basis ist es dann wichtig, für jedes einzelne Kind/Jugendlichen eine (ressourcenorientierte) Diagnostik durchzuführen, auf deren Grundlage dann Interventionen geplant und evaluiert werden.

Ein weiterer wichtiger Aspekt ist die Kooperation zwischen Professionellen aus unterschiedlichen Systemen; hier zeigte sich sowohl in den anglo-amerikanischen als auch in europäischen Ländern Entwicklungsbedarf: Oftmals »irren« Kinder, Jugendliche und Familien zwischen Sozial-, Gesundheits- und Bildungssystem hin und her und erwerben eher Vermeidungsstrategien, als dass sie Unterstützungen in Anspruch nehmen (können) (z. B. Fröhlich-Gildhoff, Wigger, Lecaplain, Svensson & Stelmaszuk, 2008).

3. Kultur

Die Bedeutung der Kultur wird seit langem in der Resilienzforschung beachtet, so weist Ungar (2011) auf die Bedeutung von Kultur- und Kontextfaktoren hin: »Kultur und Kontext bestimmen, ob die Interventionen und Programme, die einem schutzbedürftigem Kind angeboten werden, vom Kind, seiner Familie und seiner Gemeinde als hilfreiche Ressourcen anerkannt werden« (Ungar, 2011, S. 135).

Im Bereich der Jugend- und Erziehungshilfen muss ein weiterer Aspekt berücksichtigt werden: Nach Gharabaghi (2013a) sind zumeist drei Formen vonKulturen zu berücksichtigen, die miteinander konkurrieren können: Die Familienkultur, die Jugendkultur (▶ Kap. 3.3) und ebenso die Kultur der Erziehungshilfe (Gharabaghi, 2013a, S. 137). In der Regel sind professionelle Interventionen und institutionale Angebote durch ein gewisses Maß an Standardisierung und einen Katalog von Strukturen und Regeln gekennzeichnet. Dies hat zur Folge, dass »alle Jugendlichen in einem Heim dieselben Regeln befolgen und an bestimmten Routinen teilnehmen. Die Nützlichkeit solcher Routinen wird dabei nicht in Frage gestellt, selbst wenn es ganz offensichtliche (kulturelle) Unterschiede zwischen den Jugendlichen gibt« (ebd., S. 138).

Für die Jugendlichen hingegen spielt ihre eigene, die Jugendkultur, »eine ganz besondere Rolle ... Diese deutliche Bevorzugung der Jugendkultur steht aber oft mit den Botschaften der Familienkultur in Konflikt. ... Der Erziehungshilfe stellt sich dadurch eine große Herausforderung: Die Verbindung zu den Jugendlichen findet mindestens in drei Kulturen statt. Alle drei Kulturen bieten Möglichkeiten zur Resilienzförderung, aber auch Risiken und Probleme. Eine Kultur der Erziehungshilfe, die die Kultur der Jugend und der Familie in Frage stellt, lässt einem Jugendlichen nur zwei Möglichkeiten: Entweder passt er sich an die Erwartungen der Kultur der Erziehungshilfe an und verliert damit einen Teil seiner Identität, die Verbindung zu seinen Peers, zu seiner Familie, oder er widersetzt sich solch einer Anpassung und wird damit zum ›Erziehungsproblem‹. In diesem Sinne sind Unterschiede im Kontext der Resilienzförderung dialektisch. Es gilt, eine Kultur zu entwickeln, die die Stärken der einen Kultur stärkt, ohne die der anderen zu schwächen« (ebd., S. 138). Jugendkultur – mit ihren spezifischen Kennzeichen, Besonderheiten, der Orientierung auf die Gegenwart und partieller Missachtung von Vergangenheit und Zukunft – kann so zur »potentiellen Resilienzquelle« werden (Gharabaghi, 2013b, S. 30).

4. Methoden

Hier zeigt sich in allen Studien, dass Mehrebenenansätze am wirkungsvollsten sind, die sowohl Kinder und Eltern als auch soziale Netzwerke und Institutionen/Dienste sowie die dort tätigen Professionellen systematisch einbeziehen (zusammenfassend z. B. Luthar, 2006, S. 770).

Eine Grundlage für alle Interventionen muss eine ausführliche Einschätzung (Assessment) darstellen, auf deren Grundlage dann passgenaue Unterstützungen geplant werden (z. B. Pantin, Flynn & Runnels, 2006).

Nach Gharabaghi (2013b) ist Jugendhilfe so zu konzipieren, dass die Jugendlichen nicht als Objekt gesehen werden. Sondern die Jugendlichen müssen als »Experten für ihre Lebenswelt« (ebd., S. 26) anerkannt werden: »Ausgehend vom Selbstbild, vom Selbstwert und der persönlichen Identität der Jugendlichen können sie ihre persönlichen Erfahrungen und Eigenheiten als Stärken ansprechen« (ebd.).

Immer wieder wird darauf hingewiesen, dass es Disparitäten in der Nutzung von Unterstützungssystemen gibt. Insbesondere, wenn es um die Förderung seelischer Gesundheit geht: Familien/Angehörige aus »Minderheiten«-Kulturen nutzen präventive Dienste weniger, sind jedoch in Institutionen des Wohlfahrts-, Gesundheits- und Justiz-Systems (vor allem in Psychiatrien und im Justizsystem) überrepräsentiert (zusammenfassend z. B. Jackson, 2002; BMFSFJ, 2013). Hier ist es erforderlich, dass sich Organisationen und Dienste der Jugendhilfe im Sinne interkultureller Kompetenz weiterentwickeln (s. o).

4.2.4 Konsequenzen: Grundprinzipien der Resilienzförderung im Rahmen der Hilfen zur Erziehung

Aus den empirischen Befunden lassen sich *generell zwei wichtige Botschaften* ableiten: Ein sehr wesentlicher Wirkfaktor zur Förderung der seelischen Gesundheit und Stärkung der seelischen Widerstandskraft von Kindern und Jugendlichen sind sichere, haltgebende, wertschätzende Beziehungen zwischen professionellen Fachkräften und den Betroffenen – das gilt umso mehr, wenn die Kinder und Jugendlichen Vernachlässigungen oder Misshandlungen erlebt haben. Die Ergebnisse der Jugendhilfe entsprechen, wie in den anderen Kapiteln schon ausgeführt, denen der Nachbardisziplinen, wie z. B. der Psychotherapie-Forschung (z. B. Orlinsky, 2008). Luthar (2006) hat die wesentlichen Gesichtspunkte noch einmal zusammengefasst: Kinder mit wenig Halt und unsicheren Bindungserfahrungen und einem daraus resultierenden Risiko für Verhaltensstörungen werden besser unterstützt bei Interventionen, die auf nachhaltigen, positiven Beziehungen basieren als auf kurzzeitigen Disziplinierungstechniken, um dem Fehlverhalten zu begegnen (Luthar, 2006, S. 769; sinngemäße Übersetzung d. Autors).

Die zweite Botschaft verweist darauf, nicht einzelne, isolierte Programme zu realisieren, sondern immer auf mehreren Ebenen anzusetzen und das Kind bzw. den/die Jugendlichen in seinen Bezügen zu erreichen zu versuchen. Dabei geht es um die veränderte Haltung pädagogischer Fachkräfte, die Etablierung einer stärken- bzw. ressourcenorientierten Pädagogik im Alltag – unter Nutzung vorhandener Materialien[31]

Die empirischen Erkenntnisse führen zu Orientierungen im pädagogischen Prozess auf der Ebene der Organisationen (die Hilfen zur Erziehung anbieten und

---

31 Es liegt mittlerweile eine zunehmende Anzahl von Studien vor, die zeigen, dass die isolierte Förderung spezifischer Kompetenzen in homogenen Kleingruppen keine oder nur sehr geringe Effekte erbringt (z. B. Schöler & Roos, 2010; Fingerle & Grumm, 2012).

gestalten) und auf der Ebene der Interaktion zwischen Fachkraft und Kind/Jugendlicher:

1. Ebene der Organisation

Organisationen der Jugend- und Erziehungshilfe müssen

- für die *Sicherheit* der Kinder und Jugendlichen sorgen. Dies bedeutet ein striktes Einhalten von Gewaltverzicht, das Anbieten und Realisieren klarer und transparenter Regeln und Strukturen und die Garantie von Fürsorge im originären Wortsinne.
- zugleich auf den oder die einzelnen Jugendlichen mit ihren *Stärken eingehen* – allerdings sind oftmals gerade in der stationären Jugendhilfe die »Regeln und Verhaltenserwartungen für alle Jugendlichen« gleich (Gharabaghi, 2013a, S. 139). Konsistente, klare Verhältnisse sollen den Jugendlichen Sicherheit geben, »auf der anderen Seite ist Konsistenz als Prinzip nicht unbedingt der Anerkennung von Unterschiedlichem dienlich« (ebd.). Die Jugendlichen müssen Gelegenheiten haben, »ihren eigenen Besonderheiten treu zu bleiben. ... Ohne Zweifel ist es eine Aufgabe der Erziehungshilfe, Möglichkeiten für den Ausdruck solcher Besonderheiten zu schaffen« (ebd., S. 140).
- *Beziehungskontinuität gewährleisten* und Räume für diese gestalten und für das Entwickeln und Gestalten sicherer Erwachsenen-Kind-Beziehungen Sorge tragen. Dies betrifft die Gestaltung von Arbeitsverhältnissen, aber auch den Reflexionsrahmen (Supervision!) und Fortbildungen.
- *Teilhabe und Partizipation* auf der Ebene der Organisation sichern. Lenz (2010) hat hierfür den Begriff der »informierten Zustimmung« geprägt: »Partizipation erfordert zunächst Transparenz, also Deutlichkeit und Verständlichkeit der Hilfestruktur, die die Institution und die einzelnen Angebote umgibt ... Erst wenn den Klienten ausreichendes Wissen über Risiken und Chancen der geplanten Vorgehensweisen und Interventionsformen, über die Diagnose und mögliche Einflussfaktoren bzw. Bedingungszusammenhänge zur Verfügung steht, werden sie ›mit-entscheidungsfähig‹ und in die Lage versetzt, als handelnde Subjekte aktiv am ... Geschehen mitzuarbeiten und gestalterisch mitzuwirken« (Lenz, 2010, S. 2f.).

2. Ebene der konkreten Arbeit mit den Klienten/Klientinnen (Interaktion)

Hierbei geht es um die Verwirklichung folgender Prinzipien

- *Ressourcenorientierung*: Ein konsequentes Ansetzen an den Stärken und eine Aktivierung der Ressourcen ist der wesentliche Ausgangspunkt. Dies erfordert eine differenzierte Diagnostik, auch insbesondere die Erfassung der Ressourcen: Eine solche Diagnostik muss multimodal und multimethodal erfolgen (Hinweise z. B. bei Fröhlich-Gildhoff, 2013a, Petermann & Lohbeck, 2013). Hilfreich ist es, gezielt Instrumente zur Identifikation von Ressourcen hinzuzuziehen. Ein Beispiel hierfür ist die »Resilienz-Landkarte« (www.strong-kids.eu), ein klinisches Einschätzinstrument, das es Fachkräften ermöglicht, systematisch Schutz- und Resilienzfaktoren zu erheben.

- Nach Ungar (2011) ist Verhalten als »Überlebensstrategie innerhalb eines Kontextes« (S. 136) zu verstehen – so sollten Verhaltens»schwierigkeiten« auch als Bewältigungsformen schwieriger Kontextbedingungen verstanden werden und es geht dann darum, diesen »*Eigensinn* « der Lebensbewegungen eines Kindes/Jugendlichen in dem gegebenen Kontext zu *verstehen:* »Aufgabe der Sozialarbeit war es bisher, angemessene Hilfe für heranwachsende Kinder bereitzustellen, so dass sie ihre schwierigen Lebensumstände gut in den Griff bekamen. Eine Person in ihrem eigenen Kontext zu verstehen, bedeutet dagegen, sowohl das Maß persönlicher Handlungsfähigkeit eines Menschen zu erkennen, der sich gerade die Ressourcen für seine seelische Gesundheit sichern will, als auch zu sehen, wie weit ein resilienzförderliches Umfeld sie ihm bereitstellen kann. Wenn Kinder ihre Handlungsfähigkeit auf ihre eigene Art demonstrieren, kann das zu Konflikten mit den Anbietern von Sozialdiensten führen, die ihnen vorgeben, welche Formen von Verhalten akzeptabel oder inakzeptabel sind« (Ungar, 2011, S. 149; s. a. Gharabaghi, 2013b, S. 26).

- Das bedeutet ebenfalls, dass *Unterschiede* zwischen Jugendlichen – oder den Kulturen, s.o. – sich *als Stärken* erweisen müssen. »Es ist nicht unbedingt ein Problem anders zu sein, sondern es geht darum, Umwelten zu schaffen, in denen solche Unterschiede als Stärken gelten« (Gharabaghi, 2013a, S. 143). Dies bedeutet für die Erziehungshilfe, »Erziehungsziele und -methoden so zu gestalten, dass sich Jugendliche nicht an eine bestimmte Kultur oder Lebensart anpassen müssen, sondern dass Ziele und Methoden von Anfang an mit ihren Besonderheiten in Einklang stehen oder zumindest mit ihnen vereinbar sind« (ebd., S. 142). Diese Sicht beginnt bereits bei der Diagnose von Auffälligkeiten oder Verhaltensstörungen. Hier gilt es besonders, den Jugendlichen in seinen Lebensbewegungen zu verstehen, um damit auch »seine Besonderheiten verstehen zu lernen« (ebd.).

- *Partizipation:* Auf der Ebene der Interaktion ist Partizipation eine wesentliche Leitlinie. Lenz begreift diese als eine »Grundhaltung des Menschen stärken«. Es geht um den »Glauben an die inneren Fähigkeiten von Wachstum und Wohlbefinden … Die Perspektive der Menschenstärken setzt Vertrauen in die Fähigkeit und Akzeptanz des Eigensinns der Person, ihre Lebensentwürfe, ihre Handlungen, Wahrnehmungen und Bewertungen voraus. Akzeptieren bedeutet, die Wünsche und Ziele, auch riskante Wege und Lösungsmöglichkeiten nicht nur ernst zu nehmen, sondern sie gemeinsam auf ihre ›Tauglichkeit‹ hin zu überprüfen« (Lenz 2010, S. 3). Damit verbunden ist originär das »Aushandeln als Partizipationsstrategie«. Dies setzt »Sensibilität gegenüber den subjektiven Bedürfnissen und Vorstellungen der Betroffenen und die Bereitschaft der Experten voraus, ihre Macht zu teilen und einen für alle tragbaren Kompromiss anzustreben« (ebd.). Dies bedeutet zugleich, das wirkliche Wahl- und nicht Schein-Beteiligungsmöglichkeiten geschaffen werden: Das heißt vor allem, die »Erzie-

hungsziele so zu bestimmen, dass sie dem Jugendlichen in seiner Einzigartigkeit entsprechen« (Gharabaghi, 2013b, S. 29).
- Zur professionellen Begegnung gehört auch, notwendige *Grenzen* – die z. T. zur Gestaltung von Strukturen und in einzelnen Fällen auch zum Schutz der Betroffenen nötig sind – transparent und verstehbar zu vermitteln und zu halten.
- *Stärkung der Selbstwirksamkeit* – Dies gelingt, indem bewältigbare Aufgaben und Anforderungen gestellt werden und immer wieder unmittelbares Feedback, das insbesondere auf die Zielerreichung ausgerichtet ist, gegeben wird.
- Die Jugendlichen müssen in ihrem Denken und Fühlen im *Hier und Jetzt* abgeholt werden. Jugendlichen fällt es eher schwer, »sich mit der Zukunft zu beschäftigen, langfristige Perspektiven der Erwachsenen haben für sie im Moment keine Bedeutung. ... Der Weg in die Zukunft beginnt in der Gegenwart und Jugendliche kennen ihre Gegenwart in sehr eigenen, unverwechselbaren Perspektiven« (Gharabaghi, 2013b, S. 28). Die Gefahr besteht, dass »die Fachkräfte [dies] ... durch solche Ziele [ersetzen], die sie selbst aus ihre Fachperspektive für angemessen halten« (ebd.).
- *Vorbild*: Die professionellen Fachkräfte müssen sich ihrer Vorbildfunktion bewusst sein; ebenso hilfreich ist es für den Entwicklungsprozess der Betroffenen (neue) Vorbilder anzubieten.

Viele dieser aufgelisteten Konsequenzen bzw. Handlungsstrategien sind nicht neu. Dennoch werden sie oft in alltäglichen, manchmal mühseligen pädagogischen Prozessen vergessen oder aus vermeintlichen Sachzwängen nicht realisiert. Die positive Wirkung resilienzstärkender Organisationsentwicklung, professioneller Beziehungsgestaltung und entsprechend methodisch gesteuerter und reflektierter Interaktion sind empirisch belegt – sie sollten als Handlungsleitlinie dienen.

Exkurs: Der Zusammenhang von Ermutigung und Resilienz(förderung)[32]

Die Kategorie der »Ermutigung«, die ursprünglich von Alfred Adler (1870–1937), dem Begründer der Individualpsychologie, in die pädagogische und therapeutische Diskussion eingebracht wurde, steht in einem (engen) Zusammenhang zum Resilienzkonzept; der Exkurs soll diese Parallelen aufzeigen.

Adler hat die Bedeutung der Ermutigung zur Entfaltung der Wachstumspotentiale eines Menschen schon in einer frühen Phase der Entstehungsgeschichte psychodynamischer Konzepte erkannt; sein Schüler, der Psychiater Rudolf Dreikurs (1897–1972), machte Ermutigung zu einem Kernbestandteil der von ihm weiter-

---

32 Dieser Exkurs ist eine überarbeitete und aktualisierte Fassung von Fröhlich-Gildhoff (2014).

entwickelten individualpsychologischen Pädagogik und Beratung: »Kinder brauchen Ermutigung wie Pflanzen Sonnenlicht und Wasser«.

Ermutigung meint dabei mehr als Lob, sondern bedeutet Wertschätzung und Zutrauen in das Gegenüber, die Anregung und Unterstützung, eine Aufgabe zu bewältigen oder einen nächsten Entwicklungsschritt zu gehen.

In modernen Konzeptionen von Psychotherapie und Pädagogik finden sich sehr verwandte Begrifflichkeiten und Konzeptionen:

- So kommt der Wirkfaktor der »Ressourcenaktivierung« (Grawe, 1998, 2004) der Ermutigung im Sinne Adlers sehr nahe.
- Aktuelle Konzepte einer modernen (Früh)Pädagogik (Stichwort: »passgenaue, ko-konstruktivistische Unterstützung von Bildungsprozessen«) oder Sozialpädagogik (Stichwort: Empowerment als Grundhaltung und Methode) setzen gleichfalls an der Ermutigung des Kindes bzw. Erwachsenen an – ohne diese so zu benennen.
- In Konzeptionen zur Resilienzförderung wird von einer stärkenorientierten Haltung der Bezugspersonen oder Pädagogen/Pädagoginnen ausgegangen – die Nähe zum Ermutigungsbegriff ist groß (ohne diesen zu benennen).
- Nicht zuletzt verweist Hüther (o. J.) aus der Übertragung neurobiologischer Erkenntnisse auf Bildungsprozesse auf die Bedeutung von »Inspiration und Ermutigung«.

Ausgehend vom ursprünglichen Konzept der Ermutigung werden die aktuellen Bezüge zum Resilienzkonzept und ihre Bedeutung für Pädagogik und Psychotherapie herausgearbeitet.

1. Das ursprüngliche Konzept der Ermutigung bei Alfred Adler und in der Individualpsychologie

Das Streben nach Weiterentwicklung

Eine der wesentlichen ›Wurzeln‹ des psychodynamischen Konzept Alfred Adlers ist die grundlegende Annahme, dass sich der Mensch von Geburt an »minderwertig« erlebt: »Ich habe vor langer Zeit hervorgehoben, dass Mensch sein heißt: Sich minderwertig fühlen« (Adler, 1982, S. 67).

Der Mensch strebt danach, dieses Minderwertigkeitsgefühl zu überwinden:

> »Das Gefühl der Unzulänglichkeit ist ein positives Leiden und währt mindestens so lange, als eine Aufgabe, ein Bedürfnis, eine Spannung nicht gelöst ist. Es ist offenbar ein von Natur aus gegebenes und ermöglichtes Gefühl, einer schmerzlichen Spannung vergleichbar, die nach Lösung verlangt. ... So wie der Säugling in seinen Bewegungen das Gefühl seiner Unzulänglichkeit verrät, das unausgesetzte Streben nach Vervollkommnung und nach Lösung der Lebensanforderung, so ist die geschichtliche Bewegung der Menschheit als die Geschichte des Minderwertigkeitsgefühls und seiner Lösungsversuche anzusehen. Einmal in Bewegung gesetzt, war die lebendige Materie stets darauf aus, von einer Minussituation in eine Plussituation zu gelangen ... Das Kind ... steht bereits unter dem Zwang dieser Entwicklung nach aufwärts, der seinen Körper und seine Seele zum Wachstum antreibt. Auch ihm ist von Natur aus das Streben nach Überwindung vorgezeichnet« (ebd., S. 67 ff.).

Auch wenn Adlers Wortwahl vielleicht etwas »antiquiert« erscheint – der Text stammt im Original von einem Autor (mit eher sozialistischer Grundorientierung) aus dem Jahr 1933 – so ist dieser Grundsatz hochkompatibel mit modernen entwicklungspsychologischen, psychotherapeutischen und pädagogischen Positionen und Erkenntnissen: Das aktuelle Bild vom Kind ist dadurch geprägt, dass der »kompetente Säugling« (Dornes, 2009) selbstaktiv Kontakt mit der Umwelt aufnimmt und versucht, sich diese anzueignen. Aus den dabei gemachten Erfahrungen und deren innerer, anfangs organismischer Bewertung entsteht die innere Struktur, das Selbst (Stern, 1992; ausführlicher: Fröhlich-Gildhoff, 2009). Auch die von Rogers (1987) postulierte »Aktualisierungstendenz« des Menschen, also das Bestreben, den eigenen Organismus beständig weiterzuentwickeln, entspricht diesem Adlerschen Bewegungsgesetz (ausführlich zum Vergleich Rogers – Adler: Esser, 1988).

Die Bedeutung der Beziehung

Dabei ist von großer Bedeutung, dass der Mensch sich *in Beziehung zu anderen* entwickelt. Auch darauf hat schon Adler explizit hingewiesen: »Aber es kann nicht übersehen werden, dass die Neigung zur Kooperation vom ersten Tage an herausgefordert ist. Die ungeheure Bedeutung der Mutter in dieser Hinsicht tritt klar hervor. Sie steht an der Schwelle der Entwicklung des Gemeinschaftsgefühls. Das biologische Erbe des menschlichen Gemeinschaftsgefühls wartet auf ihre Pflege« (Adler, 1982, S. 134 f.).

Die Bedeutung der Beziehung für die Entwicklung ist sicherlich *die* zentrale, übereinstimmende Erkenntnis aus der Entwicklungspsychologie, Psychotherapieforschung, aber auch der Resilienzforschung (▶ Kap. 3.1).

Ermutigung als wichtige Variable in der Beziehungsgestaltung

In der Vergangenheit sind nicht nur konzeptionell, sondern auch empirisch wichtige Parameter beschrieben worden, die dazu beitragen, dass die Beziehungsgestaltung einer (erwachsenen) Bezugsperson zum Kind positiv dessen Entwicklungsförderung und seelische Gesundheit beeinflusst. Diese Beziehungsparameter stellen auch Orientierungen für die Gestaltung psychotherapeutischer Beziehungen, im Sinne des Anbietens »korrigierender emotionaler Erfahrungen« (vgl. Cremerius, 1979), dar.

Neben den sogenannten »Basisvariablen« (Empathie, Akzeptanz, Kongruenz, Rogers, 1987) sind Halt und Strukturgebung, Feinfühligkeit (Ainsworth et al., 1978) und »sensitive Responsivität« (Remsperger, 2011; Gutknecht, 2012), aber auch die gezielte Co-Regulation affektiver Zustände (z. B. Papoušek et al., 2004) und die Präsenz (»gemeinsam geteilte Aufmerksamkeit«, Tomassello, 1995) wesentliche Bestimmungsmomente entwicklungsförderlicher Beziehungsgestaltung.

Im Vergleich hat der Begriff der Ermutigung – zumindest in den letzten 20 Jahren – nur eine geringe Rolle gespielt. Dabei ist es für die Entwicklung von Kindern (und Menschen allgemein) hoch bedeutsam, in den eigenen Lebensbewegungen bestärkt und ermutigt zu werden. *Ermutigung ist keine »Technik«, sondern eine Haltung*, deren

Kern das Vertrauen in den anderen/die andere darstellt. »Die Kunst der Ermutigung kann nicht auf mechanische Art gelernt werden, denn sie besteht aus mehr als einer einzelnen Handlung und drückt die ganze gegenseitige Beziehung zwischen Personen aus. ... Es kommt nicht darauf an *was* man sagt oder tut sondern *wie* es getan wird« (Dreikurs, 1968, S. 76).«Wir müssen an ein Kind glauben und zwar jetzt ohne Rücksicht darauf was es tun wird« (Antoch, 1981, S. 138)[33].

Ähnlich formuliert 30 Jahre später Frick (2011, S. 229): »Ermutigung heißt so u. a. an das Gegenüber glauben, von ihm etwas fordern, es unterstützen und in seinen konstruktiven Bemühungen bekräftigen«.

Individualpsychologische Autoren weisen zugleich darauf hin, dass Ermutigung den Mut der Beziehungspartner/-partnerinnen – und in professionellen Beziehungen insbesondere des/der Therapeuten/Therapeutin oder des/der Pädagogen/Pädagogin – erfordert: Antoch betont aus einer beziehungsorientierten Perspektive, dass der Mut »in diesem Zusammenhang zu begreifen [ist] als die Bereitschaft, sich auf eine vorbehaltlose Auseinandersetzung mit Problemen und mit anderen Menschen einzulassen, die dabei in aller Regel auftretenden Misserfolge auch auf sich zu beziehen und daraus zu lernen« (Antoch, 1981, S. 138).

Neudecker (2011) spricht von einer doppelten Ermutigung der Erziehenden: Zum einen geht es um das »Bewusstwerden und Akzeptieren, dass man auch als Pädagoge in seinem Erleben und Verhalten von unbewussten Regungen beeinflusst wird; das Gewahrwerden, dass auch die Kinder und Jugendlichen, mit denen Pädagogen zu tun haben, unbewusste Impulse ständig in die pädagogische Situation einbringen – vor allem gehört aber dazu, anzuerkennen, dass diese Prozesse nichts grundsätzlich Pathologisches und auch nicht Kennzeichen misslungener Erziehung sind, sondern dass sie etwas zutiefst Menschliches darstellen! Zum anderen tragen die hochkomplexen und von Unbestimmtheit geprägten pädagogischen Situationen latent die Gefahr des Scheiterns, des Sich-Minderwertig-Fühlens in sich. In einem tiefenpsychologischen Verständnis könnte ›Ermutigung‹ auch bedeuten, die Person darin zu unterstützen, diese schmerzhaften Gefühle nicht abwehren zu müssen, sondern sie wahrzunehmen und zu ertragen, bis sie nach einer gelungenen Lernerfahrung einem veränderten Selbsterleben weichen können« (ebd., S. 355).

2. Bewältigung und Ermutigung

Das Konzept der Psychologie der Lebensspanne wie das in diesem Band vertretene Resilienzkonzept gehen davon aus, dass sich im Leben immer wieder Entwicklungsaufgaben bzw. aktuelle Anforderungen stellen bzw. es treten kritische Lebensereignisse ein, die vom Individuum bewältigt werden müssen. Die Art und Weise der Bewältigung ist abhängig von der bisherigen (Entwicklungs-)Geschichte – und hierbei dem Zusammenspiel von biologischen Ausgangsbedingungen und sozialen Erfahrungen – sowie dem Zusammenspiel bzw. der Balance aktuell wirkender Schutz- und Risikofaktoren.

---

33 Diese Aussage des Individualpsychologen Antoch weist einen sehr engen Bezug zu Rogers' Variable der unbedingten Wertschätzung auf!

Gerade im Bewältigungsprozess direkt, aber auch beim Aufbau zentraler Kompetenzen zur generellen Fähigkeit, in kritischen Situationen seelisch stabil zu bleiben – die WHO (1994) spricht hier von »Lebenskompetenzen«; Rönnau-Böse und Fröhlich-Gildhoff (2012, ▶ Kap. 1) beschreiben »Resilienzfaktoren« – ist die Ermutigung des Kindes oder Jugendlichen von erheblicher Bedeutung.

Dies sei anhand der sechs zentralen »Resilienzfaktoren« auf der personalen Ebene, die sich aus der Schutzfaktoren- und Resilienzforschung extrahieren lassen (Fröhlich-Gildhoff & Rönnau-Böse, 2022a; Rönnau-Böse, 2013; ▶ Kap. 1), verdeutlicht:

Zum Aufbau einer *angemessenen Selbst- und Fremdwahrnehmung* ist die genaue und wertschätzende »Spiegelung« durch die Bezugsperson(en) essentiell. Dazu gehört auch die Unterstützung und Ermutigung zur differenzierten eigenen Gefühlswahrnehmung, zur Perspektivenübernahme und – lebensaltersbedingt später – der auch kritischen Selbstreflexion.

Die Fähigkeit der *Selbstregulation* wird zunächst über Co-Regulation »angebahnt« und es braucht später den Mut und die Kraft, die eigenen Affekte situationsangemessen zu zeigen oder eben (bewusst) zu kontrollieren.

Die Entwicklung positiver *Selbstwirksamkeitserwartungen*, letztlich eines positiven Selbstwertes, ist eng verbunden durch unterstützende (ermutigende!) Rückmeldungen durch Bezugspersonen sowie das Stellen von bewältigbaren Anforderungen. Kinder, oder allgemeiner: Menschen benötigen Anforderungen in ihrer »Zone der nächsten Entwicklung« (Wygotsky, 1987), die Erfahrung, diese Anforderungen und Aufgaben bewältigt zu haben, sowie die Attribution dieses Erfolgs auf eigene Fähigkeiten.

Soziale Kompetenzen – verstanden als Trias aus Konfliktlösungsfähigkeiten, der adäquaten Durchsetzung eigener Bedürfnisse und Interessen sowie der Fähigkeit, sich Hilfe holen, wenn dies nötig ist – sind gleichfalls gekoppelt an Beziehungserfahrungen und deren Verarbeitung. Alle drei Fähigkeiten erfordern beim Aufbau Mut und Ermutigung durch andere: Das Nachgeben in Konflikten ist oft mutiger als das machtvolle Durchsetzen; das Einbringen und Realisieren eigener Bedürfnisse erfordert insbesondere für schüchterne oder entmutigte Kinder ein hohes Maß an Anstrengung. Frick (2011) zitiert in diesem Zusammenhang Ellis (1993, S. 164): »Selbstentmutigung [ist] wahrscheinlich eines der häufigsten Symptome psychischer Erkrankungen«. Auch das Einholen von Hilfe und Unterstützung – alles andere als eine Schwäche – erfordert Mut und die Ermutigung dazu durch die Bezugspersonen.

Die generelle *Kompetenz zum Problemlösen* erfordert Vorbilder und Begleitung, wie dies Antoch (1981) für (professionelle) Hilfe-Situationen beschreibt: »Der ›Helfer‹ bemüht sich zunächst, das Problem mit den Augen des ›Problemlösers‹ zu sehen, um sich auf der Basis von dessen subjektiven Erleben und Verhalten in die Problemstellung einzufühlen. Er wird also keine Ratschläge aus seiner Perspektive zu geben versuchen, sondern sich bemühen, die Tendenz im ›Problemlöser‹ aufzuspüren und zu bestärken, die diesen in der Richtung der Lösung seines Problems weiterführen« (ebd., S. 141). Es geht also nicht darum, Ratschläge zu geben oder Lösungen vorzuschlagen, sondern darum »die im Problemlöser immer schon vorhandenen Ansätze sichtbar zu machen und ihn darin zu bestärken« (ebd., S. 142). Darüber hinaus ist es bedeutsam, gemeinsam den Problemlöseprozess zu reflektieren und die dabei gegangenen Schritte, Erfahrungen und Irrwege für neue Situationen zu nutzen.

Letztlich geht es darum, ungewohnte und/oder *Stresssituationen* zu *bewältigen* und dabei flexibel mit diesen Situationen umzugehen (*adaptive Bewältigungskompetenz*). Oftmals werden gerade in schwierigen Situationen, in Krisen oder besonders hohen Anforderungen »Notmechanismen« aktiviert und es wird an alten Handlungsmustern festgehalten – es kommt in psychodynamischen Sinne zu immer wiederkehrenden Wiederholungen. Es erfordert Mut – und begleitende Ermutigung – sich infrage zu stellen, alte Wege zu verlassen und neue Handlungsmöglichkeiten auszuprobieren.

Es konnte verdeutlicht werden, dass sich personale Schutz- oder Resilienzfaktoren im Beziehungsprozess zu anderen Menschen entwickeln. Dabei muss die Grundhaltung der Erwachsenen – seien es die Eltern oder professionelle Begleiter/Begleiterinnen – durch Optimismus und eine »zuversichtliche Grundhaltung« gekennzeichnet sein: »Eine zuversichtliche Grundhaltung beinhaltet die Überzeugung, dass eine Veränderung – wie groß oder wie klein sie im individuellen Fall ausfallen mag – immer möglich ist. Ermutigend wirkt hier eine Grundhaltung der Zuversicht, der Sicherheit, der Hoffnung, des Optimismus, die im Rahmen des Möglichen bleibt. Optimismus meint hier nicht eine naive Stimmungsmache, krankhafte Heiterkeit oder gar realitätsferne Träumerei, sondern beinhaltet den Glauben an die Möglichkeiten einer positiven Veränderung oder Entwicklung der Ausgangslage« (Frick, 2011, S. 225).

3. Konsequenzen für Pädagogik und Psychotherapie

Aus den allgemeinen Ausführungen zur Ermutigung lassen sich Konsequenzen für Pädagogik und Psychotherapie ableiten:

Pädagogik

Im Bereich der Pädagogik, der gezielten und reflektierten Entwicklungsunterstützung und -begleitung in strukturierten wie alltäglichen Situationen, lassen sich drei wesentliche Aspekte unter der Perspektive der Ermutigung beschreiben:

- Kinder[34] brauchen *Herausforderungen* für ihre (Weiter-)Entwicklung. »Das Beste, was eine gute Fee einem Kind in die Wiege legen kann, sind Schwierigkeiten, die es überwinden soll« (A. Adler, 1974[35]). Diese Herausforderungen dürfen nicht über- und nicht unterfordernd sein, sie müssen in der »Zone der nächsten Entwicklung« (Wygotsky, 1987) des jeweiligen Kindes gestaltet werden. Dies bedeutet zum einen, dass jedes einzelne Kind in den Blick der Pädagogin/des Pädagogen genommen werden muss und zum anderen, dass es in seinen Lern- und

---

34 Die folgenden Ausführungen beziehen sich auf »Kinder« – sie gelten jedoch gleichermaßen für Menschen jedes Alters.
35 Zitiert nach Utz, 2008, S. 101.

Bildungsbestrebungen ermutigt werden muss, sich in dieser »Zone der nächsten Entwicklung« zu bewegen.
- Damit hängt zusammen, dass die *Begegnung* zwischen Erwachsenem und Kind, zwischen Pädagog/in und Lernendem/Anvertrautem *passgenau* erfolgen muss: Die je individuellen Bedürfnisse des Kindes, seine Interessen, sein nächster möglicher Entwicklungsschritt sind Ausgangspunkt und Grundlage für pädagogische ›Antworten‹ (ausführlicher: Fröhlich-Gildhoff, 2013b). Es kommt also zu einer individualisierten Bildungsplanung. Die Unterstützung des Kindes in seiner »Zone der nächsten Entwicklung« (s. o.), das passgenaue Antworten auf Bedürfnisse und Entwicklungsstand des Kindes hat das systematische Beobachten des Kindes zur Voraussetzung. Dies betrifft ›große‹ Aufgaben – wie z. B. die Frage, wie ich das zu begleitende Kind unterstützen kann, sich den abstrakten Zahlbegriff anzueignen –, aber auch ›kleine‹, alltägliche Situationen: Das 14 Monate alte Kind klettert mit Anstrengung und Vergnügen vierfüßig die Treppe hinauf. Auf der Hälfte dreht es sich um, schaut die Erwachsene an – die *non*verbale Reaktion entscheidet, wie das Kind sich weiterbewegen wird: Der vorsichtig-ängstliche Blick kann das Kind verunsichern und stoppen, das ermutigende Zulächeln das Kind zum weiteren Explorieren motivieren.
- Neben der ermutigenden, also motivierenden Grundhaltung des/der Pädagogen/Pädagogin benötigen Kinder auch gezieltes Feedback und vor allem *Lob* bei ihren Entwicklungsbewegungen und den Versuchen der Bewältigung von Entwicklungsaufgaben. Die Bewertungs- und »Fehlerfindungskultur« insbesondere in den Bildungsinstitutionen muss einer Bestärkungskultur weichen, damit Kinder ihre Fähigkeiten angstfrei entfalten können. Lob muss natürlich »zielgenau« und kongruent erfolgen, sollte nicht nach dem Gießkannenprinzip verteilt werden. Dennoch ist die manchmal geäußerte Angst von Pädagogen/Pädagoginnen vor »zuviel Lob« entwicklungspsychologisch nicht nachzuvollziehen: Es schadet einem Kind nie, wenn es eine ernstgemeinte, unterstützende und positiv formulierte Rückmeldung auf seine Lebensäußerungen und Bewältigungsversuche (s. o.) erhält; das Lob sollte nicht in erster Linie an den konkreten Erfolg gebunden sein – ermutigend wirkt, wenn der Erwachsene das aktive Herangehen an die Aufgabe positiv konnotiert. In diesem Sinne beschreibt Hüther den/die Pädagogen/Pädagogin als »Potentialentfaltungscoach«: Er geht davon aus, dass Kinder über sehr verschiedene und unterschiedliche Potentiale verfügen; sie müssen in der Entfaltung dieser Potentiale individuell unterstützt werden. Es geht darum, »Pädagogen dazu aus[zu]bilden, nicht primär Wissen zu vermitteln, sondern die in den Kindern steckenden Talente zur Entfaltung zu bringen« und Kinder zu »begeistern«, »sobald sich Schüler für etwas interessieren, eignen sie sich das Wissen in sehr kurzer Zeit an, und dann bleibt es auch hängen. Denn nur dann werden im Hirn die Botenstoffe ausgeschüttet, die die Stabilisierung von neuen Netzwerken fördern« (Hüther, o. J.)

Psychotherapie

Auch im Bereich der Psychotherapie sind die Grundhaltung der Therapeut/in und das therapeutische Konzept von elementarer Bedeutung für Therapieverlauf und die Entwicklung der Patient/in. Die »Therapieschulen« unterscheiden sich dabei – zumindest in den grundlegenden Orientierungen, weniger in der realen Praxis (vgl. Zusammenstellung bei Fröhlich-Gildhoff, 2011) – ob und wie stark direkt(iv) in der Begegnung interveniert wird. Die ursprüngliche nondirektive Gesprächspsychotherapie ging von einer eher passiven Rolle der Therapeutenperson aus, auch das Konstrukt der gleichschwebenden Aufmerksamkeit der orthodoxen Psychoanalyse belässt die Aktivität (zunächst) bei dem/der Patienten/Patientin. In den Weiterentwicklungen zur stärker beziehungsorientierten Therapie (Personzentrierte Psychotherapie) und Psychoanalyse rückt die Interaktion der am Therapieprozess beteiligten Personen in den Mittelpunkt der Reflexion und des Wirkgeschehens: Es geht darum, den Patienten/Patientinnen neue, emotional korrigierende Beziehungserfahrungen zu ermöglichen (Cremerius, 1979) und nicht die leidvollen Erfahrungen des Alleingelassenseins, der Entmutigung zu wiederholen. Mit der ermutigenden Grundhaltung der Therapeutenperson kann der/die Patient/in die Erfahrung machen »jemand glaubt an mich«, »jemand steht zu mir« und sich so auch neue Erfahrungen in der Realität, außerhalb der Therapie zutrauen.

Auch das empirisch fundierte Konzept der schulenübergreifenden Wirkfaktoren von Grawe (1998) ist kompatibel mit der Perspektive der Ermutigung – ohne dass Grawe je hierauf Bezug genommen hätte:

1. Der Wirkfaktor »Ressourcenaktivierung« zielt unmittelbar darauf, den/die Patienten/Patientin zu ermutigen, eigene Stärken und Interessen wahrzunehmen.
2. Auch die »aktive Hilfe zur Problembewältigung« ist eng verbunden mit der Ermutigung des/der Patienten/Patientin, vorhandene (konkrete) Probleme neu zu betrachten/zu analysieren, nach neuen Lösungen zu suchen und diese zu erproben.
3. Ermutigung kann zu neuen Beziehungserfahrungen führen, wodurch der Wirkfaktor »prozessuale Aktivierung« angesprochen wird.
4. Der Wirkfaktor »Klärung« kann ermutigend genutzt werden, wenn wirkliches Selbstverstehen erfolgt und nicht allein in den Defiziten oder Traumata des/der Patienten/Patientin verharrt wird.

Antoch (1981) betont ausdrücklich, dass Ermutigung eine hohe Selbstreflexivität des/der Beraters/Beraterin oder der Therapeutenperson erfordert: »Wer ermutigen will, muss die Eigenart seiner eigenen Maßstäbe und Einflussmöglichkeiten kennen. … Wer ermutigen will, muss seine eigenen Maßstäbe ›vergessen‹ (genauer gesagt: Zurückstellen) und sich selbst auf den Standpunkt des anderen, auf seine Gefühle und Interessen, einlassen können und ihn schließlich so annehmen und wertschätzen wie er ist« (S. 142). Dies verweist auf die Notwendigkeit, eigene Anteile von denen des Gegenübers trennen zu können.

Oder anders, im Sinne einer Zusammenfassung: »Der Therapeut hat (nur!) die Aufgabe, für die Leistungen des Patienten den Weg zu bereiten, ihn zu fördern, wo er sich erfolgreich mit sich auseinandersetzt, ihn zu bremsen oder zu ermutigen, wenn er ausweicht, ihn anzustacheln, wenn er sich gehenlässt, ihn zu ermuntern wenn er müde wird, ihm Achtung zu zollen selbst und gerade wenn seine Selbstachtung gering ausgeprägt ist. Mit anderen Worten: Der Therapeut hat (nur!) die Aufgabe, den Patienten auf dem Weg seiner Selbstheilung zu ermutigen. Darüber hinaus wird der Therapeut den Patienten auch auf Fehler und Widersprüche in seinen Äußerungen aufmerksam machen, doch kann er auch in diesem Fall ›nur die Irrtümer zeigen, der Patienten muss die Wahrheit lebendig machen‹ (Adler, 1933, S. 174)« (Antoch, 1981, S. 82).

Das ›alte‹ Konzept der Ermutigung ist hochaktuell und lässt sich auch und gerade in neuen pädagogischen und psychotherapeutischen Konzepten wiederfinden – wenn man genau hinschaut und begriffliche ›Übersetzungsarbeit‹ leistet. Vielleicht ist es sinnvoll, den Begriff der Ermutigung wieder direkter zu nutzen und der damit verbundenen Grundhaltung direkter einen Raum in der Aus- und Weiterbildung von Pädagogen/Pädagoginnen – damit sind auch und gerade Lehrer und Lehrerinnen gemeint – und Psychotherapeuten sowie Psychotherapeutinnen zu geben.

4.3 Resilienzfokussierte Kinderpsychotherapie[36]

In diesem Kapitel werden Bezüge zwischen dem Resilienzkonzept und der Kinderpsychotherapie hergestellt. Die Kinderpsychotherapie – vor allem mit einer personzentrierten und tiefenpsychologischen Tradition – hat das Ziel, Entwicklungsblockaden von Kindern aufzuheben und deren Wachstumspotentiale zu fördern; dies basiert vor allem auf der reflektierten Gestaltung einer entwicklungsförderlichen Beziehung zwischen Kind und Therapeut/in. Auch wenn Psychotherapie das primäre Ziel hat, seelische Störungen zu heilen, so finden sich gerade in der Kinderpsychotherapie Parallelen zur Resilienzperspektive. Diese sollen verdeutlicht werden, zugleich werden konkrete, praxisbezogene Hinweise gegeben, wie die sechs Resilienzfaktoren (▶ Kap. 1) gezielt im Rahmen des therapeutischen Prozesses ›angesprochen‹ werden können.

---

36 Dieser Beitrag ist eine Weiterentwicklung der Überlegungen in den Publikationen von Fröhlich-Gildhoff (2011). Die Tabellen stammen aus: Rönnau-Böse, M. & Fröhlich-Gildhoff, K. (2015). Resilienzfokussierte Kinderpsychotherapie. PERSON 2015/2.

4.3.1 Grundzüge der (schulenübergreifenden) Kinderpsychotherapie

Geschichte

Grundsätzlich ist es schwierig von *der* Kinderpsychotherapie zu sprechen: Historisch lassen sich vier ›große‹ therapeutische Grundorientierungen mit unterschiedlichen Menschenbildern und einem damit verbundenen Verständnis von Entwicklung und der Entstehung seelischer Erkrankungen sowie der Symptomentstehung differenzieren. Damit zusammenhängend unterscheiden sich auch die Grundlagen der Beziehungsgestaltung und Intervention(en):

- Die *Psychoanalytischen und Tiefenpsychologischen Theorien* gehen davon aus, dass seelische Störungen durch unbewältigte intrapsychische Konflikte entstehen; Kern der psychotherapeutischen Intervention ist die Bewusstwerdung und damit eine Bewältigung dieser Konflikte (vertiefend für die Kinder- und Jugendlichenpsychotherapie (KJPT): Buchartz, 2012).
- Die *Humanistische oder Personzentrierte Psychotherapie* geht davon aus, dass die grundlegende Möglichkeit des Menschen, sich selbst weiter zu entwickeln (»Aktualisierungstendenz«) insbesondere durch dysfunktionale Beziehungserfahrungen blockiert wurde und diese Blockade sich über die Symptombildung zeigt. Durch neue Beziehungs- und aktivierende Selbsterfahrungsmöglichkeiten in der Therapie können diese Blockierungen aufgehoben und damit neue Selbstentwicklungsprozesse unter Verzicht auf die Symptome angestoßen werden (KJPT: Weinberger, 2013).
- Nach dem Konzept der *Verhaltenstherapie* resultieren Symptome aus dysfunktionalen kognitiven Verarbeitungen und/oder ungünstig verlaufenden Lernprozessen. Diese kognitiven Bewertungsprozesse müssen durch ein gezieltes therapeutisches Vorgehen verändert, Verhalten durch andere Verstärkungsprozesse umgebaut werden (KJPT: Borg-Laufs, 2007).
- Die grundsätzliche Sichtweise der *Systemischen Therapie* geht davon aus, dass Symptome Anzeichen für Störungen in einem System, besonders der Familie, sind und der einzelne Patient hierfür nur Hinweise gibt. Es gilt also, mit dem gesamten System/der Familie zu arbeiten und dysfunktionale Kommunikations- und Interaktionsstrukturen, Regeln etc. aufzudecken und gemeinsam zu verändern (KJPT: Retzlaff & Schweitzer, 2012).

Mit dieser kurzen Aufzählung sind bei weitem nicht alle Therapieverfahren abgedeckt. Eine besondere Bedeutung hat bspw. die Psychotraumatherapie erlangt. Einen umfassenden Überblick über die Vielfalt der therapeutischen Schulen und Verfahren gibt Kriz (2014).

In der Therapierealität finden sich oftmals Überschneidungen dieser Sichtweisen, aber auch der therapeutischen Interventionsstrategien – v. a. weil viele Psychotherapeuten/Psychotherapeutinnen Aus- oder Weiterbildungen in mehreren Therapieverfahren absolviert haben.

Die Therapieschulenübergreifende Perspektive

In den letzten beiden Jahrzehnten hat sich die Forschung zur Wirksamkeit einzelner Therapieformen, aber auch zu wirksamen Faktoren sehr verstärkt. Die wichtigsten Ergebnisse werden aus einer therapieschulenübergreifenden Perspektive dargestellt.

1. Der bedeutendste Wirkfaktor: Die Beziehung

Die Beziehung zwischen Therapeut/in und Patient/in wird in der empirischen Psychotherapieforschung übereinstimmend seit etwa 20 Jahren als *die* zentrale Variable für das Therapieergebnis angesehen: »Wenn man alle je untersuchten Zusammenhänge zwischen bestimmten Aspekten des Therapiegeschehens und dem Therapieergebnis zusammennimmt, dann sind Aspekte des Beziehungsgeschehens diejenigen Merkmale des Therapieprozesses, deren Einfluss auf das Therapieergebnis am besten gesichert ist« (Grawe et al., 1994, S. 775; ebenso: Orlinsky, Grawe & Parks, 1994). »Die Therapiebeziehung ist ... zunächst einmal das zentrale Mittel, das positive Potential des Patienten zu aktivieren« (Grawe & Fliegel, 2005, S. 691).

In neueren Studien und Überblicksarbeiten wird deutlich, dass im Vergleich zu dem »unspezifischen Faktor« der Therapiebeziehung »der Anteil der Erfolgsvarianz, der auf spezifische Techniken zurückzuführen ist, aufgrund von Metaanalysen und quantitativen Vergleichsstudien auf 5–15 %« geschätzt werden kann (Stucki 2004, S. 8). Zu ähnlichen Ergebnissen kommen Lambert und Barley (2002) sowie Wampold (2001) in ihren Analysen (s. a. Orlinsky, 2008). Auch in der Zusammenstellung von Ergebnissen der vergleichenden Psychotherapieforschung von Strauß (2008) zeigt sich, dass nur 10 % der Ergebnisvarianz in der Psychotherapie auf die jeweilige therapeutische Technik entfallen, 30 % auf die Qualität der Beziehung und 40 % auf extra-therapeutische Veränderungen (die allerdings, wie z. B. im Falle einer für den Patienten entwicklungsförderlichen Trennung, mit Therapieprozessen konfundieren können).

Auf diesem Hintergrund ist die Frage nach der ›richtigen‹ oder ›wirkungsvollsten‹ Technik oder Methode zunächst zurückzustellen und es geht um ›dahinter‹ liegende Fragen, nämlich: Wie sieht eine gute, *gelingende Beziehungsgestaltung* aus?

Eine wesentliche Ursache für die Entstehung von Verhaltensauffälligkeiten und seelischen Störungen sind nicht-förderliche Beziehungserfahrungen, besonders in den ersten Lebensjahren. In therapeutischen Prozessen muss daher das Beziehungsangebot so gestaltet sein, dass neue, »emotional korrigierende (Beziehungs-)Erfahrungen« (Cremerius, 1979) bzw. »korrektive Erfahrungen« (Grawe, 1998) ermöglicht werden und so eine Chance zum ›Umbau‹ innerseelischer Strukturen oder Schemata – und der entsprechenden neurobiologischen Grundlagen (vgl. z. B. Grawe, 2004) – gegeben ist.

Wie aus der psychoanalytischen/tiefenpsychologischen Tradition hinlänglich bekannt, finden sich in jeder psychotherapeutischen Beziehung immer Aspekte einer *Übertragungs- und einer Realbeziehung.*

- In der *Übertragungsbeziehung* kommt es zu einem Aktualisieren wichtiger vergangener Beziehungserfahrungen. Dabei werden »schwierige« aber auch »gute« Erfahrungen auf das Gegenüber übertragen; es zeigen sich Probleme und Wünsche.
- Die *Realbeziehung* ist hingegen die reale aktuelle Beziehung zwischen Therapeut/in und Patient/in.

Beide Beziehungselemente finden sich in (fast) jeder Szene der Therapie und sind gemeinsam oder in jeweils unterschiedlichen Ausprägungen vorhanden – und müssen entsprechend reflektiert werden.

Des Weiteren lassen sich aus den verschiedenen Untersuchungen zur Psychotherapieforschung auf einer allgemeinen Ebene Parameter eines entwicklungsförderlichen Beziehungsverhaltens seitens des/der Therapeut/in identifizieren:

- das Ausstrahlen von *Kompetenz*, das Sicherheit vermittelt (z. B. Huf, 1992)
- *Kongruenz*, unbedingte positive *Wertschätzung und Akzeptanz* (Rogers, 1987)
- *Empathie* (Rogers, 1987) und *Feinfühligkeit* (vgl. Ainsworth et al., 1978)
- *Sensibilität für die Regungen* des Patienten und entsprechende, auch nonverbale Begleitung
- *Da-Sein für den Patienten*, »ohne ihn zu dominieren« (Grawe, 1998, S. 537)
- »verständnisvoll gewährend sein, aber gleichzeitig führend und *strukturierend*, wenn der Patient Unterstützung braucht« (ebd.)
- gezielte *Co-Regulation* affektiver Zustände
- das Einnehmen einer *ressourcenfördernden* und -aktivierenden *Haltung*

2. Therapieschulenübergreifende wirksame Interventionen

Aus der Metaanalyse von Erwachsenen-Therapievergleichs- und Effektivitätsstudien entwickelte die Arbeitsgruppe um Grawe (1994, 1998, 2004; Grawe et al., 1994) das Konzept der schulenübergreifenden Wirkfaktoren. Neben der besonderen Bedeutung der therapeutischen Beziehung konnten in Psychotherapien mit Erwachsenen vier Wirkfaktoren identifiziert werden:

1. *Ressourcenaktivierung*, also das Erkennen, Ansprechen und gezielte Unterstützen vorhandener Fähigkeiten, Interessen etc. der Patient/in
2. *Hilfe zur Problembewältigung*, das konkrete Analysieren von Problemen der Patient/in sowie das Bearbeiten, ggf. auch Erproben von Problemlösungen
3. *Klärung* – hiermit ist die Unterstützung des Selbstverstehens der Patient/in gemeint, auch die Bearbeitung unbewusster Prozesse
4. *Prozessuale Aktivierung* bedeutet eine Neu-Aktivierung festgefahrener kognitiv-emotionaler Schemata durch die reflexive Gestaltung neuer Beziehungserfahrungen oder spezifische erlebnisaktivierende Methoden.

In weitergehenden Analysen zeigte sich, dass die Wirkfaktoren unterschiedlich realisiert werden,

- je nach Setting (z. B. Einzeltherapie gegenüber der Gruppentherapie)
- zu unterschiedlichen Zeitpunkten des Therapieprozesses (deutlicher Unterschied zwischen Anfangsphase und Ende)
- je nach altersmäßigem und vor allem »psychischem« Entwicklungsstand des/der Patienten/in
- nach aktuellem Thema aber auch »Störungsbild« der Patient/in

Dieses Modell der Wirkfaktoren kann als Orientierung für eine Analyse therapeutischer Prozesse dienen.

3. Die Passung

Ein wichtiger Faktor bei der Planung wie der Reflexion von Therapieprozessen ist die ›Passung‹ zwischen Therapeut/in und Patient/in. Orlinsky und Howard (1987) haben versucht, diesen komplexen Prozess genauer in Kategorien zu fassen und unterscheiden die Passung zwischen (a) Behandlungsmodell und Störungsmodell, (b) Patient/in und Behandlungsmodell, (c) Therapeut/in und Patient/in sowie (d) Therapeut/in und Störung des/der Patient/in. Zwischen diesen Ebenen bestehen vielfältige Wechselwirkungen.

Wenn es den Patienten/Patientinnen ermöglicht werden soll, neue, »korrigierende« Beziehungserfahrungen zu machen, so muss die Gestaltung der Therapiebeziehung »differentiell«, »entlang der Bedürfnisse der Patienten« (Stucki, 2004, S. 3) gestaltet werden. Caspar (2007) geht vom Konzept einer »komplementären« oder motivorientierten (an den Motiven der Patienten/Patientinnen orientierten) Beziehungsgestaltung aus: »Um das ›richtige‹, […] komplementäre Therapeuten-Verhalten zu konstruieren, müssen wir aus dem Patientenverhalten die dahinterstehenden Motive des Patienten erschließen, daraus die passenden Therapeutenpläne ableiten und diese dann als Konstruktionsregeln für konkretes Verhalten benutzen« (ebd. S. 324). Letztlich – und das ist eine große Herausforderung – geht es um eine ›passgenaue‹ Begegnung von Person zu Person, die ein sehr hohes Maß an Selbstreflexivität des/der Therapeut/in ebenso erfordert wie ein Reflektieren des Therapieprozesses auf einer Meta-Ebene. Erst ›danach‹ ist es sinnvoll, über einen Einsatz von spezifischen Techniken nachzudenken.

4.3.2 Das Verhältnis zwischen Beziehungsgestaltung und Intervention

Die therapeutische Beziehung stellt die »Hintergrundfolie« für das konkrete Handeln in der Situation, d. h. für jede therapeutische Intervention dar (▶ Abb. 4.1).

Das zentrale Medium in Kindertherapien ist das Spiel (vgl. besonders Weinberger, 2013). Kinderpsychotherapeuten und -therapeutinnen müssen daher immer »Übersetzungsarbeit« leisten: Sie müssen das Kind in seiner spielerischen, symbolhaften Sprache verstehen und ›einordnen‹ und dann wieder verbal oder auf der Spielebene antworten.

4.3 Resilienzfokussierte Kinderpsychotherapie

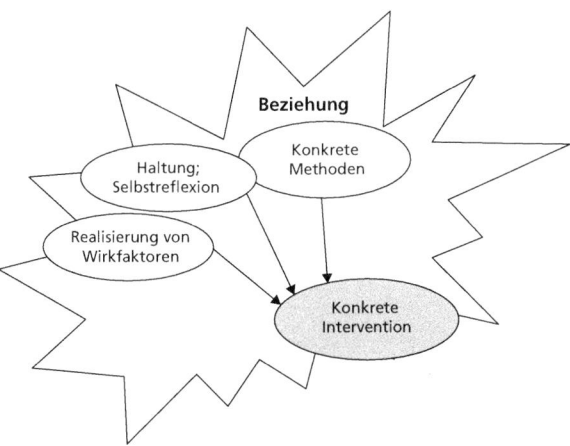

Abb. 4.1: Beziehung als Hintergrundfolie für konkrete therapeutische Interventionen

Das »Übersetzen ist oft gleichbedeutend mit einer Transformation unbewusster Inhalte in Bewusstes, es trägt somit auch zur besseren Verankerung neuer Erfahrungsinhalte bei. Der Therapeut bewegt sich also immer auf zwei Ebenen gleichzeitig: einmal auf der Realebene, zum andern auf der Spiel- bzw. Symbolebene. Damit verbunden sind auch mehrere Rollen: Der Therapeut ist einerseits ein in der Realität verankerter Erwachsener, der Orientierung bietet, er ist aber auch immer Spielpartner bzw. Mithandelnder auf der Symbolebene« (Fröhlich-Gildhoff, Hufnagel & Jürgens-Jahnert, 2004, S. 179).

Die konkreten Interventionen lassen sich dann nach folgenden Gesichtspunkten differenzieren (▶ Abb. 4.2):

Bezugspunkte für die Intervention sind die jeweilige aktuelle Situation (»Hier und Jetzt«) und die »Lebensthematik« (die Inkongruenzen bzw. intrapsychischen Konflikte, die bisherigen zentralen Beziehungserfahrungen, die Ressourcen und Bewältigungsformen usw.).

- *Handlungsebene:* Das Beobachtete wird beschrieben. Verbalisierungen des Geschehens auf der Handlungsebene machen einen großen Teil der Interventionen aus. Die Kinder werden ›gespiegelt‹ damit wird ressourcenorientiert an frühe positive Interaktionserfahrungen angeknüpft.
- *Emotionale Ebene:* Die – vielleicht auch nur latent – gezeigten Emotionen werden verbalisiert. Auch auf dieser Ebene hat das Spiegeln an sich eine große Bedeutung. Das Kind kann sich jetzt damit auseinandersetzen.
- *Ebene der handlungsleitenden innerpsychischen Struktur:* Hier kann der Bezug zum »Lebensthema« bzw. den »handlungsleitenden Kognitionen« (Kognitive Verhaltenstherapie) oder dem »internal working model« (Bindungstheorie) – hergestellt werden. Es kann »Klärung« im Sinne des Grawe'schen Wirkfaktors (Grawe et al., 1994; Grawe, 1998) stattfinden; solche Interventionen setzen präzise Kenntnisse der Geschichte des Kindes und seiner Lebensbewegungen voraus.
- *Beziehungsebene:* Auf der Basis gewachsenen Vertrauens kann das Geschehen auf der Ebene der Realbeziehung, aber auch der Übertragungsbeziehung angesprochen werden.

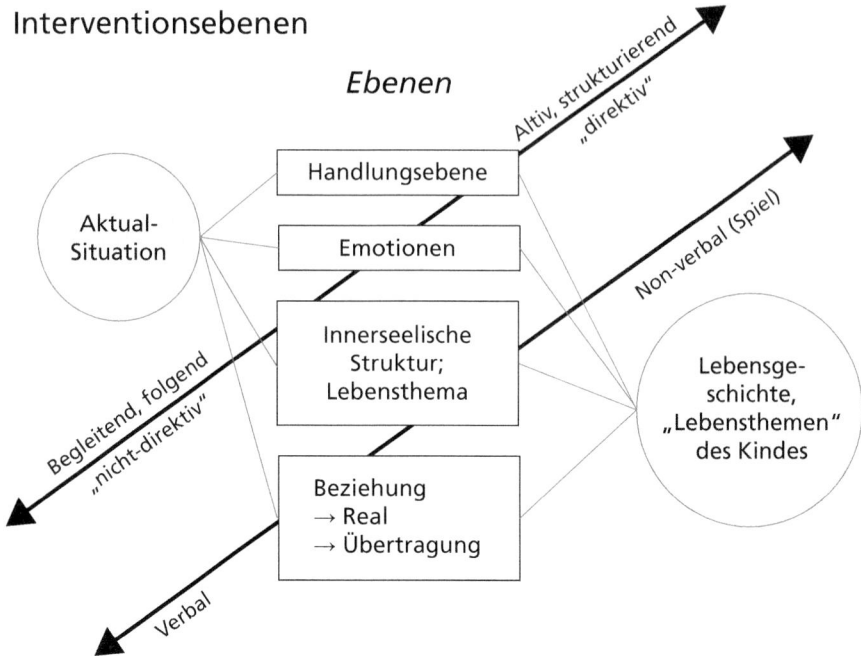

Abb. 4.2: Interventionsebenen in der Kinder- und Jugendlichenpsychotherapie

Diese oder ähnliche Interventionsebenen lassen sich überwiegend auch in der Jugendlichen- und Erwachsenentherapie beschreiben – in der Kindertherapie werden sie jedoch nicht nur auf verbaler, sondern ebenso auf symbolischer, also auf der Spielebene realisiert. Eine weitere Entscheidung muss getroffen werden, ob und wie deutlich die Therapierenden dem Kind in seinen ›Bewegungen‹ folgt, sich also eher zurückhaltend verhält und dem Kind die »Führung« im Interaktionsprozess überlässt – oder ob sie gut begründet und reflektiert aktive, strukturierende Impulse gibt, also direktiv(er) handelt.

Es muss zudem betont werden, dass es *die* richtige bzw. in ihrer Absolutheit perfekte Intervention *an sich* nicht gibt. Das Handeln des/der Therapeut/in ist immer auf das jeweilige Kind bezogen, eben auf die Person zentriert. Auf welcher Ebene die Intervention erfolgt, ist vor allem vom Entwicklungsstand des Kindes und vom Stand des therapeutischen Prozesses abhängig.

4.3.3 Die Parallelen von Resilienz und Kinderpsychotherapie

Resilienzforschung und -förderung hatten in den vergangenen Jahren ihren Schwerpunkt in der Entwicklung von Programmen für pädagogische Zusammenhänge bzw. Institutionen (Überblick: Fröhlich-Gildhoff & Rönnau-Böse, 2022a; Fröhlich-Gildhoff, Becker & Fischer, 2012). Kinderpsychotherapie war, wie angedeutet, auf die Behandlung psychischer Störungen ausgerichtet und lange Zeit von einem defizitorientierten Paradigma geprägt: Es galt, die Ursachen für eine

Symptomatik zu finden bzw. zu verstehen und daran ansetzend, Fehlentwicklungen zu korrigieren. Erst mit der Grawe'schen Wirkfaktorenforschung (s. o.) hat die Ressourcenperspektive einen höheren Stellenwert erhalten – bis dahingehend, dass jüngst ein eigenes Herausgeberwerk zum Thema erschienen ist (»Resilienzfördernde Psychotherapie für Kinder und Jugendliche«, Schär & Steinebach, 2015a), dessen Konzept sich sehr konsequent an den von Grawe (2004) identifizierten »Grundbedürfnissen« (▶ Kap. 3.1) und deren Entfaltung orientiert.

Es lassen sich eine Reihe von Parallelen zwischen der o. g. therapieschulenübergreifenden Perspektive und dem Resilienzkonzept feststellen, wobei eine besonders hohe Affinität zur Personzentrierten Kinder- und Jugendlichenpsychotherapie besteht (Rönnau-Böse & Fröhlich-Gildhoff, 2015):

1. Die grundlegende Sicht auf das Kind

Kinder werden aus beiden Perspektiven als aktive Mitgestalter und Bewältiger ihres Lebens angesehen. Während bei der Resilienzförderung von einer Förderung des individuellen Wachstums gesprochen wird und dabei die Stärken des Kindes aktiviert werden, formulieren Grawe (2004), aber auch die Individualpsychologie und der personzentrierte Ansatz, die Förderung der Aktualisierungstendenz als grundlegendes Entwicklungsprinzip; dieses Entwicklungsprinzip wird gleichfalls von Schär und Steinebach (2015b, S. 24 ff.) hervorgehoben. Die Entwicklung erfolgt über Interaktionen mit der Umwelt und differenziert sich über Erfahrungen. Dabei erlebt der Säugling diese Erfahrung nicht passiv, sondern ist aktiver Part in dem Geschehen. Das Konzept der Interaktionsresonanz von Behr (2012) knüpft hier an. »Die grundlegend optimistische Sicht impliziert zudem, dass Menschen unter günstigen Bedingungen, allen voran Beziehungsbedingungen, dazu tendieren, ihr Entwicklungspotential in einer konstruktiven Weise zur Entfaltung zu bringen« (Stumm & Keil, 2014, S. 4). Dabei wird in beiden Ansätzen die Verantwortung für eine gelingende Entwicklung nicht dem Kind überlassen, sondern es werden Umweltbedingungen beschrieben, die Voraussetzung bzw. Ressource für das Kind darstellen. So betonen Ungar et al. (2013): »Individuen [zeigen] unter widrigen Lebensumständen in Abhängigkeit von bereitgestellten Ressourcen eine positive Entwicklung, die von der Passung zwischen den zugänglichen Ressourcen und den individuellen Bedürfnissen sowie von der Bedeutung der verfügbaren Ressourcen abhängig ist« (S. 3). D. h. neben einer Stärkung der personalen Kompetenzen eines Kindes ist die Verfügbarkeit einer unterstützenden Umwelt notwendig für eine resiliente Entwicklung. Als eine dieser Ressourcen sieht Behr (1989) »nicht dirigierende Beziehungsangebote von Erwachsenen« (ebd., S. 152). Die Entwicklung des Selbstkonzepts und damit die Tendenz zur Selbstaktualisierung hängt nach Rogers davon ab, »dass [das Kind] in seinem Erleben bestimmte förderliche Entwicklungsbedingungen vorfindet« (Weinberger, 2013, S. 26), die in der Resilienzforschung belegt wurden.

2. Die stärkenorientierte Haltung

Das Konzept der Resilienz beinhaltet eine deutliche Orientierung an den personalen wie sozialen Ressourcen bzw. Schutzfaktoren. Es geht hierbei nicht um ein Ignorieren der Risiken und Schwierigkeiten, sondern um eine erweiterte Perspektive. Durch das Nutzen der Stärken und Fähigkeiten einer Person wird ein anderer Umgang mit den Problemen ermöglicht. Die resilienzorientierte Haltung stellt die Anerkennung der Potenziale eines Menschen in den Mittelpunkt und damit eine Wertschätzung der ganzen Person. Die kontinuierliche Förderung der Ressourcen und die ganzheitliche Betrachtung der Person befähigen nach den Erkenntnissen der Resilienzforschung die Bewältigung von Anforderungen und Krisen (vgl. Welter-Enderlin, 2006). Hier lassen sich deutliche Parallelen zumindest zur Personzentrierten Kinderpsychotherapie herstellen. Auch dieser Ansatz nimmt den ganzen Menschen in den Blick und formuliert mit den drei Variablen »Wertschätzung«, »Empathie« und »Kongruenz« explizit eine Vorgehensweise, die den Aspekten der Resilienzförderung nahekommt. Rogers hat eine Ressourcenorientierung zwar nicht ausdrücklich benannt, dennoch bildet sie eine wesentliche Grundlage für personzentrierte Handlungen (vgl. Rönnau-Böse & Fröhlich-Gildhoff, 2015).

> »Es ist aber Markenzeichen der personzentrierten Haltung, unter die Oberfläche zu gelangen bzw. hinter die Kulissen zu blicken und dort nach den unentwickelten Potenzialen, nach nicht geborgenen Schätzen und nach Ressourcen zu suchen« (Stumm & Keil, 2014, S. 4).

3. Die Bedeutung der Beziehung

Dieser Aspekt muss nicht weiter ausgeführt werden: sowohl in der Resilienz- als auch in der Therapieforschung ist die Beziehung zwischen dem Kind (Patient) und einer erwachsenen Bezugsperson bzw. der Therapeut/in als der zentrale Wirk- bzw. Schutzfaktor identifiziert worden. Ob eine Beziehung sich als schützend erweist, hängt vor allem mit der Begegnungshaltung und – gestaltung der Bezugsperson zusammen – für die entsprechenden Parameter, die eine seelisch gesunde Entwicklung fördern, gibt es analoge Befunde.

4. Entsprechung einzelner Methoden

Einzelne Resilienzfaktoren finden sich auch in zentralen Konzeptionen unterschiedlicher Therapieschulen. So wird bspw. das Selbstkonzept durch die Förderung der Selbstwahrnehmung – therapeutisch wiederum unterstützt durch eine adäquate Spiegelung und Verbalisierung des Ausdrucks kindlicher Gefühle – validiert und differenziert. Das positive Selbstwirksamkeitserleben des Kindes wird durch die Orientierung an seinen Bedürfnissen und das Unterstützen von Erfolgen im Spiel unterstützt.

Zusammenfassend lässt sich feststellen, dass die Kunst der Psychotherapie wie der Resilienzförderung darin besteht, auf der Grundlage systematischer Analysen, passgenaue Angebote zielgruppen- wie individuumsspezifisch zu realisieren. Dabei stellt eine gleichermaßen haltgebende, wie wertschätzende und anregende Beziehung die Basis dar, auf der die Selbstentwicklungsprozesse und -möglichkeiten des Gegenübers ressourcenbezogen unterstützt und gefördert werden.

Die dargestellten Verknüpfungen zwischen dem Resilienzkonzept und schulenübergreifenden Erkenntnissen der Psychotherapieforschung machen die Relevanz für eine resilienzorientierte Kinderpsychotherapie deutlich.

4.3.4 Praktische Überlegungen zur Resilienzfokussierung in der Kinderpsychotherapie

In einem Praxisforschungsprojekt zu »Wirkfaktoren in der Kinder- und Jugendlichenpsychotherapie« wurde untersucht, ob sich die zentralen Ergebnisse der Resilienzforschung auch in Kinderpsychotherapien identifizieren und möglicherweise weiter nutzen lassen können. Im Rahmen des Praxisforschungsprojekts trafen sich erfahrene Kinder- und Jugendlichenpsychotherapeuten und -therapeutinnen; sie analysierten eine Vielzahl von Videoausschnitten aus Kinderpsychotherapien hinsichtlich der Frage, ob sich Resilienzfaktoren »entdecken« lassen und ob und wie sich diese im Therapieprozess möglicherweise durch ein gezielteres »Ansprechen« noch vertiefter unterstützen lassen. Aus dieser Analyse wurde der Versuch unternommen, den jeweiligen Resilienzfaktoren spezifische Begegnungsparameter des psychotherapeutischen Handelns zuzuordnen und differenzierte Handlungsmöglichkeiten aufzuzeigen.

Dabei ist ein wichtiger Unterschied des Resilienzansatzes zum personzentrierten und zum psychodynamischen Therapiekonzept zu diskutieren: Im Resilienzkonzept wird grundlegend davon ausgegangen, dass sich Resilienz über das positive Bewältigen von An-/Herausforderungen entwickelt. Dies bedeutet, dass zur Stärkung der Resilienz in der Begegnung zwischen erwachsener Bezugsperson und dem Kind, diesem spezifische Entwicklungsschritte zugemutet werden. Es werden somit von der erwachsenen Person aktive Herausforderungen in der »Zone der nächsten Entwicklung« (Wygotski, 2002) ›gesetzt‹ und entsprechend (positiv und unterstützend) begleitet. Damit verbunden ist auch eine Ermutigung des Kindes, den nächsten Entwicklungsschritt zu gehen. Diese direkte und aktiv-handlungsbezogene Wachstumsorientierung findet sich in dieser Weise in personzentrierten und psychodynamischen Therapiekonzeptionen nicht.

Es ist also ein gezielteres und differenziertes Ansprechen der jeweiligen Faktoren notwendig, um eine Verankerung und Spiegelung der Kompetenzentwicklung zu gewährleisten. Dies ist nicht in allen Phasen im Therapieprozess angemessen, d. h. die Resilienzfaktoren stehen nicht immer im Vordergrund, sondern das Resilienzkonzept dient vielmehr als »Hintergrundfolie«, welches in bestimmten Therapiephasen verstärkte Ansatzpunkte zur gezielteren Entwicklungsförderung bietet.

Der Bezug zwischen Resilienzfaktoren und therapeutischem Prozess wurde im o. g. Praxisforschungsprojekt anhand der Mikroanalyse verschiedener Video-Ausschnitte von Kinder(spiel)therapiesituationen herausgearbeitet. Dazu erfolgte zunächst ein individuelles Rating der einzelnen Sequenzen durch die Workshopteilnehmer und -teilnehmerinnen (insgesamt 14 Kinder- und Jugendlichenpsychotherapeuten und -therapeutinnen mit überwiegend langjähriger Berufserfahrung[37]); die Einschätzungen wurden dann im Gruppengespräch abgeglichen und zusammengeführt.

Im Folgenden wird als wesentliches Ergebnis dieser Analysen dargestellt, wie der Einbezug der Resilienzfaktoren in den psychotherapeutischen Prozess gelingen kann. Dafür werden die Resilienzfaktoren einzeln beleuchtet und deren mögliche Verankerung in der Therapie erläutert.

1. Selbst- und Fremdwahrnehmung

Um eigene Gefühle wahrnehmen und differenzieren zu können, wird in der Therapie das klassische Spiegeln, sowohl auf der verbalen, präverbalen als auch nonverbalen Ebene eingesetzt. Dabei werden unterschiedliche Gefühlswahrnehmungen rückgemeldet. Dies erfolgt entweder anhand der »Übersetzung« von Lautäußerungen oder Verwendung von Symbolen und Bildern. Konkretes Nachfragen, wie z. B. »Bist du jetzt wütend oder traurig?« verhilft dem Kind zu einem klareren Bild über seine Gefühlszustände und damit letztendlich zu einer verbesserten Selbstwahrnehmung. Diese Wahrnehmung muss dann in Bezug zur Fremdeinschätzung gesetzt werden, um ein angemessenes Selbstkonzept entwickeln zu können. Auch hierbei können Nachfragen unterstützen, wie z. B. »Wie siehst du dich?«, und das Spiegeln bzw. Verdeutlichen der gezeigten Mimik und Gestik.

Entsprechende Verbalisierungen sind auch im Spielprozess direkt möglich, v. a. mittels der Methode des lauten Denkens: »Ist der Frosch jetzt wohl ängstlich oder vielleicht eher traurig?« Oder: »Ich überleg jetzt grad, warum der Frosch davonrennt, – Frosch, warum rennst du davon?«

Um die eigene Wahrnehmung einordnen zu können und zur richtigen Interpretation dieser, kann es sich als hilfreich erweisen, wenn die (möglichen) verschiedenen Wahrnehmungen miteinander verglichen und eingesetzte Kommunikationsstrategien reflektiert werden. Diese Reflexion kann sowohl auf der verbalen als auch auf der Spielebene erfolgen (► Tab. 4.1).

2. Selbststeuerung

Die Regulation verschiedener Erregungszustände unterstützt die Therapeutenperson durch das Bewusstmachen der jeweiligen Erregung. Das Kind wird angeregt, innezuhalten und die Erregung zu spüren. Indem er/sie diesen Prozess prä- oder nonverbal begleitet, werden gleichzeitig Gefühlszustände bewusstgemacht und bei Bedarf co-reguliert. Diese Co-Regulation kann zum einen durch ganz konkrete Unterstützung im Spiel geschehen, wie z. B. das Markieren von Grenzen mittels Matratzen oder Bauklötzen. Möglich ist dies auch über das Nutzen der Spielinhalte,

---

37 Ein Dank geht an Georg Derx, Katharina Heinen, Klaus Horstkötter, Jutta Hoßfeld, Gerhard Hufnagel, Stephan Jürgens-Jahnert, Franziska Jahnert, Manuela Maiworm, Sandra Mielau, Klaus Riedel, Wolfgang Seidenbiedel und Hildegard Steinhauser.

z. B.: Die Puppe im Spiel weint – direkt zur Puppe sprechen: »Ach, du weinst ja, bist du wohl traurig? Brauchst du etwas, kann ich dir helfen oder kann jemand anders dir helfen?« Zum anderen sind präverbale Strategien möglich, z. B. indem die Therapeutenperson mit ihrer Stimme entweder leiser (bei Übererregung) oder lauter (bei Zurückhaltung) als das Kind antwortet. Dabei kann es helfen, mit dem Kind gemeinsam mögliche Ressourcen und Aktivierungsstrategien ausfindig zu machen (auch dies ist auf der Spielebene möglich!), die es bei der Selbstregulation unterstützen. Das können Ressourcen auf der personalen aber auch auf der sozialen Ebene sein. Bei besonders starker Erregung bieten zusätzliche klare Strukturen, wie »Eieruhren«, räumliche Begrenzungen (Raumteiler) und Symbole (z. B. Stoppzeichen) Filtermöglichkeiten. Auch kleine Schritte in der Selbstmotivation sollten gespiegelt und positiv rückgemeldet werden (▶ Tab. 4.2).

3. Selbstwirksamkeit

In jeder Spielsituation kann sich das Kind grundsätzlich als Urheber eigener Handlungen erleben, da es Regisseur der Spielhandlungen sein darf und die Therapeutenperson ihm folgt. Diese Erfahrung kann durch Verbalisieren bewusstgemacht werden, z. B. »Du weißt schon, was du machen musst« oder »Du hast einen Plan im Kopf und den setzt du um«. Gleichzeitig wird durch die kontinuierliche Rückmeldung eine positive Erwartung bzgl. des eigenen Handelns aufgebaut. In verschiedenen Therapiephasen kann das Kind darüber hinaus dazu ermutigt werden, sich neuen, herausfordernden Situationen zu stellen. Dabei erhält es angemessene Explorationsassistenz (Ahnert, 2007) und lernt durch die gemeinsame Reflexion der Handlungsabläufe (»Wie hast du das jetzt geschafft?«) seine eigenen Stärken kennen, die im Spiel immer wieder aufgegriffen werden können (»Die Puppe weiß genauso gut wie du, wie man das macht«) (▶ Tab. 4.3).

4. Soziale Kompetenzen

Um den Resilienzfaktor »Soziale Kompetenz« weiterzuentwickeln, ist die Therapeutenperson in ihrer gesamten Kommunikation gefragt. Sie muss sich als Dialogpartner anbieten, Vorbild sein für eine stimmige Körpersprache und Kommunikationsregeln auf allen Ebenen einhalten. Für Konfliktsituationen eignet sich ein vierstufiges Vorgehen: a) Wahrnehmen und Verstehen von Konfliktsituationen durch Abgleich der Selbst- und Fremdwahrnehmung (Wie nehmen beide den Konflikt wahr? »Die beiden Tiere streiten sich jetzt aber mächtig, der Hund hat die Katze aber ganz schön geärgert«), b) Perspektivenübernahme (»Wie hat sich die Katze wohl dabei gefühlt?«), c) Wahrnehmen und Kontrollieren eigener Impulse (siehe Selbstregulation), d) adäquates Handeln in der Situation (»Sollen Hund und Katze jetzt mal ausprobieren, wie sie sich wieder vertragen können?«, »Wieso haben die sich jetzt wieder vertragen?« oder »Wieso haben die sich jetzt noch doller gestritten?«). Darüber hinaus spielt Selbstbehauptung eine wichtige Rolle, um sozial kompetent mit herausfordernden Situationen umgehen zu können. Spiegeln der Impulse und Anbieten von Interpretationshilfen sowie das Üben von Handlungsmöglichkeiten, können diesen Prozess unterstützen. Ein weiterer Aspekt spielt »sich Unterstützung holen können«. Neben dem Anbieten von Unterstützung kann eine konkrete Reflexion von Hilfesituationen dem Kind neue Perspektiven eröffnen (▶ Tab. 4.4).

5. Problemlösefähigkeit, kognitive Flexibilität

Problemlösefähigkeiten sind davon gekennzeichnet, dass Handlungsabläufe im Sinne eines Problemlösezyklus realisiert werden, alternative Lösungen in Betracht gezogen werden und Probleme als Herausforderung betrachtet werden. Als Begegnungsparameter bietet sich zum einen Nachfragen an, um den Prozess bewusst zu machen, wie z.B. »Was ist passiert? Wie hast du das gemacht?«. Wird ein Problemlöseprozess beobachtet, kann dieser verbalisiert werden, um einzelne Schritte zu verdeutlichen. In manchen Therapiephasen kann es sich als hilfreich erweisen, mögliche Problemsituationen anzusprechen und spielerisch durchzusprechen (»Was würdest du tun, wenn ...«). Dabei geht es auch darum, kreative Lösungsmöglichkeiten und Ideen zu befördern. Unterstützt wird dieser Prozess durch verschiedene Materialien oder auch »Zaubern«. Das Kind braucht dabei Ermutigung und evtl. eine erweiterte Perspektive, um Probleme nicht nur als Hindernisse wahrzunehmen, sondern auch als Herausforderung (▶ Tab. 4.5).

6. Adaptive Bewältigungsstrategien/Stressbewältigung

Um stressige Situationen und Ereignisse einordnen und bewerten zu können, kann mit dem Kind überlegt werden, was individuelle Stressauslöser sind und welche Bewältigungsmöglichkeiten und eigene Stärken zur Verfügung stehen. Möglicherweise bietet es sich auch an, bewältigbare Stresssituationen zu induzieren. Daneben bietet der Umgang mit stressbelasteten Spielsituationen eine Fülle an Möglichkeiten, Stressbewältigungsstrategien zu verdeutlichen und aktiv anzubieten. So kann die Strategie »Ablenkung« gespiegelt und damit auf die Bewusstseinsebene gehoben werden (»Es ist sehr aufregend, da hilft es, wegzuschauen...«). Auch wenn Spielregeln vom Kind verändert werden, um den eigenen Selbstwert zu sichern, kann diese Strategie reflektiert werden, indem die Therapeutenperson rückmeldet (und dadurch akzeptiert): »Ich weiß, dass mein Schuss ein Tor war, aber ich merke, dass du das noch nicht aushalten kannst.« (▶ Tab. 4.6).

Tab. 4.1: Resilienzfaktor Selbst- und Fremdwahrnehmung

Differenzierung	Begegnungsparameter	Beispiele/ Erweiterungen
	Selbstwahrnehmung	
Eigene Gefühle wahrnehmen	Spiegeln (verbal, präverbal, non verbal)	
	Unterstützung bei der Differenzierung des Gefühlsspektrums	auch: – »Übersetzen« und

4.3 Resilienzfokussierte Kinderpsychotherapie

Tab. 4.1: Resilienzfaktor Selbst- und Fremdwahrnehmung – Fortsetzung

Differenzierung	Begegnungsparameter	Beispiele/ Erweiterungen
		Konkretisieren unspezifischer Lautäußerungen (z. B. lautes Schreien) – Unterstützung des Ausdrucks innerer Zustände in Symbolen, Bildern
Klären »diffuser« Gefühle	Diffusität ansprechen, Gefühlskategorien zur Klärung anbieten (»Bist Du jetzt traurig oder ängstlich«?)	
Sich angemessen einschätzen können; angemessenes Selbstbild/Selbstkonzept	Nachfragen: Wie siehst Du Dich? Wie erlebst Du Dich?	
Fremdwahrnehmung		
Einschätzen der eigenen Wirkung auf andere (inkl. Mimik, Gestik)	Spiegeln durch Fremdwahrnehmung (z. B. Wie wirkt die Körperhaltung, Mimik auf das Gegenüber?)	auch: Wahrnehmen von unnagenehmem Erleben (z. B. immer wieder bei anderen »anecken«); Hilfe beim Verstehen, warum andere mich nicht verstehen
Abgleich der eigenen Wahrnehmung mit der eines anderen	Ansprechen, gezielter Vergleich	
Gestik und Mimik des anderen wahrnehmen	Nachfragen: Was siehst Du?	
… und richtig interpretieren	Abgleich	
Motive des anderen verstehen	Reflexion von Kommunikationssituationen: Warum handelt jemand so?	
Eigene Wahrnehmung der Situation ›platzieren‹ können		

Tab. 4.2: Resilienzfaktor Selbststeuerung

Differenzierung	Begegnungsparameter	Beispiele/ Erweiterungen
Erregung (arousal) »hoch« und »herunter« »fahren« können	Innehalten: Erregung spüren	auch: (stellvertretend) erspüren, wenn es ›zuviel‹ ist → spiegeln, ansprechen

Tab. 4.2: Resilienzfaktor Selbststeuerung – Fortsetzung

Differenzierung	Begegnungsparameter	Beispiele/ Erweiterungen
	Prä-/nonverbale Begleitung (Mitschwingen) bei Aktivierung und Beruhigung	
	Gefühle verbal und nonverbal teilen (Trauer, Wut)	
	Reflexion: Was führt zur Erregung?, Wie kommt es zur Aktivierung?	
	Co-Regulation: Erregungs- und situationsadäquate Regulationsstrategien zeigen (Vorbildfunktion!)	auch: im Spiel konkrete Unterstützung geben (z. B. Grenze durch Symbole setzen); regulative Elemente einführen (»Eieruhr« für überbordendes Kämpfen)
	Unterstützung kleiner selbstregulativer Elemente	Bsp.: Kind (Puppe) weint: → »Gibt es etwas, das helfen könnte?«; → Aufspüren von Ressourcen auf personaler und sozialer Ebene
»Filter« bei übermäßiger Erregung	Struktur(en) anbieten	Zeit, Raumgestaltung, Symbole – auch auf präverbaler Ebene
	Konkrete selbstregulative Handlungen, Symbole etc. erarbeiten und einüben	
Sich selbst motivieren/aktivieren können	Aktivierungsstrategie reflektieren und ggf. anregen; kleine Schritte unterstützen	

Tab. 4.3: Resilienzfaktor Selbstwirksamkeit

Differenzierung	Begegnungsparameter	Beispiele/ Erweiterungen
Sich als Urheber eigener Handlungen sehen	Rückmeldung geben	Bsp.: »Du weißt schon, was Du machen musst.« oder: »Du wüsstest schon, was Du machen musst«
	Gemeinsame Reflexion über Handlungsabläufe und -vollzug (Attributionsreflexion)	
	Ermutigung, Lob	

4.3 Resilienzfokussierte Kinderpsychotherapie

Tab. 4.3: Resilienzfaktor Selbstwirksamkeit – Fortsetzung

Differenzierung	Begegnungsparameter	Beispiele/ Erweiterungen
Positive Erwartungen bzgl. des eigenen Handelns aufbauen	Angemessene Anforderungen in der Zone der nächsten Entwicklung	
	Anbieten von neuen, konstruktiven »Gegenerfahrungen«	Kind bewältigt eine Anforderung, verbalisiert selbst: »Ich schaffe das, so doof bin ich nicht«
Kennen der eigenen Stärken	Reflexion über Ressourcen/ Stärken	
Zeigen eigener Stärken	Ermöglichen des Zeigens in der Handlung; im Spiel Hinweise darauf aufnehmen, anregen	

Tab. 4.4: Resilienzfaktor Soziale Kompetenzen

Differenzierung	Begegnungsparameter	Beispiele/ Erweiterungen
Dialogfähigkeit		
a) Zuhören/den anderen als Dialogpartner wahrnehmen	Sich selbst als Dialogpartner »positionieren« (darauf achten, dass eigene Kommunikationsanteile/Worte wahrgenommen werden)	
b) Wechsel in der Kommunikation (verbal/nonverbal) gestalten	Wechsel als Regel einführen; »Unterbrechungen« thematisieren	
c) Bezugnahme in der Kommunikation auf den/die andere/n	Auf den Bezug achten (Körpersprache; Wiederholen; selber als Vorbild fungieren)	Ggf. Einüben des »kontrollierten Dialogs«
Fähigkeit zur Konfliktlösung a) Wahrnehmen und Verstehen von Konfliktsituationen	Selbst- und Fremdwahrnehmung abgleichen (»eichen«)	
b) Perspektivenübernahme	Einüben/Ansprechen (Wie hat sich ... wohl gefühlt?)	
c) Wahrnehmen und kontrollieren eigener Impulse	Selbststeuerung, s. o.	
d) adäquates Handeln in der Situation	Handlungsalternativen besprechen	auch:
	Handlungsbegründungen	Aushandeln (üben)
	Handlungsalternativen einüben, ggfls. Rollenspiel	

Tab. 4.4: Resilienzfaktor Soziale Kompetenzen – Fortsetzung

Differenzierung	Begegnungsparameter	Beispiele/ Erweiterungen
Selbstbehauptung a) Wahrnehmen und Interpretieren eigener Impulse	Selbstwahrnehmung, s. o.	
	Rückmeldung geben	
b) adäquates Handeln in der Situation	Handlungsalternativen besprechen Handlungsbegründungen	
	Handlungsalternativen einüben	
Sich Unterstützung holen	Unterstützung anbieten Reflexion von Hilfesituationen	

Tab. 4.5: Resilienzfaktor Problemlösefähigkeiten

Differenzierung	Begegnungsparameter	Beispiele/Erweiterungen
Systematische Reflexion von Handlungsabläufen;	Nachfragen: Was ist passiert? Wie hast Du das gemacht …?	
Problemlösezyklus realisieren (Innehalten, Analysieren, Mittelauswahl, Handeln, Evaluation)	Zunächst: Verbalisieren des beobachteten Problemlöseprozesses	
	ggf. Probleme aktiv aufzeigen (verdeutlichen, ›vorgeben‹)	(spielerisches) Verbalisieren: »Was würdest Du tun, wenn …?«
	In Problemlösesituationen einzelne Schritte durchsprechen	
	Reflexion von Problemlöseprozessen	
Suche nach alternativen Lösungen	Kreativität fördern Ungewöhnliches Denken und Handeln bemerken und verstärken Relativität von Problemen ansprechen	• Material anbieten! • »Zaubern«, Fantasie als Möglichkeit (nicht: völliger, längerer Ausstieg aus der Realität)
Probleme nicht in erster Linie als Hindernisse sehen, sondern als Herausforderung	Überwindungsperspektive eröffnen; Ermutigung	

Tab. 4.6: Resilienzfaktor Adaptive Bewältigungsstrategien/Stressbewältigung

Differenzierung	Begegnungsparameter	Beispiele/ Erweiterungen
Erkennen, was je individuelle Herausforderungen/Stressoren sind	Individualität des Stresserlebens herausstellen	
	Reflexion von subjektiven Stressauslösern bzw. -situationen	auch: Umgehen mit ›Versagens‹-Situationen
	Reflexion über den ›Stress-Pegel‹ und Bewältigungsformen	
	Gestalten je individuell angemessener Anforderungen	auch: das Kind herausfordern; wenn sinnvoll: bewältigbare Stresssituationen induzieren
Aktivierung eigener Lösungspotentiale und Kompetenzen	Kennen eigener Kompetenzen	
	Ermutigung zum Einsetzen von (Problemlöse-)Fähigkeiten	
	ggf. verschiedene (Stress-)Bewältigungsmöglichkeiten anbieten	auch: <ul><li>positives Umdeuten von Situationen</li><li>›Ablenken‹ erkennen/spiegeln: zu starke Emotionen werden durch Umlenken »abgewehrt« → Mitgehen, Verbalisieren (»Es ist sehr aufregend, da hilft es, wegzuschauen«)</li><li>Reflektieren (und Akzeptieren) von Bewältigungsformen, die sozial nur bedingt funktional sind; Bsp: Veränderung von Regeln, um zu gewinnen und den eigenen Selbstwert zu sichern (»Ich weiß, dass mein Schuss ein Tor war, aber ich merke, dass Du das noch nicht aushalten kannst«)</li></ul>
	Lob für das Angehen einer Herausforderung	

Tab. 4.6: Resilienzfaktor Adaptive Bewältigungsstrategien/Stressbewältigung – Fortsetzung

Differenzierung	Begegnungsparameter	Beispiele/ Erweiterungen
	Bewältigungsprozesse reflektieren; Verankerung durch kognitive Reflexion	
ggf. Einfordern/-holen von Unterstützung	Unterstützung anbieten	
	Reflexion von Hilfesituationen	

Fazit

Die dargestellten Aspekte des Resilienzkonzepts zeigen deutliche Verbindungen zu modernen Konzepten und Vorgehensweisen von Kinderpsychotherapien – gerade aus einer therapieschulenübergreifenden Sicht – auf. Dabei zeigte sich an vielen Stellen, dass psychotherapeutisches, reflektiertes Handeln – besonders im Spiel! – sehr oft per se resilienzfördernd wirkt. Darüber hinaus bietet der Therapieprozess immer wieder Ansatzmöglichkeiten, gezieltere Resilienzförderung zu integrieren, ohne den engen/klaren »psychotherapeutischen Weg« verlassen zu müssen. Vielmehr kann durch das Aufsetzen der »Resilienzbrille« eine erweiterte Perspektive geboten werden, die in verschiedenen Therapiephasen neue Impulse setzen kann. Die Förderung der Resilienzfaktoren darf aber nicht so verstanden werden, dass sie nacheinander »abgearbeitet« werden, vielmehr geht es um ein situatives Jonglieren, und nicht in allen Therapiephasen ist es passend und sinnvoll. Zudem hängen die Faktoren miteinander zusammen und lassen sich meistens nicht getrennt voneinander fokussieren.

Literaturverzeichnis

Ackermann, F. & Wegner, W. (2010). *Gemeinwesenarbeit.* Stuttgart: Kohlhammer.
Ackermann, E. & Schuhmann, W. (2010). Die Uni ist kein Ponyhof. Zur psychosozialen Situation von Studierenden. *Prävention und Gesundheitsförderung, 5,* 231–237.
Adler, A. (1973, orig. 1933). *Der Sinn des Lebens.* Frankfurt a. M.: Fischer.
Adler, A. (1974, Original 1920). *Praxis und Theorie der Individualpsychologie.* Frankfurt a. M.: Fischer.
Adler, A. (1982, Original 1933). *Der Sinn des Lebens.* Frankfurt a. M.: Fischer.
Agaibi, C. E. & Wilson, J. P. (2005). Trauma, PTSD, and resilience: A review of the literature. *Trauma, Violence, & Abuse, 6* (3), 195–216.
Ahnert, L. (2004a). Bindungsbeziehungen außerhalb der Familie: Tagesbetreuung und Erzieherinnen-Kind-Bindung. In L. Ahnert (Hrsg.), *Frühe Bindung. Entstehung und Entwicklung* (S. 256–277). München: Reinhardt.
Ahnert, L. (2004b). *Frühe Bindung. Entstehung und Entwicklung.* München: Reinhardt.
Ahnert, L. (2007). Von der Mutter-Kind- zur Erzieherinnen-Kind-Bindung? In F. Becker-Stoll & M. R. Textor (Hrsg.), *Die Erzieherin-Kind-Beziehung. Zentrum von Bildung und Erziehung* (S. 31–41). Berlin: Cornelsen Scriptor.
Ahrens-Eipper, S., Leplow, B. & Nelius, K. (2010). *Mutig werden mit Til Tiger. Ein Trainingsprogramm für sozial unsichere Kinder.* Göttingen: Hogrefe.
Ainsworth, M., Blehar, M. C., Waters, E. R. & Wall, S. (1978). *Patterns of attachment. A psychological study of the strange situation.* Hillsdale, NY: Erlbaum.
Allgöwer A. (2000). *Gesundheitsförderung an der Universität.* Opladen. Leske und Budrich 2000. Albers, T. & Weltzien, D. (Hrsg.). (2014). Vielfalt und Inklusion. *Kindergarten heute Sonderheft Wissen kompakt,* 1. Freiburg: Herder.
Alkon, A. (2004). Social and ecological resilience: Are the related? *Progress in Human Geography, 24,* 2106–2118.
Allemand, M., Lehmann, R. & Martin, M. (2012). Beruf, Arbeit und Entwicklung. In F. R. Lang, M. Martin und M. Pinquart (Hrsg.), *Entwicklungspsychologie – Erwachsenenalter* (S. 181–200). Göttingen: Hofgrefe.
Al-Yagon, M. & Margalit, M. (2006). Loneliness, Sense of Coherence and Perception of Teachers as a Secured Base among Children with Reading Difficulties. *European Journal of Special Needs Education, 21,* 21–37.
Aktionsrat Bildung (2022). *Bildung und Resilienz.* München: Waxmann
Antoch, R. F. (1981). *Von der Kommunikation zur Kooperation. Studien zur individualpsychologischen Theorie und Praxis.* München: Reinhardt.
Antonovsky, A. (1997). *Salutogenese. Zur Entmystifizierung der Gesundheit.* Tübingen: dgvt.
Arnett, J.J. (2004). *Emerging adulthood: The winding road from the late teens through the twenties.* Oxford: University Press.
Auerbach, R.P. et al. (2018). The WHO World Mental Health Surveys International College Student Project: Prevalence and Distribution of Mental Disorders. *Journal of Abnormal Psychology* 127(7). DOI: 10.1037/abn0000362. Aßhauer, M., Burow, F. & Hanewinkel, R. (1999). *Fit und stark fürs Leben. 3. und 4. Schuljahr. Persönlichkeitsförderung zur Prävention von Aggression, Stress und Sucht.* Stuttgart: Ernst Klett.
Baker, J. A. (2006). Contributions of Teacher-Child Relationships to Positive School Adjustment During Elementary School. *Journal of School Psychology, 44,* 211–229.

Baltes, P. B. & Baltes, M. M. (1989). Optimierung durch Selektion und Kompensation. Ein psychologisches Modell erfolgreichen Alterns. *Zeitschrift für Pädagogik, 35*, 85–105.

Baltes, P. B. & Baltes, M. M. (1990). Psychological perspectives on successful aging: The model of selective optimization with compensation. In P. B. Baltes & M. M. Baltes (Eds.), *Successful aging: Perspectives from the behavioral sciences* (pp. 1–34). New York: Cambridge University Press.

Baltes, P. B. (1993). The aging mind: Potential and limits. *Gerontologist, 33*, 580–594.

Baltes, P. B., Lindenberger, U. & Staudinger, U. M. (1998). Life-Span Theory in Developmental Psychology. In R. M. Lerner (Ed.), *Handbook of Child Psychology: Vol. 1. Theoretical Models of Human Development* (5th ed., pp. 1029–1144). New York: Wiley.

Baltes, P. B., Reese, H. E. & Lipsitt, L. P. (1980). Live-Span Developmental Psychology. *Annual Review of Psychology*, 31, 65–110.

Bandura, A. (1977). Self-efficacy: Toward a unifying theory of behavior change. *Psychological Review*, 84, 191–215.

Bandura, A. (1997). *Self-efficacy: the exercise of control.* New York: Freeman.

Bandura, A. (Hrsg.). (1995). *Self-Efficacy in changing societies.* Cambridge: Cambridge University Press.

Baumgarten, F., Klipker, K., Göbel, K., Janitza, S. & Hölling, H. (2018). Der Verlauf psychischer Auffälligkeiten bei Kindern und Jugendlichen – Ergebnisse der KiGGS-Kohorte. *Journal of Health Monitoring, 3(1)*, 60–64. DOI 10.17886/RKI-GBE-2018-011.

Baumrind, D. (1971). Current Patterns of Parental Authority. *Developmental Psychology, 4*, 1–103.

Baumrind, D. (1991). Parenting styles and adolescent development. In R. Lerner, J. Brooks-Gunn & A. C. Peterson (Eds.), *Encyclopedia of adolescence* (Vol. 2, pp. 746–758). New York: Garland.

Baumrind, D. (2008). Authoritative Parenting for Character and Competence. In D. Streight (Ed.), *Parenting for Character: Five Experts, Five Practices* (pp. 17–32). Oregon: CSEE.

Beardslee, W. R. (2002). *Out of the darkened room. When a parent is depressed: Protecting the children and strengthening the family.* New York: Little, Brown & Company.

Beck, U. & Beck-Gernsheim, E. (1990). *Das ganz normale Chaos der Liebe.* Frankfurt a.M.: Suhrkamp.

Becker, J. (2011a). Krippenkinder aus belasteten Familiensituationen stärken. Grundlagen einer pädagogischen Konzeption. In J. Becker, A. Hirsch & K. Ahr (Hrsg.), *Potentiale in Kindertageseinrichtungen entdecken, nutzen und weiterentwickeln. Krippenkinder aus belasteten Familien, Altersgerechtes Arbeiten, Fachberatung und/oder Gesamtleitung* (S. 19–84). Neuwied: Carl Link.

Becker, J. (2011b). Krippenkinder stärken! *KiTa aktuell spezial,3*, 35–38.

Becker, J. (2012a). Resilienzförderung in der Krippe. In K. Fröhlich-Gildhoff, J. Becker & S. Fischer (Hrsg.), *Gestärkt von Anfang an. Resilienzförderung in der Kita* (S. 30–40). Weinheim: Beltz.

Becker, J. (2012b). Resilienzförderung in Grundschulen. In K. Fröhlich-Gildhoff, J. Becker & S. Fischer (Hrsg.), *Gestärkt von Anfang an. Resilienzförderung in der Kita* (S. 56–71). Weinheim: Beltz.

Becvar, D.S. (Ed.). (2013). *Handbook of Family Resilience.* New York: Springer.

Beerlage, I., Mayer, J. & Traore, C. (2013). *Community Resilience im gesundheitlichen Bevölkerungsschutz.* Zugriff am 16.03.2015. Verfügbar unter: http://www.schutzkommission.de/SharedDocs/Downloads/SK/DE/Fachgespraech%20Vortraege/Beerlage_Mayer_Traore_Community-Resilience.html.

Behr, M. (1989). Wesensgrundlagen einer an der Person des Kindes und der Person des Pädagogen orientierten Erziehung. *Jahrbuch für personenzentrierte Psychologie und Psychotherapie*, 152–181.

Behr, M. (2012). *Interaktionelle Psychotherapie mit Kindern und Jugendlichen.* Göttingen: Hogrefe.

Bellis, M. A., Hardcastle, K., Ford, K., Hughes, K., Ashton, K. Quigg, Z. & Butler, N. (2017). Does continuous trusted adult support in childhood impart life-course resilience against adverse childhood experiences – a retrospective study on adult health-harming behaviours and mental well-being, In: *BMC Psychiatry* 17, 110, S. 1–12: Springer Nature Verlag, DOI: 10.1186/s12888–017–1260-z

Bender, D. & Lösel, F. (1998). Protektive Faktoren der psychisch gesunden Entwicklung junger Menschen: Ein Beitrag zur Kontroverse um saluto- und pathogenetische Ansätze. In J. Margraf, J. Siegrist & S. Neumer (Hrsg.), *Gesundheits- oder Krankheitstheorie? Saluto- vs. pathogenetische Ansätze im Gesundheitswesen* (S. 117–145). Berlin: Springer.

Bengel, J. & Lyssenko, L. (2012). *Resilienz und psychologische Schutzfaktoren im Erwachsenenalter* (Forschung und Praxis der Gesundheitsförderung, Band 43). Köln: BZgA.

Bengel, J., Meinders-Lücking, F. & Rottmann, N. (2009). *Schutzfaktoren bei Kindern und Jugendlichen. Stand der Forschung zu psychosozialen Schutzfaktoren für Gesundheit* (Forschung und Praxis der Gesundheitsförderung, Band 35). Köln: BZgA.

Bengel, J., Strittmatter, R. & Willmann, H. (2001). *Was erhält Menschen gesund? Antonovskys Modell der Salutogenese – Diskussionsstand und Stellenwert* (Forschung und Praxis der Gesundheitsförderung, Band 6). Köln: BZgA.

Bennet, P., Elliott, M. & Peters, D. (2005). Classroom and family effects on children's social and behavioral problems. *Elementary School Journal, 105* (5), 461–480.

Berk, L. E. (2011). *Entwicklungspsychologie – Die Entwicklung des Menschen von Geburt bis Lebensende im Überblick* (5. Aufl.). Hallbergmoos: Pearson.

Bertelmann Stiftung; Klemm, K. (2023). Jugendliche ohne Hauptschulabschluss. Gütersloh: Berteslmann Verlag.

Bertelsmann Stiftung, Institut für Schulentwicklungsforschung IFS (Hrsg.). (2012). *Chancenspiegel. Zur Chancengerechtigkeit und Leistungsfähigkeit der deutschen Schulsysteme*. Gütersloh: Bertelmann Verlag. Zugriff am 12.03.2015. Verfügbar unter http://www.chancen-spiegel.de/downloads-und-presse.html?no_cache=1.

Besa, K-S., Kochskämper, D., Lips, A., Schröer, W. & Severine, T. (2021). Stu.diCo II – Die Corona Pandemie aus der Perspektive von Studierenden. Hildesheim: Universitätsverlag Hildesheim. https://doi.org/10.18442/194

Berndt, S. & Felix, A. (2020). Resilienz und der Übergang in die Hochschule – Eine empirische Untersuchung der Bedeutung von Resilienz für den Studienerfolg und –abbruch in der Studieneingangsphase. *Beiträge zur Hochschulforschung*, 42. Jg. (1–2), 36–51.

Biermann-Ratjen, E.-M. (2002). Entwicklungspsychologie und Störungslehre. In C. Boeck-Singelmann, B. Ehlers, T. Hensel, F. Kemper & C. Monden-Engelhardt (Hrsg.), *Personzentrierte Psychotherapie mit Kindern und Jugendlichen. Band 1: Grundlagen und Konzepte* (S. 11–34).Göttingen: Hogrefe.

Bischoff-Köhler, D. (2011). *Soziale Entwicklung in Kindheit und Jugend. Bindung, Empathie, Theoryof mind.* Stuttgart: Kohlhammer.

Black, A. & Hughes, P. (2001). *The identification and analysis of indicators of community strength and outcomes*. Canberra, Australia: Department of Family and Community Services.

Blum, C. & Gutwald, R. (2018). Gute Arbeit, resiliente Arbeiter? Psychische Belastungen im Arbeitskontext aus Sicht des Capability Ansatzes. In M. Karidi, M. Schneider & R. Gutwald (Hrsg.), *Resilienz. Interdisziplinäre Perspektiven zu Wandel und Transformation* (S. 159–176). Wiesbaden: Springer.

BMFSFJ (Bundesministerium für Familie, Senioren, Frauen und Jugend) (Hrsg.). (1998). *Leistungen und Grenzen von Heimerziehung*. Stuttgart: Kohlhammer.

BMFSFJ (Bundesministerium für Familie, Senioren, Frauen und Jugend) (2001). *Dritter Bericht zur Lage der älteren Generation. Alter und Gesellschaft*. Zugriff am 23.03.2015. Verfügbar unter http://www.bmfsfj.de/RedaktionBMFSFJ/Broschuerenstelle/Pdf-Anlagen/PRM-5 008-3.-Altenbericht-Teil-1,property=pdf,bereich=bmfsfj,sprache=de,rwb=true.pdf.

BMFSFJ (Bundesministerium für Familie, Senioren, Frauen und Jugend) (2005). *Fünfter Bericht zur Lage der älteren Generation in der Bundesrepublik Deutschland. Potenziale des Alters in Wirtschaft und Gesellschaft. Der Beitrag älterer Menschen zum Zusammenhalt der Generationen*. Berlin: BMFSFJ. Zugriff am 23.03.2015. Verfügbar unter http://www.bmfsfj.de/RedaktionBMFSFJ/Abteilung3/Pdf-Anlagen/fuenfter-altenbericht,property=pdf,bereich=,rwb=true.pdf.

BMFSFJ (Bundesministerium für Familie, Senioren, Frauen und Jugend) (2010). *Sechster Bericht zur Lage der älteren Generation in der Bundesrepublik Deutschland*. Berlin: BMFSFJ. Zugriff am

23.03.2015. Verfügbar unter http://www.bmfsfj.de/RedaktionBMFSFJ/Pressestelle/Pdf-Anlagen/sechster-altenbericht,property=pdf,bereich=bmfsfj,sprache=de,rwb=true.pdf.
BMFSFJ (Bundesministerium für Familie, Senioren, Frauen und Jugend) (Hrsg.). (2013). *14. Kinder- und Jugendhilfebericht.* Zugriff am 16.03.2015. Verfügbar unter http://www.bmfsfj.de/RedaktionBMFSFJ/Broschuerenstelle/Pdf-Anlagen/14-Kinder-und-Jugendbericht,property=pdf,bereich=bmfsfj,sprache=de,rwb=true.pdf.
Bock, T., Klappheck, K. & Ruppelt, F. (2014). *Sinnsuche und Genesung. Erfahrungen und Forschungen zum subjektiven Sinn von Psychosen.* Bonn: Psychiatrie-Verlag.
Bocknek, G. (1986). *The young adult. Development after adolescence.* New York: Gardner Press.
Bodenmann, G. (2000). *Kompetenz für die Partnerschaft: Das Freiburger Stresspräventionstraining für Paare.* Weinheim: Juventa.
Böhm, A., Ellsäßer, G. & Kuhn, J. (2003) Soziale Lage und Gesundheit von jungen Menschen im Land Brandenburg. *Das Gesundheitswesen, 65,* 219–225.
Bolger, K. E. & Patterson, C. (2003). Sequelae of child maltreatment: Vulnerability and resilience. In S. Luthar (Ed.), *Resilience and vulnerability: Adaption in the context of childhood adversities* (pp. 156–181). New York, NY: Cambridge University Press.
Bonanno, G. A. & Field, N. P. (2001). Examining the delayed grief hypothesis across 5 years of bereavement. *American Behavioral Scientist, 44,* 798–816.
Bonanno, G. A. (2004). Loss, trauma, and human resilience: Have we under-estimated the human capacity to thrive after extremely aversive events? *American Psychologist, 59,* 20–28.
Bonanno, G. A. (2009). *The other side of sadness.* New York: Basic Books.
Bonanno, G. A., Wortman, C. B., Lehman, D. R., Tweed, R. G., Haring, M., Sonnega, J. et al.(2002). Resilience to loss and chronic grief: A prospecitve study from pre-loss to 18 months post loss. *Journal of Personality and Social Psychology, 83,* 1150–1164.
Bono, J. E. & Jugde, T. A. (2003). Core self-evaluations: A review of the trait and its role in job satisfaction and job performance. *European Journal of Personality, 17,* 5–18.
Booth, C. L., Kelly, J. F., Spieker, S. J. & Zuckerman, T. G. (2003). Toddlers' attachment security to child care providers: The Safe and Secure Scale. *Early Education & Development, 14,* 83–100.
Booth, T., Ainscow, M. & Kingston, D. (2006*). Index für Inklusion (Tageseinrichtungen für Kinder). Lernen, Partizipation und Spiel in der inklusiven Kindertageseinrichtung entwickeln.* Gewerkschaft Erziehung und Wissenschaft (GEW). Frankfurt a. M.: Eigendruck GEW.
Borchert, W. (2007). *Einführung in die Sonderpädagogik.* München: Oldenbourg.
Borg-Laufs, M. (2007). *Lehrbuch der Verhaltenstherapie mit Kindern und Jugendlichen. Band I: Grundlagen.* Tübingen: dgvt.
Borg-Laufs, M. (Hrsg.). (2015). Soziale Online-Netzwerke in Beratung und Therapie. Tübingen: dgvt.
Boulet, J. J., Krauss, J. E. & Oelschlägel, D. (1980). *Gemeinwesenarbeit als Arbeitsprinzip: eine Grundlegung.* Bielefeld: AJZ Druck und Verlag.
Brandtstädter, J. & Lindenberger, U. (Hrsg.). (2007). *Entwicklungspsychologie der Lebensspanne. Ein Lehrbuch.* Stuttgart: Kohlhammer.
Brandtstädter, J. (2007a). Entwicklungspsychologie der Lebensspanne: Leitvorstellungen und paradigmatische Orientierungen. In J. Brandtstädter & U. Lindenberger (Hrsg.), *Entwicklungspsychologie der Lebensspanne. Ein Lehrbuch* (S. 34–66). Stuttgart: Kohlhammer.
Brandtstädter, J. (2007b). Konzepte positiver Entwicklung. In J. Brandtstädter & U. Lindenberger (Hrsg*.), Entwicklungspsychologie der Lebensspanne. Ein Lehrbuch* (S. 681–723). Stuttgart: Kohlhammer.
Brenner, A. (1984). *Helping children cope with stress.* Massachusetts: Lexington Books.
Brisch, K.-H. (1999). *Bindungsstörungen. Von der Bindungstheorie zur Therapie.* Stuttgart: Klett-Cotta.
Brisch, K.-H. (2010). *SAFE® – Sichere Ausbildung für Eltern. Sichere Bindung zwischen Eltern und Kind.* Stuttgart: Klett-Cotta.
Brisch, K.-H. (o. J.). *SAFE. Sichere Ausbildung für Eltern.* Zugriff am 28.09.2012. Verfügbar unter www.safe-programm.de.
Brisch, K-H. (2007). Prävention von emotionalen und Bindungsstörungen. In W. v. Suchodoletz (Hrsg.), *Prävention von Entwicklungsstörungen* (S. 167–181). Göttingen: Hogrefe.

Bronfenbrenner, U. (1981). *Die Ökologie der menschlichen Entwicklung*. Stuttgart: Klett-Cotta.
Brown, B. B. & Larson, J. (2009). Peer Relationships in Adolescence. In R. M. Lerner & L. Steinberg (Eds.), *Handbook of Adolescence Psychology* (Bd. 2, 3rd ed., pp. 74–103). Hobokan, NJ: Wiley.
Bruckner, J. C., Mezzacappa, E. & Berdslee, W. (2003). Characteristics of reslient youths living in poverty: The role of self regulatory processes. *Development and Psychopathology, 14*, 139–162.
Bründel, H. (2001). Suizid im Jugendalter. In J. Raithel (Hrsg.), *Risikoverhalten Jugendlicher: Formen, Erklärungen und Prävention* (S. 249–263). Opladen: Leske+Budrich.
Bruning, N., Konrad, K. & Herpertz-Dahlmann, B. (2005). Bedeutung der Theory of Mind-Forschung für den Autismus und andere psychiatrische Erkrankungen. *Zeitschrift für Kinder- und Jugendpsychiatrie und Psychotherapie, 33* (2), 77–88.
Brunstein, J. C. & Maier, G.W. (2002). Das Streben nach persönlichen Zielen: emotionales Wohlbefinden und proaktive Entwicklung über die Lebensspanne. In G. Jüttemann & H. Thomae (Hrsg.), *Persönlichkeit und Entwicklung* (S. 157–190). Weinheim: Beltz.
Brunstein, J. C. (1993). Personal Goals and Subjective Well-Being: A Longitudinal Study. *Journal of Personality and Social Psychology, 65*, 1061–1070.
Brunstein, J. C. (1999). Persönliche Ziele und subjektives Wohlbefinden bei älteren Menschen. *Zeitschrift für differenzielle und diagnostische Psychologie, 20*, 58–71.
Brunstein, J. C., Maier, G. W. & Dargel, A. (2007). Persönliche Ziele und Lebenspläne: Subjektives Wohlbefinden und proaktive Entwicklung im Lebenslauf. In J. Brandtstädter & U. Lindenberger (Hrsg.), *Entwicklungspsychologie der Lebensspanne* (S. 270–304). Stuttgart: Kohlhammer.
Brunstein, J. C., Schultheiss, O. C. & Maier, G. W. (1999). The Pursuit of Personal Goals: A Motivational Approach to Well-Being and Life Adjustment. In J. Brandtstädter & R. M. Lerner (Eds.), *Action and Self-Development: Theory and Research through the Live-Span* (pp. 169–196). Thousand Oaks, C.A: Sage.
Buber, M. (1984). *Das dialogische Prinzip* (5. Aufl.). Heidelberg: Lambert Schneider.
Buchartz, A. (2015). *Psychodynamische Psychotherapie bei Kindern und Jugendlichen* (2., aktualisierte Aufl.). Stuttgart: Kohlhammer.
Buddeberg-Fischer, B. & Klaghofer, R. (2002). Entwicklung des Körpererlebens in der Adoleszenz. *Praxis der Kinderpsychologie und Kinderpsychiatrie, 51* (9), 697–710.
Bühler, A. & Heppekausen, K. (2005). *Gesundheitsförderung durch Lebenskompetenzprogramme in Deutschland. Grundlagen und kommentierte Übersicht*. Köln: BZgA.
Bundesministerium für Gesundheit (2006). *Gesundheit in Deutschland*. Berlin: BMG.
Bundesministerium für Gesundheit (Hrsg.). (2010). *Nationales Gesundheitsziel Gesund aufwachsen: Lebenskompetenz, Bewegung, Ernährung. Kooperationsverbund gesundheitsziele.de*. Zugriff am 06.03.2015. Verfügbar unter http://www.bmg.bund.de/fileadmin/dateien/Publikationen/Praevention/Broschueren/Broschuere_Nationales_Gesundheitsziel_-_Gesund_auf wachsen_Lebenskompetenz__Bewegung__Ernaehrung.pdf.
Bundeszentrale für gesundheitliche Aufklärung (BzgA). Zugriff am 13.04.2015. Verfügbar unter www.sexualaufklaerung.de.
Burow, F., Aßhauer, M. & Hanewinkel, R. (2010). *Fit und Stark fürs Leben. 1. und 2.Schuljahr*. Leipzig: Klett.
Burton, N. W., Pakenham, K. I. & Brown, W. J. (2009). Evaluating the effectiveness of psychosocial resilience training for heart health, and the added value of promoting physical activity: A cluster randomized trial of the READY program. *BMC Public Health*, 427.
Busch, F. W. (2013). Zwischen Bewahrung und Veränderung. Vorstellungen von Jugendlichen über Ehe, Familie, Partnerschaft. *Unsere Jugend, 65* (7–8), 290–300.
BZgA (Bundeszentrale für gesundheitliche Aufklärung) (o.J.). *Gesund großwerden – Eltern-Ordner*. Zugriff am 03.09.2012. Verfügbar unter http://www.kindergesundheit-info.de/be sondere-angebot-der-bzga/gesund-gross-werden/gesund-gross-werden-der-elternordner-der-bzga-zum-frueherkennungsprogramm-fuer-kinder/.
Caldwell, C. H., Wright, J. C., Zimmermann, M. A., Walsemann, K. M., Williams, D. & Isichei, P. A. (2004). Enhancing adolescent health behaviors through strengthening non-resident

father-sons relationship: A model for intervention with African-American families. *Health education Research, 19* (6), 644–656.

Cappella, E. & Weinstein, R. S. (2001). Turning around reading achievement: Predictors of high school students' academic resilience. *Journal of Educational Psychology, 93* (4), 758–771.

Carle, U. & Samuel, A. (2007). *Frühes Lernen – Kindergarten und Grundschule kooperieren.* Baltmannsweiler: Schneider.

Casey, B. J., Jones, R. M. & Hare, T. A. (2005). The adolescence brain. *Annals of the New York Academy of Sciences*; *1124*, 11–26.

Caspar, F. (2007). »Das kriegen wir schon hin«. Überlegungen zur therapeutischen Beziehung. *Verhaltenstherapie und Psychosoziale Praxis, 39* (2), 321–334.

Castello, A. (2009). Soziale Entwicklung. In K. Fröhlich-Gildhoff, C. Mischo & A.Castello (Hrsg.), *Entwicklungspsychologie für Fachkräfte in der Frühpädagogik.* Köln: Wolters Kluwer.

Castleden, M., McKee, M, Murray, V. & Leonardi, G. (2011). Resilience thinking in health protection. *Journal of Public Health, 33* (3), 369–377.

Cederblad, M. (1996). The children of the Lundby study as adults: A salutogenic perspective. *European Child and Adolescent Psychiatry, 5*, 38–43.

Christle, C., Jolivette, K. & Nelson, C. M. (2005). Breaking the School to Prison Pipeline: Identifying School Risk and Protective Factors for Youth Delinquency. *Exceptionality, 13* (2), 69–88.

Cicchetti, D. (2010). A Devolepmental Psychopathology Perspective on Bipolar Disorder. In D. J. Miklowitz & D. Cicchetti (Hrsg.), *Understanding Bipolar Disorder: A Developmental Psychopathology Perspective* (pp. 1–32). New York, NJ: Guilford.

Ciompi, L. (1998). *Affektlogik.* Stuttgart: Klett-Cotta.

Collishaw, S., Pickles, A., Messer, J., Rutter, M., Shearer, C. & Maugham, B. (2007). Resilience to adult psychopathology following childhood maltreatment: Evidence from a community sample. *Child abuse and neglect, 31*, 211–229.

Cowen, E., Wyman, P. A., Work, W. C., Kim, J., Fagen, D. B. & Magnus, K. B. (1997). Follow-up study of young stress affected and stress resilient urban children. *Development and Psychopathology, 9*, 565–577.

Cox, M.J. & Paley, B. (1997). Families as systems. *Annual Review of Psychology. 48*, 243–267. doi: 10.1146/annurev.psych.48.1.243.

Crawford, E., Wright, M. O. D. & Masten, A. S. (2006). Resilience and spirituality in youth. In P. L. Benson, E. C. Roehlkepartain, P. E. Kind & L. Wagener (Eds.), *The handbook of spiritual development in childhood and adolescence* (pp. 355–370). Thousand Oaks, CA: Sage.

Cremerius, J. (1979). Gibt es zwei psychoanalytische Techniken? *Psyche, 33*, 577–599.

Crick, N. R. & Dodge, K. A. (1994). A review and reformulation of social information processing mechanisms in children's social adjustment. *Psychological Bulletin, 115*, 74–101.

Datzer, D., Razinskas, S. & Hoegl, M. (2019). Rückschläge erfolgreich bewältigen: Psychologische Resilienz als wertvolle Ressource am Arbeitsplatz. *Personal in Hochschule und Wissenschaft entwickeln, 4*, 103–113.

Davis, M. C., Zautra, A. J., & Smith, B. W. (2004). Chronic pain, stress, and the dynamics of affective differentiation. *Journal of Personality, 72* (6), 1133–1159.

Deater-Deckard, K., Ivy, L. & Smith, J. (2006). Resilience in gene-environment transactions. In S. Goldstein & R. B. Brooks (Eds.), *Handbook of resilience in children* (pp. 49–63). New York, NY: Kluwer Academic/ Plenum Publishers.

DeHaan, L.G., Hawley, D.R. & Deal, J.E. (2013). Operationalizing Family Resilience as Process: Proposed Methodological Strategies. In D.S. Becvar (Ed.), Handbook of Family Resilience (pp 17–31). New York: Springer.

Denham, S., Blair, K. & DeMulder, E. (2003). Preschool emotional competence: Pathway to social competence. *Child development, 74*, 238–256.

Diener, E., Oishi, S. & Lucas, R. (2003). Personality, culture, and subjective well-being: Emotional and cognitive evaluation of life. *Annual Review of Psychology, 54*, 403–425.

Dolbier, C. L., Jaggars, S. S. & Steinhardt, M. A. (2010). Stress-related growth: Pre-intervention correlates and change following a resilience intervention. *Stress and Health: Journal of the International Society for the Investigation of Stress, 26* (2), 135–147.

Dörner, K. (2007). *Leben und sterben – Wo ich hingehöre: Dritter Sozialraum und neues Hilfesystem.* Neumünster: Paranus.

Dornes, M. (1997). *Die frühe Kindheit.* Frankfurt a. M.: Fischer.

Dornes, M. (2009). *Der kompetente Säugling. Die präverbale Entwicklung des Menschen* (12. Aufl.). Frankfurt a. M.: Fischer.

Dowd, K., Kinsey, S., Wheeless, S., Thissen, R., Richardson, J. & Suresh, R. (2004). *National Survey of Child and Adolescent Well-being: Combined waves 1–4 Data file user's manual.* Ithaca, NY: Cornell University, National Data Archive on Child Abuse and Neglect.

Dreikurs, R. (1968). *Psychologie im Klassenzimmer.* Stuttgart: Klett.

Drexler, S., Borrmann, B. & Müller-Kohlberg, H. (2011). Learning life skills strengthening basic competencies and health-related quality of life of socially disadvantaged elementary school children through the mentoring program »Balu und Du« (»Baloo and you«). *Journal of Public Health*, Online FirstTM, 9 November 2011. Zugriff am 12.03.2015. Verfügbar unter http://www.springerlink.com/content/g43655084u368508/.

Dubow, E. F., Edwards, S. & Ipplolito, M. (1997). Life stressors, neighnorhood disadvantage, and resources: A focus on inner-city children's adjustment. *Journal of Clinical Child Psychology*, 26 (2), 130–144.

Duchek, S. & Nicolaus, M. (2019). Bologna, Employability und Resilienz. Der Einfluss der Hochschulausbildung auf die Resilienz von Absolventen. Das Hochschulwesen, 67(3), 76–81.

DuMont, K. A., Widom, C. & Czaja, S. J. (2007). Predictors of Resilience in Abused and Neglected Children Grown-Up: The Role of Individual and Neighborhood Characteristics. *Child Abuse & Neglect, 31* (3), 255–274.

Durlak, J. A (2003). Generalizations Regarding Effective Prevention and Health Promotion Programs. In T. P. Gullotta & M. Bloom (Eds.), *The Encyclopedia of Primary Prevention and Health Promotion* (pp. 61–69). New York: Kluwer Academic/Plenum.

Egert, F. & Eckhardt, A. G. (2022). Systematischer Review zur Professionalisierung in der Kindertagespflege. *Frühe Bildung, 11* (1), 12–19. https://doi.org/10.1026/2191-9186/a000554

Ellis, A. (1993). *Grundlagen und Methoden der Rational-Emotiven Verhaltenstherapie.* Stuttgart: Klett-Cotta.

Erickson, M. F. & Egeland, B. (2006). *Die Stärkung der Eltern-Kind-Bindung. Frühe Hilfen für die Arbeit mit Eltern von der Schwangerschaft bis zum zweiten Lebensjahr des Kindes durch das STEEPTM-Programm.* Stuttgart: Klett-Cotta.

Erikson, E. H. (1966). *Identität und Lebenszyklus.* Frankfurt a. M.: Suhrkamp.

Eskildsen, J. K., Kristensen, K. & Westlund, A. H. (2004). Work motivation and job satisfactions in the Nordic countries. *Employee Relations*, 26, 122–136.

Essau, C. A. & Conradt, J. (2004). *Aggression bei Kindern und Jugendlichen.* München: Reinhardt.

Esser, U. (1988). *Rogers und Adler. Überlegungen zur Abgrenzung und zur Integration.* Heidelberg: Asanger.

Ettrich, K. U. (2000). Persönlichkeit und Gesundheitszustand im mittleren und höheren Erwachsenenalter. In P. Martin (Hrsg.), *Aspekte der Entwicklung im mittleren und höheren Lebensalter. Ergebnisse der Interdisziplinären Längsschnittstudie des Erwachsenenalters (ILSE)* (S. 47–67). Darmstadt: Steinkopff.

Fahrenberg, B. (1986). Die Bewältigung der »empty nest situation« als Entwicklungsaufgabe der älter werdenden Frau – eine Literaturanalyse. *Zeitschrift für Gerontologie, 5,* 32–49.

Faltermaier, T. (2023). *Gesundheitspsychologie.* Stuttgart: Kohlhammer.

Faltermaier, T., Mayring, P., Saup, W. & Strehmel, P. (2014). *Entwicklungspsychologie des Erwachsenenalters* (3., vollst. überarb. Aufl.). Stuttgart: Kohlhammer.

Färber, F., Rosendahl, J. (2018). Zusammenhang von Resilienz und psychischer Gesundheit bei körperlichen Erkrankungen. Systematisches Review und Metaanalyse. *Deutsches Ärzteblatt, 115 (38),* 621–627.

Fegert, J. M., Ziegenhain, U. & Goldbeck, L. (2010). *Traumatisierte Kinder in Deutschland. Analysen und Empfehlungen zur Versorgung und Betreuung.* Weinheim: Juventa.

Fegert, J., Streck-Fischer, A. & Freyberger, H. J. (2009). *Adoleszentenpsychiatrie.* Stuttgart: Schattauer.

Feil, N. (2010). *Validation in Anwendung und Beispielen. Der Umgang mit verwirrten alten Menschen.* (6.,akt. u. erw. Aufl.). München: Reinhardt.
Felser, J. (2007). Entwicklung in Partnerschaften. In J. Brandstädter & U. Lindenberg (Hrsg.), *Entwicklungspsychologie der Lebensspanne. Ein Lehrbuch* (S. 446–482). Stuttgart: Kohlhammer.
Fend, H. (2005). *Entwicklungspsychologie des Jugendalters* (3. Aufl.). Opladen: Leske & Budrich.
Fend, H., Berger, F. & Grob, U. (Hrsg.). (2009). *Lebensverläufe, Lebensbewältigung, Lebensglück.* Wiesbaden: VS.
Fergus, S. & Zimmermann, M. A. (2005). Adolescent resilience: A framework for understanding health development in the face of risk. *Annual Review of Public Health, 26,* 399–419.
Filip, S.-H. & Staudinger, U. (Hrsg.). (2005). *Entwicklungspsychologie des mittleren und höheren Erwachsenenalters.* Göttingen: Hogrefe.
Filip, S.-H. & Aymanns, P. (2018). *Kritische Lebensereignisse und Lebenskrisen..* 2. Aufl. Stuttgart: Kohlhammer.
Fingerle, M. & Walther, P. (2008). Resilienzförderung. In M. Fingerle (Hrsg.), *Sonderpädagogische Förderprogramme im Vergleich. Orientierungshilfen für die Praxis* (S. 141–156). Stuttgart: Kohlhammer.
Fingerle, M. (2011). Resilienz deuten – Schlussfolgerungen für die Prävention. In M. Zander (Hrsg.), *Handbuch Resilienzförderung* (S. 208–218). Wiesbaden: VS.
Fingerle, M., Grumm, M. & Hein, S. (2012). Ein etwas anderes Buch über Präventionsprogramme zum Aufbau sozialer und emotionaler Kompetenzen bei Kindern und Jugendlichen. In M. Fingerle & M. Grumm (Hrsg.), *Prävention von Verhaltensauffälligkeiten bei Kindern und Jugendlichen* (S. 8–12). München: Reinhardt.
Fischer, S. & Fröhlich-Gildhoff, K. (2013). Resilienzförderung in Kitas. *Kindergarten heute, 3,* 16–20.
Fischer, S. & Fröhlich-Gildhoff, K. (2019). *Chancen-gleich. Kulturelle Vielfalt als Ressource in frühkindlichen Bildungsprozessen. Manual zur Qualifizierung pädagogischer Fachkräfte.* Stuttgart: Kohlhammer.
Fischer, S. (2012). Resilienzförderung in Kindertageseinrichtungen. In K. Fröhlich-Gildhoff, Becker, J. & Fischer, S. (Hrsg.), *Gestärkt von Anfang an. Resilienzförderung in der Kita* (S. 41–55). Weinheim: Beltz.
Fischer, S., Fröhlich-Gildhoff, K. & Rauh, K. (2015). *Resilienzförderung in der Bildungskette – Erfahrungen und Ergebnisse eines schulübergreifenden Projekts in einem Stadtteil mit besonderen Problemlagen (am Beispiel des »Stärken Netz Weil«).* Freiburg: Zentrum für Kinder- und Jugendforschung an der EH Freiburg.
Flavell, J. H., Green, F. L., Flavell, E. R. & Lin, N.T. (1999). Development of children's knowlegde about unconsciousness.*Child Development, 70,* 396–412.
Flynn, R. J., Dudding, P. M. & Barber, J. G. (2006). *Promoting resilience in child welfare.* Ottawa: University of Ottawa Press.
Folland, S. (2007). Does »community social capital« contribute to population health? *Socialsciences and Medicine, 64,* 2342–2354.
Fonagy, P., Gergely, G., Jurist, E. & Target, M. (2002). *Affect regulation, mentalization, and the development of the self.* New York: Other Press.
Fonagy, P., Gergely, G., Jurist, E. & Target, M. (2004). *Affektregulierung, Mentalisierung und die Entwicklung des Selbst.* Stuttgart: Klett-Cotta.
Fooken, I. & Rott, C. (2000). Geschlechtstypische Wege in die Langlebigkeit? Zum differentiellen Stellenwert von Ressourcen, Risiken und Resilienz bei über 70-jährigen Männern und Frauen. *Zeitschrift für medizinische Psychologie, 9 (1),* 27–36.
Franke, A. (2012). *Modelle von Gesundheit und Krankheit.* 3. Aufl. Bern: Huber.
Frederickson B. L., Tugade, M., Waugh, C. E. & Larkin, G. R. (2003). What good are positive emotions in crisis? A prospective study of resilience and emotions following the terrorist attacks on the United States on September 11th, 2001. *Journal of Personality and Social Psychology, 84* (2), 365–376.
Freund, A. M. & Baltes, P. B. (2002). Life-management strategies of selection, optimization, and compensation: Measurement by self-report and construct validity. *Journal of Personality and Social Psychology, 82,* 642–662.

Freund, A. M. & Baltes, P. B. (2005). Entwicklungsaufgaben als Organisationsstrukturen von Entwicklung und Entwicklungsoptimierung. In S.-H. Filipp & U.M. Staudinger (Hrsg.), *Entwicklungspsychologie des mittleren und höheren Erwachsenenalters*. Enzyklopädie der Psychologie C, V, 6 (S. 37–79). Göttingen: Hogrefe.

Freund, A. M. & Riediger, M. (2005). Gerontopsychologie: Erfolgreiches Altern. In H. Weber & T. Rammsayer (Hrsg.), *Handbuch der Persönlichkeitspsychologie und Differentiellen Psychologie* (S. 564–571). Göttingen: Hogrefe.

Freund, A. M. (2007). Selektion, Optimierung und Kompensation im Kontext persönlicher Ziele: Das SOK-Modell. In J. Brandtstädter & U. Lindenberger (Hrsg.), *Entwicklungspsychologie der Lebensspanne: Ein Lehrbuch* (S. 367–388). Stuttgart: Kohlhammer.

Frick, J. (2011). Einige Anmerkungen zur Aktualität der Individualpsychologie. *Zeitschrift für Individualpsychologie, 36* (3), 217–237.

Frick, J. (2011). *Was uns antreibt und bewegt*. Bern: Huber.

Frindt, A. (2009a). Resilienzförderung in der SPFH. Soziale Ressourcen außerhalb der Familie nutzen. *Sozial Extra, 33* (11/12), 22–25.

Frindt, A. (2009b). Impulse der Resilienzforschung für ambulante Hilfen zur Erziehung in Familien. *Zeitschrift für Sozialpädagogik, 7* (3), 244–263.

Fröhlich-Gildhoff, G. & Fröhlich-Gildhoff, K. (2013). Burnout – Anzeichen erkennen und rechtzeitig gegensteuern. *Kindergarten heute. Das Leitungsheft, 1*, 22–28.

Fröhlich-Gildhoff, K. & Böttinger, U. (2018). *Prävention und Gesundheitsförderung als kommunale Strategie. Konzept, Entwicklung und Evaluation des »Präventionsnetzwerks Ortenaukreis (PNO)*. Freiburg: FEL.

Fröhlich-Gildhoff, K. & Jürgens-Jahnert, S. (2017). Mentalisieren und Personzentrierte Kinder- und Jugendlichenpsychotherapie – passt das zusammen? *PERSON, 1/2017*, 23–33.

Fröhlich-Gildhoff, K. & Rönnau-Böse, M. (2022a). *Resilienz* (6., Aufl.). München: Reinhardt/UTB.

Fröhlich-Gildhoff, K. & Rönnau-Böse, M. (2022b.). Resilienz in Familien. In J. Ecarius & A. Schierbaum (Hrsg.), *Handbuch Familie. Band 1: Gesellschaft, Familienbeziehungen und differenzierte Felder* (2. Überarb. Aufl.), 611–629. Wiesbaden: Springer VS. . Fröhlich-Gildhoff, K. (2003). *Einzelbetreuung in der Jugendhilfe*. Münster: Lit.

Fröhlich-Gildhoff, K. (2008). Psychologie: Entwicklungsthemen im Erwachsenenalter – Partnerschaft und Familiengründung. In B. Kraus, M. Baier-Hartmann, K. Fröhlich-Gildhoff, I. Geissler-Frank & D. Oesselmann (Hrsg.), *Lebensphasen. Anforderungen, Bewältigung und Unterstützung aus interdisziplinärer Perspektive* (S. 262–269). Freiburg: FEL.

Fröhlich-Gildhoff, K. (2009). Ausgangspunkte: Das Selbst als handlungsleitende Struktur. In K. Fröhlich-Gildhoff, C. Mischo & A. Castello (Hrsg.), *Entwicklungspsychologie für Fachkräfte in der Frühpädagogik* (S. 30–40). Kronach: Carl Link.

Fröhlich-Gildhoff, K. (2011). Einführende Überlegungen zu Gemeinsamkeiten und Unterschieden verschiedener Perspektiven in der Kinder- und Jugendlichenpsychotherapie. In S. Gahleitner, K. Fröhlich-Gildhoff, F. Wetzorke & M. Schwarz (Hrsg.), *Ich sehe was, was Du nicht siehst… Gemeinsamkeiten und Unterschiede der verschiedenen Perspektiven der Kinder- und Jugendlichenpsychotherapie* (S. 25–38). Stuttgart: Kohlhammer.

Fröhlich-Gildhoff, K. (2012a). Psychologie: Identitätsentwicklung – »Von der (Un)Möglichkeit erwachsen zu werden« (Keupp). In B. Kraus, M. Baier-Hartmann, K. Fröhlich-Gildhoff, I. Geissler-Frank & D. Oesselmann (Hrsg.), *Lebensphasen. Anforderungen, Bewältigung und Unterstützung aus interdisziplinärer Perspektive* (2., vollst. überarb. Aufl., S. 217–224). Freiburg: FEL.

Fröhlich-Gildhoff, K. (2012b). Resilienzförderung in der Jugend- und Erziehungshilfe. In K. Fröhlich-Gildhoff, J. Becker & S. Fischer (Hrsg.), *Gestärkt von Anfang an. Resilienzförderung in der Kita* (S. 81–87). Weinheim: Beltz.Fröhlich-Gildhoff, K. (2018). *Verhaltensauffälligkeiten bei Kindern und Jugendlichen* (2., vollst. überarb. Aufl.). Stuttgart: Kohlhammer.

Fröhlich-Gildhoff, K. (2013a). *Angewandte Entwicklungspsychologie des Kindesalters*. Stuttgart: Kohlhammer.

Fröhlich-Gildhoff, K. (2013b). Gemeinde – Das Quartier als Risiko- und Schutzfaktor. In Ch. Steinebach & K. Gharabaghi (Hrsg.), *Resilienzförderung im Jugendalter. Praxis und Perspektiven* (S. 165–182). Heidelberg: Springer.

Fröhlich-Gildhoff, K. (2013c). Bewältigungsmuster in der Lebensvielfalt. Wie lässt sich die Resilienz von Jugendlichen stärken? In S. Trautmann-Voigt & B. Voigt (Hrsg.), *Jugend heute. Zwischen Leistungsdruck und virtueller Freiheit* (S. 61–78). Gießen: Psychosozial.

Fröhlich-Gildhoff, K. (2014). Ermutigung – eine fast vergessene und doch brandaktuelle Dimension in Pädagogik und Therapie. In I. Brock (Hrsg.), *Psychotherapie und Empowerment. Impulse für die psychosoziale Praxis* (S. 21–32). Opladen: Barbara Budrich.

Fröhlich-Gildhoff, K. (2016). (Psycho)Therapie. In I. Hedderich, G. Biewer, J. Hollenweger & R. Markowetz (Hrsg.), *Handbuch Inklusion und Sonderpädagogik* (S. 325–330). Heilbrunn: Klinkhardt.

Fröhlich-Gildhoff, K. (2020). Ein Versuch mit positivem Ausgang. Sozialpsychiatrie: Gemeinsames Resilienzseminar für Klient*innen und Betreuer*innen. *FORUM sozialarbeit + gesundheit*. 1/2020, 15–18.

Fröhlich-Gildhoff, K., Reutter, A. & Schopp, S. (2021). *Prävention und Resilienzförderung in der Sekundarstufe (PRiS)*. München: Reinhardt.

Fröhlich-Gildhoff, K. Becker, J. & Fischer, S. (2012b). *Prävention und Resilienzförderung in Grundschulen (PRiGS). Ein Förderprogramm*. München: Reinhardt.

Fröhlich-Gildhoff, K., Becker, J. & Fischer, S. (Hrsg.). (2012). *Gestärkt von Anfang an. Resilienzförderung in der Kita*. Weinheim: Beltz.

Fröhlich-Gildhoff, K., Dörner, T. & Rönnau-Böse, M. (2021). Prävention und Resilienzförderung in Kindertageseinrichtungen –PRiK. Trainingsmanual für ErzieherInnen (5. Aufl.). München: Reinhardt.

Fröhlich-Gildhoff, K., Döther, S., von Hüls, B., Tschuor, S., Schwörer, L. & Reutter, A. (2018). Gesundheitsförderung im Setting Kita im Rahmen einer kommunalen Gesamtstrategie – Erste Ergebnisse zur Resilienz- und Selbstkonzeptförderung auf der Ebene der Kinder. *Perspektiven der empirischen Kinder- und Jugendforschung, 4(2)*, 5–25.

Fröhlich-Gildhoff, K., Engel. E.-M. & Rönnau, M. (2006). *Sozialpädagogische Familienhilfe im Wandel*. Freiburg: FEL.

Fröhlich-Gildhoff, K., Hufnagel, G. & Jürgens-Jahnert, S. (2004). Auf dem Weg zu einer Allgemeinen Kinder- und Jugendlichenpsychotherapie – die Praxis ist weiter als die Therapieschulen. In H.-P. Michels & R. Dittrich (Hrsg.), *Auf dem Weg zu einer allgemeinen Kinder- und Jugendlichenpsychotherapie. Eine diskursive Annäherung* (S. 161–194). Tübingen: dgvt.

Fröhlich-Gildhoff, K., Kerscher-Becker, J., Fischer, S., Makowka, A., Rönnau-Böse, M. & Tinius, C. (2012c). *Resilienzförderung in weiterführenden Schulen (Klasse 5–9). Kurskonzept. Ein Förderprogramm*. Freiburg: Zentrum für Kinder- und Jugendforschung an der Evangelischen Hochschule Freiburg.

Fröhlich-Gildhoff, K., Kerscher-Becker, J., Rieder, S., v.Hüls, B., Schopp, S. & Hamberger, M. (Hrsg.). (2014). *Grundschule macht stark*. Freiburg: FEL.

Fröhlich-Gildhoff, K., Kjellman, C., Lecaplain, P., Prata Gomes, M. & Wojciechowski, T. (2013). *Violence Prevention and Resilience Promotion in Schools. Report about the international research project STRONG – Supportive Tools for open-minded, and non-violent Grassroots work in schools*. Freiburg: FEL-Verlag.

Fröhlich-Gildhoff, K., Kraus, G. & Rönnau, M. (2006). Gemeinsam auf dem Weg. Eltern und ErzieherInnen gestalten Erziehungspartnerschaft. *kindergarten heute, 10*, 6–15.

Fröhlich-Gildhoff, K., Reutter, A., Schopp, S., Bunk-Niemaier, B. & Voigt, R. (2019). *Resilienzförderung in weiterführenden Schulen (Klasse 5–10). Kurskonzept* (2. neu bearb. Aufl.). Freiburg: Zentrum für Kinder- und Jugendforschung an der Evangelische Hochschule Freiburg.

Fröhlich-Gildhoff, K., Rönnau, M. & Dörner, T. (2008). *Eltern stärken mit Kursen in Kitas*. München: Reinhardt.

Fröhlich-Gildhoff, K., Weltzien, D., Kirstein, N., Pietsch, S. & Rauh, K. (2014). *Expertise – Kompetenzen früh-/kindheitspädagogischer Fachkräfte im Spannungsfeld von normativen Vorgaben und Praxis*. Erstellt im Kontext der AG »Fachkräftegewinnung für die Kindertagesbetreuung« in Koordination des BMFSFJ. Berlin: BMFSFJ. Zugriff am 10.03.2015. Verfügbar unter http://www.fruehe-chancen.de/files/allgemein/application/pdf/expertise_kompetenzprofil.pdf.

Fröhlich-Gildhoff, K., Wigger, A., Lecaplain, P., Svensson, O. & Stelmaszuk, Z. W. (2008). *Professional support for violent young people. Results of a comparative European study.* Freiburg: FEL-Verlag.

Fthenakis, W. E. (1999). Transitionspsychologische Grundlagen des Übergangs zur Elternschaft. In Deutscher Familienverband (Hrsg.), *Handbuch Elternbildung. Band 1: Wenn aus Partnern Eltern werden* (S. 31–68). Opladen: Leske + Budrich.

Fuhrer, U. & Trautner, H. (2005). Entwicklung von Identität. In J. Asendorpf (Hrsg.), *Soziale, emotionale und Persönlichkeitsentwicklung* (S. 335–424). Göttingen: Hogrefe.

Fuhrer, U. & Uslucan, H. H. (Hrsg.). (2005). *Familie, Akkulturation & Erziehung.* Stuttgart: Kohlhammer.

Fuhrer, U. (2005). *Lehrbuch Erziehungspsychologie.* Bern: Huber.

Fussek, C. & Loerzer, S. (2005). *Alt und abgeschoben. Der Pflegenotstand und die Würde des Menschen.* Freiburg: Herder.

Gabriel, T. (2005). Resilienz – Kritik und Perspektiven. *Zeitschrift für Pädagogik*, 51 (2), 207–217.

Garmezy, N., Masten, A. S. & Taylor, R. (1984). The study of stress and competence in children: A building block for developmental psychopathology. *Child Development*, 55 (1), 97–111.

Geddes, H. (2007). *Attachement in the classroom.* UK: Worthpublishing Ltd.

Gerlach, J., Fößel, J., Vierhaus, M., Sann, A., Eickhorst, A., Zimmermann, P. & Spangler, G. (2022). Family risk and early attachment development: The differential role of parental sensitivity. *Infant Ment Health J.* 2022;1–17. DOI: 10.1002/imhj.21964Gharabaghi, K. (2013a). Diversity. Unterschiede als Chancen. In C. Steinebach & K. Gharabaghi (Hrsg.), *Resilienzförderung im Jugendalter* (S. 135–146). Berlin: Springer.

Gharabaghi, K. (2013b). Erziehung: Professionelle Hilfen im Jugendalter. In C. Steinebach & K. Gharabaghi (Hrsg.), *Resilienzförderung im Jugendalter* (S. 21–32). Berlin: Springer.

Gilan, D., Helmreich, I. & Lieb, K. (2019). Widerstandskraft im Alter: Mit Resilienz gesund alt werden. In R. Hardt, T. Junginger & M. Seibert-Grafe (Hrsg.), Prävention im Alter. Gesund und fit älter werden (S. 141–154). Berlin: Springer.

Glaeser, H. & Brähler, E. (2011). Die Langzeitfolgen des zweiten Weltkriegs in der deutschen Bevölkerung. Epidemiologische Befunde und deren klinische Bedeutung. *Psychotherapeutenjournal*, 4, 346–353.

Gloger-Tippelt, G. (2007). Familiengründung und Übergang zur Elternschaft. In M. Hasselhorn & W. Schneider (Hrsg.), *Handbuch der Entwicklungspsychologie* (S. 511–521). Göttingen: Hogrefe.

Glover, J. (2009). Bouncing back: How can resilience be promoted in vulnerable children and young people? Retrieved March 16, 2015. from http://www.barnardos.org.uk/bouncing_back_resilience_march09.pdf.

Göppel, R. (2011). Resilienzförderung als schulische Aufgabe? In M. Zander (Hrsg.), *Handbuch Resilienzförderung* (S. 383–406). Wiesbaden: VS.

Görich, K. (2019). *Fit fürs Klassenzimmer. Konzeption und Evaluation eines Resilienzförderprogramms für Lehramtsstudierende.* Bad Heilbrunn: Julius Klinkhardt

Gould, R. L. (1979). *Lebensstufen. Entwicklung und Veränderung im Erwachsenenalter.* Frankfurt a. M.: Fischer.

Grant, H.-B. (1992). *Übergang zur Elternschaft und Generativität.* Aachen: Shaker.

Grawe, K. & Fliegel, S. (2005). »Ich glaube nicht, dass eine Richtung einen Wahrheitsanspruch stellen kann«. Klaus Grawe im Gespräch mit Steffen Fliegel. *Verhaltenstherapie und Psychosoziale Praxis*, 37(3), 690–703. (Erstveröff.: Psychotherapie im Dialog, 2/2005).

Grawe, K. (1994). Psychotherapie ohne Grenzen – von den Therapieschulen zur Allgemeinen Psychotherapie. *Verhaltenstherapie und Psychosoziale Praxis*, 26 (3), 357–370.

Grawe, K. (1998). *Psychologische Therapie.* Göttingen: Hogrefe.

Grawe, K. (2004). *Neuropsychotherapie.* Göttingen: Hogrefe.

Grawe, K., Donati, R. & Bernauer, F. (1994/2001). *Psychotherapie im Wandel. Von der Konfession zur Profession* (5. Aufl.). Göttingen: Hogrefe.

Greenberg, M. T., Domitrovich, C. & Bumbarger, B. (2000). *Preventing Mental Disorders in School-aged Children.A Review of the Effectiveness of Prevention Programs.* Prevention Research Center for the Promotion of Human Development, Pennsylvania State University.

Greve, W. (2005). Die Entwicklung von Selbst und Persönlichkeit im Erwachsenenalter. In S.-H. Filipp & U.M. Staudinger (Hrsg.), *Entwicklungspsychologie des mittleren und höheren Erwachsenenalters*. Enzyklopädie der Psychologie C, V, 6 (S. 343–380). Göttingen: Hogrefe.

Greve, W. (2008). Bewältigung und Entwicklung. In R. Oerter, & L. Montada. (Hrsg.), *Entwicklungspsychologie* (6. Aufl., S. 910–926). Weinheim: Beltz PVU.

Greve, W. (Hrsg.). (2000). *Psychologie des Selbst*. Weinheim: Beltz.

Griebel, W. & Niesel, R. (2011). *Übergänge verstehen und begleiten. Transitionen in der Bildungslaufbahn von Kindern*. Berlin: Cornelsen

Griebel, W. & Niesel, R. (2005). Die Bewältigung von Übergängen zwischen Familie und Bildungseinrichtung als Ko-Konstruktion aller Beteiligten. In M. R. Textor (Hrsg.), *Kindergartenpädagogik – Online-Handbuch*. Zugriff am 20.04.2008. Verfügbar unter www.kindergartenpaedagogik.de/1220.html

Grob, A. & Jaschinski, U. (2003). *Erwachsenwerden. Entwicklungspsychologie des Jugendalters*. Weinheim: Beltz PVU.

Grobe, T., Steinmann, S. & Szecsenyi, J. (2018). *Barmer Arztreport 2018*. Siegburg: Müller Verlagsservice.

Kieseler, (2017). *Studienbedingungen auf dem psychologischen Prüfstand – eine empirische Untersuchung*. [http://nbn-resolving.de/urn/resolver.pl?urn=urn%3Anbn%3Ade%3Ahbz%3A468-20180618-105851-1]

Grossmann, K. & Grossmann, K. E. (Hrsg.) (2015). *Bindung und menschliche Entwicklung: John Bowlby, Mary Ainsworth und die Grundlagen der Bindungstheorie*. (4. Aufl.). Stuttgart: Klett-Cotta.

Grossmann, K. (2001). Die Geschichte der Bindungsforschung. In G. Suess, H. Scheuerer-Englisch & W.-K. Pfeifer (Hrsg.), *Bindungstheorie und Familiendynamik* (S. 29–52). Gießen: Psychosozial.

Grossmann, K. E. & Grossmann, K. (2007). Resilienz. Skeptische Anmerkungen zu einem Begriff. In I. Fooken & J. Zinnecker (Hrsg.), *Trauma und Resilienz. Chancen und Risiken lebensgeschichtlicher Bewältigung von belasteten Kindheiten* (S. 29–38). Weinheim: Juventa.

Grundmann, M. & Kunze, I. (2008). Systematische Sozialraumforschung. Urie Bronfenbrenners Ökologie der menschlichen Entwicklung und die Modellierung mikrosozialer Raumgestaltung. In F. Kessl & C. Reutlinger (Hrsg.), *Schlüsselwerke der Sozialraumforschung. Traditionslinien in Text und Kontexten* (S. 172–188). Wiesbaden: VS.

Grützmacher, J., Burkhard, G., Tino, L., Sudheimer, S. & Willige, J. (2018). Gesundheit Studierender in Deutschland 2017. Ein Kooperationsprojekt zwischen dem Deutschen Zentrum für Hochschul- und Wissenschaftsforschung, der Freien Universität Berlin und der Techniker Krankenkasse. Berlin: Freie Universität Berlin.

Günther, M. (2020). *Gewalt an Schulen – Prävention: Erprobte Programme, Positionen und Praxis-Projekte*. Wiesbaden: Springer

Gusy, B. (2010). Gesundheitsberichterstattung bei Studierenden. Prävention und Gesundheitsförderung, 3, 250–256.

Gusy, B., Wörfel, F. & Lohmann, K. (2016). Erschöpfung und Engagement im Studium. *Zeitschrift für Gesundheitspsychologie*, 24 (1), 41–53.

Gusy, B., Lohmann, K. & Wörfel, F. (2015). Gesundheitsmanagement für Studierende – eine Herausforderung für Hochschulen. In: B. Badura et al. (Hrsg.). *Fehlzeiten-Report 2015* (249–258). Berlin, Heidelberg: Springer.

Gutknecht, D. (2012). *Bildung in der Kinderkrippe. Wege zur Professionellen Responsivität*. Stuttgart: Kohlhammer.

Häferli, K. & Schellenberg, C. (2010). Resilienz, Risiko- und Schutzfaktoren beim Übergang von Schule ins Berufsleben. In N. P. Neuenschwander & H.-U. Grunder (Hrsg.), *Schulübergang und Selektion. Forschungsbefunde, Praxisbeispiele, Umsetzungsperspektiven* (S. 149–158). Zürich: Rüegger.

Hähne, C. & Zubrägel, S. (2004). Die Wahrnehmung des Körperbildes bei Mädchen und Jungen und ihre Auswirkungen auf den Gesundheitsstatus und das Gesundheitsverhalten. Ergebnisse eines Jugendgesundheitssurveys im Rahmen einer internationalen Vergleichsstudie. *Zeitschrift für Soziologie der Erziehung und Sozialisation*, 24 (2), 261.

Hall, J. S. & Zautra, A. J. (2010). Indicators of Community Resilience: What are they, why bother? In J. W. Reich, A. J. Zautra & J.S. Hall (Eds.), *Handbook oaf adult resilience* (pp. 350–**374). New York: The Guilford Press.**

Hamre, B. K. & Pianta, R. C. (2001). Early teacher-child relationships and the trajectory of children's school outcomes throuth eighth grade. *Child Development*, 72, 625–638.

Haug-Schnabel, G. & Bensel, J. (2006). *Kinder unter 3. Bildung, Erziehung und Betreuung von Kleinstkindern.* Freiburg im Breisgau: Herder.

Havighurst, R. J. (1948). *Developmental tasks and education.* New York: McKay.

Heckhausen, H. (1977). Motiv und Motivation. In Th. Herrmann, P. R. Hofstätter, H. P. Huber & F. E. Weinert (Hrsg.), *Handbuch psychologischer Grundbegriffe* (S. 296–313). München: Kosel.

Heckhausen, H. (1989). *Motivation und Handeln* (2.Aufl.). Berlin: Springer.

Heckhausen, J. (1999). *Developmental Regulation in Adulthood: Age-normative and Socialstructural Constraints as Adaptive Challenges.* New York: Cambridge University Press.

Hédervári-Heller, E., Maywald, J., Meier-Gräwe, U., Lehmkuhl, U., Peschel-Gutzeit, R. & Resch, F. (2008). *Positionspapier der Deutschen Liga für das Kind. Gute Qualität in Krippen. Deutsche Liga für das Kind.* Berlin: Liga für das Kind. Zugriff am 10.02.2012. Verfügbar unter liga-kind.de/downloads/krippe.pdf

Heinrichs, N. & Lohaus, A. (2020). Klinische Entwicklungspsychologie. Beltz

Heitmeyer, W. (Hrsg.). (2012). *Deutsche Zustände. Folge 10.* Berlin: Edition Suhrkamp

Heller, S., Larrieu, J. A., D'Imperio, R. & Boris, N. W. (1999). Research on Resilience to Child Maltreatment: Empirical Considerations. *Child Abuse/Neglect*, 23 (4), 321–338.

Henning, L., Strack, M., Boos, M. & Reich, G. (2017). Soziale Unterstützung und psychisches Befinden von Studierenden. *Psychotherapeut*, 5, https://doi.org/10.1007/s00278-017-0232-6.

Henry-Huthmacher, C. (2008). Eltern unter Druck. Die wichtigsten Ergebnisse der Studie. In T. Merkle, C. Wippermann, C. Henry-Huthmacher & M. Borchard (Hrsg.), *Eltern unter Druck. Selbstverständnisse, Befindlichkeiten und Bedürfnisse von Eltern in verschiedenen Lebenswelten* (S. 1–24). Stuttgart: lucius & lucius.

Herbst, U., Voeth, M., Eidhoff, A. T., Müller, M., Stief, S. (2016). *Studierendenstress in Deutschland – eine empirische Untersuchung.* Zugriff am 21.05.2019. Verfügbar unter https://www.ph-ludwigsburg.de/uploads/media/AOK_Studie_Stress.pdf.

Herpertz-Dahlmann, B., Bühren, K. & Remschmidt, H. (2013). Growing up is hard – mental disorders in adolescence. *Deutsches Ärzteblatt*, 110 (25), 432–40.

Herrenkohl, T. I., Tajima, E. A., Whitney, S. D. & Huang, B. (2005). Protection against anti-social behavior in children exposed to physically abusive discipline. *Journal of Adolescent Health*, 36 (6), 457–465.

Hetherington, E. M. (1989). Coping with family transitions: Winners, losers, and survivors. *Child Development*, 60, 1–14.

Heublein, U.; Hutzsch, C.; Peter, F. & Buchholz, S. (2021). Finanzielle Probleme von Studierenden in der Corona-Pandemie und die Beantragung von Überbrückungshilfe. (*DZHW Brief* 05|2021). Hannover: DZHW. https://doi.org/10.34878/2021.05.dzhw_brief

Heublein, U., Ebert, J. Hutzsch, C., Isleib, S., König, R. Richter, J. et al. (2017). Zwischen Studienerwartung und Studienwirklichkeit. Ursachen des Studienabbruchs, beruflicher Verbleib der Studienabbrecherinnen und Studienabbrecher und Entwicklung der Studienabbruchquote an deutschen Hochschulen. Hannover: DZHW.

Hillenbrand, C., Hennemann, T. & Hens, S. (2010). *Lubo aus dem All! – 1. und 2. Klasse.* München: Reinhardt.

Hofmann, Y.E., Müller-Hotop, R., Datzer, D., Razinskas, S. & Högl, M. (2021a). Belastungserfahrungen im Studium: Wie Hochschulen ihre Studierenden stärken können. *Beiträge zur Hochschulforschung*, 43.Jg. (3), 76–93

Hofmann, Yvette; Müller-Hotop, Rapahael; Högl, Martin; Datzer, Daniela & Razinskas, Stefan (2021b). Resilienz stärken: Interventionsmöglichkeiten für Hochschulen zur Förderung der akademischen Resi-lienz ihrer Studierenden. Ein Leitfaden. (IHF Forschungsbericht, 2). München: Bayerisches Staatsinsti-tut für Hochschulforschung und Hochschulplanung (IHF). Unter: URL: https://nbn-resol-ving.org/urn:nbn:de:0168-ssoar-75774-1

Hofmann, Y.E., Müller-Hotop, R. & Datzer, D. (2020). Die Bedeutung von Resilienz im Hochschulkontext – Eine Standortbestimmung von Forschung und Praxis. *Beiträge zur Hochschulforschung*, 42. Jg., 1–2, 10–34.Hoff, H.-E. & Schraps, U. (2007). Frühes Erwachsenenalter: Berufliche Entwicklung und Lebensgestaltung. In M. Hasselhorn & W. Schneider (Hrsg.), *Handbuch der Entwicklungspsychologie* (S. 198–207). Göttingen: Hogrefe.

Hoff, H.-E., Grote, S., Dettmer, S., Hohner, H.-U. & Olos, L. (2005). »Work-Life-Balance«. Berufliche und private Lebensgestaltung von Frauen und Männern in hoch qualifizierten Berufen. *Zeitschrift für Arbeits- und Organisationspsychologie*, 49, 196–207.

Hoff, H-E. (2005). Arbeit und berufliche Entwicklung. In S.-H. Filipp & U.M. Staudinger (Hrsg.), *Entwicklungspsychologie des mittleren und höheren Erwachsenenalters*. (S. 457–499). Göttingen: Hogrefe.

Hölling, H., Schlack, R., Petermann, F., Ravens-Sieberer, U. & Mauz, E. (KiGGS Study Group) (2014). Psychische Auffälligkeiten und psychosoziale Beeinträchtigungen bei Kindern und Jugendlichen im Alter von 3 bis 17 Jahren in Deutschland – Prävalenz und zeitliche Trends zu 2 Erhebungszeitpunkten (2003–2006 und 2009–2012). Ergebnisse der KiGGS-Studie – Erste Folgebefragung (KiGGS Welle 1). *Bundesgesundheitsblatt – Gesundheitsforschung – Gesundheitsschutz*, 57 (7), 807–819.

Hölzle C. & Jansen, I. (Hrsg.). (2012). *Ressourcenorientierte Biografiearbeit: Grundlagen – Zielgruppen – Kreative Methoden* (2. Aufl.). Wiesbaden: VS.

Huf, A. (1992). *Psychotherapeutische Wirkfaktoren*. Weinheim: Beltz PVU.

Hurrelmann, K. (1990). Familienstreß, Schulstreß, Freizeitstreß. Gesundheitsförderung für Kinder und Jugendliche. Weinheim: Beltz.

Hüther, G. (2004). Die neurobiologische Verankerung von Erfahrungen und ihre Auswirkungen auf das spätere Verhalten. *Gesprächspsychotherapie und Personenzentrierte Beratung*, 35 (4), 246–252.

Hüther, G. (2007). Die neurobiologischen Grundlagen der Suche des Menschen nach Sinn. *Persönlichkeitsstörungen – Theorie und Therapie*, 11 (4), 219–228.

Hüther, G. (o. J.). *In jedem Kind steckt ein Genie. Interview im »Spiegel«*: Zugriff am 25.09.2012. Verfügbar unter http://www.spiegel.de/schulspiegel/wissen/kritik-am-schulsystem-huether-will-gymnasium-und-lehrplaene-abschaffen-a-850405.html.

Imber-Black, E., Roberts, J., Whiting, R. (1993). *Rituale in Familien und Familientherapie*. Heidelberg: Carl-Auer.

International Federation of the Red Cross and Red Crescent Societies (2011). *Community Based Disaster Risk Reduction Study. Characteristics of a safe and resilient community*. Retrieved March 16, 2015, from http://www.ifrc.org/PageFiles/96986/Final_Characteristics_Report.pdf.

Jackson, V. (2002). Cultural Competency, *Behavioral Health Management*, 2 (2), 24–26.

Jaede, W. (2011). Resilienzförderung – Neuorientierung für Erziehungs- und Familienberatung. In M. Zander (Hrsg.), *Handbuch Resilienzförderung* (S. 459–481). Wiesbaden: VS.

Jaffee, S. R., Caspi, A., Moffitt, T. E., Polo-Thomas, M. & Taylor, A. (2007). Individual, Family, and Neighborhood Factors Distinguish Resilient from Non-Resilient Maltreated Children: A Cumulative Stressors. *Child Abuse & Neglect*, 31 (3), 231–**253.**

Jané-Llopis, E. & Braddick, F. (Eds.). (2008). *Mental Health in Youth and Education*. Consensus Paper. Luxemburg: European Communities.

Jerusalem, M. & Klein-Heßling, J. (2002). Soziale Kompetenz. Entwicklungstrends und Förderung in der Schule. *Zeitschrift für Psychologie*, 210 (4), 164–174.

Jerusalem, M. & Meixner, S. (2009). Lebenskompetenzen. In A. Lohaus & H. Domsch (Hrsg.), *Psychologische Förder- und Interventionsprogramme für das Kindes- und Jugendalter* (S. 141–157). Berlin: Springer.

Jopp, D. S. & Rott, C. (2006). Adapting to very old age: Exploring the role of personal resources and protective mechanism in centenarians. *Psychology and Aging*, 21, 266–280.

Jopp, D. S., Rott, C. & Wozniak, D. (2010). Psychologische Stärken im Alter. In A. Kruse (Hrsg.), *Potenziale im Altern – Chancen und Aufgaben für Individuum und Gesellschaft* (S. 51–74). Heidelberg: Akademische Verlagsgesellschaft.

Jopp, D. S., Rott, C., Boerner, K., Boch, K. & Kruse, A. (2013). *Zweite Heidelberger Hundertjährigen-Studie: Herausforderungen und Stärken des Lebens mit 100 Jahren*. Stuttgart: Robert

Bosch Stiftung. Zugriff am 23.03.2015. Verfügbar unter http://www.gero.uni-heidelberg.de/md/gero/forschung/zweite_heidelberger_hundertjaehrigen_studie_2013.pdf.

Joswig, H. (2013). *Phasen und Stufen in der kindlichen Entwicklung.* Zugriff am: 14.03.2015. Verfügbar unter http://www.familienhandbuch.de/kindliche-entwicklung/allgemeine-entwicklung/phasen-und-stufen-in-der-kindlichen-entwicklung#kindheit.

Jungbauer-Gans, M. & Kriwy, P. (2004). Ungleichheit und Gesundheit von Kindern und Jugendlichen. In M. Jungbauer-Gans & P. Kriwy (Hrsg.), *Soziale Benachteiligung und Gesundheit bei Kindern und Jugendlichen* (S. 9–23). Wiesbaden: VS.

Jungmann, R. & Reichenbach, C. (2011). *Bindungstheorie und pädagogisches Handeln. Ein Praxisleitfaden* (2.Aufl.). Dortmund: Borgmann Media.

Kahnemann, D., Diener, E. & Schwarz, N. (Eds.). (1999). *Well-being: The foundations of hedonic psychology.* New York: Russell Sage Foundation.

Kaiser, S. & Fröhlich-Gildhoff, K. (2022). Resilienzförderung in Krippe und Kindertagespflege. Stuttgart: KohlhammerKaiser, S. (2015). *Resilienzförderung im Feld der Bildung, Betreuung und Erziehung von Kindern unter 3. Konzeptpapier zur Dissertation.* Freiburg: Evangelische Hochschule.

Kaiser, S. (2019). *Gestaltung entwicklungsförderlicher Interaktionen und Förderung der Resilienz bei Kindern unter drei Jahren. Ein Weiterbildungsprogramm für pädagogische Fachkräfte: Konzeption – Implementation – Evaluation.* Unveröffentlichte Dissertation, Pädagogische Hochschule Schwäbisch Gmünd.

Kalisch, R. (2017): *Der resiliente Mensch – Wie wir Krisen erleben und bewältigen*, Berlin: Berlin Verlag.

Kant-Schaps, M. (2013). Schule: Schutzfaktor und Übungsraum. In C. Steinebach & K. Gharabaghi (Hrsg.), *Resilienzförderung im Jugendalter* (S. 83–92). Berlin: Springer.

Karidi, M., Schneider, M. & Gutwald, R. (2018). *Resilienz. Interdisziplinäre Perspektiven zu Wandel und Transformation.* Wiesbaden: Springer.

Karpinski, N., Popal, N., Plück, J., Petermann, F. & Lehmkuhl, G. (2017). Freizeitaktivitäten, Resilienz und psychische Gesundheit von Jugendlichen. *Zeitschrift für Kinder- und Jugendpsychiatrie und Psychotherapie, 45 (1),* 42–48.

Kasüschke, D. & Fröhlich-Gildhoff, K. (2008). *Frühpädagogik heute. Herausforderungen an Disziplin und Profession.* Köln: Wolters-Kluwer, Carl Link.

Keller, H., Yvoski, R., Borke, J., Kärntner, J., Jensen, H. & Papaligoura, Z. (2004). Developmental consequences of early parenting experiences: Self recognition and self regulation in three cultural communities. *Child Development, 75,* 1745–1760.

Keupp, H. (1997a). *Ermutigung zum aufrechten Gang.* Tübingen: dgvt.

Keupp, H. (1997b). Von der (Un-)Möglichkeit erwachsen zu werden. Jugend zwischen Multioptionalität und Identitätsdiffusion. In M. Beck, S. Chow & I. Köster-Goorkotte (Hrsg.), *Kinder in Deutschland. Realitäten und Perspektiven* (S. 145–168). Tübingen: Deutsche Gesellschaft für Verhaltenstherapie.

Keupp, H. (2002). *Identitätskonstruktionen – Das Patchwork der Identitäten in der Spätmoderne.* Reinbek: Rowohlt.

Keupp, H. (2013). Kinder und Jugendliche in schwierigen Zeiten. In B. Röhrle & H. Christiansen (Hrsg.), *Prävention und Gesundheitsförderung Bd. V. Hilfen für Kinder und Jugendliche in schwierigen Situationen* (S. 17–38). Tübingen: dgvt.

Kirsch, A.-S., Laemmert, P. & Tittlbach, S. (2017). Gesundheitliche Anforderungen und Ressourcen von Studierenden. *Prävention und Gesundheitsförderung, 12(3),* 181–188.

Kissgen, R. & Suess, G. J (2005).Bindungstheoretisch fundierte Intervention in Hoch-Risiko-Familien: Das STEEP-Programm. *Frühförderung interdisziplinär, 24,* 124–133.

Kleemiß, H. (o.J.). *Die Entwicklungsthemen und die Gestaltung des pädagogischen Alltags mit Kindern in den ersten drei Lebensjahren.* Zugriff am 01.01.2015. Verfügbar unter http://www.kita-fachtexte.de/uploads/media/KiTaFT_kleemiss_III_2014.pdf.

Klem, A. & Connel, J. (2004). Relationships matter: Linking teacher support to student engagement and achievement. *The Journal of School Health, 74 (7),* 262–273.

Klie, T. & Student, J. (2007). *Sterben in Würde. Auswege aus dem Dilemma der Sterbehilfe.* Freiburg: Herder.

Klie, T. (2010). Potenziale des Alters und Rollenangebote der Zivilgesellschaft. In A. Kruse (Hrsg.), *Potenziale im Alter* (S. 145–159). Heidelberg: Akademische Verlagsgesellschaft.

Klie, T. (2013a). *Wen kümmern die Alten? Auf dem Weg in eine sorgende Gesellschaft.* München: Pattloch.

Klie, T. (2013b). Zivilgesellschaft und Aktivierung. In M. Hüther & G. Naegele (Hrsg.), *Demografiepolitik. Herausforderungen und Handlungsfelder* (S. 344–362). Wiesbaden: VS.

Kliegel, M., Storck, C., Martin, M., Ramuschkat, G. & Zimprich, D. (2003). Komplexe prospektive Gedächtnisleistung im Alter: Der Einfluss von Aufgabensalienz und Intentionsplanung. *Zeitschrift für Entwicklungspsychologie und Pädagogische Psychologie, 35* (4), 212–220.

Klocke, A. & Lampert, T. (2005). *Gesundheitsberichterstattung des Bundes Heft 4. Armut bei Kindern und Jugendlichen* (aktualis. Fassung). Berlin: Robert Koch Institut.

Knoll, N., Scholz, U. & Rieckmann, N. (2011). *Einführung in die Gesundheitspsychologie.* München: Reinhardt/UTB.

Kohlberg, L. (1966). A cognitive developmental analysis of children's sex role concepts and attitudes. In E. E. Maccoby (Ed.), *The development of sex differences* (pp. 82–173). Stanford: Stanford University Press.

Kohlberg, L. (1969). Stage and sequence: The cognitive-developmental approach to socialization. In D.A. Goslin: *Handbook of socialization theory and research* (pp. 347–480). Chicago, IL: Rand McNally.

Kohlberg, L. (1996). *Die Psychologie der Moralentwicklung* (herausgegeben von W. Althof unter Mitarbeit von G.G. Noam & F. Oser). Frankfurt a. M.: Suhrkamp.

Kohn, M. L. & Schooler, C. (1983). Job conditions and personality: Longitudinal assessment of their reciprocal effects. *American Journal of Sociology, 87*, 1257–1285.

Koliou, M., van de Lindt, J.W., McAllister, T.P., Ellingwoods, B.R., Dillard, M. & Cutler, H. (2018). State of the reseach in community resilience: progress and challenges. *Sustain Resilient Infrastruct.* 2018 ; No VOLUME: . doi:10.1080/23789689.2017.1418547.Köller, O. & Baumert, J. (2008). Entwicklung schulischer Leistungen. In R. Oerter & L. Montada (Hrsg.), *Entwicklungspsychologie.* (S. 735–768). Weinheim: Beltz.

König, A. (2010). *Interaktion als didaktisches Prinzip: Bildungsprozesse bewusst begleiten und gestalten.* Troisdorf: Bildungsverlag Eins.

Kormann, G. (2011). Dialogische Erziehung im Heim – das Beispiel der SOS-Kinderdörfer. In M. Zander (Hrsg.), *Handbuch Resilienzförderung* (S. 482–512). Wiesbaden: VS.

Kramer, I., Sokoll, I. & Bödeker, W. (2009). Die Evidenzbasis für betriebliche Gesundheitsförderung und Prävention – Eine Synopse des wissenschaftlichen Erkenntnisstandes. In B. Badura, H. Schröder & C. Vetter (Hrsg.), *Fehlzeitenreport 2008. Betriebliches Gesundheitsmanagement: Kosten und Nutzen* (S. 65–76). Heidelberg: Springer.

Krampen, G. & Reichle, B. (2008). Entwicklungsaufgaben im frühen Erwachsenenalter. In R. Oerter & L. Montada (Hrsg.), *Entwicklungspsychologie* (6. Aufl., S. 333–365).Weinheim: Beltz.

Krampen, G. (2003). Prävention bei Erwachsenen. In M. Jerusalem & H. Weber (Hrsg.), *Psychologische Gesundheitsförderung. Diagnostik und Prävention* (S. 419–432). Göttingen: Hogrefe.

Kraus, B. (2013). *Erkennen und Entscheiden: Grundlagen und Konsequenzen eines erkenntnistheoretischen Konstruktivismus für die Soziale Arbeit.* Weinheim: Beltz Juventa.

Kriz, J. (2014). *Grundkonzepte der Psychotherapie* (7., überarb. u. erw. Aufl.). Weinheim: Beltz PVU.

Kruse, A. & Schmitt, E. (2005). Zur Veränderung des Altersbildes in Deutschland. *Aus Politik und Zeitgeschichte, 49/50*, 9–17.

Kruse, A. (2006). Der Beitrag der Prävention zur Gesundheit im Alter – Perspektiven für die Erwachsenenbildung. *Bildungsforschung, 3* (2). Zugriff am 23.03.2015. Verfügbar unter http://www.bildungsforschung.org/Archiv/2006-02/gesundheit/.

Labatzki, U. (2013). Events occur in real time – ›Neue Medien‹ in der Diskussion. In S. Trautmann-Voigt & B. Voigt (Hrsg.), *Jugend heute: Zwischen Leistungsdruck und virtueller Freiheit* (S. 91–106). Gießen: Psychosozial.

Laewen, H. J., Andres, B. & Hédervári, É. (2000). *Die ersten Tage in der Krippe. Ein Modell für die Gestaltung der Eingewöhnungssituation* (3., erw.Aufl.). Neuwied: Luchterhand.

Laewen, H. J., Andres, B. & Hédervári, É. (2007a). *Die ersten Tage. Ein Modell zur Eingewöhnung in Krippe und Tagespflege* (4. Aufl.). Berlin: Cornelsen Scriptor.

Laewen, H. J., Andres, B. & Hédervári, É. (2007b). *Ohne Eltern geht es nicht. Die Eingewöhnung von Kindern in Krippen und Tagespflegestellen* (4. Aufl.). Weinheim: Beltz.

Lambert, M. J. & Barley, D. E. (2002). Research summary on the therapeutic relationship and psychotherapy outcome. In J. C. Norcross (Ed.), *Psychotherapy relationships that work: Therapist contributions and responsiveness to patients* (pp. 17–32). Oxford: University Press.

Lambert, M. J. (Ed.). (2004). *Bergin and Garfield's Handbook of Psychotherapy and Behavior Change* (5 ed.) (pp. 17–32). New York: John Wiley & Sons.

Landau, J. & Saul, J. (2004). Facilitating family and community resilience in response to major disaster. In F. Walsh & M. McGoldrick (Eds.), *Living beyond loss: Death in the family* (pp. 285–309). New York: Norton.

Lang, F. R., Martin, M. & Pinquart, M. (2012). *Entwicklungspsychologie – Erwachsenenalter.* Göttingen: Hogrefe.

Lang, F. R., Neyer, F. J. & Asendorp, J. B. (2005). Entwicklung und Gestaltung sozialer Beziehungen. In S.-H. Filipp & U. M. Staudinger (Hrsg.), *Entwicklungspsychologie des mittleren und höheren Erwachsenenalters.* Enzyklopädie der Psychologie C, V, 6 (S. 381–417). Göttingen: Hogrefe.

Längle, A. (2005). Das Sinnkonzept V. Frankls – ein Beitrag für die gesamte Psychotherapie. In H. Petzold & I. Orth (Hrsg.), *Sinn, Sinnerfahrung, Lebenssinn in Psychologie und Psychotherapie* (S. 403–460). Bielefeld: Edition Sirius.

Laucht, M., Esser, G. & Schmidt, M. H. (1998). Risiko- und Schutzfaktoren der frühkindlichen Entwicklung: Empirische Befunde. *Zeitschrift für Kinder- und Jugendpsychiatrie und Psychotherapie, 26*, 6–20.

Lawton, M. P., Moss, M., Hoffmann, C., Grant, R., Have, T. T. & Kleban, M. H. (1999). Health, valuation of life, and the wish to live. *The Gerontologist, 39*, 406–416.

Lazarus, R. S. & Folkman, S. (1984). *Stressappraisal and Coping.* New York: Springer.

Lazarus, R. S. & Launier, R. (1981). Stressbezogene Transaktionen zwischen Person und Umwelt. In J. R. Nitsch (Hrsg.), *Stress. Theorien, Untersuchungen, Maßnahmen* (S. 213–259). Bern: Huber.

Lehr, U., Thomae, H., Schmitt, M. & Minnemann, E. (2000). Interdisziplinäre Längsschnittstudie des Erwachsenenalters: Geschichte, theoretische Begründung und Zusammenfassung der Ergebnisse des 1. Messzeitpunktes. In P. Martin, M. Martin, P. Schmitt & U. Sperling (2000). *Forschungsberichte aus dem DZFA – Nr. 8 (Juli 2000) – Interdisziplinäre Längsschnittstudie des Erwachsenenalters (ILSE) – Abschlussbericht über den 2. Untersuchungsdurchgang.* Zugriff am 23.03.2015. Verfügbar unter http://www.dzfa.uni-eidelberg.de/pdf/Forschungsberichte/fb8_ILSE.pdf#page=17.

Lent, R. W. (2004). Toward Unifying Theoretical and Practical Perspective on Well-Being and Psychosocial Adjustment. *Journal of Counseling Psychology, 51*, 482–509.

Lenz, A. (2010) Partizipation in der professionellen Hilfebeziehung. *Forum Gemeindepsychologie, 15* (2). Zugriff am 16.03.2015. Verfügbar unter http://www.gemeindepsychologie.de/fg-2-2010_07.html.

Leppert, K., Gunzelmann, T., Schumacher, J., Strauß, B. & Brähler, E. (2005). Resilienz als protektives Persönlichkeitsmerkmal im Alter. *Psychotherapie, Psychosomatik, Medizinische Psychologie, 55* (8), 356–369.

Lesener, T. & Gusy, B. (2017). Arbeitsbelastung, Ressourcen und Gesundheit im Mittelbau: Ein systematisches Review zum Gesundheitsstatus der wissenschaftlich und künstlerisch Beschäftigten an staatlichen Hochschulen in Deutschland (Hochschule und Forschung). Frankfurt a. M.

Leu, H. R. & von Behr, A.(Hrsg.). (2013). *Forschung und Praxis der Frühpädagogik. Profiwissen für die Arbeit mit Kindern von 0–3 Jahren.* München: Reinhardt.

Leu, R. & Flämig, K. (2007). *Bildungs- und Lerngeschichten: Bildungsprozesse in früher Kindheit beobachten, dokumentieren und unterstützen.* Weimar: das netz.

Leutner, D., Klieme, E., Meyer, K. & Wirth, J. (2005). Die Problemlösekompetenz in den Ländern der Bundesrepublik Deutschland. In M. Prenzel, J. Baumert, W. Blum, R. Lehmann, D. Leutner, M. Neubrand, R. Pekrun, J. Rost & U. Schiefele (Hrsg.), *PISA 2003. Der*

zweite Vergleich der Länder in Deutschland – Was wissen und können Jugendliche? (S. 125–146). Münster: Waxmann.
Levinson, D. J. (1979). Das Leben des Mannes. Werdenskrisen, Wendepunkte, Entwicklungschancen. Köln: Kiepenheuer & Witsch.
Lewis, R. A. (1973). A longitudinal test of a developmental framework for premarital dyadic formation. Journal of Marriage and the Family, 35, 16–25.
Lindert, J., Schick, A., Reif, A., Kalisch, R. & Tüscher, O. (2018). Verläufe von Resilienz – Beispiele aus Längsschnittstudien. Der Nervenarzt, 89 (7), 759–765, 33.
Liossis, P. L., Shochet, I. M., Millear, P. M. & Biggs, H. (2009). The Promoting Adult Resilience (PAR) program: The effectiveness of the second, shorter pilot of a workplace prevention program. Behavior change, 26 (2), 97–112.
Longstaff, P. (2005). Security, resilience, and communication in unpredictable environments such as terrorism, natural disasters, and complex technology. Syracuse, New York: Author.
Lorenzen, A., Weltzien, D. & Fröhlich-Gildhoff, K. (2018). Förderung von Resilienz und seelischer Gesundheit in Kindertageseinrichtungen im Rahmen einer langfristigen Intervention im Setting Kindertageseinrichtung. Perspektiven der empirischen Kinder- und Jugendforschung, 4 (1), 5–32.
Lösel, F. & Bender, D. (1994). Lebenstüchtig trotz schwieriger Kindheit. Psychische Widerstandsfähigkeit im Kindes- und Jugendalter. Psychoscope, 15 (7), 14–17.
Lösel, F. & Bender, D. (2007). Von generellen Schutzfaktoren zu spezifischen protektiven Prozessen: Konzeptuelle Grundlagen und Ergebnisse der Resilienzforschung. In G. Opp & M. Fingerle (Hrsg.), Was Kinder stärkt: Erziehung zwischen Risiko und Resilienz (2. Aufl., S. 57–78). München: Reinhardt.
Lösel, F. & Bender, D. (2008). Von generellen Schutzfaktoren zu spezifischen protektiven Prozessen: Konzeptuelle Grundlagen und Ergebnisse der Resilienzforschung. In G. Opp & M. Fingerle (Hrsg.),Was Kinder stärkt. Erziehung zwischen Risiko und Resilienz (3. Aufl., S. 57–78). München: Reinhardt.
Lösel, F., Jaursch, S., Bellmann, A. & Stemmler, M. (2007). Prävention von Störungen des Sozialverhaltens – Entwicklungsförderung in Familien: Das Eltern- und Kindertraining EFFEKT. In W. v. Suchodoletz (Hrsg.), Prävention von Entwicklungsstörungen (S. 215–234). Göttingen: Hogrefe.
Lovell, E., Bahadur, A., Tanner, T. & Morsi, H. (2016). Resilience: The big picture. Top themes and trends, Working Paper Juni 2016. Overseas Development Institute: London.
Lowenthal, M. F., Thurner, M. & Chiriboga, D. (1975). Four stages of life: A comparative study of women and men facing transition. San Francisco: Jossy-Bass.
Luthar, S. S. & Zelazo, L. B. (2003). Research on resilience: An integrative review. In S. Luthar (Ed.), Resilience and vulnerability: Adaption in the context of childhood adversities (pp. 510–549). New York: Cambridge University Press.
Luthar, S. S. (2006). Resilience in development: A synthesis of research across five decades. In D. Cicchetti & D. J. Cohen (Eds.), Developmental Psychopathology: Risk, disorder, and adaptation (2nd ed., pp. 739–795). New York: Wiley.
Luthar, S. S., Cicchetti, D. & Becker, B. (2000). The construct of resilience: A critical evaluation and guidelines for future work. Child Development, 71 (3), 543–562.
MacPhee, D., Lunkenheimer, E. & Riggs, N. (2015). Resilience as Regulation of Developmental and Family Processes. Fam Relat. 64(1): 153–175. doi:10.1111/fare.12100.
Maddi, S.R. (2002). The story of hardiness: Twenty years of theorizing, research, and practice. Consulting Psychology Journal: Practice and Research, 54 (3), 173–185.
Maercker, A. & Forstmeier, S. (Hrsg.).(2012). Der Lebensrückblick in Therapie und Beratung. Heidelberg: Springer.
Mainzer Resilienz-Projekt (MARP) (2018). Focus Program Translational Neurosciences (FTN) of the Johannes Gutenberg University Mainz. Zugriff am: 05.12.2018 unter http://www.ftn.nic.uni-mainz.de/Marp.
Mancini, A.D. & Bonanno, G. A. (2010). Resilience to potential trauma: Toward a lifespan approach. In J.W. Reich, A. J. Zautra & J.S. Hall (Eds.), Handbook of adult resilience (pp. 258–282). New York, London: The Guilford press.

Marcia J. E. (1980). Identity in adolescence. In J. Adelson (Ed.), *Handbook of adolescent psychology* (pp. 310–395). New York: Wiley.
Martin, A. J. & Marsh, H. W. (2006). Academic resilience and its psychological and educational correlates: A construct validity approach. *Psychology in the Schools,43* (3), 267–281.
Martin, M. & Kliegel, M. (2014). *Psychologische Grundlagen der Gerontologie* (2.Aufl.). Stuttgart: Kohlhammer.
Martin, P., Ettrich, K. U., Lehr, U., Roether, D., Martin, M. & Fischer-Cyrulies, A. (2000). *Aspekte der Entwicklung im mittleren und höheren Erwachsenenalter*. Darmstadt: Steinkopff.
Masten, A. S. & O'Dougherty Wright, M. (2010). Resilience over the lifespan: developmental perspectives on resistance, recovery, and transformation. In J. W. Reich, A. J. Zautra & J. S. Hall (Eds.). *Handbook of adult resilience* (pp. 213–237). New York: The Guilford press.
Masten, A. S. & Powell, J. L. (2003). A resilience framework for research, policy, and practice: Contributions from Project Competence. In S. Luthar (Eds.), *Resilience and vulnerability: Adaption in the context of childhood adversities* (pp. 1–25). New York: Cambridge University Press.
Masten, A. S. & Reed, M.-G. (2002). Resilience in development. In C.R. Snyder & S.J. Lopez (Eds.), *The handbook of positive psychology* (pp. 74–88). New York: Oxford University Press.
Masten, A. S. (2014). *Ordinary magic. Resilience in development.* New York, London: The Guilford Press.
Masten, A. S., Coatsworth, J. D., Neeman, J., Gest, S. D., Tellegen, A. & Garmezy, N. (1995). The structure and coherence of competence from childhood through adolescence. *Child Development, 66,* 1635–1659.
Masten, A. S., Obradovic, J. & Burt, K. B. (2006). Resilience in emerging adulthood: Developmental perspectives on continuity and transformation. In J. J. Arnett & J. L. Tanner (Eds.), *Emerging adults in America: Coming of age in the 21st century* (pp. 173–190). Washington, DC: American Psychological Association Press.
Mayunga, J.S. (2007). *Understanding and applying the concept of community disaster resilience: a capital-based approach.* Working paper summer academy for social vulnerability and resilience building, 22–28.07.2007, München. Zugriff am 16.03.2015. Verfügbar unter https://www.ehs.unu.edu/file/get/3761.
Meister, D. & Meise, B. (2012). Genese und Spezifika jugendlichen Medienhandelns. In M. K. Schweer (Hrsg.), *Medien in unserer Gesellschaft. Chancen und Risiken* (S. 51–72). Frankfurt a. M.: Lang.
Mietzel, G. (2002). *Wege in die Entwicklungspsychologie: Kindheit und Jugend* (13. Aufl.). Weinheim: Beltz PVU.
Ministerium für Kultus, Jugend und Sport (2014). Gesundheitsmanagement für die öffentlichen Schulen in Baden-Württemberg. Zugriff am 16.03.2015. Verfügbar unter: http://lehrerfortbildung-bw.de/qm/sonderaufgaben/gesundheit/140715_broschuere-gesundheitsmanagement-fuer-die-oeffentlichen-schulen.pdf.
Mischo, C. (2009). Entwicklungsumwelten. In K. Fröhlich-Gildhoff, C. Mischo & A. Castello (Hrsg.), *Entwicklungspsychologie für Fachkräfte in der Frühpädagogik. Grundlagen der Frühpädagogik* (Band 2, Reihe Grundlagen der Frühpädagogik, S. 150–201). Köln: Carl Link.
Mischo, C. (2015). Entwicklungsumwelten. In K. Fröhlich-Gildhoff, C. Mischo & A. Castello (Hrsg.), *Entwicklungspsychologie für Fachkräfte in der Frühpädagogik* (3. überarb. Aufl.) (S. 150–200). Kronach: WoltersKluwer.
Mischo, C., Weltzien, D. & Fröhlich-Gildhoff, K. (2011*). Beobachtungs- und Diagnoseverfahren in der Frühpädagogik.* Köln: WoltersKluwer/Carl Link.
Moffitt, T. E., Arseneault, L., Belsky, D., Dickson, N., Hancox, R., Harrington, H. L. et al. (2011). A gradient of childhood self-control predicts health, wealth, and public safety. *Proceedings of the National Academy of Sciences, 108,* 2693–2698.
Montada, L. (2008). Fragen, Konzepte, Perspektiven. In R. Oerter, R. & L. Montada (Hrsg.), *Entwicklungspsychologie* (6. Aufl., S. 3–48). Weinheim: Beltz PVU.
Morciszek, M. (2019). *Konzept zur Resilienzförderung für Berufstätige*. Kassel: Ziel&Impuls GbR.
Moskowitz, J. T. (2010). Positive affect at the onset of chronic illness: Planting the seeds of resilience. In J. W. Reich, A. J. Zautra & J. S. Hall (Eds.), *Handbook of adult resilience* (pp. 465–483). New York, London: The Guilford press.

Mroczek, D. K. & Kolarz, C. M. (1998). The effect of age on positive and negative effect: A developmental perspective on happiness. *Journal of Personality and Social Psychology, 75*, 1333–1349.

Müller-Kohlenberg, H. (2008). Entwicklungsorientierte Prävention von Devianz im Jugendalter: Das Mentorenprojekt »Balu und Du«. In Bundesministerium des Innern (Hrsg.), *Theorie und Praxis gesellschaftlichen Zusammenhalts* (S. 241–259). Berlin: Eigendruck des BMI.

Mühlfelder, M. (2014). Studieren macht krank oder Freude. Anforderungen, Belastungen und Gesundheitsressourcen für Studierende und Dozierende in einer sich verändernden *Hochschullandschaft.* Lengerich: Pabst.

Mullis, R. L., Cornille, T. A., Mullis, A. K., & Hubert, J. (2004). Female juvenile offending: A review of characteristics and contexts. *Journal of Child and Family Studies, 13* (2), 205–218.

Murray, C. & Greenberg, M. T. (2000). Children's relationship with teachers and bonds with school: An investigation of patterns and correlates in middle childhood. *Journal of School Psychology, 38*, 423–445.

Murray, C. (2009). Parent and Teacher Relationships as Predictors of School Engagement and Functioning among Low-Income Urban Youth. *Journal of Early Adolescence, 29* (3), 376–404.

Neudecker, B. (2011). Anmerkung zum Themenheft »Die Erziehung der Erzieher«. *Zeitschrift für Individualpsychologie,36* (4), 344–357.

Newman, R. (2003). Providing direction on the Road to Resilience. *Behavioral Health Management, 23* (4), 42–44.

Newman, R. (2005). APA's resilience initiative. *Professional Psychology: Research and Practice, 36* (3), 227–229.

Ng, T. W. H. & Feldman, D. C. (2008). The relationship of age to ten dimensions of job performance. *Journal of Applied Psychology, 93*, 392–423.

Nicolaus, M. & Ducheck, S. (2020). 20 Jahre Bologna und Beschäftigungsfähigkeit – Eine qualitative Studie zu Einflussmöglichkeiten der Hochschulausbildung auf die Resilienz von Absolventinnen und Absolventen. *Beiträge zur Hochschulforschung, 42.* Jg. (1–2), 56–80.

Niemeyer, I. (2020). Gesundheitsförderliche Ressourcen im Studium – Auswirkungen von sozialer Unterstützung und strukturellen Rahmenbedingungen der Hochschule auf die Lebenszufriedenheit und Gesundheit von Studierenden. *Beiträge zur Hochschulforschung*, 42. Jg. (1–2), 82–103.

Norris, F. H., Stevens, S. P., Pfefferbaum, B., Wyche, K. F. & Pfefferbaum, R.L. (2008). Community Resilience as a methaphor, theory, set of capacities and strategy for disaster readiness. *American Journal Community Psychology, 41*, 127–**150.**

Nunner-Winkler, G. (2007). Zur Entwicklung moralischer Motivation. In W. Schneider (Hrsg.), *Entwicklung von der Kindheit bis zum Erwachsenenalter* (S. 103–123). Weinheim: Beltz.

Obst, K.U. & Kötter, T. (2020). Identifikation mit dem Studiengang als Ansatzpunkt für Resilienzförderung bei Studierenden. *Beiträge zur Hochschulforschung*, 42. Jg. (1–2), 148–161.

OECD (2011). Wie es manchen Schülern gelingt, sozioökonomische Beteiligungen zu überwinden. *Pisa im Fokus, 5*, 1–4.

OECD/Vodafone Stiftung (2018). *Erfolgsfaktor Resilienz.* Zugriff am 05.12.2018 unter https://www.vodafonestiftung.de/uploads/tx_newsjson/Vodafone_Stiftung_Erfolgsfaktor_Resilienz_01_02.pdf.

Opp, G., Fingerle, M. & Suess, G. (Hrsg.). (2020). *Was Kinder stärkt. Erziehung zwischen Risiko und Resilienz* (4. Aufl.). München: Reinhardt.

Opp, G. & Teichmann, J. (Hrsg.). (2008). *Positive Peerkultur. Best Practices in Deutschland.* Bad Heilbrunn: Klinkhardt.

Opp, G. & Unger, N. (2006). *Kinder stärken Kinder. Positive Peer Culture in der Praxis.* Hamburg: Edition Körber Stiftung.

Opp, G. & Wenzel, E. (2003a). Schule: Schutz- oder Risikofaktor kindlicher Entwicklung? In K. H. Brisch & T. Hellbrügge (Hrsg.), *Bindung und Trauma. Risiken und Schutzfaktoren für die Entwicklung von Kindern. International Congress Attachment and Trauma: Risk and Protective Factors in the Development of Children* (pp. 84–93). Stuttgart: Klett-Cotta.

Opp, G. & Wenzel, E. (2003b). Qualitätsstandards in der Schule zur Erziehungshilfe. In G. Opp (Hrsg.), *Arbeitsbuch schulische Erziehungshilfe* (S. 17–42). Bad Heilbrunn: Klinkhardt.

Opp, G., Kulig, W. & Puhr, K. (2006). *Einführung in die Sonderpädagogik*. München: Reinhardt/ UTB.
Opp, G., Teichmann, J. & Otto, A. (2012). Inklusionsprozesse und Positive Peerkultur. In M. Fingerle & M. Grumm (Hrsg.), *Prävention von Verhaltensauffälligkeiten bei Kindern und Jugendlichen* (S. 105–117). München: Reinhardt.
Orlinsky, D. E. & Howard, K. I. (1987). A generic model of psychotherapy. *Journal of Integrative Eclectic Psychotherapy, 6*, 6–27.
Orlinsky, D. E. (2008). Die nächsten 10 Jahre Psychotherapieforschung. Die Kritik des herrschenden Forschungsparadigmas mit Korrekturvorschlägen. *Psychotherapie – Psychosomatik – Medizinische Psychologie, 58* (9/10), 345–354.
Orlinsky, D. E., Grawe, K. & Parks, B. (1994). Process and Outcome in Psychotherapy. In A. E. Bergin & L. S. Garfield (Eds.), *Handbook of Psychotherapy and Behavior Change* (pp. 270–376). New York: Wiley.
Ott, C. H., Lueger, R. J., Kelber, S. T. & Prigerson, H. G. (2007). Spousal bereavement in older adults: Common, resilient, and chronic grief with defining characteristics. *Journal of Nervous and Mental Disease, 195*, 332–341.
Pantin, S., Flynn, R. J & Runnels, V. (2006). Training, experience, and supervision: Keys to enhancing the utility of the Assessment and Action Record in implementing Looking After Children. In R. J. Flynn, P. M. Dudding & J. G. Barber (Eds.), *Promoting resilience in child welfare* (pp. 281–296). Ottawa: University of Ottawa Press.
Papoušek, M., Schieche, M. & Wurmser, H. (Hrsg.). (2004). *Regulationsstörungen der frühen Kindheit. Frühe Risiken und Hilfen im Entwicklungskontext der Eltern- und Kindbeziehung*. Bern: Huber.
Parnas, J., Cannon, T. D., Jacobsen, B., Schulsinger, H., Schulsinger, F. & Mednick, S. A. (1993). Lifetime-DSM-III-R diagnostic outcomes in the offspring of schizophrenic mothers: Results from the Copenhagen high-risk study. *Archives of General Psychiatry, 56*, 707–714.
Patterson, J.M. (2002). Understanding Family Resilience. *Journal of Clinical Psychology, 58* (3), 233–246.
Pätzold, G. (2008). Übergang Schule – Berufsausbildung. In W. Helsper & J. Böhme (Hrsg.), *Handbuch der Schulforschung* (2. Aufl., S. 593–610). Wiesbaden: Springer.
Pauen, S. (2007). *Was Babys denken. Eine Geschichte des ersten Lebensjahres*. München: Reinhardt.
Perkins, D., Hughey, J. & Speer, P. (2002). Community psychology perspectives on social capital theory and community development practice. *Journal of Community Development Society, 33*, 33–**52.**
Petermann, F. & Lohbeck, A. (2013). Diagnostik: Stärken sehen lernen. In C. Steinebach & K. Gharabaghi (Hrsg.), *Resilienzförderung im Jugendalter* (S. 33–50). Berlin: Springer.
Petermann, F. & Schmidt, M. H. (2006). Ressourcen – ein Grundbegriff der Entwicklungspsychologie und Entwicklungspsychopathologie. *Kindheit und Entwicklung, 15* (2), 118–127.
Petermann, F. & Wiedebusch, S. (2016). *Emotionale Kompetenz bei Kindern*. 3. Überarb. Aufl. Göttingen: Hogrefe.
Petermann, F., Niebank, K., & Scheithauer, H. (2004). *Entwicklungswissenschaft, Entwicklungspsychologie – Genetik – Neuropsychologie*. Berlin: Springer.
Petzold, H. & Orth, I. (Hrsg.). (2005). *Sinn, Sinnerfahrung, Lebenssinn in Psychologie und Psychotherapie* (Ausgabe in zwei Bänden). Bielefeld: Edition Sirius.
Petzold, H. G. (2012). »Natürliche Resilienz« – wieder aufstehen nach Schicksalsschlägen. Ein Nachwort. In G. A. Bonanno, *Die andere Seite der Trauer* (S. 219–242). Bielefeld: Aisthesis.
Pfeifer-Schaupp, U. (2009). Achtsamkeitsbasierte Kontaktarbeit. Prä-Therapie in der Altenpflege. *Person, 13* (1), 14–24.
Pianta, R. C., Stuhlman, M. W. & Hamre, B. K. (2007). Der Einfluss von Erwachsenen-Kind-Beziehungen auf Resilienzprozesse im Vorschulalter und in der Grundschule. In G. Opp & M. Fingerle (Hrsg.), *Was Kinder stärkt. Erziehung zwischen Risiko und Resilienz* (2., bearb. Aufl., S. 192–211). München: Reinhardt.
Piko, B., Fitzpatrick, K. & Wright, D. (2005). A risk and protective factors framework for understanding youth's externalizing problem behavior in two different cultural settings. *European child & adolescent psychiatry, 14* (2), 95–103.

Pinquart, M. & Teubert, D. (2010a). A meta-analytic study of couple interventions during the transition to parenthood. *Family Relations, 59*, 221–231.
Pinquart, M. & Teubert, D. (2010b). Effects of parenting education with expectant and new parents: A meta-analysis. *Journal of Family psychology, 24*, 316–324.
Pinquart, M. (2001). Age differences in positive affect, negative affect, and affect balance in middle and old age. *Journal of Happiness Studies, 2*, 345–405.
Pinquart, M. (2011). Entwicklung der Motivation und Handlungsregulation. In M. Pinquart, G. Schwarzer & P. Zimmermann (Hrsg.), *Entwicklungspsychologie – Kindes- und Jugendalter* (S. 157–175). Göttingen: Hogrefe.
Pinquart, M. (2012a).Interventionen zur Entwicklungsförderung und zur Prävention von Entwicklungsproblemen. In F. R. Lang, M. Martin & M. Pinquart (Hrsg.), *Entwicklungspsychologie – Erwachsenenalter* (S. 222–247). Göttingen: Hofgrefe.
Pinquart, M. (2012b). Sterben und Tod. In F. R. Lang, M. Martin & M. Pinquart (Hrsg.), *Entwicklungspsychologie – Erwachsenenalter* (S. 249–272). Göttingen: Hofgrefe.
Pinquart, M. Schwarzer, G. & Zimmermann, P. (2011). *Entwicklungspsychologie – Kindes- und Jugendalter.* Göttingen: Hogrefe.
Pohlmann, S. (2010). Alterspotentiale: Wirklichkeit, Wahrnehmung und Wahrscheinlichkeit. In A. Kruse (Hrsg.), *Potenziale im Alter* (S. 75–98). Heidelberg: Akademische Verlagsgesellschaft.
Poulton, R. & Moffitt, T. E. (2010).The Dunedin Multidisciplinary Health and Development Study: tips and traps from a 40-year longitudinal study. *International Society for the Study of Behavioural Development, (ISSBD-Bulletin, 57* (1), 18–21. Online: http://www.issbd.org/resources/files/JBD_May10_Bulletin_Online.pdf (Zugriff: 24.4.2015).
Power, C. & Elliot, J. (2005). Cohort profile: 1958 British birth cohort (National child development study). *International Journal of Epidemiology, 35*, 34–41.
Premack, D. & Woodruff, G. (1978). Does the chimpanzee have a theory of mind? *Behavioral and Brain Sciences, 1*, 515–526.
Prengel, A. (2014). *Inklusion in der Frühpädagogik. Bildungstheoretische, empirische und pädagogische Grundlagen.* Weiterbildungsinitiative Frühpädagogische Fachkräfte. WiFF Expertisen (2., überarb. Aufl.). München: DJI/WiFF.
Prouty, G. (1994). *Theoretical evolutions in person-centered/experiential therapy: applications to schizophrenic and retarded psychoses.* London: Praeger.
Prouty, G. (1998). Die Grundlagen der Prä-Therapie. In G. Prouty, M. Pörtner & D. van Werde (1998), *Prä-Therapie* (S. 17–86). Stuttgart: Klett-Cotta.
Prouty, G., Pörtner, M. & Van Werde, D. (1998). *Prä-Therapie.* Stuttgart: Klett Cotta.
Putnam, R. D. (2001). *Bowling alone: the collapse and revival of American community.* New York: Simon & Schuster.
Quinn, Jocey (2016): Drop-out and Completion in Higher Education in Europe among students from under-represented groups. Independent report on behalf of the NESET network of experts and the Eu-ropean Commission. 10.13140/RG.2.1.4274.1360
Rabaioli-Fischer, B. (2010). *Ambulante Psychotherapie mit Älteren.* Berlin: Pabst Science Publishers.
Radebold, H. (2009). *Die dunklen Schatten unserer Vergangenheit. Hilfen für Kriegskinder im Alter.* Stuttgart: Klett-Cotta.
Radke-Yarrow, M. & Brown, E. (1993). Resilience and vulnerability in children of multiple-risk families. *Development and Psychopathology, 5*, 581–592.
Rajendran, K. (2008). *Impact of Relationship with the Caregiver and Positive Future Expectations on Behavioral and Emotional Resilience in Adolescents in Child Welfare.* Dissertation Albany: State University of New York at Albany.
Rauh, H. (2008). Vorgeburtliche Entwicklung und frühe Kindheit. In R. Oerter & L. Montada (Hrsg.), *Entwicklungspsychologie* (6. Aufl., S. 149–224). Weinheim: PVU.
Rauh, K. & Fröhlich-Gildhoff, K. (2018). Gesundheitsförderung in Kindertageseinrichtungen. Untersuchung des Zusammenhangs zwischen der Kompetenzentwicklung pädagogischer Fachkräfte und dem psychischen Wohlbefinden der Kinder. In D. Weltzien, H. Wadepohl, P. Cloos, J. Bensel & G. Haug-Schnabel (Hrsg.), *Forschung in der Frühpädagogik XI. Die Dinge und der Raum* (S. 331–360). Freiburg: FEL.

Reich, G. & Cierpka, M. (2017). Studieren(de) als Herausforderung. *Psychotherapeut, 5*, 393–394.

Reich, J. W., Zautra, A. J. & Hall, S. H. (Eds.). (2010). *Handbook of adult resilience.* New York: The Guilford press.

Reichle, B. (1999). *Wir werden Familie. Ein Kurs zur Vorbereitung auf die erste Elternschaft.* München: Juventa.

Reis, H.T., Sheldon, K.M., Gable, S.L., Roscoe, J. & Ryan, R.M. (2000). Daily Well-Being: the Role of Autonomy, Competence, and Relatedness. *Personality and Social Psychology Bulletin*, 25(4), 419–435.

Reis, O. (2007). Rostocker Längsschnittstudie (ROLS): Familienresilienz und intrafamiliäre Individuation in ostdeutschen Familien. In I. Fooken & J. Zinnecker (Hrsg.), *Trauma und Resilienz. Chancen und Risiken lebensgeschichtlicher Bewältigung von belasteten Kindheiten* (S. 75–94). Weinheim: Juventa.

Reis, O. (2018). Nischen im Wandel. Zur Transformation von Familien und Generationenbeziehungen in Ostdeutschland. Gießen: Psychosozial.

Remschmidt, H. (2013). Adoleszenz – seelische Gesundheit und psychische Krankheit. *Deutsches Ärzteblatt, 110* (25), 423–424.

Remsperger, R. (2011). Sensitive Responsivität im Umgang mit Kindergartenkindern. In K. Fröhlich-Gildhoff, I. Nentwig-Gesemann & H-R. Leu (Hrsg.), *Forschung in der Frühpädagogik IV* (S. 235–264). Freiburg: FEL.

Resch, F. (1996). *Entwicklungspsychopathologie des Kindes- und Jugendalters.* Weinheim: PVU.

Resch, F. (2004). Entwicklungspsychopathologie der Frühen Kindheit im interdisziplinären Spannungsfeld. In M. Papoušek, M. Schieche & H. Wurmser (Hrsg.), *Regulationsstörungen in der frühen Kindheit. Frühe Risiken und Hilfen im Entwicklungskontext der Eltern- Kind- Beziehungen* (S. 31–48). Bern: Huber.

Retzlaff, R. & Schweitzer, J. (2012). *Spiel-Räume: Lehrbuch der systemischen Therapie mit Kindern und Jugendlichen.* Stuttgart: Klett-Cotta.

Retzlaff, R. (2016). Familien-Stärken. Behinderung, Resilienz und systemische Therapie (2. Aufl.). Stuttgart: Klett-Cotta.

Richardson, C. G. & Waite, P. J. (2002). Mental health promotion through resilience and resiliency education. *International Journal of Emergency Mental Health, 4* (1), 65–76.

Richter-Kornweitz, A. (2012). *Resilienz.* Zugriff am 12.03.2015. Verfügbar unter http://www.step-hannover.de/wp-content/uploads/2012/07/2012-10_22-Richter-Kornweitz-Resilienz-STEP1.pdf.

Riemeyer, J. (2001). *Die Logotherapie Viktor Frankls. Einführung in eine sinnzentrierte Psychotherapie.* München: Profil.

RKI – Robert Koch Institut (2014). *Studie zur Gesundheit von Kindern und Jugendlichen in Deutschland: Wichtige Ergebnisse der ersten Folgebefragung (KiGGS Welle 1).* Zugriff am 12.03.2015. Verfügbar unter http://www.kiggs-studie.de/fileadmin/KiGGS-Dokumente/KiGGS1_Zusammenfassung_20140623.pdf.

Rogers, C. R. & Buber, M. (1992). Carl Rogers im Gespräch mit Martin Buber. *Jahrbuch personenzentrierte Psychologie und Psychotherapie, 3*, 184–201.

Rogers, C. R. (1987). *Eine Theorie der Psychotherapie, der Persönlichkeit und der zwischenmenschlichen Beziehungen.* Köln: GwG.

Rohr, M.K. & Lang, F.R. (2012). Soziale Beziehungen im Erwachsenenalter. In F. R. Lang, M. Martin & M. Pinquart (Hrsg.), *Soziale Beziehungen im Erwachsenenalter* (S. 105–122). Göttingen: Hogrefe.

Röhrle, B. & Sommer, G. (Hrsg.). (1995). *Gemeindepsychologie: Bestandsaufnahmen und Perspektiven.* Tübingen: dgvt.

Röhrle, B. (2008). Die Forschungslage zur Prävention psychischer Störungen und zur Förderung psychischer Gesundheit. *Verhaltenstherapie und Psychosoziale Praxis,40* (2), 343–347.

Rönnau-Böse, M., Anders, Y., Fröhlich-Gildhoff, K., Blaurock, S., Burghardt, L., Große C., Limberger, J., Lorenzen, A., Pult, G. & Wolf, K. (2021). Zwischenbericht der Evaluationsstudie zur Wirksamkeit des Gesetzes zur Weiterentwicklung der Qualität und zur Verbesserung der Teilhabe in Tageseinrichtungen und in der Kindertagespflege (KiTa-Qualitäts- und Teilhabeverbesserungsgesetz – KiQuTG). In Bundesministerium für Familie, Senioren,

Frauen und Jugend (Hrsg.), *Bericht der Bundesregierung zur Evaluation des Gesetzes zur Weiterentwicklung der Qualität und zur Verbesserung der Teilhabe in Tageseinrichtungen und in der Kindertagespflege (KiQuTG)* (S. 167–315). Verfügbar unter: https://www.bmfsfj.de/resource/blob/185910/39abf1c6fdb62f323d60444713633e4d/erster-evaluationsbericht-der-bundesregierung-zum-gute-kita-gesetz-data.pdf

Rönnau-Böse, M. & Fröhlich-Gildhoff, K. (2012). Das Konzept der Resilienz und Resilienzförderung. In K. Fröhlich-Gildhoff, J. Becker & S. Fischer (Hrsg.). *Gestärkt von Anfang an. Resilienzförderung in der Kita* (S. 9–29). Weinheim: Beltz.

Rönnau-Böse, M. & Fröhlich-Gildhoff, K. (2020). *Resilienz im KiTa-Alltag. Was Kinder stark und widerstandsfähig macht* (3.Aufl.). Freiburg: Herder.

Rönnau-Böse, M. & Fröhlich-Gildhoff, K. (2015). Resilienzfokussierte Kinderpsychotherapie. Erscheint in *PERSON* 2015/2.

Rönnau-Böse, M. (2013). *Resilienzförderung in der Kindertagesstätte – Evaluation eines Präventionsprojekts im Vorschulalter*. Freiburg: FEL.

Roßbach, H.-G. (2006). Institutionelle Übergänge in der Frühpädagogik. In L. Fried & S. Roux (Hrsg.), *Pädagogik der frühen Kindheit. Handbuch und Nachschlagewerk* (S. 280–291). Weinheim: Beltz.

Roth, M. (2002). Geschlechtsunterschiede im Körperbild Jugendlicher und deren Bedeutung für das Selbstwertgefühl. *Praxis der Kinderpsychologie und Kinderpsychiatrie, 51* (3), 150–164.

Roth, X. (2010). *Handbuch Bildungs- und Erziehungspartnerschaft. Zusammenarbeit mit Eltern in der Kita*. Freiburg: Herder.

Rotter, J. B. (1966). Generalized Expectancies for Internal versus External Control of Reinforcement. *Psychological Monographs, 80*, 609.

Ruble, D. N., Taylor, L. J., Cyphers, L., Greulich, F. K:, Lurye, L. E. & Shrout, P. E. (2007). The role of gender constancy in early gender development. *Child development, 78*, 1121–1136.

Rudasill, K. M. & Rimm-Kaufmann, S. E. (2009). Teacher-Child-Relationship Quality: The Roles of Child Temperament and Teacher-Child Interactions. *Early Childhood Research Quarterly, 24*, 107–120.

Rungius, C., Schneider, E. & Weller, C. (2018). Resilienz – Macht – Hoffnung. Der Resilienzbegriff als diskursive Verarbeitung einer verunsichernden Moderne. In M. Karidi, M. Schneider & R. Gutwald (Hrsg.), *Resilienz. Interdisziplinäre Perspektiven zu Wandel und Transformation* (S. 33–60). Wiesbaden: Springer

Rutter, M. (1979). Protective factors in children's response to stress and disadvantage. In M. W. Kent & J. E. Rolf (Eds.), *Primary prevention of psychopathology* (pp. 49–74). Hannover, NH: University press of New England.

Rutter, M.(1990). Psychosocial resilience and protective mechanisms.In J. Rolf, A. Masten, D. Cicchetti, K. Nuechterlein & S. Weintraub (Eds.), *Risk and protective factors in the development of psychopathology* (pp. 181–214). New York: Cambridge University Press.

Sampson, R. J. (2006). Collective Efficacy Theory: Lessons Learned and Directions for Future Inquiry. In F. T. Cullen, J. P. Wright & K. R. Blevins (Eds.), *Taking Stock: The Status of Criminological Theory. Advances in Criminological Theory* (15, pp. 149–167). New Brunswick: Transaction Publishers.

Sampson, R. J., Raudenbush, S. W. & Earls, F. (1997). Neighborhoods and Violent Crime: A Multilevel Study of Collective Efficacy. *Science, 277* (5328), 918–**924**.

Sandmeier, A. (2005). Selbstwertentwicklung vom Jugendalter bis ins frühe Erwachsenenalter – eine geschlechtsspezifische Analyse. *Zeitschrift für Soziologie der Erziehung und Sozialisation, 25*, 52–66.

Schaarschmidt, U. & Fischer, A. W. (2008). Arbeitsbezogenes Verhaltens- und Erlebensmuster. AVEM (Standardform). AVEM-44 (Kurzform). Manual. Frankfurt am Main: Pearson.

Schär, M. & Steinebach, C. (2015a). *Resilienzfördernde Psychotherapie für Kinder und Jugendliche*. Weinheim: Beltz PVU.

Schär, M. & Steinebach, C. (2015b). Überblick: Grundbedürfnisse bei Kindern, Jugendlichen und Familien. In M. Schär & C. Steinebach (Hrsg.), *Resilienzfördernde Psychotherapie für Kinder und Jugendliche* (S. 16–42). Weinheim: Beltz PVU.

Scheithauer, H. (2003). *Aggressives Verhalten von Jungen und Mädchen*. Göttingen: Hogrefe.

Scheithauer, H. & Niebank, K. (2022). Entwicklungspsychologie – Entwicklungswissenschaft des Kindes- und Jugendalters: Neuropsychologische, genetische und psychosoziale Aspekte der Entwicklung. München: PearsonScheithauer, H., Niebank, K. & Petermann, F. (2000). Biopsychosoziale Risiken in der frühkindlichen Entwicklung. Das Risiko- und Schutzfaktorenkonzept aus entwicklungspsychopathologischer Sicht. In F. Petermann, K. Niebank & H. Scheithauer (Hrsg.), *Risiken in der frühkindlichen Entwicklung. Entwicklungspsychopathologie der ersten Lebensjahre* (S. 65–97). Göttingen: Hogrefe.Schiraldi, G. R., Brown, S. L., Jackson, T. K. & Jordan, J. B. (2010). Resilience training for functioning adults: Program description and preliminary findings from a pilot investigation. *International Journal of Emergency Mental Health, 12* (2), 117–129.

Schluck, S. & Sonntag, U. (2018). Gesundheitsfördernde Hochschule, in: C.W. Kohlmann, C. Salewski, M.A. Wirtz (Hrsg.), *Psychologie in der Gesundheitsförderung* (S. 535–547). Bern: Hogrefe Verlag.

Schmidt, M., Schneider, K., Hohm, E., Pickartz, A., Macsenaere, M., Petermann, F., Flosdorf, K., Hölzl, H. & Knab, E. (2002). *Effekte erzieherischer Hilfen und ihre Hintergründe* (Schriftenreihe des BMFSFJ, Band 219). Stuttgart: Kohlhammer.

Schmidt, R. (Hrsg.). (1982). *Die Individualpsychologie Alfred Adlers. Ein Lehrbuch.* Stuttgart: Kohlhammer.

Schmidtchen, S. (2001). *Allgemeine Psychotherapie für Kinder, Jugendliche und Familien.* Stuttgart: Kohlhammer.

Schmitt, E. (2004). Aktives Lernen, Leistungseinbußen, soziale Ungleichheit und Altersbilder: Ein Beitrag zum Verständnis von Resilienz und Vulnerabilität im höheren Erwachsenenalter. *Zeitschrift für Gerontologie und Geriatrie,37* (4), 280–292.

Schmuck, P. & Sheldon, K. M. (Eds.). (2001). *Life Goals and Well-Being: Towards a Positive Psychology of Human Striving.* Seattle, WA: Hogrefe und Huber.

Schneekloth, U. & Wahl, H.-W. (Hrsg.). (2009). *Pflegesituation und Versorgungsbedarf bei älteren Menschen in Heimen.* Stuttgart: Kohlhammer.

Schneewind, K. (2006). *Freiheit in Grenzen. Eine interaktive CD-ROM zur Stärkung elterlicher Erziehungskompetenzen für Eltern von Klein- und Vorschulkindern.* München: Creative Communication Concepts GmbH.

Schneewind, K. A. & Grandegger, C. (2005). Familienbeziehungen im mittleren Erwachsenenalter. In S.-H. Filipp & U. M. Staudinger (Hrsg.), *Entwicklungspsychologie des mittleren und höheren Erwachsenenalters* (S. 457–499). Göttingen: Hogrefe.

Schneewind, K. A. & Sierwald, W. (1999). Frühe Paar- und Familienentwicklung: Befunde einer fünfjährigen prospektiven Längsschnittstudie. In B. Reichle & H. Werneck (Hrsg.),*Übergang zur Elternschaft. Aktuelle Studien zur Bewältigung eines unterschätzten Lebensereignisses* (S. 149–164). Stuttgart: Enke.

Schneewind, K. A. (2010). *Familienpsychologie* (3.Aufl.). Stuttgart: Kohlhammer.

Schneider, W. (Hrsg.). (2008). *Entwicklung von der Kindheit bis zum Erwachsenenalter: Befunde der Münchner Längsschnittstudie LOGIK.* Weinheim: Beltz.

Schneider, W. & Lindenberger, U. (2018). Entwicklungspsychologie. 8. Aufl. Weinheim: Beltz

Schöler, H. & Roos, J. (2010). Ergebnisse einer Evaluation von Sprachfördermaßnahmen in Mannheimer und Heidelberger Kitas (2010). In K. Fröhlich-Gildhoff, I. Nentwig-Gesemann, P. Strehmel (Hrsg.), *Forschung in der Frühpädagogik – Band 3. Schwerpunkt: Sprachentwicklung und Sprachförderung in Kindertageseinrichtungen* (S. 35–74). Freiburg: Verlag FEL.

Schropp, H. (2018). *Förderung von Wohlbefinden und Resilienz im beruflichen Übergang – Die Entwicklung einer didaktischen Intervention.* urn:nbn:de:bvb:29-opus4–96625.

Schubert, C. (Hrsg.). (2011). *Psychoneuroimmunologie und Psychotherapie.* Stuttgart: Schattauer.

Schumacher, J., Leppert, K., Gunzelmann, T., Strauß, B., Brähler, E. (2005): Die Resilienzskala – Ein Fragebogen zur Erfassung der psychischen
Widerstandsfähigkeit als Personenmerkmal. *Zeitschrift für Klinische Psychologie,
Psychiatrie und Psychotherapie, 53, 16–39.*

Schwarz, B. (2007). Familiäre Reorganisation nach Trennung und Scheidung. In M. Hasselhorn & W. Schneider (Hrsg.), *Handbuch der Entwicklungspsychologie* (S. 522–533). Göttingen: Hogrefe.

Schwarzer, R. & Jerusalem, M. (2002). Das Konzept der Selbstwirksamkeit. In M. Jerusalem & D. Hopf (Hrsg.), *Selbstwirksamkeit und Motivationsprozesse in Bildungsinstitutionen* (S. 28–53). Weinheim: Beltz.

Seiffge-Krenke, I. & Gelhaar, T. (2008). Does successful attainment of developmental tasks lead tochappiness and success in later developmental tasks? A test of Havighurst's (1948) theses. *Journal of Adolescence, 31,* 33–52.

Selman, R. L. (1981). The child as a friendship philosopher. In S. R. Asher & J.M. Gottman (Eds.), *The development of children's friendship* (pp. 242–272). Cambridge: Cambridge University Press.

Shell (2010). *Jugendstudie 2010.* Frankfurt a.M.: Fischer. Zugriff am 12.03.2015. Auszüge verfügbar unter http://www.shell.de/aboutshell/our-commitment/shell-youth-study/about.html.

Shonkoff, J. P. & Meisels, S. J. (Eds.). (2000). *Handbook of early childhood intervention* (2nd ed.). Cambridge: Cambridge University Press.

Siraj-Blatchford, I. (2007). Effektive Bildungsprozesse. Lehren in der frühen Kindheit. In F. Becker-Stoll & M. R. Textor (Hrsg.), *Die Erzieherin-Kind-Beziehung* (S. 97–114). Berlin: CornelsenScriptor.

Siraj-Blatchford, I., Sylva, K., Taggart, B, Melhuish, E. & Sammons, P. (2005). Das Projekt »The Effective Provision of Preschool Education«: Wirksame Bildungsangebote im Vorschulbereich – EPPE. *Innovationsprojekt Frühpädagogik.pfv Jahrbuch, 10,* 87–103.

Skolverket (2011). *Vad fungera? Resultat av utvärdering av metoder mot mobbning.* Stockholm: Skolverket [Oberste schwedische Schulbehörde]. Deutsch: Was funktioniert? Ergebnisse der Untersuchung von Methoden gegen Mobbing. Zugriff am 25.08.2011. Verfügbar unter http://www.skolverket.se/2.3894/publicerat/2.5006?_xurl_=http%3A%2F%2Fwww4.skolverket.se%3A8080%2Fwtpub%2Fws%2Fskolbok%2Fwpubext%2Ftrycksak%2FRecord%3Fk%3D2517.

Snyder, C.R. (2002). Hope theory: Rainbows in the mind. *Psychological Inquiry, 13* (4), 249–275.

Sonnenmoser, M. (2016). Resilienz in Familien. Gemeinsam Krisen überwinden. *Dt. Ärzteblatt PP, April 2016,* 170.

Specht-Tomann, M. (2012). *Biografiearbeit: In der Gesundheits-, Kranken- und Altenpflege* (2. Aufl.). Berlin: Springer.

Sroufe, L. A., Egeland, B. & Shulman, S. (1999). The significance gender boundaries in preadolescence: Contemporary correlates and antecedents of boundary violation and maintenance. *Development and Psychopathology, 9,* 251–268.

Statistisches Bundesamt (2013). *Berufsausbildung auf einen Blick.* Wiesbaden: Statistisches Bundesamt.

Staudinger, U. & Greve, W. (1999). *Resilienz im Alter. Expertise im Auftrag der Sachverständigenkommission »3. Altenbericht der Bundesregierung«.* Berlin: BMFSFJ.

Staudinger, U. & Greve, W. (2001). Resilienz im Alter. In Deutsches Zentrum für Altersfragen (Hrsg.), *Personale, gesundheitliche und Umweltressourcen im Alter Expertisen zum Dritten Altenbericht der Bundesregierung* (Expertisen zum Dritten Altenbericht der Bundesregierung, Band I, S. 94–114). Wiesbaden: Springer.

Staudinger, U. & Schindler, I. (2008). Produktives Leben im Alter: Aufgaben, Funktionen und Kompetenzen. In R. Oerter & L. Montada. (Hrsg.), *Entwicklungspsychologie* (6. Aufl., S. 927–955). Weinheim: Beltz PVU.

Staudinger, U. (2007). Lebensspannen-Psychologie. In M. Hasselhorn & W. Schneider (Hrsg.), *Handbuch der Entwicklungspsychologie* (S. 71–82). Göttingen: Hogrefe.

Staudinger, U. M. & Bluck, S. (2001). A view on midlife development from lifespan theory. In M.E. Lachman (Ed.), *Handbook of midlife development* (pp. 3–39). Hoboken, NJ: Wiley.

Staudinger, U. M. (2000). Viele Gründe sprechen dagegen und trotzdem geht es vielen Menschen gut: das Paradox des subjektiven Wohlbefindens. *Psychologische Rundschau, 51,* 185–197.

Staudinger, U., Marsiske, M. & Baltes, P. B. (1995). Resilience and reserve capacity in later adulthood: Potentials and limits of development across the life span. In D. Cicchetti & D. Cohen (Eds.), *Developmental psychopathology. Ed. 2: Risk, disorder and adaption* (pp. 801–847). New York: Wiley.

Stegbauer, C. & Häußling, R. (Hrsg.). (2010). *Handbuch Netzwerkforschung*. Wiesbaden: VS.
Steinebach, C. & Steinebach, U. (2013). Gleichaltrige: Peers als Ressource. In C. Steinebach & K. Gharabaghi (Hrsg.), *Resilienzförderung im Jugendalter* (S. 93–110). Berlin: Springer.
Steinebach, C. (2000). *Entwicklungspsychologie*. Stuttgart: Klett-Cotta.
Steinebach, C. (2013). Beratung. Stärkenorientierte Gespräche. In C. Steinebach & K. Gharabaghi (Hrsg.), *Resilienzförderung im Jugendalter* (S. 51–68). Berlin: Springer.
Steinhardt, M. & Dolbier, C. (2008). Evaluation of a resilience intervention to enhance coping strategies and protective factors and decrease symptomatology. *Journal of American College Health, 56* (4), 445–453.
Stern, D. N. (1992). *Die Lebenserfahrung des Säuglings*. Stuttgart: Klett-Cotta.
Stern, D. N. (1995). Die Repräsentation von Beziehungsmustern, entwicklungspsychologische Betrachtungen. In R. Petzold (Hrsg.), *Die Kraft liebevoller Blicke. Psychotherapie & Babyforschung. Band 2* (S. 193–219). Paderborn: Junfermann.
Stock, C. & Krämer, A. (2000). Psychosoziale Belastung und psychosomatische Beschwerden von Studierenden – Ergebnisse einer Längsschnittstudie. In U. Sonntag, S. Gräser & A. Krämer (Hrsg.), Gesundheitsfördernde Hochschulen – Konzepte, Strategien und Praxisbeispiele (S. 127–138). Weinheim: Juventa.
Strätz, R. (2007). Das Kind wahrnehmen, beobachten, verstehen. In F. Becker-Stoll & M.R. Textor (Hrsg.), *Die Erzieherin-Kind-Beziehung. Zentrum von Bildung und Erziehung* (S. 115–130). Berlin: Cornelsen Scriptor.
Strauß, B. (2008). Die Zukunft der Psychotherapieforschung – David Orlinskys Visionen. *Zeitschrift für Psychotherapie Psychosomatik Medizinische Psychologie, 58*, 341–342.
Strehmel, P. & Viernickel, S. (2022). Bundesweite Standards zur Betreuungsrelation in der Kindertagesbetreuung. Expertise im Auftrag des *Bundesministeriums für Familie, Senioren, Frauen und Jugend*. Manuskript eingereicht zur Publikation.
Stroebe, M. & Stroebe, W. (1991). Does »grief work« work? *Journal of Consulting and Clinical Psychology, 59*, 479–482.
Stucki, C. (2004). *Die Therapiebeziehung differentiell gestalten*. Dissertation an der Universität Bern. Zugriff am 24.02.2015. Verfügbar unter www.zb.unibe.ch/download/eldiss/04stucki_c.pdf.
Stuhlmann, W. (2011). Anleitung zum Selbst-Sicherheits-Training bei Ängsten und zur Verbesserung der psycho-sozialen Kompetenz im Alter. *Psychologische Medizin, 22* (3), 45–51.
Stumm, G. & Keil, W. (Hrsg.). (2014). *Praxis der Personzentrierten Psychotherapie*. Berlin: Springer.
Sylva, K., Melhuish, E., Sammons, P., Siraj-Blatchford, I. & Taggart, B. (2004). *The Effective Provision of Pre-School Education (EPPE) Project. Final Report.* London: Institute of Education.
Tasso, A.F., Hisli Sahin, N., & San Roman, G.J. (2021). COVID-19 disruption on college students: Academic and socioemotional implications. *Psychological Trauma: Theory, Research, Practice, and Policy, 13*(1), 9–15. http://dx.doi.org/10.1037/tra0000996
Taubner, S. (2015). Konzept Mentalisieren. Eine Einführung in Forschung und Praxis. Gießen: Psychosozial.
Techniker Krankenkasse (2014). *Broschüre zur Gesundheitsförderung an Hochschulen*. Hamburg: Techniker Krankenkasse.
Techniker Krankenkasse (2015) *Gesundheitsreport 2015. Gesundheit von Studierenden*. https://www.tk.de/tk/broschuerenund-mehr/studien-und-auswertungen/ gesundheitsreport-2015/718618.
Thiersch, H. (1992). *Lebensweltorientierte soziale Arbeit: Aufgaben der Praxis im sozialen Wandel*. Weinheim: Juventa.
Thiersch, H. (1998). Die Praxisrealität der Jugendhilfe im Spiegel einer wissenschaftlichen Untersuchung. In EREV (Evangelischer Erziehungsverband e.V.) (Hrsg.), *Leistung und Qualität von Hilfen zur Erziehung im Spiegel einer wissenschaftlichen Untersuchung* (S. 12–22). Hannover: EREV-Eigendruck.
Thurmaier, F., Engl, J. & Hahlweg, K. (1992). Eheglück auf Dauer? Methodik, Inhalte und Effektivität eines präventiven Paarkommunikationstrainings. Ergebnisse nach 5 Jahren. *Zeitschrift für klinische Psychologie, 28*, 54–62.

Tierny, J. P., Grossman, J. B. & Resch, N. L. (1995). *Making a difference: An impact study of Big Brothers Big Sisters.* Philadelphia: Public/Private Ventures.

Tietze, W., Becker-Stoll, F., Bensel, J., Eckhardt, A., Haug-Schnabel, G., Kalicki, B., Keller, H. & Leyendecker, B. (2013). *Nationale Untersuchung zur Bildung, Betreuung und Erziehung in der frühen Kindheit (NUBBEK).* Weimar: das netz.

Tippelt, R. & Schmidt-Hertha, B. (2010). Potentiale der Bildung Älterer. In A. Kruse (Hrsg.), *Potentiale im Alter* (S. 285–299). Heidelberg: Akademische Verlagsgesellschaft.

Tomasello, M. (1995): Joint attention as social cognition. In C. Moore & P.J. Dunham, (Eds.), *Joint attention. Its origins and role in development* (pp. 103–130). Hillsdale/New Jersey: Lawrence Erlbaum.

Trautner, H. M. (2008). Entwicklung der Geschlechtsidentität. In R. Oerter & L. Montada (Hrsg.), *Entwicklungspsychologie* (6. Aufl., S. 625–651). Weinheim: Beltz.

Tschöpe-Scheffler, S. (2007). *Fünf Säulen der Erziehung. Wege zu einem entwicklungsfördernden Miteinander von Erwachsenen und Kindern.* Mainz: Matthias-Grünewald.

Ullrich de Muynck, R. & Ullrich, R. (1997). *Einübung von Selbstvertrauen und sozialer Kompetenz, Grundwerk 2. Selbstsicheres Verhalten/Grundkurs des ATP. Das Assertiveness-Training-Programm ATP.* Stuttgart: Klett-Cotta.

Ungar, M. (2008). Resilience across Cultures. *British Journal of Social Work*, 38 (2), 218–235.

Ungar, M. (2011). Kontextuelle und kulturelle Aspekte von Resilienz – Jugendhilfe mit menschlichem Antlitz. In M. Zander (Hrsg.), *Handbuch Resilienzförderung* (S. 133–156). Wiesbaden: VS.

Ungar, M., Bottrell, D., Tian, G-X. & Wang, X. (2013). Resilienz: Stärken und Ressourcen im Jugendalter. In C. Steinebach & K. Gharagabi (Hrsg.), *Resilienzförderung im Jugendalter* (S. 1–20). Berlin: Springer.

US Department of Veterans Affairs, Health Services Research and Development (2018). Marine Resiliency *Study.* Zugriff am: 05.12.2018 unter https://www.hsrd.research.va.gov/Research/Abstracts.Cfm?Project_Id=2141700196.

Uslucan, H.-H. & Brinkmann, H. U. (Hrsg). (2013). *Dabeisein und Dazugehören. Integration in Deutschland.* Wiesbaden: Springer.

Utz, H.-E. (2008). Zur Bedeutung der Neurowissenschaften für Pädagogik und Therapie. In H.E. Färber, T. Seyfarth & A. Blunck (Hrsg.), *Lernen, Erinnern, Vergessen. Zum Verlust kognitiver Fähigkeiten* (S. 79–108). Norderstedt: books on demand.

van Werde, D. (1998). Prä-Therapie im Alltag einer psychiatrischen Station. In G. Prouty, M. Pörtner & D. Van Werde, *Prä-Therapie* (S. 87–160). Stuttgart: Klett-Cotta.

Viernickel, S. & Schwarz, S. (2009). *Schlüssel zu guter Bildung, Erziehung und Betreuung.* Berlin: GEW.

Viernickel, S., Edelmann, D., Hoffmann, H. & König, A. (Hrsg.). (2012). *Krippenforschung. Methoden, Konzepte, Beispiele.* München: Reinhardt.

Viernickel, S., Nentwig-Gesemann, I., Harms, H., Richter, S. & Schwarz, S. (Hrsg.). (2011). *Profis für Krippen.* Freiburg: FEL.

Viernickel, S., Nentwig-Gesemann, I., Nicolai, K., Schwarz, S. & Zenker, L. (2013). *Schlüssel zu guter Bildung, Erziehung und Betreuung in Kindertagesstätten – Bildungsaufgaben, Zeitkontingente & strukturelle Rahmenbedingungen in Kindertageseinrichtungen.* Zugriff am 15.10.2013. Verfügbar unter http://www.gew.de/Binaries/Binary96129/Expertise_Gute_Bildung_2013.pdf.

Wagnild, G. M. & Young, H. M. (1993). Development and psychometric evaluation of the Resilience Scale. *Journal of Nursing Measurement*, 1, 165–178.

Walsh, F. (2006). *Strengthening familiy resilience.* New York: Guilford Press.

Walsh, F. (2007). Traumatic Loss and Major Disasters: Strengthening Family and Community Resilience. *Family Process*, 46 (2), 207–227. doi:10.1111/j.1545-5300.2007.00205.x

Walsh, F. (2016). *Strengthening family resilience* (3rd. Ed.). New York: Guilford.

Wampold, B. E. (2001). *The great psychotherapy debate. Models, methods, and findings.* New Jersey: Lawrence Erlbaum Associates.

Weinberger, S. (2013). *Kindern spielend helfen: Eine personzentrierte Lern- und Praxisanleitung* (14., überarb. Aufl.). Weinheim: Beltz.

Weitzel, E. et al. (2023). Soziodemografische und soziale Korrelate selbstberichteter Resilienz im Alter – Ergebnisse der populationsbasierten LIFEAdult-Studie. Bundesgesundheitsblatt https://doi.org/10.1007/s00103-023-03675-7Weiß, H. (2007). Frühförderung als protektive Maßnahme – Resilienz im Kleinkindalter. In G. Opp & M. Fingerle (Hrsg.), *Was Kinder stärkt. Erziehung zwischen Risiko und Resilienz* (S. 158–174). München: Reinhardt.

Weiß, M., Hartmann, S. & Högl, M. (2018). Resilienz als Trendkonzept. Über die Diffusion von Resilienz in Gesellschaft und Wissenschaft. In M. Karidi, M. Schneider & R. Gutwald (Hrsg.), *Resilienz. Interdisziplinäre Perspektiven zu Wandel und Transformation* (S. 13–32). Wiesbaden: Springer.

Welter-Enderlin, R. & Hildenbrand, B. (2006). *Resilienz – Gedeihen trotz widriger Umstände.* Heidelberg: Carl-Auer.

Weltzien, D. & Lorenzen, A. (Hrsg.). (2016). *Kinder Stärken! Förderung von Resilienz und seelischer Gesundheit in Kindertageseinrichtungen.* Wissenschaftlicher Abschlussbericht. Freiburg: FEL.

Weltzien, D. (2014). *Pädagogik: Die Gestaltung von Interaktionen in der Kita.* Weinheim: Beltz.

Weltzien, D., Rönnau-Böse, M., Klie, T. & Pankratz, N. (2013). *BEGEGNUNGEN. Ein Projekt mit Hochbetagten Menschen und Vorschulkindern. Handreichung für die Praxis.* Freiburg: FEL.

Welzer, H. (1993). *Transitionen. Zur Sozialpsychologie biografischer Wandlungsprozesse.* Tübingen: edition discord.

Werfein, M. (2006). *Emotionale Entwicklung von Anfang an – wie lernen Kinder den kompetenten Umgang mit Gefühlen?* Zugriff am 24.03.2015. Verfügbar unter http://www.familienhandbuch.de/kindheitsforschung/fruhe-kindheit/emotionale-entwicklung-von-anfang-an-%E2%80%93-wie-lernen-kinder-den-kompetenten-umgang-mit-gefuhlen-teil-1.

Werheid, K., Lieven, S. & Kischkel, E. (2011). Altersspezifität sozialer Problemsituationen. Grundlage für Sozialkompetenztrainings im höheren Lebensalter. *Psychotherapie im Alter*, 8 (1), 111–152.

Werner, E. E. & Smith, R. S. (1982). *Vulnerable but invicible: A study of resilient children.* New York: McGraw-Hill.

Werner, E. E. & Smith, R. S. (1992). *Overcoming to the odds: High risk children from birth to adulthood.* New York: Cornell University Press.

Werner, E. E. & Smith, R. S. (2001). *Journeys from childhood to midlife: Risk, resilience and recovery.* Ithaca, NY: Cornell University Press.

Werner, E. E. (1995). Resilience in development. *American psychological society*, 4, 81–85.

Werner, E. E. (2006). What can we learn about resilience from large-scale longitudinal studies? In S. Goldstein & R. Brooks (Eds.), *Handbook of resilience in children* (pp. 91–105). New York: Springer.

Werner, E. E. (2008). Entwicklung zwischen Risiko und Resilienz. In G. Opp & M. Fingerle (Hrsg.), *Erziehung zwischen Risiko und Resilienz* (3. Aufl., S. 20–31). München: Reinhardt.

Whitbourne, S. K. (1987). Personality development in adulthood and old age: Relationships among identitystyle, health and well-being. *Annual Review of Gerontology and Geriatry*, 7, 189–216.

WHO (World Health Organization) (1994). *Life skills education in schools. parts 1 and 2.* Geneva: WHO, Divisions of Mental Health.

WHO Regionalbüro für Europa (2015). Zugriff am 16.03.2015. Verfügbar unter http://www.euro.who.int/de/health-topics/health-policy/health-2020-the-european-policy-for-health-and-well-being2020.

Wiedebusch, S. (2007). Förderung emotionaler Kompetenzen. In F. Petermann & W. Schneider (Hrsg.), *Angewandte Entwicklungspsychologie* (S. 135–161). Göttingen: Hogrefe.

Wippermann, K. & Wippermann, C. (2008). *Beruflicher Wiedereinstieg nach der Familiengründung. Bedürfnisse, Erfahrungen, Barrieren.* Berlin: BMFSFJ.

Wittkowski, J. (Hrsg.). (2003). *Sterben, Tod und Trauer.* Stuttgart: Kohlhammer.

Wolf, K. (2003), Familien als Adressaten sozialpädagogischer Interventionen. *Forum Erziehungshilfen,* 9 (5), 260–266.

Wörfel, F., Gusy, B. & Lohmann, K. (2015). Schützt Selbstmitgefühl Studierende vor Burnout? *Prävention und Gesundheitsförderung*, 1, 49–54.

Wörfel, F. (2017). Psychische Gesundheit, Anforderungen und Ressourcen im Studium. Berlin: Freie Universität Berlin.
Wurm, S. & Tesch-Römer, C. (2006). Gesundheit, Hilfebedarf und Versorgung. In C. Tesch-Römer, H. Engstler & S. Wurm (Hrsg.), *Altwerden in Deutschland: Sozialer Wandel und individuelle Entwicklung in der zweiten Lebenshälfte* (S. 329–384). Wiesbaden: VS.
Wustmann, C. (2020). *Resilienz. Widerstandsfähigkeit von Kindern in Tageseinrichtungen fördern*. 8. Aufl. Berlin: Cornelsen.
Wustmann, C. (2011). Resilienz in der Frühpädagogik – Verlässliche Beziehungen, Selbstwirksamkeit erfahren. In M. Zander (Hrsg.), *Handbuch Resilienzförderung* (S. 350–359). Wiesbaden: VS.
Wygotski, L. S. (2002). *Denken und Sprechen*. Weinheim: Beltz.
Wygotsky, L. S. (1987). *Ausgewählte Schriften. Band 2: Arbeiten zur psychischen Entwicklung der Persönlichkeit*. Köln: Pahl-Rugenstein.
Wyman, P. A. (2003). Emerging perspectives on context-specifity of children's adaptation and resilience: Evidence from a decade of research with urban children in adversity. In S. Luthar (Ed.), *Resilience and vulnerability: Adaption in the context of childhood adversities* (pp. 293–317). New York: Cambridge University Press.
Wyn, J., Cahill, H., Holdsworth, R., Rowling, L. & Carson, S. (2000). Mind Matters, a whole-school approach promoting mental health and wellbeing. *Australian and New Zealand Journal of Psychiatry, 34,* 594–601.
Yates, T. M., Egeland, B. & Sroufe, L. A. (2003). Rethinking resilience: A developmental process perspective. In S. Luthar (Ed.), *Resilience and vulnerability: Adaption in the context of childhood adversities* (pp. 243–266). New York: Cambridge University Press.
Yonas, M. A., Lewis, T., Hussey, J. M., Thompson, R., Newton, R., English, D. & Dubowitz, H. (2010). Perceptions of Neighborhood Collective Efficacy Moderate the Impact of Maltreatment on Aggression. *Child Maltreatment, 15* (1), 37–47.
Zander, M. (Hrsg.). (2011). *Handbuch Resilienzförderung*. Wiesbaden: VS.
Ziegenhain, U. (2007). Erziehungs- und Entwicklungsberatung für die frühe Kindheit. In F. Petermann & W. Schneider (Hrsg.), *Angewandte Entwicklungspsychologie* (S. 163–204). Göttingen: Hogrefe.
Ziegenhain, U., Gebauer, S., Ziesel, B., Künster, A. K. & Fegert, J. M. (2010). *Lernprogramm Baby-Lesen. Übungsfilme für Hebammen, Kinderärzte, Kinderkrankenschwestern und Sozialberufe*. Stuttgart: Hippokrates.
Zimmer, Lena M.; Lörz, Markus & Marczuk, Anna (2021): Studieren in Zeiten der Corona-Pandemie: Vulnerable Studierendengruppen im Fokus. Zum Stressempfinden vulnerabler Studierenden
Zimmer, R. (2009). *Kreative Bewegungsspiele: Psychomotorische Förderung im Kindergarten*. Freiburg: Herder.
Zimmermann, M. A. & Brenner, A. B. (2010). Resilience in Adolescence. Overcoming Neighborhood Disadvantage. In J. W. Reich, A. J Zautra & J. S. Hall (Eds.), *Handbook of adult resilience* (pp. 283–308). NewYork: Guilford.
Zimmermann, P. & Pinquart, M. (2011). Soziale Entwicklung. In M. Pinquart, G. Schwarzer & P. Zimmermann (Hrsg.), *Entwicklungspsychologie – Kindes- und Jugendalter* (S. 198–220). Göttingen: Hogrefe.

Stichwortverzeichnis

A

Adoleszenz 107
Affektabstimmung 51, 54
Aktualisierungstendenz 199
Ambiguitätstoleranz 113
Äquifinalität 38
Arbeitslosigkeit 140
Armut 115
Autonomie 59

B

Begegnungshaltung 167
Beobachten 64
Beruf 127
Bewältigung 15, 20
Bewältigungskompetenz 47, 60
– adaptive 31
– aktive 23, 73
Beziehung 21
Beziehungsdreieck 47
Beziehungskontinuität 188
Bezugsbetreuung 75
Bezugsperson 15
Bildung 161
Bildungsinstitutionen 15
Bindung 51
Bindungsforschung 53

C

Co-Regulation 60
Community resilience 174
Copingstrategien 62, 89

E

Eigensinn 189
Eigensteuerung 37
Eingewöhnungskonzept 76
emerging adulthood 127
Emotionsregulation 51

Empathie 51, 58, 88
Empty nest 132
Entwicklungsaufgaben 20, 32
Entwicklungsdeterminanten 37
Entwicklungspfade 38
Entwicklungspsychopathologie 13
Entwicklungsthemen 44
Entwicklungsumwelten 37
Erwachsenenalter 126
Erziehungs- und Familienberatung 183
Erziehungsklima 118, 183
Erziehungsstil 63
Explorationsunterstützung 61
Explorationsverhalten 53

F

Fachkraft-Kind-Beziehung 89
Fachkraft-Kind-Relationen 75
Familie 127
Familiengründung 128
Feinfühligkeit 51
Fit und stark fürs Leben 103
Förderung von Resilienz 17
Freiwilliges soziales Engagement 161
Funktionseinschränkung 154

G

Gemeinde 174
Gemeinsam geteilte Aufmerksamkeit 59
Gemeinschaftsgefühl 192
Gemeinwesen 174
Geschlechtsidentität 109
Geschlechtsrollenkompetenz 83
Geschlechtsunterschiede 160
Geteilte Aufmerksamkeit 54
Glaube 137
Grundschule macht starkt! 103

H

Haltung 96, 192
Hardiness 138
Heimerziehung 116
Herausforderung 195
Hilfen zur Erziehung 181
Hoffnung 137

I

Identität 109, 110
Identitätsbildung 110
Identitätsdiffussion 111
Identitätsentwicklung 44
Individualisierte Bildungsplanung 196
Individualisierung 113
Individualpsychologie 31
Informationsverarbeitung 57
Interaktionsresonanz 205
Internale Kontrollüberzeugung 87

J

Jugendkultur 117, 186
Jugendsozialarbeit 122
JULE-Studie 182

K

Kinder Stärken! – Resilienzförderung in der Kindertagesstätte 94
Kinderkurse 95
Klassenklima 90
Kohärenzgefühl 31
Kompetenter Säugling 192
Kompetenz 82
Kontaktarbeit 167
– achtsamkeitsbasierte 168
Kontrolle 58
Kontrollerleben 58
Körperbild 109
Korrigierende emotionale Erfahrung 192
Krankheit 142
Krise 45
Kritische Lebensereignisse 45
Kultur 120
Kultur des Alters 173
Kursprogramm 96

L

Lebenskompetenz 24, 194
Lebenslage 174

Lebensqualität 156
Lebenssinn 29
Lebensspanne 19
Lebensstil 31
Lebensumwelt Schule 117
Lebenswelt 174
Lebenszufriedenheit 133, 155
Leistungsmotivation 84
Life skills 24
LifE-Studie 129

M

Manual 95
Mehrebenenansätze 186
Mentorenprogramme 125, 177
Midlife crisis 133
Minderwertigkeitsgefühl 191
MindMatters 103
Moralisches Wissen 83
Multifinalität 39
Mutig werden mit Till Tiger 103

N

Nachbarschaft 121
Niedrigschwellig 95

O

Optimismus 137
Organisation Schule 103

P

Pädagogische Fachkraft 82
Partizipation 121
Partnerschaft und Elternschaft 127
Partnerzufriedenheit 130
Passung 34
Peergruppen 117
Peers 117
Perspektivenübernahme 51
Planungskompetenz 89
Pluralisierung 112
Positive Peerkultur 124
Postmoderne 111
Potentialentfaltungscoach 196
Prä-Therapie 167
Präsenz 192
Prävention und Resilienzförderung in Grundschulen (PRiGS) 104
Problemlösefähigkeit 72
Problemlösekompetenz 51, 59

Problemlösen   24
Programme   17, 94
Prosoziales Verhalten   61, 83
Psychologische Stärken   159, 160
Pubertät   107

R

Regeln und Rituale   96
Regulation   52
Religiosität   138
Repräsentationen   51
Repressives Coping   139
Resilienzfaktoren   22, 60
Resilienzförderung im Alltag   100
Resilienzstatus   41
Ressourcen   25
Ressourcenaktivierung   197
Ressourcendiagnostik   123
Risikofaktoren   14
Rollenverteilung   131

S

Salutogenese   26, 31
Säuglingsforschung   59
Schemata   52
Schulentwicklungsprozess   104
Schulisches Selbstkonzept   85
Schulklima   91
Schulspezifische Kompetenz   84
Schutzfaktoren   13
Selbst   51
Selbst- und Fremdwahrnehmung   23, 67
Selbstbehauptung   58
Selbsteinschätzung   30
Selbstkonzept   38
Selbstregulation   23, 37, 71
Selbstwertgefühl   138
Selbstwirksamkeit   23, 35, 59
Sexualität   110
Shell-Jugendstudien   112
Sicherheit   188
SOK-Modell   170
Soziale Benachteiligung   114
Soziale Kompetenz   23, 57, 69
Soziale Netzwerke   117, 186
Soziale Rückversicherung   54
Soziale Unterstützung   88
Soziales Kapital   180
Soziales Spiel   83
Sozialpädagogische Familienhilfe   183
Spiegeln   51
Spiel   202
STEEP   66
Sterben   157
Stresskonzept   25

T

Therapeutische Grundorientierung   199
Therapieschulenübergreifende Perspektive   200
Trauer   140
Trennung   141
Triadische Beziehung   82

U

Übertragungsbeziehung   201
Universell   94
Universelle Prävention   99
Urheberschaftserfahrungen   59, 61

V

Vernetzung   95
Vorbild   190

W

Wachstumsorientierung   207
Weisheit   159
Wirkfaktor   200
Wohlbefinden   33, 133
Wohlbefindensparadox   155

Z

Zieladaptation   170
Zielanpassung   34, 156
Zieloptimierung   34
Zielorientierung   89
Zone der nächsten Entwicklung   196
zur Prävention von Paar- bzw. Eheproblemen   143
zur Resilienzförderung am Arbeitsplatz   144
zur Vorbereitung auf die Elternschaft   144
Zusammenarbeit mit den Eltern   76, 95